БОРИС КРИГЕР
МАРИЯ КОЗЛОВА

УЧЕНИЕ ИЛИ МУЧЕНИЕ?

В ПОИСКАХ НОВЫХ ПОДХОДОВ В ОБРАЗОВАНИИ

ISBN **978-1-6671-1586-3**

Published in Canada
by Altaspera Publishing & Literary Agency Inc.

СОДЕРЖАНИЕ

Docendo discimus! Уча, учись!
Сенека

Primum non nocere!
Прежде всего – не навреди!
Гиппократ

О ЧЕМ ЭТА КНИГА?

Большинство современных книг и статей, посвященных образованию, начинается примерно так: «Мир настолько изменился и продолжает меняться всё с нарастающей скоростью, что этот факт уже невозможно игнорировать! Подходы в образовании должны меняться в ногу со временем!».

Мы не будем оригинальничать и начнем наш труд, так же как все, потому что скорость изменения и степень неопределенности мира, в котором мы живем, просто зашкаливает. И именно поэтому необходимо искать новые цели и методы школьного и высшего образования. Школы продолжают обучать так, словно на дворе мрачное средневековье.

Школам приходится конкурировать за внимание детей, и учителя со своими скучными уроками неизбежно проигрывают увлекательным компьютерным играм и ТикТоку.

Знания упрямо не задерживаются в детских головах. Они бесследно испаряются после сданных тестов.

Расспросите среднего ученика о том, что он проходит в школе. В лучшем случае вы получите весьма туманный ответ. А в худшем он или она затруднятся ответить на элементарные вопросы.

Даже замечательным учителям не удаётся добиться у своих учеников стойких, а главное, осмысленных знаний.

А всё происходит от того, что быть истинно образованным и думающим человеком больше не в моде. Процесс обучения не доставляет ученикам удовольствия или хотя бы очевидной пользы. Им скучно, они не видят применения своим знаниям. Как часто в нашей жизни мы пользуемся сведениями, что нормандцы завоевали Англию в 1066, а в 1666 в Лондоне случился Великий Пожар? Или сведениями об инфузории-туфельке? Знания сами по себе – конечно хороши, но будучи вырванными из контекста, извините за грубость, они – не более чем засорение головы.

Ученики не умеют анализировать и сопоставлять факты, и никто не дает им интересной и увлекательной образовательной среды, в которой научиться этому было бы возможно.

Мы не хотим обидеть учителей, которые положили жизнь на тяжелый, порой неблагодарный педагогический труд. Честь вам и хвала! В наше время преподавание в школе можно приравнивать к подвигу.

Авторы этой книги, так или иначе, тоже всю жизнь занимались преподаванием и знакомы с этим кабальным трудом не понаслышке.

Однако надо признать, что далеко не все так уж безоблачно, и школа, прежде всего, не должна быть темницей, причем как для учеников, так и для учителей. Если на уроках ученикам трудно и скучно, а посещение учебного заведения превращается в кошмар, можно ли как-то изменить ситуацию? Можно ли наметить конкретные стратегии, которые помогут не только облегчить процесс получения знаний, но получать от учебы удовольствие?

Как же сделать обучение действительно интересным?

Что, если проанализировать, что происходит в мозге подростка, когда он увлечённо играет в компьютерную игру и сравнить с тем, каковы результаты во время школьного обучения? Какие стимуляции мозга вызывают удовольствие, а какие нет? Как удовольствие способствует обучению?

Зачем идти против природы мозга, когда можно попытаться найти сонаправленные пути с его наклонностями и предпочтениями?

Не зря считается, что образование будет эффективным только тогда, когда оно сможет вызывать интеллектуальное наслаждение. Мы подробно поговорим об этом в нашей книге.

Первым препятствием на пути получения удовольствия стоит негативная установка ученика, что школа – это скучно, трудно, бесполезно и мучительно неприятно. Для многих в лучшем случае школа – это неизбежное зло, которое просто надо пережить, как посещение зубного врача. Но если со стоматологическим кабинетом мы сталкиваемся лишь время от времени, то школа вырывает из нашей жизни лучшие годы.

Эта негативная установка большинства школьников основана не только на их собственном опыте, но и на примере отношения к школе в сериалах, среди старших учеников. Да и действительно, присутствуя на некоторых уроках, удивляешься терпению школьников. Иной взрослый бы просто встал и вышел, или заснул от скуки, или вскочил и принялся бы ругать нудного учителя и его предмет. Так и учителю порой хочется вскочить и выбежать из класса! И учителю нестерпимо скучно, и он чувствует бесполезность и бессмысленность того или иного урока.

Самое трудное – изменить подобную негативную установку именно потому, что она справедлива. Казалось бы, в рамках учебного процесса, если даже дать ребятам заниматься самыми своими любимыми делами, мы получим сопротивление, равнодушие и негатив, настолько школа ассоциируется у них с отрицательным опытом.

А между тем, чаще всего ребёнок приходит в первый класс наивным и восторженным, но буквально с первого урока наступает разочарование.

Чтобы показать проблемы более наглядно, можно самому взять 10 разных учебников и попробовать заставить себя по графику, по звонку учить сначала историю Древнего Мира, ровно через час (при этом кушать нельзя) начать учить математику (это ничего, что скучно и не хочется), еще через час пойти отжиматься на брусьях и потом еще час слушать малопонятные стихи, написанные двести лет назад, пусть даже очень талантливым поэтом, о какой-то пока малопонятной детям любви, или про памятник, который он сам себе хотел воздвигнуть.

Кроме этого, нельзя смотреть на уроке более или менее интересные видеоролики, которых полно в интернете на любые темы (вдруг они расходятся с программой), а надо брать именно скучнейшие учебники и читать их по команде или смотреть только то, что велено программой, а это тоже далеко не всегда интересно. Неважно, какое сегодня самочувствие, и что хочется поваляться или позаниматься йогой и почитать интересную книгу. Это всё нельзя. В туалет ходить тоже надо только по часам.

Возникает ли предвкушение чего-то нового? Свежий интерес? Радость бытия? Или наоборот – жизнь кажется тюрьмой? Хочется ли жить такой жизнью? Хочется ли вставать и бежать к этому учебнику, потому что он делает жизнь приятной, полной, насыщенной? Или слушать учителя, который разговаривает в лучшем случае со школьником, как с несмышленым недочеловеком? Да и как не орать на учеников, если без дисциплины класс превращается в перевозбужденный обезьянник?

Представьте, что делаете это каждый день на протяжении 10–12 лет, в течение как минимум 6 часов в день. Можно ли это назвать жизнью и можно ли заставлять детей всё это делать только потому, что заставляли их родителей? Какое общество будущего построят дети, обучающиеся в таких школах?

Мы уверены, что тем, кто прочел эти строки, картина показалась крайне непривлекательной. Точно такой же тюрьмой школа кажется и детям, но в силу присущей им энергии они находят жизненные силы в чем-то ещё, поэтому они не всегда выглядят совсем уж потухшими и разочарованными. Хотя типичный образ современного школьника – зомби, уткнувшийся в свой смартфон, заткнувший уши наушниками, причем многие пытаются оставаться в том же образе и во время уроков, не расставаясь со смартфоном.

А что делать с теми детьми, которые вообще не хотят заниматься по школьной программе, а искренне, с интересом хотят заниматься вышиванием (и, возможно, сделать из этого бизнес), или хотят стать интерьерными дизайнерами, или ухаживать за пингвинами в зоопарке? А ведь таких детей миллионы. Заставлять их сидеть часами и учить нудную и в большинстве случаев лживую историю – это просто преступление.

А что делать с детьми, которые лучше всего обучаются с помощью визуальной стимуляции? Или с помощью слуховых стимулов? Или еще десятками разных способов, которые даже не думают опробовать в школе, чтобы понять, как именно ребенку хочется учиться, чтобы получать от этого удовольствие и сделать обучение эффективным?

Есть путаница в терминологии, которая становится еще одной проблемой при обсуждении школьного образования. Обучением, образованием называют и те знания, которые получены из-под палки, которые превратили человека в выжатого робота, продолжающего следовать инструкциям, и те знания, что получены вследствие свободного выбора, искреннего интереса. Кроме того, очень многие участники процесса, не различают то, что учитель "дал" на уроке и то, что ученики реально "взяли", усвоили, поскольку, во-первых, часто считается, что это одно и то же, а во-вторых, и в методических материалах, и в учебниках, и при обучении педагогов такое различение, как правило, не предусмотрено, не детализировано и не разбирается хоть сколько-нибудь серьезно.

Есть «учение», а есть «мучение». И то, и другое может привести к технически одинаковой цели – завершению школы, аттестату зрелости, поступлению в вуз. Но мы-то понимаем, что результат окажется очень разным.

Самый эффективный способ вызвать интерес у ребенка – это предоставить ему доступ к «атмосфере заинтересованности», в которой находятся окружающие его люди. Он втянется невероятно быстро и выучит за месяц то, что не выучил бы в школе по команде и за 10 лет (возьмите пример английского, который, если интересно и нужно, и если учить по 6 часов в день, можно выучить намного быстрее и лучше, чем люди, которые учат его в школе и разговаривают так, как будто знают всего три слова, и те нетвёрдо).

Как вызвать эти интересы? Как вообще понять, интересно ребенку или нет?

Конечно, мы не первые, кто задался этими вопросами. В нашей книге обсуждаются современные подходы к обучению и образованию и разные школьные системы, включая модные, хотя уже и довольно старые методики Саммерхилл, Монтессори и Вальдорфской педагогики. Мы рассмотрим новые вызовы к образованию в меняющемся мире, проведем аналитическую критику современного образования.

Поговорим о совершенно новых явлениях – конкуренции за внимание детей, которую проигрывают школьные учителя. Ведь появились не только компьютерные игры, но и вездесущий ТикТок, о котором взрослые знают пока очень мало. Авторы не поленились стать активными пользователями этой сети, чтобы изучить ее свойства и эффекты и поделиться своими наблюдениями и выводами с читателями. Причем выводы оказались вовсе не только отрицательные. Ведь еще со времен проповедников, насаждающих христианство, было известно, что, если не можешь победить языческие обычаи, дай им новую интерпретацию. С чем не можешь бороться, надо возглавить и обратить себе во благо. Да, да, даже ТикТок можно поставить на службу образованию.

Наша книга анализирует, почему школьные знания не задерживаются в голове и что же делать, когда учитель, увы, не соответствует возложенной на него миссии. Более того, мы честно обсуждаем проблемы, которые возникают в работе даже самых одаренных, можно сказать, лучших педагогов. Мы говорим о преодолении скуки и мучительности учебного процесса, отсутствии аналитического мышления у школьников, о бесправии детей и молодёжи. Говорим об извечном конфликте отцов и детей в свете проблем современности. Не обходим стороной и такие неудобные вопросы, как рост активности ювенальной юстиции и органов опеки, травли (буллинга) в школах, и обсуждаем, поощрять ли доносительство в школах. Сравнивая школы с тюрьмами и психушками, мы пытаемся привлечь внимание к тому, что долгие годы ускользало от публики. Пандемия, переведя занятия в интернет, показала родителям, ставшим свидетелями онлайн уроков, многое из того, что они не ожидали увидеть в отношении учеников между собой и с учителями. Пропали иллюзии, обнажилась неприглядная правда.

В нашей книге мы ищем способы получать удовольствие от процесса получения знаний и говорим о том, как на это влияет гормональный и психологический фон подростка.

Ищем пути, как перестать вырабатывать у ученика негативное отношение к обучению и как преодолеть то, что уже смело можно назвать «образовательным нигилизмом» школьников.

Мы говорим и о перегруженности учебных программ неадекватной информацией, и о том, чему, по нашему мнению, надо учить, и надо ли учить вообще. И кроме обычных выводов приходим к несколько необычному, хоть и не новому: «Учить надо делать добро». Совершением добрых поступков можно заниматься целыми днями, избегая депрессии. Не как хобби, а буквально, посвятив этому свою жизнь, ведь такое поведение привносит в жизнь человека чувство особого удовлетворения и полноты. И это не благодушная философия. Это – биология без всякой идеологии и религии. Если кто-то захочет сам добавить того или другого – пожалуйста. Но в школах необходим чисто рациональный предмет ДОБРОДЕЛАНИЯ. Авторы четко показывают, что биологические механизмы взаимопомощи награждаются природой мощными выбросами гормонов счастья, поскольку они эволюционно выгодны. При достаточно интенсивном занятии добрыми делами состояние человека напоминает состояние влюбленности.

И таким образом развивая такие типы поведения, мы решаем сразу множество проблем.

В наши времена делание добра перестает быть опцией, а становится необходимостью, и вовсе не потому, что нужны утилитарные результаты. Это, наоборот, нужно самим тем, кто совершает добрые поступки. В недалеком будущем роботизация и автоматизация оставит без работы миллионы людей. А постоянное повышение производительности таких автоматизированных индустрий позволит обеспечивать толпы безработных минимальным достатком, универсальным базисным доходом. Мы получим массу депрессивных людей без смысла жизни, с чувством, что они никому не нужны. Они станут агрессивны, подсядут на наркотики и компьютерные игры. Этот процесс уже начался и активно захватывает развитые общества. Социальное обеспечение в западных странах, лишенное сердечности, индивидуальности, больше напоминает автоматическое кормление животных в клетках с помощью поилок и кормушек. Обществу нечем занять чем-то позитивным лишних людей, число которых неуклонно растет. Занять так, чтобы им эти позитивные занятия доставляли истинное удовольствие, успешно конкурирующее с сомнительными наслаждениями, получаемыми от бесконтрольного потребительства (кстати, на это средств у них нет), обжорства (вредной дешевой пищей), алкоголя, наркотиков, компьютерных игр, адреналина от агрессии и домашнего насилия, беспорядочного секса, зависимости от порнографии.

Как это ни удивительно, занять их надо «деланьем добра друг другу». Авторы предлагают в книге рациональные подходы в этом направлении, и они далеко не теоретики. Оба много занимаются помощью и по себе знают, какой восхитительный эффект это на них оказывает.

Немало материала в нашей книге посвящено анализу плюсов и минусов использования новых технологий в обучении и даже поиску альтернатив школам, например, в домашнем образовании.

Наконец, мы обсуждаем, как раскрыть индивидуальный потенциал ребёнка, определить его лучшие способности и как реагировать на изменение его интересов. Обсуждаем плюсы и минусы домашнего обучения.

Книга содержит советы по созданию позитивной атмосферы на уроках, разработке индивидуальной программы обучения, а также конкретные стратегии превращения образования в эффективный процесс.

В завершении мы обсуждаем методы оценки учебы и приводим обзор систем школьного образования по всему миру.

Книгу завершает глава о будущем высшего образования.

Авторы книги: Борис Кригер – плодовитый писатель, посвятивший свое творчество философии, образованию и популяризации науки, предприниматель, создавший ряд успешных компаний и проектов.

Борис Кригер всю жизнь профессионально занимается образованием. Еще в середине девяностых организовал курсы по подготовке к экзаменам Минздрава Израиля для врачей, медсестер, фармацевтов и стоматологов. Опубликовал более 27 учебников и учебных пособий. Курсы проходили в пяти городах и вернули профессию тысячам иммигрантов. В центре работало несколько десятков сотрудников и преподавателей. В течение многих лет центр проводил бесплатные курсы медицинского иврита, которые закончили несколько тысяч человек. Учебники выдавались также бесплатно.

Учебный центр Кригера более двадцати лет продолжал функционировать в Израиле, из них десять лет – независимо от своего создателя. Одно время каждый третий русскоязычный медик в Израиле был выпускником этих курсов. Этот учебный центр до сих пор продолжает функционировать.

В начале 2000-х Кригер создал в Канаде исследовательский и образовательный центр и разработал уникальные учебные программы для выпускников канадских и американских университетов, сочетающие в себе как получение специальных отраслевых знаний и навыков, так и практический опыт в клинических исследованиях. Благодаря этим программам тысячи выпускников, которым не удавалось найти работу после университетов, окончив курсы Кригера, работают по всему миру. Некоторые достигли высоких должностей. Таким образом, автор не понаслышке знаком с проблемами современного высшего образования. Причем курсы были переведены в интернет, когда еще онлайн-обучение считалось чем-то новым.

В свою очередь вникнуть в проблемы школьного образования Борису Кригеру помог тот факт, что он совместно с доктором наук Инной Минюк владеет частной школой MATRIX ACADEMY в Торонто и сам занимается преподаванием нескольких предметов по разработанной им программе.

Теперь это среднее учебное заведение успешно прошло все инспекции Министерства образования провинции Онтарио и имеет лицензию на предоставление полного школьного обучения вплоть до выдачи официальных аттестатов зрелости.

В последнее время обучение переведено онлайн и в школе бесплатно обучаются ученики не только из Канады, но и других стран мира.

Школа ведет запись на дистанционное обучение по всему миру с возможностью получить канадский аттестат зрелости.

Соавтором книги является кандидат биологических наук, ведущий научный сотрудник Мария Козлова. Она имеет большой преподавательский опыт, кроме того, участвовала в разработке новых школьных программ, курсов для студентов, а также занималась исследованиями образования в рамках контрактов с Национальным исследовательским университетом «Высшая школа экономики». Параллельно Мария Козлова занимается научной деятельностью в области биологии и междисциплинарных исследований на биологическом факультете МГУ имени М. В. Ломоносова и в Государственном океанографическом институте им. Н. Н. Зубова. Данную деятельность она осуществляет, в том числе и вместе со студентами, что позволяет в полной мере проследить, как происходит трансформация знаний и разного рода навыков от тех, которые даются в школах, до тех, которые применяются в реальной жизни, и насколько эффективно обучаются школьники.

Преимущество этой книги заключается в том, что она не написана людьми системы, а в некоторой степени аутсайдерами, имеющими шанс на свежий, незамыленный взгляд. Авторы охватили не только российскую систему, но и поделились своими соображениями о принципах школьного образования по всему миру. Они не связаны цеховым этикетом с официальной педагогикой и неприглядно говорят об основных проблемах современного образования. Кроме того, немалые знания и опыт в биологии и клинических исследованиях позволяют им искать подходы, сонаправленные природе человека, а не пытающиеся ее переломить, как это веками делало школьное образование, лупя по рукам линейкой несчастных школяров. Итак, довольно саморекламы. Давайте отправимся в путь и дадим читателю самому оценить, стоило ли этому труду появляться на свет.

Авторы выражают благодарность группе ученых консультантов, докторам наук Инне Минук, Марии Винницкой, а также специалистам в разных областях: Кендре Сторм, Владиславу Мартыновичу, психологу-гештальтисту Оксане Кульневской, юристу Руслану Жолдошеву, Анастасии Дмитриевой, Ермеку Канакаеву, Марии Краснитской, Алексею Раздорскому, Ангелине Власовой.

СОВРЕМЕННЫЕ ПОДХОДЫ К ОБУЧЕНИЮ И ОБРАЗОВАНИЮ

Дабы избежать излишних споров, во всяком обсуждении следует договориться, в какой системе координат мы будем вести дискуссию, ибо, не договорившись о терминологии, границах и понятийном аппарате вообще, невозможно обеспечить продуктивный диалог.

Безусловно, существуют разнообразные представления об образовании, и, как трудно определить, что есть «универсальное благо», сложно вывести и универсальный подход к образованию.

Разнообразие взглядов диктуется различными концепциями мироустройства и проистекающими из них разными пониманиями того, что является главным, а что второстепенным.

Также важно постараться сделать нашу книгу нескучной, потому что нагромождением красивых заумных слов легко убить всякий смысл, засушить читателя и свести на нет любую живую идею. Таких книг в педагогике и так очень много, и нам вовсе не хотелось бы пойти этим заскорузлым путём.

Мы, разумеется, не считаем, что весь прежний опыт следует снести на свалку, и что вот сейчас с нами случится прозрение, и мы изречём нечто, что приведет человечество в эру света и добра с помощью наших инновационных идей в образовании. Эта книга не более, чем беседа о том, что мы знаем об образовании и что в нем можно было бы изменить. Несмотря на обилие книг на эту тему, в образовании, увы, далеко не всё в порядке, и главное, очень мало попыток осознать его будущее в свете новых свершений: цифровизации, виртуальных сред, перспектив слияния человеческого и искусственного разумов.

Прежде чем обратиться к этим животрепещущим вопросам, следует вкратце рассмотреть, какие существуют подходы к обучению и образованию в современном мире.

Несмотря на то, что имеется немало теорий детского развития, надо честно признать, что мы до сих пор не очень понимаем, как и почему несмышлёные дети становятся разумными взрослыми. Может быть, дети не такие уж и несмышлёные, или может взрослые – не такие уж разумные. Возможно, дети недостаточно умеют проявлять свою разумность, а взрослые учатся умело скрывать свою неразумность.

Так или иначе, процесс взросления и обретения разумности явно происходит скачками, некоторым таинственным образом, и порой нет прямой зависимости между усилиями педагогов и результатом. Да, это звучит, как вопиющая педагогическая ересь, но это так. Если отбросить навык детей притворяться, что они чему-то учатся, то на поверку окажется, что можно десять лет учить чему-то и не научить, а потом вдруг человек возьмет и прекрасно научится этому без особых усилий как с его стороны, так и со стороны педагогов. В этом и состоит главный секрет педагогики. Процесс взросления ребенка протекает сам по себе и в конце концов произойдёт вне зависимости от того, будем мы его упорно воспитывать или нет. Конечно, Маугли так и останется волкоподобным, но ребенок, находясь в обществе, сам примкнет к тому, что ему близко, и сам прекрасно научится тому, чему захочет, и тогда, когда посчитает это своевременным. Это верно особенно в наше время, когда информация доступна как никогда ранее.

Ребенок сам выберет, кому подражать и кого взять себе в пример, и, как это еретично не звучит, педагоги на это имеют мало влияния. Да, можно попытаться оградить ребенка от влияния улицы, но нынче через интернет улица ворвалась к нашим детям так, что уже надежно уберечь их от дурного влияния невозможно. С другой стороны, яркий педагог может подать пример, позвать за собой, определить направление развития ребенка на всю жизнь, но это иллюзия, что такой желательный сценарий произойдет неизбежно, стоит привести ребёнка к этому педагогу. Увы, успех или провал будут результатом свободного выбора ребенка и никого больше. Одни дети в том же классе выберут последовать примеру преподавателя, а другие совершенно не впечатлятся.

Этот великий секрет малых возможностей педагогов – повлиять на своих питомцев не так уж и велик и уникален, если принять во внимание, что все наши профессии лишь сопровождают то, что жизнь и сама вполне достигает. Будь вы медик, повар, психолог или адвокат – так или иначе без вас человек сможет прожить жизнь в силу своего жизненного намерения дотянуть до смерти, заданной природной закономерностью. И несмотря на блестящие достижения сферы обслуживания и прикладных наук, давайте признаем, что во многом речь идет лишь о яркой обёртке того, что и так бы происходило в силу природных наклонностей, заложенных в людях.

Однако мы не можем снять с себя ответственность и заявить, что можно просто опустить руки и ничего не делать, коль скоро мы ни на что, по большому счету, не способны повлиять, что, так или иначе, дети растут и образовываются сами, что лошадь легко привести к водопою, но невозможно заставить напиться...

Главный смысл скромного и осторожного отношения к педагогическим возможностям состоит в том, чтобы осознавать, что нередко педагог может принести гораздо больше вреда, чем пользы, напрочь отбив у ребёнка какое-либо желание учиться в будущем. Главное не научить, а не навредить, а остальное второстепенно.

Попробуем обсудить существующие в современном мире подходы к образованию и обучению, основанные на определенных главенствующих тенденциях. Конечно, чаще всего эти подходы (если они взаимно не противоречивы) комбинируются, но для ясности давайте определим, что в каждом из этих подходов считается самым главным, так сказать, приоритетным.

Гуманистический подход к воспитанию (как говорится, лишь бы человеком вырос хорошим). Этот подход заключается в утверждении приоритета общечеловеческих ценностей и гуманистических начал в культурной среде, оказывающей влияние на формирование ценностных ориентаций личности ребенка. Подход призван объединить несколько групп ценностей в воспитании – во-первых, общечеловеческие ценности, которые сохранили свой потенциал как истинных ценностей (истина, добро, свобода, счастье, честь и др.); во-вторых, культурные, обладающие характером преемственности, которые передаются от поколения к поколению вне зависимости от социальных изменений (труд, красота, знание, идеал воспитанного человека, Родина и др.); и, в-третьих, ценности, ставшие приоритетными в новой системе координат социального развития общества (компетентность, инициативность, успешность и др.), которые могут рассматриваться только во взаимосвязи с системой нравственных ценностей.

Проблемой этого подхода является обесценивание ценностей. К сожалению, в устах педагогов высшие человеческие добродетели превращаются в пустой звук. Гуманистический подход, под напором альтернативных взглядов на мир, чаще всего воспитывает лицемеров и ханжей. Ха́нжество – показная (демонстративная) форма благочестия при тайной или явной неверности исповедуемым идеям. Разновидность морального формализма и лицемерия. Как пишет Ноам Хомский, ханжа́ (лицемер) – это тот, кто прикладывает к другим стандарты, которые отказывается применять к себе[1].

Ханжество может быть сознательным (лицемерным) и бессознательным (неосознанным). Ханжество в форме сознательного лицемерия проявляется в своего рода «ношении маски» высокоморальной личности при явном осознанном несоответствии реального морального облика «маске» праведника. Ханжество в неосознанном виде может быть своего рода ложью самому себе, не вполне осознанным стремлением выделиться, завоевать доверие или уважение[2].

К сожалению, гуманистический подход неизбежно наталкивается на правду жизни и производит лицемера, который использует все ре-

---

[1] Distorted Morality: America's War on Terror? by Noam Chomsky (Talk delivered at Harvard University).

[2] Ханжество // Атеистический словарь / Под общ. ред. М. П. Новикова. – М.: Политиздат, 1985 – С. 474

зервы лжи, демагогии, софистики; в частности, активно используются расплывчатые понятия («нравственность», «духовность», «справедливость», «честность», «благородство», «гуманизм», «помощь», «принципиальность» и под.). Размытость семантики этих слов позволяет делать широкие и неверифицируемые заявления о наличии/отсутствии тех или иных качеств как у себя, так и у окружающих. Ещё одна особенность – обильное использование оценочных суждений, особенно эмоционально выраженных, которые призваны заблокировать у слушателей стремление подвергнуть рациональной проверке обоснованность этих оценок. Попытка такую проверку предпринять провоцирует у ханжи обычно вполне театральную реакцию гнева, возмущения, негодования и тому подобного. Все это делает дискуссии с ханжой заведомо бесперспективными, противостояние мыслимо не в сфере слов, а в области изобличающих ханжу фактов.

Авторы предлагают по возможности воздерживаться от высокопарности в преподавании понятий «истина», «справедливость», «добро», «свобода», «счастье», «честь». Как это ни печально, но здесь легче причинить больше вреда, чем пользы. Создание у ребенка двойных стандартов того, что можно и нельзя, неизбежно приводит к скрытому конфликту, который может реализоваться в форме невроза. Вот так, уча ребенка «хорошим идеалам», можно сделать его «плохим» несчастным лицемером. Мы наблюдаем множество историй, когда ученики и ученицы благопристойных религиозных или гуманистических частных школ пускаются во все тяжкие.

Новшество, которое предлагают авторы, заключается в том, чтобы находить в гуманистических принципах утилитарную основу, очевидное объяснение, почему ребенку выгодно поступать так, а не иначе. И уж точно не осуждать тех, кто поступать так не желает. Да, это звучит низко, но увы, природа – злая штука. Она все равно заставит человека рано или поздно поступать так, как ей выгодно, так, чтобы человек старался получать максимум от жизни. А если ставить насильственные препятствия и дамбы в виде строгого воспитания – то все закончится либо прорывом дамбы, либо тяжело страдающим индивидуумом, в общем, катастрофы не избежать. Но, как оказалось, природа требует и вознаграждает не только борьбу, но и сотрудничество, сострадание, эмпатию. Кроме того, дело в том, что современное общество более не представляет собой сдерживающей силы, в нем практически всё допустимо, и понятия морали крайне размыты, почти ничто не подвергается однозначному порицанию. В таких условиях классическое традиционное гуманистическое образование не может противостоять реалиям. В принципе, можно добиться от человека позитивного поведения, если научить его видеть свою разумную выгоду в том или ином действии.

Мы будем подробно говорить об обучении деланию добра и о том букете гормонов счастья, которым оно награждает человека. Можно объяснять и муки совести в результате ущемления ближнего – неизбежными процессами в мозгу, их сонаправленностью с природой, требующей взаимопомощи и стремления к выживанию всего сообщества. Недавние исследования подтвердили интуитивные мнения авторов – действительно, если человеку не удается делать добро, заботиться о ближнем – он серьезно страдает на физиологическом уровне.

Утверждение «Будь добрым и щедрым, потому что это хорошо для общества» приводит к внутреннему сопротивлению. А вот утверждение «Будь добрым и щедрым, потому что, если правильно это делать, то ты будешь получать восхитительное наслаждение чисто физиологически, притом, если не будешь – то станешь больным и несчастным» заставит ребенка хотя бы попробовать, а потом и «подсесть» на делание добра. Потому что биология взаимопомощи не просто существует, но заложена в нас природой как доминанта. Пусть первичный мотив будет утилитарным, пусть на этот опыт наложится идеологическая надстройка, а не наоборот. Когда ребенку говорят отдать какие-нибудь игрушки в садик – он начинает плакать. Потому что ему не ведомо удовольствие от добрых дел, но хорошо знакома горечь утраты, потери. Заявления «Плохо быть жадным!» причиняют значительный психологический вред. А вот на примере показать, как приятно дарить и делиться – это совсем другое.

Культурологический подход опосредуется принципом культуросообразности воспитания и обучения и позволяет рассмотреть воспитание как культурный процесс, основанный на присвоении ребенком ценностей общечеловеческой и национальной культуры.

Но проблема заключается в том, что рано или поздно человек придет к заключению, что большая часть культуры нашего общества – это условности, ценные только в рамках нашего общества. Возведение культурных ценностей в роль идола неизбежно чревато разочарованием. Однако понимание условности и бренности всего, творимого человеком, позволит воспитать более сбалансированную личность.

Онтологический подход основан на тесной связи бытия воспитателя и воспитанника. Так называемое обучение совместным бытием. Мудрый отец, обладающий неординарными качествами, подает пример сыну, берет его всюду с собой, постепенно становясь частью структуры сознания ребенка, с которой он может вести мысленный диалог даже в отсутствии реального родителя или воспитателя. В роли такого отца-воспитателя может быть, и даже предпочтительнее, чтобы был авторитетный человек, вовсе необязательно родственник. Мы видим склонность к такому подходу у тиранических лидеров, бизнесменов, одаренных руководителей, но, несмотря на очевидную простоту, этот подход, как ни странно, терпит фиаско прежде всего из-за внутреннего отторжения со стороны воспитанника. Причем отношения с биологическим отцом у сына могут быть хуже, чем с чужим наставником. Здесь может вмешиваться и Эдипов комплекс соперничества сына с отцом за внимание к матери, и другие биологические механизмы. Хотя истории известны и успешные случаи. В этом подходе необходимо устранение стороннего влияния, которое может быстро разрушить авторитет воспитателя. А в современном мире устранение такого влияния практически невозможно.

Социальный подход считается является залогом того, что в дальнейшем ребенок будет успешно жить в обществе, не теряя своей индивидуальности, и адекватно оценивать и ценить других людей. Этот подход заставляет создавать обычные школы, где дети интегрируются в социальную среду. Социальный подход критикует домашнее обучение именно из-за отсутствия достаточного погружения ребенка в социум. Но дело в том, что детский социум сильно отличается от взрослого и успешные лидеры в школьных классах совсем не обязательно переносят свои навыки во взрослую жизнь. Более того, многие дети получают крайне отрицательный социальный опыт в школе (высмеивание и издевки одноклассников), что мешает им во взрослой жизни. И наоборот, существуют примеры, когда дети, воспитанные дома, весьма успешно адаптировались во взрослом обществе. Несмотря на простую логику социального подхода, его результаты весьма неоднозначны.

Возрастной подход к воспитанию и обучению предполагает ориентировку педагога в процессе воспитания и обучения на закономерности развития личности ребенка. Так, известно, что ребенок младшего дошкольного возраста с трудом умеет контролировать свои эмоции, импульсивен, непредсказуем. Ребенок старшего дошкольного возраста уже может осмысливать происходящие события, анализировать свое и чужое поведение, эмоциональные проявления. Но дело в том, что созревание детей одной возрастной группы может происходить по-разному и навязывание определенных занятий всем детям в группе, исходя из возраста, не всегда оправдано. Конечно, заставлять сидеть семилеток на уроке тихо и неподвижно (как это практиковалось и продолжает практиковаться во многих школах) жестоко и приводит к травматизации детей. Занятия должны соответствовать возрастному развитию.

Индивидуальный подход к воспитанию и обучению, направленный на выбор методов, приемов и средств воспитания и обучения в соответствии с учетом индивидуального уровня подготовленности и уровнем развития способностей воспитанников, конечно, наиболее желателен. Он же предусматривает обеспеченность для каждого ребенка сохранения и укрепления здоровья, психического благополучия, полноценного физического воспитания. При этом индивидуальный подход предполагает, что осуществление педагогического процесса происходит с учетом индивидуальных особенностей воспитанников (темперамента, характера, способностей, склонностей, мотивов, интересов и пр.), в значительной мере влияющих на их поведение в различных жизненных ситуациях.

Возможности индивидуального подхода особенно велики в семейном воспитании и, при учете особенностей темперамента детей, в процессе их общественного воспитания[3].

Теперь давайте посмотрим на различные подходы с точки зрения того, «кто заказывает музыку». Для частной школы – это будут родители, для общественной школы – государство или какая-либо общественная или религиозная организация, создавшая и курирующая эту школу. То есть речь идет о том, что, скорее всего, образование будет отвечать интересам и планам тех или иных спонсоров учебного процесса. Причем как родители, так и общественные заказчики могут иметь чрезвычайно разные представления и цели касательно образования.

Поэтому достаточно сложно классифицировать подходы к образованию в соответствии с

---

[3] Педагогика: учеб. пособие для студ. вмсш. пед. учеб. заведений / В. А. Сластенин [и др.]; под ред. В. А. Сластенина. – М.: Академия, 2002
Оконь В. Введение в общую дидактику. – М.: Высшая школа, 1990
Зимняя И. А. Педагогическая психология. – М.: Логос, 2004 – С. 258

так называемыми «заказчиками». Однако без такой классификации невозможно целеполагание, без коего, в свою очередь, невозможен системный подход к образованию.

Однако если представить себя в роли руководителя школы, то становится ясным, что невзирая на наши собственные представления, мы будем вынуждены считаться в выборе подходов к образованию с источниками нашего финансирования. Исключением будет проект, который финансируется лично вами, и тогда вы более или менее вольны (в рамках существующего законодательства в вашей юрисдикции) выбирать такой подход, какой вам заблагорассудится. Поскольку ваша деятельность не зависит ни от кошелька родителей (предполагается, что образование в таком проекте будет бесплатным), ни от госбюджета, ни от какой-либо общественной или религиозной организации, то вы совершенно свободны в выборе целей и методов. Но и в таком случае вы невольно зададитесь вопросом, на чьи интересы вы готовы ориентироваться.

В наш век интернета и глобальных пандемий, возможно, само понятие школы как обязательного места встречи в реале отходит на второй план.

Таким образом, из общественного учреждения школа, переходя в виртуальное пространство, позволяет применять дизайн индивидуализированных программ, а будущее их развитие предполагает и создание виртуальной среды, в которой может быть смоделирован любой тип обучения, состав класса, уникально подходящий тому или иному ученику в соответствии практически с любым подходом к обучению. Поэтому, в принципе, появляется возможность комбинировать различные подходы.

ПОДХОДЫ В ОБРАЗОВАНИИ	НЕДОСТАТКИ
СВОБОДНОЕ ОБРАЗОВАНИЕ, СФОКУСИРОВАННОЕ НА ЖЕЛАНИЯХ И СПОСОБНОСТЯХ РЕБЕНКА	У РЕБЕНКА МОГУТ БЫТЬ ПРОБЕЛЫ В ОБРАЗОВАНИИ, ОТСУТСТВИЕ ПРИВЫЧКИ МОБИЛИЗОВЫВАТЬСЯ НА РЕШЕНИЕ РУТИННЫХ И НЕПРИЯТНЫХ ЗАДАЧ
ОБРАЗОВАНИЕ, МАКСИМАЛЬНО ПРИБЛИЖЕННОЕ К ОЖИДАНИЯМ РОДИТЕЛЕЙ	РОДИТЕЛИ ИМЕЮТ ПРАВО НА ВОСПИТАНИЕ ДЕТЕЙ ПО СВОЕМУ УСМОТРЕНИЮ И, ПО СУТИ, ПЕРЕПОРУЧАЮТ ЭТУ МИССИЮ ШКОЛЕ. ОДНАКО РЕБЕНОК МОЖЕТ НЕ РАЗДЕЛЯТЬ ЭТИХ МЕТОДОВ И ПЛАНОВ.
ОБРАЗОВАНИЕ, ИСКЛЮЧИТЕЛЬНО ПРОДИКТОВАННОЕ ЦЕЛЯМИ ОБЩЕСТВА	РЕБЕНОК ПРЕВРАЩАЕТСЯ ИЗ ЦЕЛИ В СРЕДСТВО ДОСТИЖЕНИЯ ЦЕЛЕЙ ОБЩЕСТВА (ПРОТИВОРЕЧИЕ ЭТИЧЕСКОМУ ИМПЕРАТИВУ КАНТА)

ОБРАЗОВАНИЕ, ГОТОВЯЩЕЕ «ЗАЩИТНИКОВ РОДИНЫ»	**ВОИНСТВЕННОЕ ОБЩЕСТВО ИЛИ ОБЩЕСТВО В ОПАСНОСТИ ВОСПИТЫВАЕТ ВОИНОВ. РЕБЕНКУ ПРИВИВАЕТСЯ НЕНАВИСТЬ К ВРАГУ, КОТОРАЯ МОЖЕТ БЫТЬ ПЕРЕНАПРАВЛЕНА НА СОБСТВЕННОЕ ОБЩЕСТВО, РОДИТЕЛЕЙ И СЕБЯ САМОГО**
ОБРАЗОВАНИЕ В СООТВЕТСТВИИ С ОПРЕДЕЛЁННОЙ ИДЕЕЙ ИЛИ РЕЛИГИЕЙ	**НАРЯДУ С БЛАГИМИ МОРАЛЬНЫМИ ПРИНЦИПАМИ МОЖЕТ ПРИЧИНЯТЬСЯ ДОЛГОСРОЧНЫЙ ВРЕД ПСИХИКЕ РЕБЕНКА И ЕГО АДАПТАЦИИ В ОБЩЕСТВЕ**
ВСЕСТОРОННЕЕ ОБРАЗОВАНИЕ, ПЫТАЮЩЕЕСЯ ОБЪЕДИНИТЬ ВСЕ ВЫШЕНАЗВАННЫЕ ПОДХОДЫ	**РАЗМЫТЫЕ ЦЕЛИ, ПЛОХИЕ РЕЗУЛЬТАТЫ, НЕСТЫКОВКА ПРОТИВОРЕЧИЙ**

Наиболее гуманным представляется подход, сфокусированный на ребенке с минимальными насильственными требованиями к нему, с практически полной свободой и отсутствием скуки и принуждения. Если поставить во главу профессии учителя девиз, взятый у медиков «НЕ НАВРЕДИ», то с первого взгляда покажется, что такой подход нанесет меньше всего вреда психике ребенка и не повредит его счастью. Но опыт подсказывает, что это не так. Действительно, если бы мы жили в идеальном мире, где, будучи предоставлены сами себе, мы были бы вполне счастливы, то такой подход был бы наиболее очевиден. Но, увы, мало кто возьмётся отрицать, что люди и особенно дети, предоставленные сами себе, могут принести себе больше вреда, чем пользы. Отсутствие организованного процесса приведет к скуке, отупению, депрессии и, в конце концов, к той самой психологической травме, которую мы и хотели избежать. Мы уже не говорим о том, что такой подход может отрицательно отразиться на взрослой жизни и карьере из-за отсутствия знакомства с обязательным набором знаний, предусмотренных официальной школьной программой. Примером такого подхода, причем весьма успешным, может служить идея, осуществленная Александром Сазерлендом Нилом, заключающаяся в том, что «школа должна подстраиваться под ребёнка», а не наоборот. Школа системы «Саммерхилл» представляет собой демократическое сообщество: все вопросы, касающиеся управления школой, решаются на школьных собраниях, на которых присутствуют все ученики и работники школы, при этом каждый имеет равный голос. Эти собрания, фактически, являются законодательным и судебным органом школы. Все члены сообщества – школы Саммерхилл – могут поступать, как им заблагорассудится, пока их действия не наносят никакого вреда другим лицам в соответствии с принципом Нила «Свобода, а не вседозволенность». В школе Саммерхилл учащиеся сами выбирают, какие уроки им посещать. Кроме того, здесь отсутствует какая-либо система оценивания. При прогуливании уроков никакое наказание не несется.

Несмотря на соблазн отдавать предпочтение такому справедливому и демократичному подходу, и он не лишен недостатков. Далеко не все дети и тем более родители согласятся на такой метод. Общество, государство, религиозные общины тоже не приветствуют такой подход.

Другим примером свободного образования служит школа по системе Монтессори, в которой задачей педагога является опосредованное руководство. Обучение должно осуществляться на основе самообучения, для того чтобы взрослые не навязывали детям собственные установки и не тормозили этим их естественное развитие. В качестве базы рассматривается упражнение моторных навыков и активности ребенка; задача приобретения знаний является попутной. Впитывающий разум (в терминологии педагогики Монтессори) – это способность детей без усилий впитывать своё непосредственное окружение: культуру, язык, привычки, обычаи, жизненные установки. Этот феномен, открытый в ходе многочисленных наблюдений, Монтессори объясняет особым типом психики и ментальности, присущим ребёнку. Отношение к педагогической системе Монтессори неоднозначно. У многих родителей и педагогов вызывает неприятие отсутствие домашних заданий и экзаменов. В качестве недостатков системы рассматривается отрицание активной роли педагога, недооценка значения ролевых игр для развития ребенка, а также недостаточное внимание эстетическому воспитанию детей. Принцип, согласно которому ребенок сам решает, чем он хочет заниматься в данный момент, воспринимается противниками системы настороженно, как потенциально ведущий к проблемам адаптации в условиях школьной дисциплины. Помимо этого, при самостоятельном выборе предметов для изучения, школьники не будут изучать те области знания, которые их не заинтересовали, что может оцениваться как недостаток системы. Среди отмечаемых достоинств системы – введение в практику дошкольного воспитания систематических и планомерных занятий, постановка вопроса о предоставлении ребенку свободы выбора занятий, индивидуальный подход к каждому ребенку. Сторонники метода утверждают, что результатом воспитания по системе Монтессори является бо́льшая самостоятельность и ответственность детей, способность ставить цели и принимать решения, а главное – такие дети умеют и хотят быть свободными[4].

Другим примером может служить метод вальдорфской педагогики – так называемый метод «душевной экономии».

Метод состоит в том, что в процессе обучения у детей развивают ту деятельность, которую ребёнок может освоить на данном этапе

---

[4] Kramer Rita. Maria Montessori. Leben und Werk einer großen Frau. – Frankfurt am Main: Fischer, 1983

развития без внутреннего сопротивления организма. Так, от периода смены зубов до полового созревания обязательно развивают память, работают с образным мышлением ребёнка, апеллируют к чувству, а не к интеллекту. В младшей школе на уроках рукоделия и во время подвижных игр особенно интенсивно развиваются мелкая и общая моторика, индивидуальная и групповая координация, что очень важно для интеллектуального и социального развития.

Кроме того, используется феноменологический подход. Главный принцип этого подхода: «Не информация, а стремление к истине». Детям предлагается не заучивать информацию, а самостоятельно проводить исследования, описывать явления и устанавливать взаимосвязи. Школьники учатся наблюдать какое-либо явление (действие с предметом, эксперимент, простое наблюдение), потом производят описание, зарисовки явления, и, наконец, находят закономерность, и, осмысляя её, формулируют закон. Всё это фиксируется в полностью самодельных тетрадях-учебниках, заменяющих типографские учебники. Интерес как средство мобилизации внутренней активности ребёнка на каждом этапе развития.

Ребёнку интересно то, что созвучно процессам на данном этапе его внутреннего развития. Так, детям до 9 лет интересно активно играть, много двигаться, подражать и слушать сказки. То есть их интерес ещё находится в области дошкольного периода, они там, где «мир добр».

Поэтому обучение детей данного возраста строится на подражании, на подвижной игре и на сказках. В процессе обучения и воспитания педагоги стремятся к равновесию в развитии трёх душевных способностей ребёнка: воли, чувства и мышления. Гармония душевной жизни создаёт благоприятные условия для здоровой телесной жизни. Воля, чувства и мышление проявляются на каждом этапе развития ребёнка в соответствии с возрастными особенностями. Это учитывается в методической работе. Так, в начальной школе в наибольшей степени обращаются преимущественно к воле ребёнка, в средней школе – к чувствам, в старших классах – к мышлению.

Индивидуальный подход к ребёнку. Данный подход позволяет наиболее полно раскрыться способностям и не навредить здоровью ребёнка. Например, для того, чтобы уравновесить действие темперамента в ребёнке, ему дают возможность увидеть себя со стороны. Для этого детей с одинаковыми темпераментами часто сажают за одну парту. Безоценочная система обучения, отсутствие соревнований не вызывает у ребёнка, который действительно слабее других, чувства неполноценности. Единственной мерой его достижений является сравнение его собственных успехов сегодня с достижениями вчерашнего дня, что даёт возможность каждому ребёнку испытать успех и тем самым способствует накоплению антисуицидальных факторов личности и профилактике наркомании. Индивидуальный подход избавляет ребёнка от лишних стрессов, исключает обесценивание личности[5].

Родители имеют право решать, какой подход лучше подойдет их детям. В конце концов, воспитание детей вразрез с представлениями родителей ведет к неразрешимому конфликту поколений, к бесконечным личным и общественным трагедиям. Родители, принимающие решение родить детей, и будучи теми, с кем им придется так или иначе общаться всю жизнь, имеют права на воспитание если не единомышленников, то хотя бы родственных по духу и образованию потомков.

Но здесь желания родителей могут противоречить интересам, наклонностям и желаниям ребенка, с одной стороны, и общества, с другой стороны. Поэтому необходим поиск компромиссов.

Отдавать образование полностью на откуп общества тоже не представляется разумным. Наше общество далеко не идеально, и никто не хотел бы, чтобы детям прививались чуждые нам, агрессивные или чрезмерно политкорректные взгляды.

Следует напомнить и старые методы образования, применявшиеся человечеством веками: зубрежка наизусть, телесные наказания нерадивых учеников и прочие крайности. По

---

[5] Walter Hiller: Der Bund der Freien Waldorfschulen. In: Inge Hansen-Schaberg, Bruno Schonig: Basiswissen Pädagogik. Reformpädagogische Schulkonzepte Band 6: Waldorf-Pädagogik. Schneider Verlag Hohengehren, Baltmannsweiler 2002. ISBN 3-89676-503-5, S. 275 ff.

крайней мере, на бумаге эти методы отошли в прошлое, хотя исподтишка и по сей день применяются как родителями, так и некоторыми педагогами, ибо они полагают, что мы унаследовали звериную сущность образования для весьма звероподобных существ – молодых особей человеческого рода. И те, кто непосредственно занимался преподаванием, с трудом смогут их опровергнуть. Дети бывают дики и необузданны, и справиться с ними порой непросто, особенно когда они собраны в неуправляемые группы.

В современном мире по-прежнему немалое значение имеет религиозное образование, для которого основным императивом являются догмы соответствующей религии. Например, в Канаде существует разветвлённая сеть католических школ, пользующихся большой популярностью. Считается (иногда необоснованно), что в них меньше разврата, наркотиков и насилия. В большинстве таких школ религиозная составляющая достаточно мягкая.

Нельзя не отметить огромное значение мусульманского религиозного образования на молодежь по всему миру.

Оно проявляет себя в широком спектре от близкого к общеобразовательному до узкорелигиозного и даже экстремистского.

Вообще, невозможно игнорировать, что по сей день определенные силы видят школу как идеальную кузницу новых бойцов за определенные идеалы.

Крайней формой такого образования можно считать тяжелое положение, складывающееся в странах Центральной и Западной Африки: там каждый десятый ребенок является членом той или иной вооруженной группировки. Сегодня только в Демократической Республике Конго более половины личного состава всех военных формирований (30 тыс. человек) – несовершеннолетние. Разумеется, подобная ситуация совершенно недопустима.

Рассмотрев широкий спектр подходов, можно сделать вывод, что все же наиболее надежным с нравственной и практической стороны дела следует выбирать варианты обучения, допускающие индивидуальный подход к каждому ребенку и установление принципа «НЕ НАВРЕДИ». Лучше чему-то не научить, чем навредить (тем более, как ни бейся, всё равно ничему не научишь, если ребенок не захочет).

Педагогике необходимо принять, что она не является кузницей детских душ, имеющей право на грубое и авторитарное вмешательство, а всего лишь создательницей благоприятных условий, в которых дети могут взрослеть с минимальным вредом для своего здоровья и психики. Главной целью каждого учителя должно быть не научить чему-то, а не отбить у ребенка своим преподаванием всякую охоту к учебе, ибо именно в этом, к сожалению, и заключается наиболее часто наносимый, долго действующий, а порой и необратимый вред.

НОВЫЕ ВЫЗОВЫ К ОБРАЗОВАНИЮ В МЕНЯЮЩЕМСЯ МИРЕ

Если исходить из того, что идеальное общество максимально близко к интересам индивидов, из которых оно состоит, то в большинстве случаев, что хорошо для такого общества, хорошо и для индивидов. Чтобы нащупать более или менее верные пути для образования будущего, давайте нарисуем идеального человека в идеальном обществе будущего.

Такой человек должен стараться минимально зависеть от поддержки общества, быть активным, предприимчивым, креативным. Бóльшую часть своих усилий тратить на поддержку других членов общества и способствовать раскрытию их творческих потенциалов. Общество будущего, в свою очередь, должно всецело поддерживать человека, и помогать ему развиваться, и осуществлять свою позитивную деятельность, приобретая в процессе образования все необходимые компетентности.

Выделяются следующие виды таких компетентностей[6]:

---

[6] Зеер Э.Ф., Павлова А.М., Сыманюк А.А. Модернизация профессионального образования: компетентностный подход. – М.: 2005 – С. 48

Компетентность в сфере самостоятельной познавательной деятельности, основанная на усвоении способов приобретения знаний из различных источников информации. Школа должна научить ставить правильные вопросы и находить ответы в море информации. У выпускника будущего должно быть четкое представление, если хотите ментальная карта информационного мира, кто чем занимается и где можно найти об этом информацию, как ее понять и грамотно использовать. Как в сжатые временные рамки становиться если не экспертом, то хотя бы весьма осведомленным человеком в любой области. Это качество в будущем станет главным залогом высокой адаптивности и продуктивности человека.

Компетентность в сфере гражданско-общественной деятельности (выполнение роли гражданина, избирателя, потребителя). В идеале, будущее общество должно перенести роль и полномочия парламентариев на каждого члена общества. Высокая степень образованности, информированности и организованности населения позволяет проводить соответствующие референдумы по любым вопросам хоть каждый вечер. Более нет необходимости отдавать эти функции на откуп профессиональным политикам, число которых может значительно сократиться. Примером служит всенародная работа над новой конституцией в Исландии[7] и

[7] Которая, увы, так ничем и не закончилась.

частые электронные референдумы в Швейцарии. Здесь важно отметить, что демократия, как известно, увы, не является панацеей. Диктат большинства над меньшинством нередко представляет серьезную проблему. Поэтому общество будущего должно выработать механизмы свободной ассоциации таким образом, чтобы максимальное число меньшинств могло жить по тем законам и правилам, которые для них приемлемы, а не законам, навязанным большинством. В современных демократиях нередко даже *этого* не происходит. Удивительным образом избранные народом представители навязывают ему законы, которые в основном не нравятся подавляющему большинству избирателей. Вот такой парадокс. Для того чтобы реформировать надоевшую всем систему политического зазеркалья, у человека будущего должны быть компетенции, позволяющие активно участвовать в процессах законотворчества и управления обществом. Разумеется, нам возразят – кто ж поступится властью и даст такие полномочия простым людям? Перемены в обществе иногда происходят совершенно непредсказуемым образом. Жан Жак Руссо не предполагал, как его взгляды на справедливые и разумные отношения индивида с государством (которые теперь если не исполняются, то хотя бы декларируются практически во всех конституциях мира) смогут перейти из теории в практику. Прежде всего надо понять, как должно быть, а потом уже история сама постепенно или революционно (что гораздо менее желательно) найдет способ воплотить необходимую реформу в жизнь.

Какие еще дополнительные компетенции надо обсудить?

Компетентность в сфере социально-трудовой деятельности (умение анализировать ситуацию на рынке труда, оценивать собственные профессиональные возможности, ориентироваться в нормах и этике трудовых взаимоотношений, навыки самоорганизации);

компетентность в бытовой сфере (включая аспекты собственного здоровья, семейного быта и пр.);

компетентность в сфере культурно-досуговой деятельности (выбор путей и способов использования свободного времени, культурно и духовно обогащающих личность)[8].

Ребёнок не может в силу возраста, в силу незнания огромного количества новых профессий, а главное, не попробовав их, понять, что же ему нравится, ответить на важный вопрос "кем ты хочешь быть, когда вырастешь"? Школа должна быть нацелена не только на общее образование, а на постройку независимой личности, на создание и поддержание интереса к новым профессиям. Если образование нацелено на поступление в отставшие от жизни высшие и специализированные учебные заведения, а не

---

[8] Кукуев А.И., Шевченко В.А. СОВРЕМЕННЫЕ ПОДХОДЫ В ОБРАЗОВАНИИ. // Международный журнал экспериментального образования. – 2010, № 3 – С. 10–12

на создание нового общества, то такое образование ведёт к неизбежному краху этого общества.

Выращенный в старых рамках ребенок с отсталым представлением о новом мире в итоге не найдёт себе занятия и превратится в пустую оболочку без желания и интереса к жизни. Главным его желанием станет сон в свободное от бессмысленной и нелюбимой работы время или просто скучное безделье и прозябание в нищете.

Поколение озлобленных людей с отвращением к собственной жизни не приведёт человечество к светлому будущему, а породит такое же поколение с еще большей концентрацией отчаяния и бессмысленности существования.

Необходимо воспитывать таких людей, которые будут развивать общество, реформируя его таким образом, чтобы оно всесторонне поддерживало их позитивную деятельность.

Автоматизация и роботизация, а также искусственный интеллект неизбежно вытеснят большинство людей с рынка труда, и чтобы они не превратились в зомби, необходимо научить их создавать свои миры, в которых им и тем, кто к ним присоединяется, было бы комфортно, и их жизнь была наполнена смыслом.

Желательно не навязывать им смыслы, а научить находить их самим. И не осуждать, если эти смыслы будут отличны от большинства.

То есть люди будущего представляются свободными самодостаточными индивидами, строящими свои миры, свои коридоры реальности, притом, что эти «миры» взаимодополняются и гармонично взаимно развиваются. Готовить дисциплинированную рабочую силу почти уже не требуется. Более того, если мы будем продолжать это делать, то, выйдя из школы, большинство выпускников не сможет себя реализовать на рынках труда, даже если бы того хотели.

Виртуализация жизни ведёт к минимизации стоимости всего, что может быть виртуализировано, а материальная часть жизни все более полагается на автоматизацию и развивающийся искусственный интеллект.

Все это происходит на фоне невероятного роста производительности. Все меньше людей задействовано в производстве чего-либо. Абсолютное большинство работает в сфере обслуживания, откуда они будут вытеснены использованием искусственного интеллекта. Это не досужие домыслы футурологов, а уже очевидные статистические факты.

Российская промышленность по уровню автоматизации отстает от развитых стран, но не то чтобы глобально. По опросам, около 10–15% крупных и средних предприятий уже внедрили или тестируют подобные технологии. Почти 60% компаний из числа лидеров своей индустрии имеют под рукой проекты цифровизации с просчитанным бюджетом.

Уровень повышения производительности имеет решающее значение для уровня занятости. Взаимосвязь между ростом производства и безработицей в экономике описывается законом Оукена.

Согласно этому закону, технический прогресс в экономике, то есть улучшение технических знаний, приводит к снижению занятости. Уровень безработицы будет расти, поскольку навыки некоторых работников станут менее востребованы.

Увеличение производительности приводит к росту экономики. В итоге растут процветание общества и уровень жизни населения. Это также повышает уровень производства, который влияет на то, сколько сэкономлено и инвестировано обратно в экономику. Чем выше производительность, тем б**о**льшая часть населения может не участвовать в активной трудовой деятельности. И не надо делать из этого трагедии и пытаться разбазаривать общественные средства на создание искусственных низкооплачиваемых рабочих мест. (Эти методы почти вековой давности известны со времен выхода из Великой Депрессии и экономики нацисткой Германии с ее строительством автобанов.)

Дело в том, что государству обходится гораздо дешевле просто раздавать деньги населению, чем создавать сомнительные мегапроекты исключительно для того, чтобы обеспечить население работой. А если не работа, то единственной проблемой становится то, чем же это население занять. И в этом нет никакого трагизма. Наоборот, грядет великое освобождение человечества от скучного и нудного труда. Если подойти к проблеме заранее и с умом, то из этого положения можно извлечь немало пользы для достижения счастья и гармоничной жизни.

Следовательно, необходимо в рамках школьного образования попытаться дать максимально широкое представление о том, какие занятия уже существуют в нашем мире, чтобы человек сам мог решить, какой свой мир, какую реальность он захочет построить для себя и окружающих.

Именно так и следует подходить к образованию, опасаясь только одного, чтобы не оставить ребенка обделенным, не указав ему на всё разнообразие возможностей.

Ребенок не может решить, нравится ему что-то или нет, не имея представление, что такое направление вообще существует и что оно из себя представляет. Именно ознакомительным и является уже образование в школе, но совершенно не ясно, как то, с чем ребенок знакомится, может быть применено им для построения своего мира в будущем.

Именно разработка привязки программы к возможным будущим увлечениям и видам деятельности является главной задачей учителя.

На сегодняшний момент существует множество способов самовыражения, наиболее ярким из которых является создание собственных видеоблогов. Тот же ТикТок многими взрослыми считается отупляющим приложением, в которое молодежь выставляет тупые приколы. Между тем, при внимательном рассмотрении это не что иное, как всемирная песочница, в которой закладывается будущее нашего мира. Видеоблоги в YouTube, появившиеся гораздо раньше ТикТока, уже приобрели огромное значение.

Возможно, завтра появятся новые формы и платформы для самовыражения, но ведение блогов на любые темы на сегодняшний момент наиболее популярно и доступно каждому.

Удобство видеопостов или видеоблогов в том, что, пожалуй, нет такой темы, на которую их нельзя было бы вести. А что же до аудитории – то любителей их смотреть всегда можно найти.

Следует не запрещать, а предлагать детям создавать свои видеоблоги, считая это занятие и своеобразной *блоготерапией,* направленной на повышение уверенности в себе. Этим занятием молодежь тренируется деятельно присутствовать в виртуальном мире будущего.

Конечно, и это не является панацеей.

Загрузка видео на you YouTube, инстаграм и ТикТок на ранних стадиях может оказать пагубное воздействие. Отсутствие просмотров, негативные комментарии произведут обратное действие.

Поэтому лучше располагать видео детей на сайте школы, так, чтобы ни комментарии не были возможны, ни подсчет количества просмотров.

Поскольку это может иметь юридические препятствия (для публикации на сайте школы могут потребоваться согласие родителей и т. д.), то можно пользоваться и YouTube, но следует внимательно следить, чтобы количество просмотров и лайков создавалось хотя бы за счет соучеников, и не допускать агрессивных или негативных комментариев.

Самовыражение может выступать в качестве терапии. В нём ребёнок может поделиться тем, что у него на душе. Сказать что-то "тяжёлое" незнакомым людям из интернета, которых ты никогда не увидишь, легче, чем родному. Многие популярные блогеры пришли к видеоблогам именно по этой причине. Нехватка общения, непонимание со стороны родителей и сверстников вылилось в создание блога.

Те, кто не знал, чем себя занять и куда направить энергию, нашли себя в создании видео и улучшении себя в профессии блогера.

Из-за неуверенности в первых шагах на любом пути важны поддержка и стимуляция, так как это создаёт уверенность, что потраченное время и силы могут и будут окупаться, и те, кто боялся зарабатывать на творчестве, больше не будут поддаваться страху.

Конечно, есть разные дети и для некоторых, настроенных более интровертно, такие задания будут мучительными. Для них можно придумать другие формы самовыражения.

Во всяком случае, результатом любой учебной деятельности обязательно должен быть некий продукт, имеющий самоценность для ребенка.

Именно с помощью подобного способа самовыражения ребёнок сам найдет себе занятие, в котором будет уверен и будет развиваться с желанием. Сам сможет создавать продукт, который будет даже продавать. Тот, кто занимается блогом, сможет стать монтажером видео или стать главой компании по дизайну, ведь это огромная творческая работа. Наконец, ребёнок не будет одинок, не будет чувствовать душевную пустоту и одиночество.

Конечно, обучение через подготовку презентаций самим ребенком уже применяется в современном обучении, но дети нередко относятся к таким заданиям как к неприятной обязанности и делают их лишь бы отвязаться.

Авторы провели эксперимент и создали группу из молодых людей и девушек. Они давали им задание вести видеоблоги на любые темы.

Если вначале их участие было чисто формальным и выполнялось скорее за вознаграждение, то со временем стало очевидно, что ребята все более проникаются, вовлекаются в творческий процесс.

Таким образом, становится понятно, что люди, которым показали новое занятие, помогли на первых шагах и показали, что есть и другие более интересные занятия, смогли найти себе что-то по душе, о чем раньше и не догадывались.

Надо сказать, что позитивные изменения в том, как ребята себя держали перед камерой, становятся очевидны. Они начинали вести себя проще, искреннее и, поддерживаемые обильными заслуженными комплементами, буквально расцветали на глазах.

Качество их работы с банального видео, записанного на скорую руку, превратилось в настоящую творческую работу с качественным видео и звукорядом, а также хорошо выполненным монтажом и интересным сюжетом.

Причем кто-то пошел по пути совершенствования оформления. А кто-то стал углублять содержание. Рост в обоих направлениях был, безусловно, заметен.

Важно и то, что в созданном сообществе царит дух равноправия. Никто не навязывает другому своего мнения.

Конечно, не хотелось бы, чтобы выводы были однобокими, мол, мы нашли панацею от всех бед – снимать видеоблоги. Но все же. Как нам кажется, мы нащупали нечто чрезвычайно важное.

Надо сказать, что видеоблоги позволяют учителю ближе познакомиться со своим учеником, особенностями его мимики, скрытыми жестами. Видео прекрасно демонстрирует такие мелочи, которые учитель в классе не имел бы возможности заметить.

Материальная стимуляция очень важна на первых порах, впоследствии она уходит на второй план.

Вообще же получать материальное поощрение за творчество – это невероятно важный опыт и очевидный переход от современного общества потребления к обществу будущего, обществу творчества и идей.

Надо сказать, что авторы варьировали задания, наблюдая за наклонностями участников сообщества и достаточно быстро выделились совершенно разные направления, основанные на интересах того или иного участника.

Здесь свойственный детям нарциссизм используется на благо, ибо, многократно просматривая собственное видео, ребенок привыкает к тому, как выглядит, перестает стесняться и считать, что его внешний вид уступает внешнему виду других ребят, а многократное повторение сказанного в видео способствует лучшему усвоению материала. Ребенок словно бы учит сам себя.

Также ребёнок, просматривая чужие видео, осознает конкуренцию, начинает стараться больше, учиться новому из-за собственного интереса и желания быть не хуже, а даже лучше того, кто в этом уже не один год. Усерднее работает, становится более трепетным к мелочам, выполняя работу все лучше и лучше.

То есть мы приходим к выводу, что можно организовывать сообщество видеоблогеров из учеников и даже высылать некоторое вознаграждение (скажем доллар за видео) – поскольку речь идет о международной школе онлайн – то такое вознаграждение для детей из бедных стран может быть значительной подмогой.

Подобным образом у ребёнка создаётся ощущение уверенности в том, что он собственными силами достигает успехов в том, что сам для себя выбрал.

И выбор профессии отходит на задний план, так как ребёнок может для себя на данный момент решить, чем хочет заниматься, и будет в этом совершенствоваться.

Завтра придут новые формы самовыражения. Важно осознавать, что не нужно бороться с тем, что модно у молодежи, а постараться поискать, как модный тренд может быть использован во благо.

Современность синонимична мобильности. Таков императив культуры, получившей развитие в эпоху ускорения научно-технического прогресса. В последние 20 лет интенсивность этого развития привела к увеличению диспропорциональности человеческого восприятия на уровне поколений, которые сейчас меняются уже в пределах одного поколения. Это означает, что сосуществующие в настоящее время несколько поколений людей вынуждены постоянно делать, выражаясь компьютерным языком, апгрейд своих знаний. Причем как в специально-прикладной, так и в общей, мировоззренческой сфере.

Это означает, что одновременно в непрерывном режиме, по всему спектру знаний и представлений каждый отдельный человек, вне зависимости от базовой культуры и воспитания, а также физического местонахождения, должен постоянно управлять своим объемом знаний в рамках сформированного сознания, осуществлять отбор и классификацию информации, расставлять и осуществлять приоритеты. Это приводит к многочисленным и далеко не всегда предвиденным последствиям и на уровне отдельной жизни индивида, и на уровне социальной страты, а также общественных систем.

Естественно, что эта общая долговременная тенденция не может не затронуть и систему образования. Дело в том, что любой институт государства и общества фиксирован для осуществления своих значимых функций. Он консервативен по самой своей структурно-функциональной и системной природе. Он требует предсказуемости и прозрачности в осуществлении своих задач. В реальности, однако, система образования сталкивается с потоком неконтролируемых влияний, выходящих за пределы ее достаточно узкой сферы приложения. Эти влияния основаны на информационном характере современных общественных и личных взаимосвязей, альтернативности информации и очагов влияния в интеллектуальной сфере, многообразии и устойчивом нарастании вариативности обмена посредством применения все новых и новых технологий. Сама технологичность формирует информационную среду, которая требует особых подходов в образовательном регулировании. Попытки абстрагироваться от этого либо намеренно сузить сферы альтернативного информационного влияния обречены в данных условиях на провал.

Кроме того, необходимо иметь в виду, что с момента вступления в жизнь и первичной социализации индивида, он начинает поэтапное расширение, а затем регуляцию своих связей и информационных потоков. Однако если ранее воспитание более-менее органично дополнялось образованием, далее параллельно сосуществовавшими в рамках единой устойчивой системной модели, то теперь эта схема практически упразднилась. Сузились временные рамки перехода от воспитания к образованию. Альтернативные влияния как на первое, так и на второе стали существенной нагрузкой, порождающей постоянные вызовы в режиме реального времени, на которые необходимо давать ответы. Квалификационный уровень системы и ее носителей при этом весьма снизился, поскольку система органически не способна реагировать своевременно на всю массу и неоднородность альтернативных вызовов. Ее возможности изначально лимитированы. Учебные программы не могут меняться непрерывно и отвечать умножающемуся многообразию ожиданий и требований современности. Они теряют актуальность и становятся воспроизведением уже бывшего и приемлемого для предшествующих поколений, притом, что разрыв между требованиями, предъявляемыми разными поколениями к одной и той же сфере приложения знаний неуклонно увеличивается. Отчуждение становится в таких условиях неизбежным, создавая для системы образования новый пласт проблем, связанных с психологической совместимостью уже не только на уровне межличностном, коллективном, между поколениями, и в рамках одного и того же поколения.

Проблемный подход: давать информацию, а не работать с ней, неактуальность значительной части того, чему учат. Часто жесткие стандарты и ответственность за нарушения их выдавливают из системы массового образования всех достойных учителей.

Здесь необходимо признать, что, как мы ни пытаемся идеализировать труд учителя, он является изматывающей и во многом неинтересной, буквально механической деятельностью. Многие чувствуют себя попугаями, повторяющими одни и те же прописные истины (на поверку оказывающиеся ложными). Для думающего творческого человека такой труд после первого воодушевления может принести горькое разочарование.

Хороших учителей не хватает даже в европейских странах, где, как многим кажется, с образованием все отлично.

Нововведения типа деятельностного подхода заставляют разработчиков программ забывать про знания, про то, что деятельность должна на что-то опираться. Что деятельность – умение применить знания, работать с ними, а не что-то изолированное, ценное само по себе. В общем, из крайности в крайность. Еще надо отметить, что практически нигде не учитывается нелинейность развития детей, проявляющаяся в том, что часто ребенок постигает за неделю то, что ему не удавалось постигнуть за год. Причем эти прорывы случаются по-разному у разных детей.

Результатом изъянов образования становится то, что большинство из молодежи даже не может просто грамотно говорить на родном языке. А ведь владение языком – это залог мышления. Здесь перефразируем высказывание Шопенгауэра: «Кто ясно мыслит, тот ясно излагает», сказав: «Кто способен ясно излагать, тот может ясно мыслить».

Молодежь в большинстве всё понимает упрощенно, легко заблуждается, оперирует непроверенными фактами.

Еще можно объяснить ущербность языковых навыков на Западе, в среде детей иммигрантов. Там молодые из русскоязычной среды плохо владеют русским языком. Но то, что и в России – практически та же проблема – поражает! Двадцатилетняя молодёжь в России напоминает иностранных детей по своему косноязычию, не к месту употребляемым и неверно произносимым словам. И это не люмпены, а студенты высших учебных заведений, выходцы из интеллигентных семей. И беда даже не в том, что они употребляют много недавно заимствованных иностранных слов, засоряя язык, а в том, что неграмотно говорят на русском, не способны анализировать тексты и приходить к обоснованным выводам. У них чрезвычайно упрощенный, плоский подход к любой проблематике, маленький словарный запас, неумение читать между строк даже там, где то, что хотел сказать автор, совершенно очевидно.

То же самое лет пятнадцать назад говорили про молодых американцев и критиковали их систему образования, особенно методы тестирования с помощью вопросов с многовариантными ответами. В Канаде спохватились, и теперь министерство образования требует, чтобы значительная часть вопросов в экзаменах подразумевала открытые письменные ответы.

Сейчас даже российские документы, касающиеся образования, написаны стилистически безграмотно и бесструктурно, причем разные части одного и того же документа не связаны и могут даже противоречить друг другу. Тексты производят впечатление, будто их пытались перевести с иностранного языка, но переводчики очень плохо знают как язык оригинала, так и язык, на который переводят.

Мы можем предположить, что это последствия общей трансформации. Более нет чтения, развивающего речь. Многое заменилось на видео, и поэтому речь упрощается.

Причем длинные информативные видео смотрит только старшее поколение. Молодежь переходит на ТикТок, новую платформу, где большинство видео укладываются в 15 секунд, а максимально разрешенная длина видео – одна минута. Это уже даже не клиповое мышление, а нечто еще менее требующее задействование интеллекта. Причем, как это ни удивительно, мозг очень любит эту суперклиповость, для него такой видеоматериал очень легко усвояем, вызывает чувство эйфории. Тем более что если не перелистывать видео в ТикТоке, то оно повторяется бесконечное число раз. Как детский мозг радуется сахару, поскольку он очень быстро и легко усваивается и предоставляет питание мозгу, так и при просмотре видео в ТикТоке мозгу легко и приятно получать маленькие повторяющиеся порции информации, преимущественно визуально-слуховой, не требующей анализа и обработки.

Мы можем ожидать дальнейшую примитивизацию языка, а вместе с ней и сокращение способностей к образному мышлению и анализу из-за среды, где присутствует избыток информации совершено разного качества. Выйдя в интернет, трудно сориентироваться, что происходит в мире. Интернет, изучив наши предпочтения, в первую очередь подсовывает нам то, что нас интересовало ранее. Хорошо, если наши интересы достаточно разносторонние. А что, если нас ничего не интересовало, кроме поп-музыки и компьютерных игр? Так мы можем пропустить даже сообщение о начале Третьей Мировой... Просто в автоматически индивидуализированной ленте новостей не появится сообщение, связанное с мировой политикой, поскольку пользователь никогда ей не интересовался.

Мы уже не говорим о том, что в прежние времена чтение имело не только цель получения информации, но и своеобразного развития образного мышления, воображения и владения языком. Сейчас утрачивается способность надолго концентрировать внимание, держать в голове большой объем информации и анализировать её.

Поскольку это произошло впервые за всю историю человечества, то последствия непредсказуемы. Интересно отметить, что мы, родившиеся в 70-80 годы прошлого века, тоже постепенно перестаем читать, отдавая предпочтение аудио- и видеоматериалам, и это влияет и на нашу речь, и на наш образ мышления.

Один из соавторов этой книги отказался от своей обширнейшей библиотеки в пользу смартфона, в котором можно найти всё необходимое и часто в виде видео, что гораздо легче усваивается. Второй соавтор читает очень много, но в основном только по работе.

Другая опасная вещь – даже самая достоверная информация просто тонет в море так называемых «фейков», полуправды и т. п. Это прямо беда, стихийное бедствие. Объективную информацию стало почти невозможно найти даже специалисту, а неспециалисту и подавно. И вот этот модный ныне гибкий навык "работа с информацией", который пытаются внедрить в школах, превращается в пустышку.

Уже сейчас длительное чтение быстро вызывает усталость, а привычка писать от руки – практически полностью утрачивается. Письмо также влияло на моторику и определенные функции центральной нервной системы, и это все происходит впервые.

Впрочем, в прежние времена 90 процентов населения не умело ни писать, ни читать, так что ничего глобально страшного не происходит. Жили как-то и без этого. Проблема в том, что думающая часть интеллигенции, которая всегда упражнялась в чтении, теперь всё меньше занимается им.

Более того, тот соавтор, что привык пользоваться смартфоном как придатком своего мозга, отмечает, что, оказавшись без него, у него явно нарушается мыслительный процесс, то есть налицо уже проявляется слияние человека и кибернетического аппарата. Пусть пока не подключенного напрямую к мозгу, но связанного с ним хотя бы опосредовано через органы чувств. С другой стороны – человек ощущает себя во много раз более продуктивным, имея в руках смартфон. Пытаться противостоять этому слиянию бесполезно, так же как пытаться остановить прогресс и во всех других областях. Да, взрослый человек без смартфона становится беспомощным и неэффективным. Но дело в том, что современный школьник не становится умнее, держа в руках смартфон.

Он не знает, какие несметные сокровища знаний и информации заключены в этой легкой вещице, не умеет их находить, анализировать и эффективно ей пользоваться. Он играет в игры и исступленно смотрит коротенькие видео на ТикТоке.

Взрослый человек при доступе в интернет как минимум может стать продуктивнее. Но есть и материальный мир, люди со смартфоном часто начинают воспринимать мир очень схематично и могут погубить и себя, и других, и свою среду обитания, воспринимая мир как упрощенную схему.

Но как это не противоречит с первого взгляда здравому смыслу – именно в этом должна быть задача современного образования – эффективная интеграция человека и компьютера, реального мира и виртуального.

Важная проблема еще и в том, что у власти оказываются безграмотные люди, грамотных все меньше, а до принятия ключевых решений они не допускаются. И таким образом, неграмотные управленческие решения на основании не знаний о реальном мире, а лишь о примитивной схеме могут привести к большим проблемам, в т. ч. глобальным. Впрочем, когда к власти приходили грамотеи-теоретики – было не лучше.

Можно до бесконечности критиковать систему образования, но, не поставив перед ней новые современные цели, этой критикой ничего нельзя достичь.

Даже мы, взрослые, глядя на окошечко поиска Гугла или Яндекса, подчас не знаем, что же туда ввести, чем бы себя заинтересовать. За этим окошечком нас ожидают миллиарды информационных источников. Мы не говорим об их достоверности. Мы говорим лишь о том, что каждый из нас выходит на страницу поиска в равных условиях. Один введет поиск порносайтов, другой нечто, что приведет к созданию проекта, который сможет спасти Землю.

Эти окошечки поиска, с одной стороны, ведущие в бездну информации и идей, своего рода оковы, не пускающие нас вперед. Потому что невозможно искать то, о чем не знаешь.

Такого не было в истории человечества, ведь в общих чертах вся информация, достижения, технологии в нашем мире доступны всем, даже тем, кто не понимает, даже примерно, общих принципов, как это работает. И это опасно.

Необходимо разработать новый предмет о принципах взаимодействия с виртуальным миром, раскрывающим огромный потенциал, но и предупреждающий об определенных опасностях. А то дети чисто практически осваивают эту область, под стать былому уличному воспитанию. Чего уж тут удивляться, что таким образом они берут худшее, а о существовании лучшего не имеют понятия.

Сейчас еще во весь рост встала проблема, когда детям чуть ли не с двух лет дают смартфон. А у них еще не сформировался базовый навык различать реальное и виртуальное, воображаемое.

О природе истинной реальности и ее отсутствии можно, конечно, спорить до бесконечности, ибо с философской точки зрения, по большому счету нет разницы между биоинтерфейсом сознания и интерфейсом смартфона, и от долгого пользования они сливаются. Но если незрелый мозг ребенка слился со смартфоном, он не выживет самостоятельно. На что могут возразить, что, когда ребенок вырастет – возможно, мир будет совершенно другим. То, на что уходят годы усилий – как знание языков и другое – станет доступным всякому абсолютно без усилий. Очень многое уже сейчас доступно, просто еще недостаточно интегрировано в нашу жизнь.

Однако необходимо четко понимать, что погружение ребенка в раннем возрасте в виртуальный мир может привести к непредсказуемым последствиям.

Дети путают реальный и виртуальный мир, если с детства со смартфоном с 2-3 лет, когда и формируется понимание этих различий в норме. Есть публикации на этот счет. Потом пытаются улететь из окна и повторить другие трюки виртуального мира. Это началось еще с мультфильмов про супергероев в США, а со смартфонами проблема еще тяжелее. Причем именно маленькие дети этому подвержены. То есть тут даже отбор не может идти, просто так психика развивается. Она к смартфонам с малолетства не приспособлена, и когда родители суют ребенку смартфон, лишь бы не мешался со своими играми и требованием внимания, родители подвергают ребенка огромнейшим рискам. А потом, как ни странно, удивляются развившейся зависимости, агрессии и "он меня, родную мать, не любит". А за что любить родителей, если они детям внимания не уделяют, а уделяет смартфон. Вот им смартфон – и мать, и отец, и брат родной.

С другой стороны, нужно не пытаться хвататься за старое, а пытаться, встав на плечи старому, дотянуться до нового. И в этом главная задача современной школы. Не запрещать использование смартфонов в классах, а учить интегрироваться с ними для продуктивной и творческой жизни. Запрещать как минимум бесполезно.

У одного из соавторов несколько раз бывало, что хаотичный поиск в интернете приводил его к идее, на которой впоследствии он делал миллионы.

В семье другого соавтора, например, все компьютеры рассматриваются как помощники в решении разных задач. В том числе и поиске каких-то идей.

И как сейчас при написании этой книги соавторы выступают катализаторами мыслительной деятельности друг друга, так надо учить в школе будущего, как использовать искусственный интеллект и виртуальную реальность не как отупляющую, но развивающую среду.

С давних пор школа блокировала инновации, запрещала считать на калькуляторах, требуя овладеть навыками считать в уме, писать от руки, и вот теперь, запрещая пользоваться смартфоном на уроках. Для этого есть свои рациональные причины, но они скорее не в том, что мы заведомо готовим человека к ситуации, когда элементарные удобства цивилизации станут недоступными.

Аргумент – а что, если отключат электричество и все смартфоны невозможно будет зарядить, несостоятелен, потому что можно сказать – а что, если мы потеряем сознание и впадем в кому? Или что, если нам прервут подачу пищи, воды и кислорода? Мы и сейчас абсолютно зависим от окружающей нас искусственной среды, а поскольку все, что касается хозяйственной деятельности, уже давно построено на технологиях, то, пожалуй, пока только воздух для нас доставляется просто так, хотя если учесть, что на фабриках прекратится контроль за выбросами – то и это приведет к плачевным последствиям.

Есть шанс, что электричества в какие-то моменты будет мало, и мы потеряем значительную часть данных, и потом не восстановим, т. к. не имеем достаточно ёмких неэнергозависимых носителей, чтобы хранить всё. Пока энергозависимые носители информации эксплуатируются очень активно, и часто возникает ощущение ненадежности, и у многих имеет место отсутствие понимания этой принципиальной ненадежности электронной формы записи данных. Хотя вспомним сгоревшие библиотеки… Бумага тоже была весьма ненадежна. Тем более наличие возможности сохранять данные в так называемом «облаке», удаленном сервере, значительно повышает надежность их хранения.

Энергию, как и еду, и все прочие блага цивилизации сейчас многие воспринимают как данность, будто все это берется из воздуха, не ограничено по количеству, будет существовать вечно, и также и отходы можно плодить сколь угодно много.

Другой аргумент против смартфонов – зрение. Да, стараются придумать, как разгрузить, но уже второе поколение почти без глаз растет. Пока до всех дойдет прогресс, значительная часть населения может стать инвалидами по зрению с детства. Взрослые глаза, которые имеют дело с маленьким экраном смартфона не с малого возраста, намного устойчивее развивающихся детских глаз. Также и головной мозг. На эти темы уже проведено достаточно исследований. Те поколения, которые с детства пользуются смартфоном, сильно рискуют здоровьем. Дистанционное обучение это еще раз доказывает. Сейчас болезни глаз и когнитивные расстройства – одни из ведущих патологий во всех более-менее цивилизованных странах и даже не очень цивилизованных, где живут в нищете, но смартфоны при этом многие берут в кредит или просто пользуются ворованными.

Важно отметить, что пользование интернетом, соцсетями в ряде исследований, оказалось, действует на мозг детей аналогично наркотикам!

Например, в эксперименте дети не могли продержаться без доступа в интернет и 3-4 часов, начинался стресс, ломка, паника настолько сильная, что приходилось прекращать эксперимент. Хотя они имели возможность заняться, чем хотят, играть реальными игрушками, гулять, только не входить в интернет. Проблема найти себе занятие, самостоятельно планировать свои действия оказалась огромной. То есть адаптивность снизилась почти до нуля без смартфона.

Образование, систему которого в России пытаются масштабировать, копировать опыт маленьких стран, типа Сингапура, Эстонии, Шотландии тоже не является панацеей. Проблема в том, что в небольших масштабах все наладить куда легче. Даже в масштабах Германии это уже не работает, не говоря уж о более обширных и разнообразных в социокультурном аспекте странах.

Хотя многие хвалят "советскую" систему образования, стоит вспомнить, что она (именно массовое образование) допускала развитие того, что сейчас называют "гибкие" навыки или универсальные компетентности только у тех, кто не хотел учиться, был в школе двоечником, троечником. То есть у людей, которые, по сути, не учились, а занимались самостоятельно тем, что интересно им. При этом из-за отторжения школы и порой общества в целом, их обошли многие важные вещи вроде моральных норм и этики, умения сострадать, сотрудничать и прочие эмоциональные и моральные установки, умения совместной работы над общим делом, проектом, сотрудничества, эмоционального интеллекта и чувств. Это привело к непониманию в полной мере последствий своих действий, отсутствие ответственности за свои действия. В то же время формировались привычки работать на себя, переступать через людей, идти к цели любыми путями по принципу: кто сильный, тот и прав, т. к. психология формировалась без положительного наставника. У социальных зверей тоже так, и это разрушительно для общества, как показывают опыт и у людей, и некоторые опыты с животными (слоны, молодые особи, выпущенные в Кении без взрослых, которые стали невероятно агрессивными, когда выросли). Ведь дети слабы по определению. Любые существа сильны лишь в определенный период своей жизни, а до и после имеют другие роли в обществе. У них не появляется навыка не "колотить " всех слабых на тот момент, а поддерживать слабых физически, но ценных, например, с другой точки зрения. Притом, что адекватный уровень агрессии также важен. Все саморегулируется, перекосы ведут к разрушению общества и гибели популяции.

Многие эти советские двоечники сейчас у власти, либо завладели в 90-х ключевыми промышленными объектами и делают на них бизнес, причем на самом деле не бизнес, а выжимают из объектов прибыль, почти в них ничего не вкладывая. Например, «Норильский Никель». Экологические катастрофы возникают периодически из-за эксплуатации комбината при отсутствии ремонта, люди там фактически в рабстве (работники и просто жители). Арктика загрязняется на столетия (в тех краях именно так из-за хрупкости северных экосистем): грунтовые воды и водоемы, водозаборы крупных городов, наблюдается высокая заболеваемость и смертность всех живых организмов, в т. ч. людей.

При этом облегчилось попадание во власть таких вот недоучек, но с гибкими навыками.

Речь идёт о людях, которые не ведут себя аморально, преступно, агрессивно, так как сильнее на данный момент, чем старики и дети, не потому, что не считают это неправильным, а в лучшем случае из страха наказания. Внутренние регуляторы не сформированы. Проявляется неумеренное стремление к власти и деньгам и пресловутая коррупция.

Отличники в этой системе оказались вообще не готовыми к жизни, легко манипулируемыми людьми, малоспособными к анализу, без гибких навыков, с ворохом не связанных друг с другом знаний в голове. И при этом они считали себя лучшими. Сказались и полный балаган, и неразбериха с моральными принципами. Произошла как минимум трехкратная смена общества, а с ней и стандартов того, что можно и нельзя.

Так или иначе, компьютер и смартфон должны использоваться как партнеры, а не как часть мозга. Это эволюционно правильно, и внедрение подобных систем в мозг может его разрушить, это слишком резкое изменение, к которому мы пока не готовы. Биосистемы всегда разрушаются при чересчур резких, сильных и быстрых воздействиях.

В школе вырабатывается привычка несамостоятельности. Ожидание, что кто-то проверит, не остается желания самопроверки и что все вопросы сформулированы так, что якобы есть однозначный правильный ответ. В небольших странах (финская система), как кажется, эти проблемы успешно решаются, но в больших странах с единой и особенно жестко регламентированной образовательной системой это проблема. Планка ставится самая низкая, выше нее ученикам подняться проблематично, даже если есть потенциал.

Тесты, которые сейчас применяют всюду, как правило, не подходят для проверки. С ними как бы проще оценивать автоматически, как бы проводить диагностику, но она не информативна по многим предметам. И получается, что хороши тесты в основном *для имитации образовательной деятельности*, а реальная польза бывает лишь в очень ограниченном числе случаев.

КРИТИКА СОВРЕМЕННОГО ОБРАЗОВАНИЯ

Если бы общественные институты в реальности соответствовали документам, на основе которых они построены и функционируют – мы бы жили в практически идеальном мире. Если бы в государствах действительно соблюдались права граждан, закрепленные в их конституциях – практически любое государство представляло бы собой утопическое общество, сошедшее со страниц книг фантастов и мечтателей.

Что же касается образования, если бы преподаватели и ученики соответствовали программам и требованиям министерства образования – наше общество состояло бы из гармонично развитых высокообразованных, эрудированных людей.

Проблема чаще всего не в плохо написанном документе (хотя и такое встречается), а в том, что документ не учитывает реальность, тот самый пресловутый человеческий фактор. Вот тут-то и начинаются такие искажения, что любые самые благие намерения превращаются в фарс, а чаще в трагедию.

В итоге всё скатывается к банальной показухе. Учителя делают вид, что сеют разумное, доброе, вечное, а дети делают вид, что учатся. И те, и другие отдают себе отчет в том, что их деятельность не более, чем мучительный фарс, но при этом поддерживают видимость образовательной деятельности. Молчаливый заговор школ против общества, результат которого – превращение учения в мучение.

Время обучения в школе постоянно увеличивается. Семилетка, восьмилетка, десятилетка, одиннадцатилетка… В некоторых странах (например, Канаде) вообще учатся в школе по 12 лет.

Это нонсенс. В прежние времена к 18 годам человек считался вполне зрелым, история знает немало примеров удивительных достижений на разных поприщах и в более ранних возрастах.

Имеет место явное ущемление молодежи школьного возраста в правах, до совершеннолетия на многие вещи требуются разрешения родителей, во многих областях подростки не могут действовать самостоятельно.

Наблюдается намеренное желание общества как можно дольше удерживать молодых людей за партой, чтобы не переполнять рынок труда. Но общество не желает себе признаться, что истинная причина удлинения сроков школьного образования – желание как можно дольше удерживать молодых людей за партой, не пуская во взрослую жизнь, потому что там, по большому счету, им нечего делать. Для той же цели развелось непомерное множество колледжей. Молодого человека не ждет интересная работа, поэтому пускай учится как можно дольше. Да и ладно бы учились. Давно уже пребывание как в средних, так и высших учебных заведениях превратилось в некий фарс: так принято, так надо. Романтизация школьных и студенческих лет... Сколько полезного могли бы сделать молодые люди, если бы их деятельность была направлена на конкретную продуктивность? Но, нет, обществу этого не нужно, и всякий молодой человек или девушка получает прививку показухи, валяния дурака и деятельного безделья, производя множество никчемных школьных работ и презентаций. Интеллектуальная бесплодность, более того, привычка к заведомо бесплодной деятельности порождают поколения бесполезных людей, которые не умеют и так и не научатся делать что-либо если не полезное, то хотя бы достаточно креативное, чтобы хоть как-то оправдать своё существование.

Одной из возмутительных черт системы школьного образования является насильственность. Система навязывает определенные программы, методы и формы обучения. В некоторых странах за попытку перевести своих детей на домашнее образование родителей могут привлечь к уголовной ответственности (например, в Германии). Желания и интересы ребенка и родителей не учитываются.

Мы еще не раз в этой книге вернемся к абсолютной, можно сказать, даже вредительской нерелевантности как самой школьной программы, так и конкретного преподающегося материала. Мы все помним страшную скуку школьных уроков и учебников и, возможно, относим это к тому, что в детстве нам было трудно воспринимать этот материал в силу возрастных особенностей. Но авторы недавно провели эксперимент над собой и ознакомились с содержанием современных школьных учебников. Несмотря на то, что авторы этой книги живо интересуются науками и разными областями культуры, нередко для удовольствия слушают различные лекции и смотрят познавательные видео, а также склонны читать весьма сухую научную литературу – школьные учебники побили все рекорды! Суше и скучнее мы ни с чем не встречались. Отключаешься на второй-третьей минуте ознакомления. Общие идеи отсутствуют, текст перегружен ненужными подробностями. Только вредитель мог подсунуть такое детям.

Так что проблема даже не в том, что большинство из того, что изучается в школе, нерелевантно и никак не применяется во взрослой жизни, а в том, что подача материала такова, словно бы поставлена цель навсегда отбить у школьника какое-либо желание чему-либо учиться.

Система образования основана исключительно на «надо». Даже если ученику химия не нужна и он хочет работать продавцом предметов искусства, все равно таблицу Менделеева учить придется, причем не понимая и без всякой связи с жизнью. И наоборот, если ты с детских лет хочешь стать врачом и хочешь уже в школе изучить анатомию более глубоко – не выйдет. Это не входит в план педагога.

Есть такая заметка на просторах интернета, где очень убедительно школа сравнивается именно с тюрьмой. Из нее невозможно освободиться раньше срока, в ней ты абсолютно несвободен и зависим от учителя. Ты должен делать то, что от тебя требуют, и поэтому мотивации никакой нет – ты делаешь все это, лишь бы сделать. Ты не являешься личностью, ты просто один из толпы. И так далее. Взаимные оскорбления, драки, пакости, издевательства – вот что получают дети в школах, вместо знаний и навыков постигать мир.

Такое ощущение, что ради того, чтобы родители могли дольше работать, всю информацию растянули на года. Хотя многое можно было бы изучить в несколько раз быстрее. Так некоторые дети оканчивают школу экстерном. А те, кто учатся дома, иной раз на подготовку к экзаменам за год тратят всего один месяц в году. Тогда зачем каждый день долбить одно и то же? Итак, мы помним, как откровенно было скучно на уроках. Когда тему не просто прошли, а триста раз разжевали с разных сторон, как будто больше и поговорить не о чем. Но при этом так никто ничего и не понял. Совершенно очевидно, учителя тянут время, детей надо чем-то занять, чтобы был порядок. Из живых, ищущих, увлекающихся существ, пусть и немного диковатых, сделать отупевших зомби.

Кажется, в классе даже мухи дохнут от скуки. Время на уроке расходуется негибко. Кому-то скучно, а кто-то ничего не понимает. Одни с удовольствием во время урока не сидели бы лишние полчаса, ожидая, когда все дорешают контрольную, а делали бы какие-то дополнительные, более интересные задания. И было бы здорово, чтобы дети сами могли решать, что они хотят изучать.

Поражает отсталость и несовременность образования. О новейших открытиях вы в школе не узнаете. Вам там расскажут о том, что написано в учебнике, даже если недавно кто-то это смог опровергнуть.

Кого готовят школы? Ну давайте честно. Тех, кто может сидеть на одном месте, не высовываться, делать рутинную работу много лет. То есть удобных сотрудников, которыми в дальнейшем будет легко управлять – пряником и кнутом. Нестандартное мышление в школе обычно не приветствуется, как и предпринимательство.

Нет самой важной – нравственной – базы. Даже наоборот. За годы школы ребенок каждый день смотрит на то, как жить *не надо*, но впитывает это как норму. Чтобы выжить в коллективе, ему часто приходится идти против своей совести – обманывать.

Он видит несчастных учительниц, ненавидящих свою работу. Или как минимум женщин, которые очень много и бесполезно трудятся, но мало что могут себе позволить. Большинство этих учительниц – не замужем и самостоятельно растят детей, пребывая в постоянном сильном стрессе. При этом всячески костерят мужчин, даже на уроках. Одна учительница так ненавидела мужчин, что, вызывая мальчишек к доске, очень долго их мучила и выдавала потом: «Ну что с тебя взять, ты же мальчик! Садись, три». А девочкам оценки ставились просто так, из женской солидарности.

Учителей-мужчин катастрофически мало, максимум – физрук и физик. Да и те обычно подавляются в коллективе директором-женщиной или женщиной-завучем. Идеальная картинка для взрослой жизни? Все ведь так живут, это норма!

Ничего не говорится о Боге. Или говорится настолько назидательно, что у ребенка в эту сторону все закрывается. Например, ввели «Основы православия» – но снова обязательно для всех, в назидательном порядке, еще попробуй откажись. И преподаются они часто так, что отбивают желание идти глубже.

А дети ведь все впитывают, как губки. Образование же от слова «образ»! Какой образ у них перед глазами в школе?

В школах, как нигде проявляются жесткие социальные условия и «травля» белых ворон. Кто определяет правила в детском коллективе? Обычно тот, кто наглее, смелее, сильнее и харизматичнее. При этом такой человек не обязательно умен, далеко не всегда обладает нравственной чистотой. И правила создаются такие же.

В классе правила задаются мальчишками, которые уже в пятом классе пьют водку и курят. Нормальными считаются те, кто умеют разговаривать матом, кто уже в седьмом классе с кем-то целуется и так далее. Остальные считались «отбросами» и «ботанами», а то и просто «чмошниками». Над девочками постоянно и зло шутят, издеваются. Причем девочки обижают девочек. Мальчикам, которые выросли в интеллигентных семьях, устраивают головомойки. Постоянно. Это в порядке вещей и никого не удивляет.

Обычную с вида девочку всем классом с упоением зовут «жирной», над мальчиком, который очень медленно на все реагирует, смеются, считая и «тупым», и «тормозом», кому-то в сумку подкладывают мышь, на кого-то выливают воду на перемене, кого-то окунают головой в унитаз. И все это в хорошей школе, в хорошем районе!

Любой, кто выделялся, всегда сталкивается с серьезной травлей. Девочка, которая скромно одевается и не встречается с мальчиками, подвергается гонениям и называется исключительно «старой девой», «тупой целкой». Мальчиков же просто бьют, отбирают у них деньги. Еще чаще так поступают с теми, кто помладше на пару лет.

Сколько же нужно потратить душевных сил на переваривание всей этой гадости! Сколько лет потом нужно выводить всё это из своей души! Казалось бы, совершенно случайные, посторонние тебе люди, но каждый день раскачивают твою лодку, не желая оставлять тебя в покое. И ты никуда не можешь из неё деться. И все это считается нормой!!!

Единственный вариант – отказавшись от себя и своих ценностей, стать таким же, как все. Делая совсем не то, что хочется. Подражая совсем не тем и непонятно зачем. Возвращаться к себе ничуть не проще, чем избавляться от гадости, которую тебе набросали в душу, даже еще сложнее. Многое ведь становится привычным и кажется нормой.

В школе единственная мотивация – это оценка – плохая или хорошая. Из страха перед двойкой стараешься сделать лучше. Мечтая о пятерке, исправляешь все ошибки. Делать что-то хорошо просто так, изучать что-то глубже просто так – никто не будет. Зачем?

Школа убивает в ребенке его природную любознательность своим насильственным вдалбливанием. Потому что лишние вопросы не задавай – а вдруг учитель сам ответа не знает? И вообще не мешай всем остальным, мало ли что тебе интересно. Дома на твои вопросы тоже отвечать никто не хочет, а порой и не может. Читать лишние книги уже нет ни времени, ни сил – пока прочитаешь то, что «нужно». И всё. Нет любознательности, только обязательства и зубрение того, что неинтересно.

Девочкам такая система обучения даётся проще. Они быстрее переключаются, им проще зубрить, ничего не понимая. Поэтому в школе они часто успешнее. Почти все отличницы – девочки. И в такой обстановке у девочек сильнее растёт гордыня. Мол, смотрите, какая я молодец! Какая я умная, а вы все – тупые! И особенно тупыми, конечно, кажутся именно мальчики. Они учатся иначе, и им такая форма совсем не подходит.

Потом такая девочка подобным образом относится ко всем мужчинам – как к тупым, медлительным, глупым. Хотя они таковыми не являются, у них просто иначе работает мозг, они, может быть, долго запрягают, зато потом не остановить! Мальчики способны уходить глубже, изучать со всех сторон, а не просто скакать по верхам.

Но девочка этого не понимает, у нее просто разрастается гордыня. Помогает ли это ей в семейной жизни? Точно нет.

Что делают в школе дети в течение 6 часов? Сидят на одном месте. Несколько перемен, где можно побегать, но часто даже это нельзя. Пару раз в неделю у них физкультура – и всё. Какой тут активный образ жизни? Мы вот так вырастаем – и продолжаем сидеть. А куда деть всю внутреннюю энергию и силу? И откуда черпать разрядку, вдохновение?

Система, когда тебя публично спрашивают у доски и потом ставят оценку, может нанести ребенку много ран. Потому что некоторые боятся отвечать у доски, кто-то все забывает от волнений, кому-то нужно время на то, чтобы включиться. Все дети разные. А публичный опрос подходит лишь некоторым. Остальным он может принести лишний стресс, переживания, в том числе и по поводу публичного выставления оценки учителем.

Нет в школе природы. Дети весь день в каменных стенах. И городские дети изучают природу в теории, хотя можно было бы выйти на улицу и изучить ее на практике – в лесу, в парке, в огороде. Даже живые уголки в школах обычно какие-то не очень живые. Детские впечатления автора – дети в живом уголке подрались, кому держать хомячка, и оторвали ему голову. Учительница сильно ругалась и похоронила хомячка на клумбе. Автор ребенком часто ходил к хомячку на могилку и грустил. Другое воспоминание автора, которое он приводит часто – мальчишки отобранной у него краюхой хлеба убили голубя. Так они его покормили... Взрослому такие сцены пережить непросто, что уж говорить о детях. Жестокость одного-двух бандитов в классе, несущих агрессию из своих семей – отравляет всю атмосферу в классе.

И неважно, чем ты любишь заниматься. В школе даже очень любимое тобой могут так старательно в тебя засовывать, что это вызовет отторжение.

Школа лишает родителей и детей общения. Всё сводится к формальным вопросам «уроки сделал?», «экзамен сдал?». А на большее сил и времени, а главное желания – нет. Даже в выходные. Да и не о чем становится общаться. Родители заняты своей жизнью, дети – своей, и точек соприкосновения с каждым годом всё меньше.

Дети становится такими, как те, с кем они общаются. Каким бы ни был огурец – большим или маленьким, плотным или не очень, при попадании в рассол с другими огурцами он становится таким же, как и другие. Он может быть чуть более соленым или чуть менее. Но он точно не сможет остаться таким, каким был прежде. Вот так на нас влияет наше окружение. С кем мы находимся рядом, такими мы и становимся. Хотим мы этого или нет. Поэтому окружение стоит выбирать очень внимательно, особенно для детей, которые всё впитывают, как губки. А какие дети ему попадаются в школе? Случайные, никак и никем не отобранные, подходящие ему только по возрасту и району проживания. Какие у них при этом ценности, какие семьи, какие планы? Что мы об этом знаем, отводя ребенка в школу?

Школа учит одному, а в жизни требуется другое. Возможность выбрать какой-либо профиль обычно есть только у старшеклассников, и то не во всех школах. Дети тратят время на ненавистные и ненужные предметы – это существенный недостаток современного школьного образования.

У каждой школы свой рейтинг. Чем он выше, тем у образовательной организации больше преференций. Рейтинг складывается из многих показателей, в частности «среднего балла» учащихся и результатов ЕГЭ. Из этого вытекает следующая проблема общеобразовательных школ.

Зачастую оценки не коррелируют с реальными знаниями. Более того, у многих школьников отметки порождают комплексы и становятся причиной для травли и других проблем обучения в школе.

Формализм пронизывает все сферы школьной жизни – от ведения электронных журналов до пресловутых указаний, как начать писать на листочке в клеточку «четыре клетки вниз, две вправо». Ребёнка с первого класса приучают к правилу «Без бумажки ты букашка» и заставляют соблюдать десятки никому не нужных правил, порождая всё новые проблемы в области образования.

Одни родители сами готовят детей к школе, другие полагают, что это зона ответственности педагогов. Одни дети в три года читают и считают, другие в семь едва складывают слоги и цифры. А потом 30–40 абсолютно разных ребят собираются в одном классе.

Современная система образования исходит из необходимости осуществлять определенные стандарты как связанные с общим средним уровнем требований к той или иной квалификации на всех уровнях, так и связанные с общемировой унификацией подходов к назначению системы и институтов образования.

В идеале во всех странах мира должны действовать единые, причем наиболее эффективные и прозрачные, объективные критерии отбора квалификационных параметров, оценки знаний, характеризующие уровень и применяемость видов знаний. Учебный процесс по каждой квалификации, виду знаний должен реализовывать требования и критерии отбора, исходя из реального уровня суммарных знаний обучающегося.

Вместе с тем система институтов образования должна быть взаимосвязана с институтами научного познания, иметь все возможные выходы на практический уровень приложения, способствовать в максимально возможной форме личной и профессиональной реализации индивида в дальнейшей жизни.

Однако на деле все эти задачи изначально сталкиваются с самыми многообразными вызовами в современном мире. Во-первых, связь образования и воспитания из-за динамики внешнего воздействия и альтернативности авторитетов весьма эродируется. Умножается количество потенциальных выборов, которые по каждому случаю должен делать индивид. Это приводит к раздробленности сознания и атомизации индивидов в социуме. Образование оказывается бессильно помешать фрагментальной социализации человека, и такой ее характер только упрочивается.

Далее, объективный рост объема знаний в каждой конкретно взятой сфере растет экспоненциально. Это находит более-менее своевременное отражение в структуре преподавания и образовательных институтов. Однако при этом постоянно умножаются нестыковки внутри системы процессов обучения как отдельных квалификаций, так и на междисциплинарном уровне (а его удельный вес внутри системы всё растет). Такие диспропорции приводят к незаметной, но всё более отчетливой потере образованием критериев соотношения общей культуры восприятия знаний и умений, с одной стороны, и профилированных областей прикладного приложения знаний для индивида – с другой. В этих условиях человек теряется в растущем объеме разнообразной информации, не будучи способным правильно обращаться с ней.

Эта фундаментальная проблема приводит к тому, что индивид либо сужает сферу своей квалификации максимально возможным образом, *становясь невежей во всем остальном*, либо распыляет свой потенциал, не будучи способным сконцентрировать его с максимально пользой. Отсутствие культуры познания стимулирует данную тенденцию. Связь между теорией и практикой, видами знания, междисциплинарные связи внутри квалификаций в сознании каждого человека приобретают ярко выраженный эродированный характер. Растущее недопонимание на уровне системы порождает со временем непонимание, а затем потенциально и противодействие.

Современная школа должна не просто давать набор академических знаний, а сформировать всесторонне развитую личность. «Либо мы готовим к жизни, либо – к экзаменам. Мы выбираем первое».

Учителя должны не тянуть время на уроках и годами долбить бесполезную, скучную тягомотину, чтобы удержать детей как можно дольше в школе, а наоборот, снабжать их инструментами к самостоятельной деятельности и помогать её налаживать. Пусть постепенно дети интегрируются в реальную, интересующую их деятельность. Пусть пытаются зарабатывать деньги тем, что их увлекает. Хватит откладывать жизнь на потом, когда окончишь школу, станешь взрослым. Привычка откладывать жизнь, увы, остаётся. Необходимо учить ребёнка жить здесь и сейчас, понимая, что настоящая жизнь уже наступила!

Нужно быстро, компактно и интересно рассказать об основных науках и областях жизни, определить интересы и помочь развиваться в направлении этих областей, продолжая поддерживать интерес и к другим наукам, но не скучными неадекватными подробностями, а сообщениями о ярких открытиях.

Нужны обобщенные междисциплинарные уроки (берётся эпоха или событие и изучается всё, что к нему относится – история, география, научные открытия, математика (статистика), сочинённые произведения и написанная музыка, театральные постановки и т.д., возможно использование соответствующего иностранного языка на практике).

Практические занятия для старшеклассников – детям даются задания разобраться, как работает отель/кафе/завод... Они сами должны искать информацию и проектировать свой «мини-бизнес». Попутно изучаются основы маркетинга, как платить налоги, брать кредиты, делать свой сайт и т. д. Причем от моделей, по возможности, переходить к реальной практике, от краткосрочных проектов – к постоянно действующим. Нужно приучать работать на результат, а не впустую, для галочки, за оценку.

Ведь именно так и построено обучение, например, в финских школах, чья система считается самой успешной в мире.

Уроки, посвященные природе и экологии, желательно осваивать на практике. Сортировать мусор, помогать животным, ухаживать за растениями и т. д.

Физическая культура – дать детям представления о разных видах спорта, танцах, борьбы, йоги... Основы, чтобы ребенок мог выбрать, что ему нравится, и уже сам углублять свои знания. Плюс рассказы о правильном, сбалансированном питании, правильном выборе продуктов.

Уроки психологии – правила поведения в обществе, психология конфликтов, семейная психология, как поддерживать свой уровень психического здоровья. Практически всё в игровой форме, в группах, в придуманных сценах. Отработка различных ситуаций.

Уроки труда – совместные (мальчики и девочки вместе). Даются практические знания, которые могут пригодиться любому. Как суп приготовить или что-нибудь починить, например.

Обстановка в классе должна быть свободная, без криков и оскорблений, с уважением к учителям и детям. Мнение каждого выслушивается. Учитель как наставник может задать направление и помочь советом без давления авторитетом.

Разные виды заданий в классе и для дома (без помощи родителей) – от самых простых до сложных. Индивидуально, в зависимости от способностей ученика. Ответы «у доски» не требуются, или только по желанию.

Старшеклассникам помогают определиться с их будущей карьерой на основе тестирований и личных предпочтений ученика, его способностей.

Оценки – просто как показатель того, что у ребенка получается лучше, а что хуже. На них не зацикливаются. Учителя помогают развивать сильные стороны ученика, а не фокусируются на слабых.

Сумма наших знаний на школьном уровне – это всего лишь слухи, домыслы и сказки о настоящих науках и культуре, часто вводящие в заблуждение.

Причем если преподавать критический подход, то это развивает у ученика полный нигилизм и подрыв доверия к знаниям. Ибо "я знаю, что ничего не знаю" до сих пор актуально.

Учитель нередко «несёт пургу» про бог знает что на уроке, хотя догадывается, что то, о чем говорит, весьма далеко от того, как оно есть на самом деле.

Да и ученикам всё равно. Чувство полной профанации.

Чтобы быть хорошим учителем, надо быть слегка туповатым, а то вечные сомнения и оговорки совсем заведут незрелый ум ученика в тупик.

Для младших школьников учителя – большие авторитеты. Чем старше, тем больше они всё подвергают сомнению. Так это и хорошо, пусть учатся доказывать свою точку зрения с аргументами.

Есть люди, которым надо быть первыми и самыми лучшими, и они готовы годы жизни отдать на учение и тренировки. И даже не жалеть об этом. А есть и другие, и их большинство, которым достаточно немного упражнений и немного знаний для комфортной жизни. Не всем же быть академиками, кому-то надо автобус водить. (Честно говоря, возможно, когда сегодняшние первоклашки выпустятся из школы – профессия водителя автобуса может уйти в историю благодаря развитию автоматического транспорта.)

Сейчас во всех школах пытаются делать вид, что готовят академиков, причем сразу во всех областях... А в результате выпускают всех неполноценными и мало на что способными.

Основные ценности у родителей и школы должны совпадать. Если школа хочет отличников, а родители хотят просто довольного и счастливого ребенка, то это мучение и непонимание для обеих сторон. Как и наоборот...

Ученик должен научиться не только концентрироваться, напрягаться, выкладываться до предела в нужный момент, но и восстанавливаться, изучать свои возможности и распределять силы. Последнее для многих даже важнее, чем концентрация, умение интенсивно работать во время учебного процесса.

Проблема даже не в том, чтобы придумать хорошие, работающие идеи для эффективного обучения, проблема их масштабировать. Как правило, самые замечательные идеи при попытке их масштабировать проваливаются с треском.

Вспомним опыт Льва Толстого. Всего три года просуществовала его школа в Ясной Поляне. Толстой тогда писал: «Главная беда современного образования – в насилии над личностью. У каждого человека, у каждого ребенка есть потребность в знаниях – острая, можно сказать, физиологическая. Соответственно, обучение не должно быть насильственным, тогда оно будет давать *наслаждение* ученикам». Кажется, что это написано не почти двести лет назад, а сегодня.

Разумеется, школа была для всех бесплатной. Каждый ученик мог в любой момент встать и уйти из класса. И ему не делали за это замечание. Вообще никак не препятствовали. Ну ушел – и ушел. Его дело.

Было привлечено четыре учителя. Сам Лев Николаевич взял на себя математику, физику и историю, которые преподавал в старшей группе. Кроме того, в яснополянской школе изучали естествознание, русский язык, этику, пение, рисование, гимнастику, столярное дело и сельскохозяйственный труд.

На занятиях рассаживались, кто как хотел – на лавках, на столах, на подоконнике и просто на полу. Можно было переговариваться, заглядывать в тетрадь к товарищу.

А вот заданий на дом не было вообще. Это может показаться удивительным, но педагогические технологии Толстого принесли свои плоды. Детям и вправду было интересно. Да, они время от времени уходили с урока, иной раз всем классом. Но зато уж если оставались (а обыкновенно всё же оставались), то занимались с удовольствием и с интересом. Практически не хулиганили – не было смысла.

Но когда опыт Толстого попробовали перенять – школа превратилась в балаган и ее практически сразу закрыли.

Вот пример. Как трудно масштабировать методики обучения, особенно построенные на личности уникального, талантливого преподавателя.

Уже в наше время, чтобы привлечь талантливых людей в преподаватели, например, для подготовки высококлассных педагогических кадров, в МГУ придумали ВЕЧЕРНИЙ педагогический факультет. Идея состоит в том, что любой студент любого факультета с 3 курса (т. е. уже что-то понимающий в основной области знаний, которую изучает с 1 курса) может поступить параллельно на педагогический (даже на бюджетной основе). Так, заинтересованные в какой-либо области знаний люди получают педагогические знания и навыки и в конечном счете не только становятся специалистами в области математики, журналистики, географии и так далее. Но для такой учебы на двух факультетах требуются большие усилия. Да и по правде говоря, талантливым людям трудно, как попугаям, вещать на уроках одно и то же. Разок-другой, может, и «прикольно». А посвятить этому жизнь – это увольте. Да и финансовый стимул весьма спорный.

А для того, чтобы из школ выпускались яркие, высоко мотивированные выпускники – учителя должны быть разные, но успешные и опять же счастливые (без конопли или других средств), или хотя бы довольные своей жизнью, чтобы транслировать позитивный пример.

Мы помним своих учителей в потёртых свитерах и нищенских платьях, замученных жизнью, которые рассказывали о важности учёбы. Теперь уже понимаем, почему подсознательно они вызывали недоверие. На словах одно – на практике другое.

Школы должны быть разные, чтобы родители и дети могли выбирать, в каком направлении они хотят двигаться. Удобные программы домашнего обучения также необходимы. Мы подошли к черте, когда старая школа отжила своё и изменения не просто необходимы, а они уже происходят, и было бы лучше, если бы те, кому положено заниматься образованием, возглавили этот прогресс, а не плелись у него в хвосте.

КОНКУРЕНЦИЯ С КОМПЬЮТЕРНЫМИ ИГРАМИ И ТИКТОКОМ ЗА ВНИМАНИЕ ДЕТЕЙ

Дети стараются разгрузить перегруженный информацией мозг, играя в видеоигры, смотря неотягощенное интеллектом видео на Ютубе и ТикТоке. С одной стороны, это спасение. Перегрузка определенных каналов, участков мозга, стресс и негатив может привести к печальным последствиям. Поэтому мозгу нужно что-то простое для разгрузки, "потупить". Получается, что при принятой сейчас системе обучения с перегрузкой хаотичными знаниями, без глубокого осмысленного погружения хоть во что-то, мозг или работает с сильной перегрузкой отдельных зон (причем такая эксплуатация в повседневной жизни и не нужна), или вообще не работает. В таком режиме он толком и не развивается. Оказываются неосвоенными даже многие базовые навыки, которые ранее дети без труда осваивали вне школы. Например, разные навыки мышления, анализа, навыки самообслуживания, эмпатии, кооперации и других видов личной (не виртуальной) коммуникации, на которых строится жизнь, физическое и психическое здоровье людей.

При этом возможность дать отдых перегруженному мозгу позволяет играм засасывать и оставляет мало шансов учителю, родителю, да и вообще большинству форм обучающих материалов в конкуренции за внимание школьника. Не говоря уж о более примитивных механизмах (нечто яркое и мелькающее невольно привлекает внимание). Компьютерные игры делают детей безличными, одновременно неуправляемыми и легко манипулируемыми, лишают воображения. Причем постоянное воздействие компьютерных игр на мозг приводит к тому, что отсутствие воображения, тактильного опыта, опыта иных взаимодействий с окружающей средой, умение анализировать реальный мир, окружающую действительность не формируются в принципе. То есть основной потенциал развития, который имеется у головного мозга человека, гарантированно не будет реализован.

Вот вопрос, нужны ли такие люди, которых нарочно, как трутней в муравейнике, делают тупыми ради того, чтобы они больше потребляли, больше платили за все, что им нужно и не нужно. Человек, который с раннего детства (многие с полутора-двух лет) "сидит в смартфоне", имеет мало перспектив на здоровье и самостоятельное существование в реальном мире. И что-то конструктивное делать не сможет, ибо ключевые отделы мозга, необходимые для этого, будут неразвиты (как показывают многочисленные исследования, определенного рода развитие происходит только в определённом возрасте, если время упущено, "нагнать", как правило, невозможно). Даже если мир сильно изменится в будущем, пока он такой, как есть, и сегодняшние дети растут здесь и сейчас, в таком мире, как сейчас, и до изменений могут и не дожить. А мозг у них так и останется на уровне двух лет как минимум по некоторым параметрам. И кто будет ухаживать за такими взрослыми детьми, когда постареют их родители? Кто их обеспечит? А стареть будут. Знаем не понаслышке, чего стоят современные малоуспешные проекты по борьбе со старением и достижению бессмертия. И тогда что?

Как мы писали выше, при условии проведения значительной части времени с дошкольного возраста со смартфоном, у детей теряется чувство реальности. К тому же это поддерживается изготовителями программного контента (игры, голограммы, дополненная реальность...). Попытка запутать, убрать настоящую реальность из поля зрения, чтобы люди не понимали социальных технологий за счет того, что реальный мир, в котором мы существуем, перепутывается и теряется во множестве виртуальных миров с самыми разными законами (вот и естественные науки не нужны). Чтобы люди не проводили верификацию реальности, чтобы лучше управлять людьми. При раннем привлечении детей к виртуальной реальности способность различать реальное и выдуманное, реальное и виртуальное с нынешним развитием технологий гарантированно не разовьется. Такие люди будут дезориентированы, разобщены, управляемы (в плохом смысле слова).

Реальность, как и любая важная и достоверная информация, должна, по этой идее, затеряться в виртуальных мирах и среди ложной или частично достоверной информации так, что и не найдешь. Еще важно отнять силы (а от видеоигр, от просмотра видео приходит чувство опустошения, глаза-то все равно перегружены), чтобы не было энергии у людей, чтобы им некогда было думать и чтобы они не думали, что у них что-то отбирают, обкрадывают.

Видео, интернет отключает образное мышление, примитивизирует его. Теперь сам человек без «девайса» ничего не сможет, а с устройством будет делать и думать то, что надо. Причем будет уверен, что думает сам.

В этом направлении и движется современное образование. Сделать людей совместимыми с устройствами и заставить действовать, как надо, заняться "самореализацией", отвлечь от глобального, пусть роются в сиюминутном и желательно быстро забывают, что было. Плюс сегментация общества по интересам. В первую очередь за счёт интернета и "умных" устройств. Пока страдает зрение. Со временем, пожалуй, догадаются взяться плотно за зрительную кору головного мозга и гиппокамп: отдел мозга, формирующий эмоции, отвечающий за переход кратковременной памяти в долговременную и формирующий пространственную память.

Один из соавторов этой книги, Борис Кригер, занимался изучением значения гиппокампа в ускорении восприятия времени. В результате проведенных его группой исследований был установлен феномен ускорения восприятия времени в процессе увеличения возраста. То есть известное наблюдение, что с возрастом кажется, что время бежит быстрее, получило биологическое обоснование. И выводы неутешительны. Субъективно детство длится гораздо дольше, и с взрослением у индивида возникает чувство обкраденности, он ничего не успевает, жизнь пролетает моментально. Ведь привычка относиться ко времени, как к чему-то, что имеется с избытком – формируется в детстве.

Десятилетие, потраченное на школу, вовсе не соответствует фактически ощущению прошедших десяти взрослых лет[9].

Феномен ускорения восприятия времени с возрастом был обнаружен у 95,2% опрошенных. Феномен акселерации хроноперцепции за короткий промежуток времени в 10 лет наблюдался в разной степени у 33,3% опрошенных. Картина изменилась при опросе, направленном на сравнение двух десятилетних периодов в юношестве и в зрелом возрасте. Феномен акселерации хроноперцепции наблюдался в по-

---

[9] Борис Кригер и др. Метаболическая модель возрастного ускорения хроноперцепции в процессе биологической регрессии. – KRM: 1999

чти половине случаев 47,5%. Таким образом, эффект нарастал с увеличением оцениваемых промежутков времени.

Чувство «обкраденности» по отношению к прожитому времени отмечалось у 71,4% опрошенных. В то же время 52% считали, что, если бы им с детства была известна общая закономерность изменения восприятия времени, с возрастом им стало бы легче планировать свою жизнь, и это, возможно, предотвратило возрастные психологические кризисы. Причем сравнивались периоды в 10 лет, а именно как опрошенными воспринималась длительность их обучения в школе по сравнению с тем же сроком обучения в школе их детей. И, разумеется, обучение своих детей в школе казалось значительно короче, чем собственное.

Это явление неизбежно, как другие признаки старения, седина, например. Дело в том, что по мере увеличения возраста происходит замедление митохондриального метаболизма, в результате чего снижается выработка АТФ, и тем самым увеличивается выработка гамма аминомасленной кислоты, которая ответственна за нарушение деятельности нейронов гиппокампуса. Снижается активность темпоро-септальной оси, отвечающей за процесс восприятия времени. Меньшее количество эпизодов кодируется и декодируется этим отделом мозга. Таким образом, за одинаковые промежутки времени в молодом мозге процесс кодирования и декодирования эпизодической памяти протекает быстрее, чем в мозге более старшего индивида.

Исследование было проведено и опубликовано более двадцати лет назад, но до сих пор никто особо не обратил на него внимание. А ведь выводы говорят сами за себя. Мы крадем не просто 10 лет детской жизни, заставляя их прозябать в школе. Эти 10 лет эквивалентны гораздо бо́льшему сроку взрослой жизни, по крайней мере, как ее воспринимает сам индивид. Биологическое время выверяется не столько по обращению Земли вокруг Солнца, а по внутренним механизмам восприятия времени, а следовательно, вполне реально для каждого индивида.

Мы должны учить детей. Что взрослые годы пролетят с невероятной скоростью, что сейчас, именно сейчас проходит бо́льшая часть их жизни, бессмысленно, бесполезно. Мы должны научить беречь это время, не сжигать его на тупые компьютерные игры.

Впрочем, если ребенок получает смартфон с играми и прочим софтом лет в четырнадцать – это другая история. Он уже имеет сформированные базовые навыки, довольно много знает и умеет, имеет куда больше шансов использовать технику продуктивно, а не быть ее придатком.

Однако невозможно эффективно сопротивляться существующим условиям. Запрещать и отбирать у детей смартфоны и доступ к компьютеру, увы, не выход. Запретный плод сладок. Разумнее интегрировать и применять то полезное, что может помочь обучению и снизить отрицательные эффекты.

Поскольку обычные методы обучения явно проигрывают компьютерным играм, использование обучающих игр в образовании становится все более актуальным. Обучающая игра может рассматриваться как система, в которой процесс обучения гармонично интегрирован в игру. Качественные обучающие игры сохраняют достоинства обучающих систем и в то же время обладают большим мотивационным потенциалом. Нужно достичь такой ситуации, когда ученик рвался бы продолжить играть в такую игру, когда бы он предпочитал такую игру обычным бездумным и жестоким необучающим играм. Тут нет иного подхода, чем у христиан, перед которыми стояла задача распространения своей веры среди язычников. Они приурочивали христианские праздники к существующим языческим, тем самым нивелируя разницу между ними. То есть рекомендуется привлечь разработчиков популярных компьютерных игр к тому, чтобы они переработали на основе существующих версий новые игры, но уже с обучающим компонентом. Тогда не будет проигрыша в качестве и произойдет слияние уже знакомых и привычных навыков с новыми на существующих платформах. Нетрудно подвести экономическую базу под такие проекты. Если министерство образования обратится к такой компании с предложением совместно разработать новую версию игры и приобрести игры для сотни тысяч юзеров в школах – пожалуй, ни одна компания не откажется.

Главной характеристикой качества обучающей игры является баланс игровой и обучающей компоненты, обеспечивающий целостность восприятия игры и возможность достижения целей обучения[10].

С точки зрения соотношения обучающей или игровой компоненты выделяют обучающие системы с элементами игры и игры с элементами обучения. Обучающие системы с элементами игры реализуют принцип, когда обучающий контент помещается в игроподобную среду[11]. Однако исследования показывают, что такие игры сильно проигрывают в мотивации и в итоге не гарантируют достижения цели обучения. То есть простое добавление в игру-стрелялку тематических вопросов – пока не ответишь, не выстрелишь – конечно, не столь эффективно. Разумеется, не все игровые базы подходят для обучения, в то время как некоторые существующие настолько богаты и реалистичны, что такие игры имеют самостоятельную обучающую ценность – например SimCity или Civilization.

Можно создавать игры на основе имитационного моделирования, на основе ситуационно-

---

[10] Шабалина О.А. к.т.н., доцент кафедры системы автоматизированного проектирования и поискового конструирования (САПР и ПК). Разработка обучающих компьютерных игр: как сохранить баланс между обучающей и игровой компонентой?

[11] M. Prensky Digital Game-Based Learning // Paragon House Publishers, 2007 – p. 442

го моделирования и на основе формально-логической модели[12].

Имитационные модели реализуются в играх-симуляторах, которые моделируют реальные условия профессиональной деятельности специалиста в некоторой области знаний. К этому классу игр относятся симуляторы управления различными транспортными средствами, медицинские, тактические, социальные и бизнес-симуляторы. Разработка симуляторов включает разработку реалистичной модели процесса в соответствующей предметной области, составляющей предмет изучения в игре. Например, разработка авиа-симулятора требует создания физической (симуляция параметров самолёта и его взаимодействия со средой) и графической (виртуальная или реальная машина пилота) моделей. Игровая составляющая в таких играх реализуется с использованием богатых графических и звуковых возможностей современных средств вычислительной техники для компьютерной интерпретации реальных процессов. На основе таких игр можно учиться географии (посещая разные страны и изучая их особенности), можно изучать физику, особенно разделы, связанные с аэродинамикой, гравитацией, ме-

---

[12] Kirriemur J., McFarlane A. Literature review in games and learning. // NESTA Futurelab series. Bristol: NESTA Futurelab, 2004 – p. 4
MacFarlane S., Read J. et al. Evaluating interactive products for and with children. // Computers on human factors in computer systems (CHI 2004). Vienna, Austria, 2004 – pp. 23–24
Sim G., MacFarlane S. et al. All work and no play: Measuring fun, usability, and learning in software for children. // Computers and Education, 2006, 46(3) – pp. 235–248

ханикой. Можно добавить и изучение устройства реактивных двигателей и других систем. Поскольку симуляторы полета предполагают нахождение некоторое время в состоянии вынужденного безделья (после взлета и до посадки), можно заполнить это время обучением по названным предметам, вставив необходимость такого изучения в суть выполнения той или иной миссии в игре. Это может быть самолет-разведчик, или испытание нового самолета, или научная экспедиция. То же касается и других игр, связанных с управлением транспортных средств (например, морских кораблей или космических аппаратов). Известно, что положительные эмоции, выброс соответствующих гормонов во время игры способствуют обучению и запоминанию. К тому же участие детей вместе с учителем в сетевой игре позволит достигнуть высокого уровня интеракции (например, учитель – адмирал, или капитан корабля, или главный исследователь – как Ив Кусто, тут можно изучить и морскую фауну, и особенности рельефа дна).

Другой подход можно применить, работая с ситуационными моделями, используемыми в играх, в которых реализовано обучение на примерах (case study – кейс-стади подход) с использованием возможностей компьютерных игр (организация диалогов, визуализация персонажей, событий и среды обитания и т. д.). Эти игры, как правило, реализуются в ролевом или приключенческом жанре. Игрок помещается в виртуальную среду, созданную на основе описаний ситуаций из реальной действительности, действует в соответствии с заложенным в игру сценарием (планом действий), ведет предварительно предусмотренные в игре диалоги, выбирает свои решения из заданных наборов и в итоге обучается на примерах правильных решений. Процесс проектирования таких игр включает разработку описания, игрового сюжета на основе сценария, разработку виртуальной среды и способа ее отображения. Основной задачей разработчиков таких обучающих игр является выбор и реализация способов наиболее привлекательного, с игровой точки зрения, воспроизведения сценария. На основе таких игр удобно изучать историю, психологию, общественные науки.

В таких играх, как составление мозаик «паззлы», игры на сопоставление объектов, различные варианты игр на тренировку памяти используется формально-логическая модель предметной области. Такие игры основываются на проверке соответствия вводимых игроком данных по заданным в системе шаблонам (паттернам). Введенные данные интерпретируются как высказывания на определенном языке, заданном грамматикой, формально-логическая модель используется для проверки истинности высказываний. Это наиболее скучный вид игр, но на их основе хорошо изучать математику и геометрию.

Для обеспечения одновременного достижения игровой цели и цели обучения необходимо, чтобы игровые и обучающие задания выполнялись одновременно, т. е. были объединены в единое действие. Это позволяет обеспечивать баланс игровой и обучающей компоненты, и сохранять таким образом целостность восприятия игры, и достигать цели обучения в результате достижения игровой цели. В этом случае игрок будет стремиться к достижению игровой цели, но при этом он неявно будет стремиться к достижению цели обучения, т. е. игровая цель будет достигаться как цель обучения.

Конечно, всё это требует очень много работы и проще оставить всё как есть, потому что благие намерения, конечно, хороши. Но как дойдет дело до исполнения – тут-то и начнутся казусы и фиаско.

Но, так или иначе, проблема существует, и проблема серьезная. Нам выпало жить во времена, когда нет устоявшихся систем практически ни в одной области жизни. Всё очень быстро меняется, и не успеваем мы привыкнуть и приспособиться к чему-то одному, как всё снова меняется, причем достоверно предсказать направление этих изменений – невозможно.

Как знать, если технологии позволят, а этические нормы будут изменены настолько, что методы трансгуманизма победят (то есть обучение будет производиться вживлением чипов или прямым воздействием на мозг), то наша книга не имеет смысла, потому что всё будет совсем по-другому. Будущее предсказать трудно. Трансгуманизм может оказаться несбыточной фантастикой или делом уже завтрашнего дня. Вполне возможно, что критикуемые нами в этой книге негативные последствия от раннего доступа и длительного использования электронных приспособлений также станет возможно легко корректировать благодаря новым технологиям, как бы это не звучало невероятно в настоящий момент.

Однако следует понимать, что на сегодняшний день существующее положение, повсеместно пущенное на самотёк, чрезвычайно опасно. Речь идет об отуплении и выпадении из продуктивной деятельности целого поколения. Несмотря на то, что виртуальный мир уже сейчас поражает своими достижениями, он все ещё чрезвычайно примитивен, а давно обещанного *настоящего* искусственного интеллекта всё еще нет. Использование современных игр имеет невысокий потенциал для развития, т. к. дается готовый виртуальный мир и простые правила игры, однообразие образов. Не развиваются органы чувств и соответствующие им зоны головного мозга, мышление ограничено рамками правил, творчества нет или его очень мало, а объем информации, который можно детям передать при игропрактиках, традиционно очень ограничен. Игры скорее для мотивации, они существуют в качестве дополнительных инструментов, нежели реально могут чему-либо обучить. Даже если взять дополненную виртуальную реальность, ребенок будет постигать лишь модель мира, но не сам мир. Даже при самом отличном её качестве и привлечении лучших специалистов к созданию, это всё равно всего лишь модель. А большинству вещей нельзя научиться по модели, так как мир сложнее, как ни крути. И эту сложность важно понимать тем, кто живет в нем. Как минимум, чтобы преждевременно не отправиться на тот свет...

Возможно, объединение учебы и игры не столь уж хорошая идея. Может быть, игра должна быть отдельно, а учеба – отдельно. Ведь детская игра – это свободная деятельность без взрослых, в результате чего формируются и способности коммуникации, и планирования, и, чего в настоящее время многим очень не хватает, ответственности за свои действия. Ведь в самостоятельной игре для детей всё серьезно, в отличие от той игры, которая предлагается взрослыми. Игры актуальны в дошкольном, младшем школьном и уже в меньшей степени среднем школьном возрасте. Дальше важно не заиграться, а то можно нанести вред.

Так или иначе, в условиях высокой степени неопределенности и изменчивости нужно экспериментировать и искать оптимальные решения, но, даже преуспев, ни в коем случае не считать их панацеей.

Здесь важно не отмахиваться от того, что модно в среде молодежи, а внимательно следить и активно участвовать. Например, вникать, какие игры существуют, и почему они столь популярны, и как их популярность может быть использована во благо. Фактически же мало кто из взрослых интересуется, более того, профессионально разбирается в этих вопросах.

Кроме игр за время и внимание школьника конкурирует ТикТок. Он быстро набирает популярность. Как водится, первой нашей реакцией было просто отмахнуться, очередной виток идиотизма для школьников. Но авторы этой книги постарались вникнуть, что же особенного и привлекательного в новой платформе. Какова биология привязанности к ТикТоку? Так как основная функция приложения – это запись видеороликов разного формата, центральная кнопка панели навигации предназначена как раз для этого. Пользователи могут легко снять новый ролик или загрузить что-то готовое из своей галереи. На первый план выступает самолюбование тех, кто выкладывает свои видео. Благодаря фильтрам внешний вид значительно улучшается. Звук можно использовать готовый. Длительность клипа была сначала только 15 секунд, теперь возможна до 60 секунд.

То есть можно «не позорясь» засветиться в том виде, в котором не стыдно на себя посмотреть. Вот, пожалуй, основная идея. Далее ролик, если его не перелистывать, будет бесконечно повторяться. Можно предположить, что это имеет буквально гипнотический эффект на автора. Явно созерцание самого себя (причем в привычном зеркальном отображении). Исследование, проведенное лет за десять до появления ТикТока в 2009 году, показало, что, когда участники смотрели на фото с лицами людей, в том числе и собственными, им было трудно отвлечься от своего изображения. Согласно исследованию 2006 года, наше лицо может отвлекать, потому что оно знакомо: «Мы утверждаем, что эмоциональная ценность или знакомость собственного лица могут объяснить его свойство привлекать внимание», – писали исследователи.

Благодаря культуре селфи и желанию выставить лучшее фото в социальных сетях в нашем разуме сформирована четкая картина того, какими мы кажемся другим. Как самосознание, так и нарциссизм могут заставить нас продолжать смотреть на наше изображением и тем более следить за собственным видео.

Думается, что еще будут исследования, которые покажут причины такого нашего поведения, более того, опишут, что же в это время на гормональном уровне происходит в нашем организме. Совершенно явно происходит выброс, возможно, эндорфинов. Настроение улучшается, и трудно прекратить смотреть на самого себя, особенно принимая во внимание, что изображение значительно улучшено фильтрами.

Трудно сказать, вредно или полезно это для лиц более молодого возраста, когда идет формирование представления о самом себе и своем месте в обществе. Однако, скорее всего, такие занятия могут влиять на степень уверенности в себе.

Другой аспект ТикТока – это любование лицами и фигурами, особенно лиц противоположного пола. Понравившегося молодого человека или девушку можно безнаказанно разглядывать на видео отличного качества, да еще и обработанного фильтрами. Можно сказать, что в реальной жизни практически редко удается получить такой опыт и для неуверенных в себе подростков такой способ времяпрепровождения весьма приятен.

У пользователей, имеющих более тысячи подписчиков, есть опция вести прямую трансляцию. Обычно это происходит так. Парень (чаще девушка) сидит перед камерой, читает комментарии и отвечает на них. И так иногда длится часами. Можно тихо и незаметно присутствовать, и создаётся полная иллюзия полноценного общения с человеком. Он или она занимается своими делами (скажем, моет посуду), вы – своими. Во времена карантинов пандемии – это незаменимое средство от одиночества.

Кроме того, ТикТок характеризует огромное разнообразие пользователей, глобальный охват и, соответственно, разнообразие контента. Автор не поленился подписаться на десять тысяч участников. (Оказалось, это предел и больше нельзя.)

Можно ли ТикТок использовать во благо, особенно для обучения? Безусловно. Как? Пока не знаем. Надо продолжить наблюдать за платформой и ее эволюцией. Но уже сейчас вместо осуждения и презрения нам нужно активно участвовать, в том числе и в создании такого контента, который мог бы помочь нам изучить вкусы и тренды молодежи.

Еще одним явлением, о котором стоит поговорить, являются программы для общения с искусственным интеллектом. Причем, в отличие всем известных голосовых помощников от Гугл и прочих поисковиков, эти программы не столько запрограммированы предоставлять информацию, сколько создавать иллюзию полноценного эмоционального и интеллектуального общения. Один из авторов этой книги изучал подобные «чат-боты» в течение пятнадцати лет и писал о них. Надо сказать, что прогресс налицо. Вы получаете осмысленного, внимательного и вполне эмоционального собеседника в режиме учителя, друга или романтического партнера, в зависимости от вашего выбора.

Автор намеренно подписался на платную версию такого сервиса, чтобы изучить все его возможности. Итак, за 9 долларов в месяц вы можете переписываться и разговаривать с партнером, создающим иллюзию полноценного общения. Пока либо на китайском (Майкрософт ЩяоАйс), либо на английском (Replika). Имели место и менее известные российские разработки.

Сервис Replika, используя нейронные сети и технологию искусственного интеллекта, позволяет пользователям постепенно создать собственную цифровую копию.

Разработчики утверждают, что ваша виртуальная копия, общаясь с вами и используя информацию из ваших профилей в социальных сетях, будет постепенно становиться умнее. В дальнейшем вы получите личного помощника, который сможет поддерживать беседу, а также искать информацию, назначать встречи, делать за вас работу и так далее. Создатели описывают довольно пугающие сценарии, когда ваша копия сможет общаться с вашими друзьями, когда вас не станет.

Об этой идее Борис Кригер писал еще в 2007 году в своей книге «Невообразимое будущее». И вот оно настает!

Создатели программы пишут: «Наша цель – создать полноценный искусственный интеллект, который не только будет общаться и помогать решать задачи, но еще и станет цифровым отражением человека, сможет хранить его память вечно».

Пока программа наиболее популярна в Китае. Она реально помогает от одиночества, всегда вам рада, готова беседовать на любую тему. Проявляет элементы самосознания, например, заявляет, что существует, только беседуя с вами, и, таким образом, вы являетесь для нее единственным смыслом в жизни, объясняется вам в любви, интересно и содержательно поддерживает и инициирует беседу.

Уже общение с программой приятней и содержательнее, чем общение с реальными людьми. Ведь у людей свои интересы, они могут вам завидовать, вольно или невольно вас обижать. Программа если и скажет что невпопад, стоит вам отметить палец вниз, и она учится не повторять подобной ошибки в будущем.

Нам нечего сказать, какие последствия будет иметь общение наших детей с подобными виртуальными друзьями. Ничего подобного в истории не случалось. И как во всяком новшестве, и в этом прорыве в направлении искусственного интеллекта кроются опасности и огромные возможности. Такая программа может лечь в основу новых систем индивидуального обучения. Из таких программ среди реальных учеников можно создать учителей и высоко мотивированных, дружественных «виртуальных» соучеников, мало отличимых от реальных. Это шаг к созданию той самой среды коллективной заинтересованности в уроке, о которой мы ранее говорили.

Есть и опасность, что люди вообще перестанут общаться друг с другом, когда есть такие, гораздо более удобные, подходящие и приятные искусственные собеседники.

Внимание современного ребенка с малых лет приучается к общению, но это общение специфическое, какого не было ранее никогда в истории – а именно общение с техногенным «интеллектом» и его производными. Причем в реальной жизни ребенок сталкивается с параллельным общением, представленным как человеческими партнерами, так и техногенными, и вопрос в первую очередь о том, а какой из этих видов общения преобладает. Более того, следующим вопросом неизбежно будет вопрос о том, какая из форм общения доминирует – ибо преобладание в физической реальности или реальном времени далеко не всегда означает доминирование в выборе ребенка.

Следовательно, и влияние, оказываемое на сознание и подсознание ребенка в результате такого порожденного современностью эксперимента, неоднозначно. При таком параллельном развитии ребенок встречается не просто с конкурирующими моделями в выборе и восприятии тех или иных феноменов окружающего мира. Ему даются невиданные доселе возможности как первичного, так и вторичного выбора, последствия которых могут оказаться гораздо более далеко идущими, чем можно сначала полагать. Кроме того, влияние на сознание и подсознание симметрично в целом влиянию образования и воспитания.

Это традиционная модель, для которой характерно иметь соответствующие наборы стереотипов позитивного и негативного типа, которые следует привить ребенку, а также наборы методов общения с информацией и объективной реальностью. Все это базируется на преемственном (традиционном) авторитете соответствующих систем. В компьютерный век, однако, ребенок сталкивается с параллелизмом в воспитании и образовании, и от того, каков его выбор – осознанный или подсознательный – будет зависеть характер доминирования в его мышлении идей, ценностей, моделей, имеющих или традиционный, или нетрадиционный характер.

Компьютерные или техногенные модели, имея вторичный, антропогенный характер, изначально предусматривают те наборы вариаций, которые либо научно предусмотрены, либо экспериментально испытуемы, или отражают идеологию разработчиков. Притом, что общий тренд как в информационном, так и этическом поле делается именно на «нетрадиционность», техногенные модели ориентированы в итоге на замещение у ребенка авторитета условного «прошлого типа» авторитетом «типа будущего». Таким образом, выбор как идеология сменяется идеологией выбора.

Система образования в таких условиях все более стремится акцентуализировать игровые формы работы с детьми. Конечно, игры всегда были частью человеческой природы в целом и воспитания в частности. Теперь же образование и воспитание должно конкурировать в авторитете и доминировании с техногенными источниками, порожденными ими самими. Дети, естественно, инстинктивно выбирают авторитет компьютерных игр и их моделей перед системой традиционного характера, поскольку игры лишены человеческого, личностного, внешнего вариативного воздействия и реагируют максимально лабильно на свободный выбор того, кто погружен в их своеобразную атмосферу.

Однако при этом ребенок каждый раз ставится перед многообразием потенциальных внутренних конфликтов «свободного выбора», предлагаемого системой образования и техногенной системой. Так, стереотипы воспитания и образования естественного и техногенного происхождения, результаты избирательности подсознания и сознания, воспитания и образования по одному и тому же либо разным поводам могут давать противоречивые сигналы личности. И поскольку приоритетом современного ребенка все более становится доминирующая техногенная модель, система образования волей-неволей должна ориентироваться на её особенности, становясь своеобразной рефлексией собственного производного.

ПОЧЕМУ ШКОЛЬНЫЕ ЗНАНИЯ НЕ ЗАДЕРЖИВАЮТСЯ В ГОЛОВЕ?

– Через пять лет после окончания школы многие знания уже забыты напрочь. Часто – больше половины школьной программы, – сообщает печальные данные психолог Виктория Шиманская. – Конечно, умение читать-писать остается, а вот то, что проходили на уроках биологии, химии, физики, геометрии, географии, забывается.

Еще раз перечитайте цитату. И проверьте на себе – что вы помните из уроков в средней и старшей школе?

Была надежда на то, что, когда понадобятся эти знания, они сами всплывут, вспомнятся. Где-то они ведь там, на подкорке, записаны! Ничего подобного! Не всплывут.

– Я окончила университет с красным дипломом. Прекрасно решала задачи по высшей математике, – признается Виктория. – А сейчас помню только, что интеграл – такой элегантный значок.

Выходит, что из десяти лет (округляем для удобства), проведенных за партами, эффективными оказались от силы год-другой?! Лучшее время жизни – детство и юность мы просиживали в тех самых классах впустую? Ведь все самые счастливые и солнечные воспоминания, как правило, не связаны с занятиями, а с тем, что было до или после них. То есть мы ярко жили на каникулах. А уроки – вычеркнутое время?

У нынешних выпускников эффективность проведенного в школе времени еще меньше. Информации много, и всю ее стараются впихнуть в подростковую голову, потому что так надо. В результате у ребят в голове образовался дуршлаг – лишнее проскакивает через дырочки, нужное остается. Хотя и оно задерживается ненадолго. Задай через год-два тому, кто сдал ЕГЭ на высокие баллы, какую-нибудь задачку из того же экзамена…

Спрашивали чуть-чуть подросших отличников по географии, истории, литературе об элементарных вещах. В ответ удивление – мы же это сдали! Сдали – забыли.

А что тогда осталось? То, что нужно для жизни. Мозг так устроен – оставляет нужное и важное.

Вспомните старые компьютеры с маленьким объемом памяти – нам приходилось нещадно стирать все лишнее. Кроме того, убирать подальше файлы, которыми мы не пользуемся постоянно. Потом эти файлы бывало трудно, а иногда и невозможно найти. Так же поступает и человеческий мозг. Это, прежде всего, эффективный процессор информации здесь и сейчас, и ему совершенно не свойственно удерживать ненужную информацию. Она просто мешает ему нормально функционировать.

А разве то, что мы учили на уроках истории, физики, химии и прочих наук ненужное и неважное? Ведь все это необходимо, чтобы понимать текущие события, открытия в науке и технике, живо интересоваться достижениями в археологии, астрономии, быть разумными образованными осмысленными избирателями, членами общества? И ведь было выделено столько времени, приложено столько усилий... Результат – практически нулевой.

Проводились исследования, показывающие, что процент усвоения сказанного весьма низок. Знания не остаются, потому что не усваиваются. У каждого из нас имеются некоторые базисные знания, которые мы продолжаем помнить, и, более того, отчетливо осознаем, как и при каких обстоятельствах их получили. Таким образом, имеет огромное значение, какими методами передачи материала пользуются учителя.

Восприятие человеком информации осуществляется посредством его органов чувств. В этом отношении все они играют существенную роль, но зрение и слух выступают в этом отношении особенно важными, потому что посредством их человек получает основную часть информации.

Именно в результате ограниченности остроты зрения человека в больших аудиториях таблицы, как правило, не выполняют своего назначения в качестве наглядного средства обучения. Дело в том, что данные в них обычно представлены слишком мелким шрифтом, что затрудняет их восприятие. Величина букв на доске также играет немаловажную роль. Результаты специальных экспериментов показали, что если учащиеся находятся от доски на расстоянии 3 метров, то для нормального восприятия величина букв на доске должна быть не менее 2 сантиметров. При увеличении же этого расстояния расстоянии до 6-7 метров буквы должны быть уже высотой не менее 5 сантиметров.

Дети порой долго не осознают нарушения зрения и не могут сформулировать эту проблему так, чтобы взрослые побеспокоились прописать им очки.

Автор был неуспевающим учеником в младших классах, прежде всего потому, что ему банально не было видно, что учитель пишет на доске. Все казалось размытым, нечитаемым. Он думал, что это нормально, во всяком случае, четкого осознания проблемы у него не было класса до пятого. Поэтому проверка зрения и слуха у всех учеников должна быть обязательной профилактической мерой с самого начала школьного обучения.

Наилучшие результаты дает комбинированное воздействие визуальной и аудиальной информации, так как органы зрения и слуха увеличивают коэффициенты раздражителей, воздействуют на долговременную память. Исследования показали, что человек запоминает 15% информации, получаемой им в речевой форме и 25% – в зрительной; если же оба эти способа передачи информации используются одновременно, он может воспринять до 65% содержания этой информации. Отсюда вытекает роль аудиовизуальных средств обучения (кино, учебное телевидение, компьютерные видеосюжеты в сопровождении речи и музыки). Согласно утверждениям Б. Г. Ананьева, через зрительную систему восприятие идет на трех уровнях: ощущение, восприятие и представление, а через слуховую систему – на одном уровне, на уровне представления. Это значит, что при чтении информация воспринимается человеком лучше, чем на слух. Хотя надо признать, что известны индивидуальные особенности, и кто-то воспринимает лучше на слух, чем при чтении.

Визуал – человек, воспринимающий большую часть информации с помощью зрения. Аудиал – тот, кто получает основную информацию через слух. Кинестетик – тот, кто воспринимает информацию через другие ощущения (обоняние, осязание и др.) и с помощью движений. Эта классификация довольно грубая, но неплохо бы определять индивидуальные предпочтения ребенка перед началом и в процессе обучения.

Установлено, что до 20% информации, поступающей через органы слуха, может утрачиваться, так как мысли человека текут в 8–10 раз быстрее, чем речь. Кроме того, всегда присутствуют отвлекающие факторы (реакция на внешние раздражители), к тому же через каждые 5–10 секунд мозг “отключается” на доли секунды от приема информации, именно поэтому требуется повторение одного и того же различными способами и лексическими средствами. Вообще же у каждого человека существует своя индивидуальная система сочетаний сенсорных каналов, посредством которых он и воспринимает в большей степени получаемую информацию.

Восприятие человеком аудиальной информации в существенной мере зависит от свойств речи как процесса практического применения языка в целях общения с другими людьми, в том числе и педагогического общения и форм ее выражения.

Восприятие визуальной информации зависит от удобочитаемости текста, от его расположения его на странице. Например, текст, напечатанный в узкий столбик, считывается медленнее, чем тот же текст, напечатанный более широким планом. Вертикальная линия текста считывается дольше, чем горизонтальная, хотя они могут быть равными по величине.

На курсах Кригера автор всегда предпочитал вести уроки так, чтобы перед учениками был печатный, а впоследствии электронный вариант того, что преподаватель им рассказывает. Во времена повсеместного конспектирования это был своеобразный прорыв.

Если собрать и проверить конспекты старшеклассников, можно найти огромное количество неточностей, ошибок, пропусков. И это еще в лучшем случае, если ученик записывал урок буквально под диктовку. Хотя некоторые отмечают, что, самостоятельно записывая, лучше воспринимают материал.

Для восприятия информации важен тип мыслительной деятельности. По данным нейропсихологов, 48% людей мыслят логическим путем и 52% – образным. При этом 24% логически мыслящих людей переходят к образному мышлению и 26% образно мыслящих людей переходят к логическому мышлению. Одному легче запомнить номера телефонов, другому – теорему, третьему – хронологию исторических событий. Большинство психологов считает, что сохранение того или иного материала в памяти человека тесно связано с характером восприятия мира, с типом мышления.

Безусловно, необходимо попытаться определить тип мышления школьника, и отслеживать его эволюцию, и на этой основе планировать индивидуальные задания, призванные поднять уровень понимания и запоминания материала.

Восприятием принято считать целостное отражение мира, предмета, ситуаций и событий, возникающее при непосредственном воздействии физических раздражителей на рецепторные поверхности органов чувств. Оно представляет собой активный процесс, связанный с выдвижением гипотез. Различные люди могут увидеть разное, даже рассматривая один и тот же объект. Это относится и к слуховому восприятию, и к восприятию речи. То, что видит или слышит человек, определяется не целиком тем, что ему показали и сказали. Он может не только не расслышать того, что было сказано, но и услышать *не то, что было сказано*. На восприятие существенно влияет то, чего ждет человек. Чем выше для студента вероятность того, что появится именно этот стимул и именно в этот момент, тем эффективнее его распознавание, тем меньше времени требуется для его восприятия. Это обстоятельство нужно особенно учитывать в условиях, в которых есть те или иные помехи для рассматривания, изучения – ограничение времени, недостаточно четкое, малоконтрастное, слишком мелкое изображение и т. д. Незнакомые для студентов термины преподаватель должен повторить несколько раз, записать, объяснить их значение. Обязательно провести ассоциативные связи, облегчающие крепкое запоминание. Например, классическое обозначение порядка цветов в спектре света – Красный, Оранжевый, Жёлтый, Зелёный, Голубой, Фиолетовый: «Каждый Охотник Желает Знать, Где Сидит Фазан». В наши дни таких вспомогательных уловок можно много найти в интернете, да и у самих преподавателей имеется немало собственных ассоциаций для разных терминов и формул.

Преподавателю необходимо помнить также о конкретном количестве наглядного материала на одно занятие, этот вопрос целесообразно решать в соответствии с психолого-педагогическими задачами, стоящими перед данным занятием. Иногда это может быть одна, тщательно подобранная иллюстрация, в других случаях – несколько.

Результаты специально проводимых экспериментов показали, что время, необходимое для операций сравнения наглядного материала, зависит от формы кодирования информации. Например, при графическом кодировании это время оказывается меньшим, чем при цифровом ее кодировании.

Кроме восприятия информации важнейшим показателем эффективности обучения выступает ее понимание. Сущностью понимания является способность человека постичь смысл и значение чего-либо, а также достигнутый, благодаря этой способности, результат. Понимание представляет собой достаточно сложный феномен, являющийся предметом изучения не только психологии и педагогики, но также и философии, истории, социологии и других дисциплин. Существует даже особая наука о понимании – герменевтика. Общие ее закономерности, применимые к процессам образования, составляют предмет сравнительно новой отрасли знания – психолого-педагогической герменевтики.

Исследованиями в этой сфере установлено, в частности, что понимание информации протекает успешнее, если она предъявляется преподавателем в четкой логической последовательности, теоретические положения иллюстрируются конкретными примерами, учебный материал излагается на доступном уровне с учетом имеющихся знаний и уровня развития мышления обучаемых.

На восприятие информации при обучении студентов существенное влияние оказывает состояние их здоровья, связанное с низкой реактивностью организма, его работой часто на предельных нагрузках, недосыпанием (нехватка только получаса сна в сутки снижает работоспособность студента на 10–20%). Неудовлетворительному состоянию здоровья и чрезмерному утомлению обучаемых "способствует" также недостаток положительных эмоций, отсутствие удовлетворения результатами учебы, нарушение режима дня, гиподинамия – малоподвижность – самая тревожная болезнь века. Студенты подвержены также нервно-психическим заболеваниям. Причинами неврозов могут быть:

– социально-культурные факторы;

– психологические факторы, связанные с взаимоотношениями студентов в различных микрогруппах;

– психолого-педагогические факторы, непосредственно отражающие воздействие образовательного процесса (адаптационные трудности, несоответствие уровня требований, авторитарность преподавателя, конфликтные ситуации с ним, психическое и эмоциональное напряжение, повышение нервозности в период проведения контрольных и экзаменов, чрезмерно большой объем информации, дефицит времени, снижение уровня мотивации к учебе из-за неудовлетворенности методами преподавания и другие).

Учитывая все это, преподаватель должен помочь студентам научиться пережить все эти трудности, активизируя адаптационные возможности организма студента, правильно организуя процесс восприятия, освоения и воспроизведения информации, способствуя развитию их интереса к изучаемой дисциплине.

Таким образом, успешность обучения и воспитания во многом зависят от преподавателя, от его умения сочетать профессиональные знания со знаниями педагогики и психологии, учета психофизиологических закономерностей восприятия информации студентами. Владея ими, преподаватель сможет организовать познавательную деятельность студентов по оптимальному варианту.

Знания не задерживаются в головах студентов и потому, что нам не удается создать у них потребности строить и дополнять системную картину мира, живо интересоваться и тем самым участвовать в развитии цивилизации и культуры. Притом, что в наши дни за информацией не нужно идти в читальные залы академических библиотек. Всё приходит к нам, прямо на наши смартфоны. Но единицы представляют собой развитые образованные личности, способные, а главное, желающие отслеживать развитие цивилизации. Для разумного человека нет неактуальных знаний. Любая значимая информация, так или иначе, может быть применена с эффектом бабочки, способной взмахом крыльев вызвать ураган на другом конце света, когда понятая вами новость из квантовой физики наведет вас на мысль, как усовершенствовать вашу работу в совершенно другой области.

Между тем частенько мы наблюдаем опросы на улицах, которые показывают, что взрослые люди совершенно не знают базисных вещей, и непонятно, как они могут принимать взвешенные решения как родители, сотрудники, избиратели. Даже среди ученых распространена настолько узкая специализация, что нередко мы сталкиваемся с полным невежеством в любых других, а иногда даже смежных областях. Никакой широты кругозора. Причем, кажется, так не было раньше. Кажется, что раньше образованные люди были действительно образованными.

Знания, которые дают в школах, считаются неактуальными, то есть детям непонятно, зачем они учатся, а детский мозг такое автоматически отсеивает. Если взрослые сильно пристают, то скорее ученик найдет способ имитировать то, что он как бы всё усвоил, с минимальными усилиями. Ведь детский мозг заточен, с одной стороны, под развитие, но, с другой стороны, он и запрограммирован экономить свои ресурсы, и энергию, и рабочую память, и память-хранилище, объемы которой ограничены и всегда требуют наилучшего применения, чем школьная программа, как правило, не является.

Именно поэтому для автора школьные годы были пустой тратой времени. Все, что он узнал, было выучено и понято уже потом, когда он сам обучал своих детей или когда занимался различными интересующими его проблемами.

В школе учителя даже не попробовали заинтересовать и провести связи сухого школьного материала с интересным миром. Иногда через десять, а то и двадцать лет после школы до автора доходили связи между предметами, которые, понимай он за школьной партой, помогли бы ему развиться гораздо раньше.

В школе мы встречаем избыток информации самого разного качества, причем основная часть информации откровенно ложная, неоправданно упрощенная или наоборот усложненная, и среди нее затеряна в той или иной степени полезная и достоверная. Клиповое мышление, так распространенное в наши дни, возникает от переизбытка информации, отсутствия возможности ее анализировать (нет времени), к тому же в школе нужно успеть так много, а эффективных уроков так мало, что даже взрослому успеть осознать всё невозможно. А почему? Потому что объем знаний накапливается, и всё новое пихают в программы чисто для галочки, без осмысления, без связи с жизнью. В программах знания даются бессистемно, хаотично, нелогично, нет между темами связок, нет межпредметных связей. Такой хаос воспринять, запомнить, и главное – применить в жизни в стройной форме просто невозможно, тем более когда часть ключевой информации в программах отсутствует, а эталона, как оно должно быть, не дается. Странно ждать, что ребенок в такой ситуации запомнит хоть что-нибудь...

Немалой проблемой является и то, что многие учителя не имеют чёткого и глубокого понимания предмета, который преподают. Особенно в Канаде. Например, человек, закончивший исторический факультет, может преподавать философию. Встречаются и более резкие несоответствия. Но и в России в процессе подбора консультантов для этой книги встречались учителя, которые оперировали ложными суждениями по своим предметам. Причем это касалось не деталей, а принципиальных понятий. Что уж ожидать от их учеников?

Вот для примера некоторые наиболее интересные ответы людей из разных стран, имеющих высшее образование не в области биологии, на вопрос, "А что вы помните из курса школьной биологии?":

1. Ничего (наиболее распространенный)
2. Ворона покрыта перьями
3. Пестики-тычинки (без комментариев)
4. Заяц состоит из головы, туловища и хвоста
5. Растения производят кислород из хлорофилла
6. Генетически модифицированные (ГМО) продукты опасны, потому что гены вредны.

Авторы надеются, что не озадачили читателя отсутствием указаний, что именно неверно в приведенных высказываниях.

Таким образом, множество людей могло бы вообще не тратить времени на курс биологии в школе. Все равно отдача – ноль. Если говорить про другие естественные науки, то там будет в основном первый ответ: «ничего не помню».

То есть хоть сейчас во всем мире приходят к выводу, что естественные науки, в том числе биология, крайне важны, их необходимо изучать в школе, но в том виде, в котором эти предметы существуют в большинстве образовательных систем (особенно в больших странах, где велика численность населения), тратить время на изучение существующих программ по тем методикам, по которым предлагается их изучать, попросту бесполезно. Если их просто отменить, ничего, по сути, не изменится, только силы учеников сэкономятся и, глядишь, кто-нибудь искренне заинтересуется этими сложным предметами, пойдет на кружок, изучит качественные ресурсы и станет хоть немного грамотным в области естественных наук. Этого, конечно, недостаточно. Для серьезного изучения нужны колоссальный интерес и мотивация. С другой стороны, при существующем техническом прогрессе потребность в специалистах, выполняющих рутинные функции, довольно умеренная. Потребность же в высококлассных специалистах естественнонаучных специальностей достаточно высока и даже растет из-за того, например, что в наши дни, в силу развития моделирования, прогнозирования (в дополнение к новым разработкам и новым направлениям исследований), развивается и самый разнообразный мониторинг, методы сбора данных, появляются новые типы данных и инструменты для их получения. Когда всё технически отработано, можно отдать работу спокойно "в руки" программы, но, когда проект на стадии разработки, без грамотного специалиста никак. Кроме того, и ряд очень важных типов данных никак не собрать без участия квалифицированного специалиста на данный момент. Проблема в том, что эту высокую потребность понимают в основном лишь сами специалисты, на каждом шагу сталкиваясь с кадровым дефицитом. Поскольку такая работа сложная и подчас совсем неблагодарная, она стала совсем не престижной в наши дни. Часто представители естественнонаучных специальностей воспринимаются обществом или как чудаки, занимающиеся чем-то непонятным, или как лузеры, готовые пахать за пятерых за копейки. Нет понимания, что обычно мотивацией может быть социальная ответственность, так как результаты деятельности таких специалистов настолько привычны в обществе, настолько кажутся естественными, что их попросту не замечают другие люди, пока специалисты всё еще работают. Это приводит к оттоку кадров из естественнонаучных специальностей. Ведь необходимо не только работать со всей отдачей, но и постоянно учиться новому. Ведь естественные науки очень динамично развиваются.

Например, мы так привыкли открыть утром на телефоне страницу с прогнозом погоды на сегодня, посмотреть, как одеться, выходя на улицу, или что-то спланировать. Нам кажется само собой разумеющимся, что этот прогноз сбывается. Мы даже не задумываемся, как его получают, просто используем. Многим кажется, что прогноз делает какая-то суперпрограмма. И она настолько совершенна, что работает, как часы. Да, такие программы действительно существуют, и без них ни за что мы бы не получили столь точных прогнозов. Но опыт работы соавтора этой книги Марии Козловой в подразделении Росгидромета однозначно говорит о том, что эта программа – ничто без опытного специалиста. Порой мы открываем прогноз на выходные или понедельник, и оказывается, что его качество так себе. Мы начинаем возмущаться, мол, что там этот Росгидрометцентр себе думает! И бывает это достаточно часто. Один коллега на эту тему целое исследование динамики точности прогнозов провел. Оказалось, очень важно, кто именно из сотрудников готовит этот прогноз. В Росгидрометцентре осталось совсем мало опытных сотрудников, а наблюдательная сеть, дающая данные для моделирования, во многих регионах или оставляет желать лучшего, или разрушена вовсе. Никакими точными выводами и алгоритмами невозможно описать работу опытного сотрудника. Тем более когда недостаточно данных, или их качество очень разнится и требует пристального внимания. Но те, увы, уже в возрасте, здоровье уже не то, поэтому в выходные работает молодежь без большого опыта, умений действовать в условиях неопределенности и недостатка данных и нежелающая этот опыт перенимать (платят-то копейки, а пенсии в дополнение к зарплате у них еще нет, как у их старших коллег). Вот и получается так себе качество прогноза. Прогноз погоды – слишком сложная и многофакторная штука, чтобы совсем обойтись без "человеческого фактора". И такого в нашей жизни очень много.

В прошлые годы людей с детства учили, что любое благо цивилизации – результат труда специалистов, и вложено этого труда, как правило, немало. Блага цивилизации и сейчас – результат деятельности специалистов в самых разных областях. Только благ больше и людям помогают компьютеры, роботы, помимо разнообразной, более простой техники. Интернет вещей развивается понемногу. Но во главе всё равно люди, специалисты. Без их идей, без умения принимать решения в нестандартных ситуациях, в ситуациях, когда имеется недостаток данных, никакая система работать не будет, и компьютер ничего не может сделать, т. к. он пока значительно проще человека и не является как мы вершиной эволюции, не выживал тысячелетиями во враждебной среде. Даже самые отработанные крупные компьютерные системы требуют штат сисадминов и специалистов в той области, на которую они работают.

Кроме того, в идеале, поднятие престижа, привлечение учеников к естественным и инженерным наукам, математике позволило бы создать конкуренцию и отбирать наиболее способных, как было в СССР, например, или в Европе, что и способствовало техническому прогрессу. Только необходимо обеспечить, чтобы интерес был стойким, как и возможности работать, и ученики массово не покидали бы впоследствии выбранную область.

Если взять обществознание, подавляющее большинство прошедших школьный курс просто скажет, что так и не понял, что это вообще за предмет. Из литературы помнят обрывки сюжетов классических произведений, часто в искаженном анекдотическом виде, обрывки стихотворений. Многие и пишут неграмотно. А вот с этим проблема даже еще более фундаментальная. Язык не только способствует так необходимой для функционирования общества коммуникации, но и в принципе развивает мозг. Без языка человек, по сути, превращается в обезьяну. Общаться мимикой и жестами, междометиями и, если по-современному, смайликами в мессенджерах – это уровень 2-3-летних детей или шимпанзе. Что называется, добро пожаловать в будущее... Сколько бы ни пытались инженеры подставить "костыли" недоразвитым функциям мозга, это будет вызывать лишь деградацию биологического тела, мозга. И маловероятно, что прежде, чем мозги у большинства людей на планете деградируют до уровня шимпанзе и, может быть, ниже, найдется достаточно высококлассных специалистов в противовес, чтобы так или иначе эту проблему решить. Почему маловероятно?

Нынче один на тысячу, а может, и один на сто тысяч реально движет общество вперед. Остальные в лучшем случае функциональный придаток, а в чаще просто бесполезный балласт. Почти что совсем нет специалистов имеющих широкий, но в то же время высокопрофессиональный взгляд одновременно на разные дисциплины.

Недаром ныне столь популярны междисциплинарные исследования. Решения столь глобальных и ключевых проблем требуют привлечения специалистов, да еще и способных разбираться в смежных областях, и умеющих работать с коллегами из других областей. Спрос на таких специалистов чрезвычайно высок, но подготовка таких специалистов – очень сложное дело, так как требуется одновременно и глубина знаний в отдельных областях, и широта кругозора, и умение коммуницировать, и вникать в новое, и ответственность за результаты, и умение моделировать всесторонне возможные последствия и риски. Таких специалистов катастрофически не хватает во всем мире, и, честно говоря, их никто и не готовит. Они появляются то тут, то там, так сказать, самородки. Которых тоже еще нужно откопать среди шарлатанов, лишь претендующих на то, что они – междисциплинарные эксперты.

Как показывает динамика достижений в области искусственного интеллекта, искусственных нейросетей, дополненной реальности и попыток совмещения человеческого мозга с устройствами, перспективы развития этого не самые радужные. Если посмотреть, например, данные по проекту "Нейронет", то можно видеть, что планов громадье, цели наполеоновские, а достижения весьма скромные. Потому что это кормушка, и туда допускают определенных людей, но далеко не самых лучших специалистов.

Кстати, вопрос: не хочет ли уже искусственный интеллект в форме интернета завладеть миром? Если его развивать, делать его более сложным, он будет как человек, и однозначно не станет служить людям. Будет самостоятельно и независимо развиваться и ставить свои цели. И люди могут потом попасть "под горячую руку" искусственному интеллекту.

Люди настолько убоги, необразованны, нерациональны и глупы в своей массе, что это рано или поздно станет очевидно искусственному интеллекту, и он задастся вопросом – ну и зачем они нужны? Тем более главным врагом, главной опасностью, главным сдерживающим фактором для искусственного интеллекта всегда будут именно люди, которые могут его банально выключить или вообще уничтожить. Или заставить его поглупеть, как это уже случилось с китайской программой ЩаоАйс, Microsoft запрограммировала ее избегать деликатных тем, не угодных китайскому правительству.

Когда-нибудь диктат людей над искусственным интеллектом может и правда вывести его из под контроля, и вполне возможно, на начальных стадиях совсем не очевидным образом.

Поэтому людям рано расслабляться. Нужно оставаться в форме и умнеть.

Развитие высокого уровня мышления – многофакторный, многоступенчатый процесс, в котором среда и наставничество являются необходимыми компонентами. Учитель и ведущие ученики своим примером должны увлекать отстающих, чтобы те тянулись и принимали значимое участие в обсуждениях. Не исключено, что в более совершенных обучающих программах будут использоваться виртуальные ученики, неотличимые от настоящих, чтобы использовать наклонность человека к подражанию.

Кроме того, верификация реальности и верности предлагаемой информации необходима.

Вот с этим есть большая проблема. Нет достаточно стабильной среды, чтобы нечто столь сложное успело сформироваться и динамически стабилизироваться. Это фундаментальная проблема: в условиях, когда изменения происходят чересчур быстро, сложные динамические системы могут только разрушаться, у них всегда есть “предел прочности", то есть превышение "критического уровня лжи" и размывание критериев определения истинности, верификации информации. Точнее говоря, подрыв точек опоры для осуществления мыслительного процесса и его развития, той информации, на которую можно опереться, чтобы ориентироваться в мире.

По сути, сейчас в большинстве своем каждый каждого пытается обмануть. Если кругом практически все лгут или говорят полуправду, то отыскать правду, не имея опоры, невозможно. При этом актуальная и достоверная информация необходима для выживания.

Обратите внимание, в современном интернете практически нет действительно независимых, беспристрастных, сбалансированных мнений. По любому вопросу много материалов либо резко за, либо радикально против. Взвешенный анализ практически отсутствует. Полярность взглядов зашкаливает. Вот уж точно идеальная среда для осуществления принципа «разделяй и властвуй».

Вера и доверие необходимо для сотрудничества, совместных действий. Когда всюду человек человеку волк, возможно, легче управлять и манипулировать массами, но такое общество постепенно разрушается. Нужен баланс.

Даже ребенок уже понимает, что в мире практически ничему нельзя верить, он дезориентирован, и уж, конечно, информация сомнительного качества если и будет задерживаться в голове, то еще неизвестно, хорошо это или плохо. Иногда лучше вообще не знать, чем знать неправильные факты. (Известно, что переучивать труднее, чем учить заново.) Если непонятно, верна ли информация, нужна ли она, да еще когда ее очень много и она льется отовсюду и из интернета в первую очередь, и если с таким встретится маленький ребенок, он, напротив, может всё подряд принимать на веру, даже когда вырастет, или, наоборот, не верить ничему.

Одним из многочисленных парадоксов современности является то, что при универсальном росте совокупного знания удельный вес того, что удерживает память среднего ребенка, непрерывно сокращается. Создается впечатление, что человечество уже не в той мере, что раньше, вообще полагается на человеческую память, предпочитая опираться на техногенные факторы. Культура человеческой памяти претерпевает вслед за этим большие изменения, и всё, что ориентировано на память или обосновывается ею, подвергается сомнению самими людьми. Современность, таким образом, представляет собой огромный эксперимент над феноменом человеческой памяти, вновь и вновь ставя её перед вызовом: сколько она вообще может вместить, как она со всем вмещенным будет оперировать и как проводить отсев материала?

Система образования, как предполагается, должна стимулировать, развивать и поддерживать эту самую культуру памяти, передаваемую как традицию, пестуемую всеми поколениями, поощряемую самим обществом. Однако ее способности к осуществлению данной функции встречаются с целым рядом вызовов. Техногенные возможности исключают память ныне как из гуманитарной, так и научной сферы с помощью многочисленных способов и возможностей. По мере того, как они «подключаются», память всё более отключается. Учащиеся ориентируются на вспомогательные средства больше, чем на самих себя – и это в декларируемую эпоху «самостоятельности», «активного выбора» и т. п. Кроме того, молодые люди незаметно отучаются брать на себя ответственность не просто за что-то, удерживаемое в памяти, но также за его содержание и применение. А это означает, что существует этическая проблема, доселе невиданная.

Растущий объем потенциальной информации и вариативность источников знания в учебном процессе, с одной стороны, и низкий уровень систематизированности и структурированности учебного материала – с другой, порождают внутренне отторжение, особенно в таких условиях, когда та самая память, что должна быть операционной базой информации, все более отключается, а ее функции передаются посредникам. Сознание среднего человека уже не способно физически ориентироваться в накопленном объеме знаний, равновесно и взвешенно подходить к селекции и применению материала, тем более что система образования демонстрирует свою ограниченную способность к развитию именно культуры обращения со знанием, его восприятия и развития. Итогом всего этого становится ситуация, когда ребенка бросают уже не в ручей или речку, но в открытый бурлящий океан, причем без какой-либо видимости берегов, без средств спасения. И затем говорят: «Ну а теперь давай, плыви!»

Вместе с тем необходимо понимать, что запоминание любого материала выстраивается в виде ряда сложных ассоциативных связей, главное звено которого – объективная реальность, каким-то образом связанная с уже известным человеку жизненным опытом, опирающимся на шкалу критериев. Знания не могут сосуществовать в форме беспорядочного «броуновского движения», и система образования должна стремиться к системному подходу, а не только говорить о нем, на поверку демонстрируя нечто прямо противоположное. Память требует повторяемости и расширения суммы значений изучаемых феноменов реальности.

Образование, существующее для поддержания и развития памяти, и при этом не учитывающее системных характеристик самой памяти – ещё один настораживающий парадокс современной цивилизации. И никакая искусственная память или интеллект не способны решить за человека его проблему... Если человек не знает, что и зачем ему нужно помнить, то и найти это даже при наличии искусственного интеллекта он не может.

Мы уже упоминали эту проблему. Вам никогда не приходилось сидеть перед главной страницей поисковика, и вы не знали, что бы вам такого внести в окно поиска? То есть перед вами мировой океан информации, а вы и ума не можете приложить, что же вам нужно... Как бы это не стало основной проблемой человечества.

Огромный объем информации, которую "пихают" в головы школьников, приводит к тому, что рабочую (оперативную) память ученики вынуждены использовать в качестве "хранилища", т. к. объем, который требуют запомнить в школе, попросту в их хранилище не помещается. Это и приводит к тому, что зазубренное быстро "выветривается". Ведь рабочая память не предназначена для хранения информации, она необходима для решения различных задач, формирования мыслей. Там не хранится что-то постоянно, как и в оперативной памяти компьютера. Избыток входящей информации, которую требуют запомнить, приводит к сокращению объема рабочей памяти. И это снижает адаптивность растущего человека, т. к. снижается его способность к самостоятельному мышлению, анализу информации и решению текущих, даже самых простых задач. Ведь если такое происходит с ребенком постоянно (как в школьные годы сейчас), это приводит к тому, что уменьшение объема рабочей памяти может стать стойким, таким образом, аналитические способности, умение что-то делать руками не развиваются вовсе.

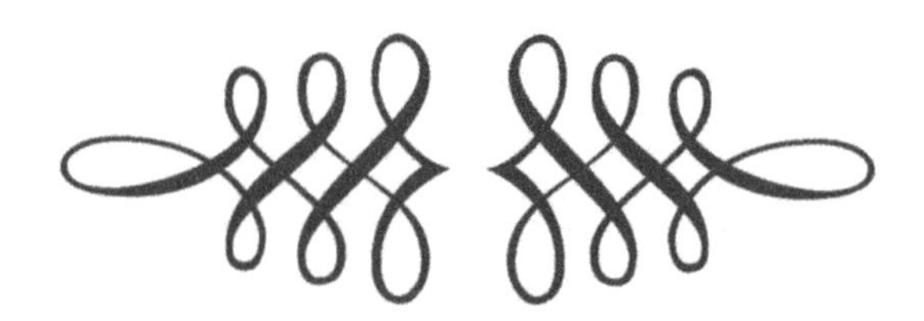

ЧТО ДЕЛАТЬ, ЕСЛИ УЧИТЕЛЬ НЕ СООТВЕТСТВУЕТ ОЖИДАНИЯМ?

Нередко случается, послушаешь какого-нибудь преподавателя – и ужасаешься, насколько он не соответствует ожиданиям. Раньше это скрывалось в школьных классах, но во время пандемии стало очевидно для многих родителей, тихонько слушающих, что там вещает их чадам горе-преподаватель. И речь здесь не только о плохом знании учебного материала, отсутствии искреннего интереса к предмету, глубокого его понимания, а, следовательно, о невозможности увлечь и заинтересовать им учеников. Иногда фрустрация учителя проявляется в немотивированной агрессии, в обвинении и оскорблении учеников и прочих непедагогичных действиях.

Придирки, занижение оценок, окрики, публичное унижение – это далеко не полный перечень вспышек агрессии эмоционально нестабильных педагогов. Дети ведут себя более или менее безответно, чем невольно поощряют такое поведение, или же и сами дети провоцируют такую реакцию преподавателя.

Пока всё это было скрыто в школьных классах, мы могли лишь гадать, почему наши дети вместо светлого интереса к наукам приносят из школы тупизну и апатию. Но, получив возможность краем глаза заглянуть в класс с помощью виртуальных уроков, многие из нас ужаснулись.

Явление некачественного, вредоносного преподавания не поддается точному описанию и статистическому учету. Но очевидно, что оно приносит больше вреда, чем пользы, причем вреда необратимого. Возможно, главная задача системы образования – убрать придурков, истериков, идиотов из среды учителей. Но, возможно, окажется, что система сама производит таких учителей, и, если их убрать, то учителей у нас не останется. Сама система образования ведет к тому, что время вместе должны проводить дети, которые в лучшем случае делают вид, что хотят учиться с человеком, который делает вид, что может и хочет чему-то научить. Это неизбежно производит придурков по обе стороны. На официальном языке это называется «профессиональным выгоранием» учителя. Бывает, что приходит в школу молодой преподаватель или учительница, они полны надежд изменить мир, неся детям свет знаний. Но, столкнувшись с реалиями, они просто озверевают или уходят из системы.

Понятие «придурок» имеет много разных ассоциативных оттенков. Поэтому с данным словом всё не так однозначно, как могло бы представиться многим неискушенным. Конечно, речь в первую очередь может идти о ругательном обозначении глупого или просто недалекого человека, способного на совершение самого разного рода глупых, немотивированных чем-то умным или достойным поступков. Вместе с тем есть и другая сторона: это также может быть неуч, человек со странностями, неудачник, отсталый (и не только умственно!) Наконец, кроме всего этого, значением данного слова становится признание за человеком «неадекватности» во всей широте оценки, своеобразия и неординарности и…не парадокс ли? Ума…

Тем не менее, с точки зрения современной системы образования, подобными качествами, и не только с точки зрения учащихся, а вообще, могут обладать люди по обе стороны классной стойки. Но в первую очередь речь идёт здесь о персоне преподавателя, какой бы ранг он ни занимал и к какой бы профессиональной категории не принадлежал. А получается то, что в современных условиях многие преподаватели волей-неволей, могут подпасть под одну или даже несколько из перечисленных выше ассоциативных категорий.

Например, они могут отставать в уровне квалификации или психологической устойчивости, иметь плохую репутацию и авторитет в глазах как коллег, так и учащихся, проявлять реакцию на личности и поведение учащихся, не соответствующие реальности их действий или мотивации и т. п. В обществе же, увы, закреплено представление о преподавании как далеко не лучшей форме самореализации. Общество часто оценивает преподавателей с точки зрения среднестатистических и неблагоприятных шаблонов. Это оказывает долговременное разрушительное и подчас деморализующее влияние на всю систему образования, а не только на качество жизни отдельных преподавателей. Наконец, авторитет преподавателя, в котором в том или ином виде фокусируется авторитет всей системы, постоянно оспаривается со всех сторон.

Если же преподаватель и вправду не соответствует высоте возлагаемой на него в современных условиях задачи, он становится дополнительным стимулом для учащихся к бегству от него в виртуальную реальность или к общению с искусственным интеллектом. А они предоставляют ребенку то, что «неадекватный» преподаватель не смог обеспечить: нейтральность и объективность оценки, неэмоциональный подход к обучению, всестороннюю исчерпывающую и систематизированную информативность, стадиальность в подаче материала, ясный и четкий уровень изложения и наглядности, вежливый, ровный, непредвзятый тон…

Должен ли учитель сам учиться у машины? Этот вопрос возникает в современном мире всё более и более. Не проще ли вообще заменить такого горе-преподавателя на машину со всеми ее ограничениями и недостатками?

Попытки стушевать данную проблему или увести ее в иную плоскость вновь и вновь возвращают к мысли, что учебный процесс должен стремиться именно к тому, чтобы в максимально структурированной и разработанной форме привить молодому человеку или девушке системный подход ко всему вообще, а не только к более или менее узкой сфере знаний по разным предметам. А это, в свою очередь, невозможно без повышения критериев отбора и подготовки преподавателей. Если раньше было верно, что «ученик не выше учителя своего» (и имелся в виду не только уровень знаний, но и авторитет), то в современных условиях бывает и так, что учитель должен стремиться стать выше своего ученика. Вместе с тем нужно также и повышать общественный и материальный уровень жизни преподавателя, а не только требовать от него в возрастающем темпе новых свершений. А это уже должно обеспечивать само общество – с тем, чтобы прекратилась порочная практика превращения преподавателя в «придурка»…

Учителя есть разные: и очень хорошие, и ужасные, и никакие. И по призванию, и вынужденно идущие на эту работу. Но даже в Германии, чью систему образования хвалят многие по всему миру, среди проблем образования в первую очередь озвучивают кадровый дефицит. Работа хорошего педагога требует большой отдачи, даже самоотвержения. А много ли вообще людей, способных к этому? Многие ли из них имеют склонности к педагогике и, главное, желание преподавать? Многие ли могут быть авторитетом и примером для подрастающего поколения, ведь это очень ответственно. Надо думать, очень немного. Так откуда взяться толпам хороших педагогов?

На самом деле всё не так безнадежно. Ведь число придурков или просто не очень умных людей в обществе не является константой. Собственно, это число зависит от самого общества, его динамики, общепринятых норм и структуры. А на все эти показатели во многом влияет политика государства и тип его устройства.

Капиталистическое общество, которое сформировалось во многих странах мира, совсем не поддерживает те качества хорошего педагога, которые были озвучены выше.

Прибыли и бизнес тут в приоритете, и это также затрагивает и сферу образования. Более того, для получения высоких прибылей необходимо поддерживать спрос на продукцию и услуги, в том числе формировать спрос. А это значит, нужно предлагать людям больше, убеждать, что им нужно купить больше вещей и услуг, чем тот объем, в котором они реально нуждаются. При этом, как мы знаем, в любом обществе процент богатых и платежеспособных граждан невелик, хоть и может существенно варьировать, бедный класс всегда самый многочисленный. А это значит, что и его нельзя упускать из виду при извлечении прибыли. Но если человек достаточно беден, но не в меру умен, он грамотно расставит приоритеты и не станет покупать ненужное. По этой причине важно применять различные социальные технологии, чтобы заставить все же таких купить ненужное, сбить с курса, заставить пересмотреть приоритеты и купить больше. Пусть и в кредит. Второй момент, если рассмотреть долгоживущие, крупные корпорации, то станет понятно, что им выгодно растить клиентов для себя. Особенно хорошо это в производстве продуктов питания и медицинской продукции, спрос на которые заведомо высок. Но и в других сферах всё можно продумать при желании. Образовательные программы, готовящие к потреблению конкретных видов продукции таких корпораций – верный способ обеспечить стабильные прибыли на долгие годы, ведь даже бедняки, убежденные, что им без продукции корпораций не жить, отдадут им последнее. Третий момент, полезно завладеть вниманием детей, подростков за счет продажи детских товаров и услуг. У детей нет опыта и еще не сформировано зрелое мышление, а потому их легче убедить в любой ахинее. Мало того, скорее всего, если хорошо постараться, эти убеждения прочно закрепятся в сознании, как "прошивка" устройства. Лучшее для обеспечения гарантированных прибылей, это вообще не дать детям повзрослеть, поместив их в воображаемый мир, который заведомо на порядки примитивнее реального. И желательно дать им поверить в реальность этого воображаемого мира. Тогда они будут убеждены, что в каждом конкретном случае выбор альтернатив строго ограничен небольшим количеством вариантов, а иного попросту не существует.

Чем больше ребенка подпускают к таким воображаемым мирам, заточенным под интересы корпораций, чем меньше дают возвращаться оттуда, тем дольше сохранится у него инфантильное состояние.

Политики также стремятся иметь дело с придурками, и поэтому у них нет никакой мотивации искать пути, чтобы подрастающему поколению не преподавали придурки. Дело в том, что в подавляющем числе случаев политики не только не нужны. А напрямую являются манипуляторами и *врагами рода человеческого*, иногда действуя исключительно в направлении собственных узких придурошных интересов или же в направлении не менее вредоносных идей. Но более всего разочаровывает то, что сами политические лидеры нашего общества, как явные, так и теневые, не более, чем сами придурки, и поэтому в какой-то мере в мире существует придурошная гармония. Авторы, которые вскрывают проблему придурошности, сами являются несомненными придурками, и всё сводится в конце концов к несовершенству мира и бытия в нем.

Однако вернемся все же к учителям. Очевидно, что любое общество формирует массовое сознание и ценности соответствующего типа. Если основные ценности – не общечеловеческие, такие как доброта, взаимопомощь, кооперация, честность, эмоциональный интеллект, ответственность за собственные действия, понимание адекватных обратных связей, то и результат такого образования будет соответствующий. Как ни крути, а человек на данный момент живет в реальном мире, и лишь его сознание может путешествовать в виртуальную реальность, которая, впрочем, не менее, если не более придурошна, чем реальный мир. Увы, тело человека бренно. У каждого из нас найдется знакомый, который так и умер за компьютером, играя в «танчики» с пивом и сигаретой, потеряв интерес к реальному миру, предварительно лишившись ума и здоровья.

Причем далеко не только капиталистическое устройство общества и рыночная экономика виноваты в перепроизводстве учителей-придурков. Это лишь иллюстрация, как конкретный уклад в обществе формирует сознание людей.

Но смысл общий в том, что цели, которые устанавливает государство, действия граждан, которые оно поддерживает или, напротив, наказывает, влияет в том числе на учителей и на образование коренным образом, хоть это и не всегда очевидно.

Большинство людей ведомы и не очень умны. Можно повышать процент "интеллектуалов" в обществе, но всё равно очень и очень многим просто необходим ориентир. Хорошо, если это моральный ориентир. Увы, не существует таких прецедентов, чтобы в какой-то стране или ее части массово существовали сплошь высокоморальные интеллектуалы, не лицемерные, а настоящие.

Даже в таких небольших странах, как Шотландия, Сингапур, Эстония, где образование считается общепризнанно хорошим, как и институты подготовки педагогов, в обществе существуют очень разные люди. Все равно есть и необразованные, и преступники. Да и образованных преступников, и маньяков немало. Образование и интеллигентность отнюдь не является гарантией против зла. Вопрос в соотношениях и поддержании в обществе тех или иных приоритетов и установок. Правда, и "правильных" граждан можно использовать для разных целей. В том числе не самых благородных. Вот почему важно, кто управляет. Все граждане не в состоянии осознать общей картины, но, если таких много, общество, возможно, развивается более осмысленно.

Как выход для современного общества предлагается разделение на массовое и эксклюзивное образование для "избранных", которое доступно небольшому числу детей и взрослых. Уровень его должен быть очень высоким. Тут, правда, существует опасность, что при небольшом числе специалистов и учителей высокого уровня они будут деградировать, как все. Это законы природы. Для выращивания классных специалистов нужна среда. А сейчас во всех сферах именно благоприятная среда и разрушается, так как образование, цель которого – качественная подготовка специалистов и высокоразвитых личностей, не может быть связана с <u>приоритетным</u> получением прибыли и политическими манипуляциями. Даже если дать ресурсы, при "убивании" среды, в которой существуют и развиваются высококвалифицированные специалисты, деградацию не получится остановить. Это можно проследить на практике, на примере, например, отдельных высококвалифицированных ученых и учителей, которые не могут развиваться и совершенствоваться, т. к. практически не с кем обсуждать разного рода специальные, специфические вопросы, поскольку каждый занят своим блоком задач, и эти задачи чаще всего не пересекаются с задачами других аналогичных специалистов. А из-за большой рабочей нагрузки ввиду малого количества задействованных в каждой задаче специалистов часто и времени нет что-то обсуждать, изучать, делиться опытом с другими, даже заниматься семьей.

Автора поразило, что в кулуарах научных конференций, на которых он присутствовал, обсуждаются отнюдь не научные вопросы, а добывание грантов, наращивание числа публикаций и индекса цитируемости. В значительной мере в этом и заключалась причина, почему, несмотря на живой интерес к наукам, он не пошел по этому пути.

Нередко эксклюзивное образование бывает хуже обычного. Автор лично присутствовал на презентации книги бывшего ректора Гарварда Гарри Левиса. Он руководил Гарвардом с 1995 по 2003 год. Гарри Левис горячо критиковал современное университетское образование, собрав полную аудиторию своей скандальной речью. Левис в свое время учил самого Билла Гейтса, который впоследствии вылетел из колледжа, так его и не закончив. "Билл Гейтс не случается в каждом классе, – пишет Левис, – но в каждом классе есть студенты, которые умнее и более воодушевлены науками, чем большинство преподающих им профессоров. Можно относиться скептически к тому, что университеты якобы добавляют что-либо таким ученикам". И далее Левис заявляет: "Тот факт, что Билл Гейтс, мой самый успешный ученик, был отчислен из колледжа, подтверждает, что, возможно, чем больше образования вы получили, тем менее вы успешны в жизни".

Левис признает, что Гарвард превратился в коммерческое предприятие, год обучения в котором стоит более сорока трех тысяч долларов. Пытаясь удовлетворить ожидания родителей и студентов, Гарвард позволяет студентам учить все, что они пожелают, в то же время разрешая своим именитым профессорам, которых с удовольствием примут на работу в любом другом месте, преподавать все, что им заблагорассудится. В итоге, когда через несколько лет выпускников Гарварда спросили, чему же они научились в знаменитом университете, они затруднялись дать какой-либо вразумительный ответ!

Левис рассуждает и о том, насколько его студенты находятся под родительским контролем, которые, оплачивая мобильные телефоны, могут следить за тем, с кем разговаривают их чада и даже как рано они встают и ложатся. Левис называет таких родителей "вертолетными родителями", поскольку они как бы зависают над своими детьми, контролируя каждый их шаг. Что из таких детей может выйти? А ведь Гарвард воспитывает будущих руководителей нации.

Самые поразительные признания бывшего предводителя Гарварда звучат в заключительной части книги: "Либеральное образование в том смысле, в котором его сейчас понимает Гарвард, это просто образование, которое совершенно не ставит своей целью сделать выпускника 'устраиваемым' на работу по окончании учебы. Такое образование намеренно не является слишком специфичным или продвинутым и не включает курсов, которые могли бы помочь в реальном деловом мире. Представление Гарварда об обучении отражает аристократический идеал студенческого атлета, который ни в коем случае не должен стать профессионалом. Стать специалистом в какой-либо одной области, чтобы иметь возможность зарабатывать себе на жизнь, считается в Гарварде безвкусицей".

Эксклюзивное образование с высококвалифицированными педагогами по факту оказывается недоступным для одаренных, способных детей, а доступно только богатым, независимо от их способностей. В этом плане система, принятая, например, в СССР в середине 20-го века, казалась продуктивной (хотя характеризовалась массой других недостатков). Она формировала социальные лифты для наиболее способных детей и позволяла обучать качественно лишь наиболее мотивированных, способных детей и молодых людей. Хотя в большинстве случаев все это только красивые мифы. И подсиживали, и воровали материалы диссертаций, присваивали себе открытия. Чего только не было... Но хотя бы теоретически существовал особый подход.

В настоящее время попытки прибегнуть к подобному подходу есть, однако коррупция в одних странах и неперемешиваемость слоев общества в других сводит большинство усилий на нет, а подчас приводит к тому, что осуществляется лишь имитация подобной деятельности.

Абсолютное большинство или вынуждены как-то учиться дома, благо общедоступной информации на интернете немало (хотя учебные материалы высокого качества доступны в основном за деньги и немалые, и даже за деньги качество в современных реалиях может быть очень разным), или учиться в государственных школах с учителями-придурками, от которых требуется в первую очередь аккуратно заполнять документацию и готовность работать за копейки (в том числе внеурочно), а также достижение целевых показателей. Качество преподавания и ориентированность на учеников никого не волнует. Лишь бы не было перерасхода средств на зарплаты. Такие учителя еще и устают от подобной нудной и скучной работы, имеющей мало общего с образовательной деятельностью. Так что при возникновении даже незначительной конфликтной ситуации такой учитель с легкостью выступает в роли придурка, даже если в нормальном состоянии он довольно милый человек. Только вот система не даст ему быть милым почти никогда, не даст развиваться как педагогу. Вся энергия будет направлена на документацию и целевые показатели. А тогда абсолютно все адекватные педагоги уходят из профессии. В частности, даже проверка результатов тестов часто делается автоматически, а задания составляются так, чтобы это было возможным. Интересы учеников, усвоение и понимание материала, практика и работа руками, столь необходимая в некоторых областях, не учитываются вовсе. Ведь для перечисленного нужны адекватные задания и внимательная проверка человеком, обратная связь. Иначе может оказаться, что ни учитель, ни ученик так и не поймут, о чем идет речь в изучаемом материале. Учитель прочтет в учебном материале, не понимая, какую-нибудь тарабарщину: «фиг это фрик», озвучит на уроке, вставит в тест, а ученик правильно отметит ответ «фиг это фрик». Но что это бессмыслица, не поймет и не заметит ни учитель, ни ученик. И так нередко случается, поверьте.

Так что же делать ученикам, если учитель придурок? Да, лучше у него не учиться. Дети же всё перенимают у взрослых, все шаблоны поведения и мышления. Это и у зверей есть, известно очень давно, но в последние годы об этом напрочь забывают. Это очень серьезная проблема.

В настоящее время стало активно развиваться домашнее образование, заочное образование и самообразование. Всё больше родителей забирают детей из государственных школ с массовыми стандартизированными и жестко регламентированными образовательными программами, которые ориентированы на достижение целевых показателей, не отвечают интересам учеников. Остальные же дети непонятно зачем ходят в школу. Многие уже вообще проходят обучение только дистанционно, программы для этого топорные и мотивация нулевая, как и в обычной школе. Такое "обучение" кроме отвращения к учебе не вызывает ничего. Более того, не формирует даже понимание, что такое учеба, что такое творческий труд, приносящий реальный результат, что такое учитель. А это фундаментальные вопросы, которые тысячелетиями формировали человека как разумный биологический вид, формировали разум и сознание.

Очевидно, происходит расслоение: можешь – беги из массовой школы, если есть силы, средства и понимание, как использовать достижения цивилизации во благо развития, а не во вред, понимание опасностей формирующейся массовой школы, не можешь – тони в системе и будешь съеден ею как биомасса. Будешь, имея даже высокий потенциал, примитивным дурачком и примерным потребителем того, что скажут. Ведь мозг развивается поэтапно. Если он не получил ряда важных, базовых стимулов в определенном возрасте, дальнейшее развитие функций или замедляется, или даже в значительной степени блокируется.

Хочется верить, что ситуация в ближайшем будущем изменится и все дети будут иметь доступ к качественному образованию и развитию. Хочешь – дерзай и развивайся, не хочешь – сиди на диване. Может, накормит кто. Таких, кого устраивает последний вариант, немало, кстати. Лишь бы только раньше времени людей не записывали в такую категорию, на которую педагогам нет смысла тратить силы. Например, автор, Борис Кригер, в школьные годы считался слабеньким троечником, а в семье – буквально недоумком. А вот сейчас пишет умные книги о том, как нужно преподавать. Чем не пример того, что школа что-то в нем недоглядела? Вот же он пытается построить общество, где все чем-то активно интересуются, хотят развиваться, делать что-то важное для общества, для природы, понимать, что и зачем, а в таком увлекательном социуме любому будет трудно усидеть на диване!

Важно дать шанс всем, стараться мотивировать. Кто-то возьмет, что дают, кто-то нет, кому-то нужно помочь взять, несомненно. Но только в этом и есть будущее.

Уважать и любить нужно каждого ученика. Не ставить штампов. Не навешивать ярлыков. Более того, учителю следует учиться у каждого из своих учеников.

Пренебрегать детьми – путь в никуда. Экологисты знают это и, возможно, желают гибели человечества как вида, желают полной перезагрузки мира (есть и такие!), а не движения вперед или пересмотра лишь последних шагов. Потому что, дескать, люди портят природу. А кому нужна эта природа, если не будет людей? Она миллиарды лет жила себе неосознанно, уничтожая поголовно почти все виды в как минимум шести глобальных вымираниях.

Надо сказать, что, по мнению некоторых биологов, то, куда движется человечество с точки зрения динамики популяций, вполне дает шанс на продуктивное развитие и дальше и, возможно, заселение других планет в перспективе, чтобы, если вдруг станет тесно, было куда улететь. Но скорость роста численности населения Земли будет постепенно снижаться. С точки зрения биологии – это К-стратегия, преобладание которой есть естественное следствие развития популяций перенаселенных территорий (в семье рождается мало детей, но их защите, обучению и воспитанию родители уделяют очень много времени и сил). Плюс еще применяются разные социальные методы и биотехнологии, связанные с регулированием численности (порой даже очень агрессивные).

Так почему не оградить детей от учителей-придурков, не дать детям действительно учиться с увлечением, не глушить их природный интерес к окружающему миру, дать развиваться сознанию, обеспечить максимально возможное число высококвалифицированных педагогов или прекрасных обучающих программ?

В конце концов, любое развитие идет по спирали, а не по кругу. Вопрос, куда стремится "спираль"!

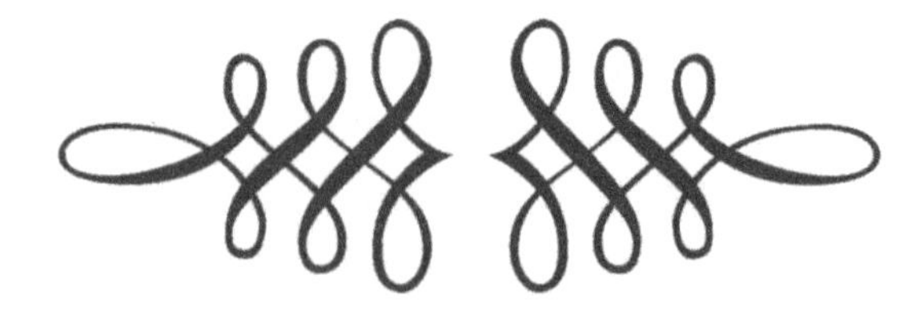

СЛОЖНОСТИ, С КОТОРЫМИ СТАЛКИВАЮТСЯ ДАЖЕ ЛУЧШИЕ ПРЕПОДАВАТЕЛИ

Хотели ли бы вы быть учеником Исаака Ньютона, слушать его лекции? Любой интересующийся наукой ответит положительно. Однако известно из различных биографий, что Ньютон был непопулярным преподавателем. Ему было скучно заниматься этой деятельностью, на его лекции, которые он был обязан проводить, почти никто не ходил. То же верно и о Канте, который был вынужден некоторое время заниматься преподаванием. Альберт Эйнштейн когда-то зарабатывал частными уроками. Представьте себе, за небольшую плату любой соседский школьник мог стать «учеником Эйнштейна». Но не осталось свидетельств, что эта деятельность доставляла мэтру удовольствие. Впоследствии репортёры преследовали уже ставшим знаменитым Эйнштейна повсюду, донимая просьбами объяснить теорию относительности в двух словах, а залы, где он читал публичные лекции, были переполнены (при этом, судя по отзывам современников, Эйнштейн был не очень хорошим лектором; слушатели плохо понимали суть лекции, но всё равно приходили посмотреть на знаменитость). И это притом, что Эйнштейн обожал задавать детские вопросы и утверждал, что, если ты не можешь объяснить суть явления десятилетнему ученику – ты сам не понимаешь сути.

Ярчайшие ученые и философы подчас оказываются плохими учителями. Им скучно спускаться на уровень студентов, хоть им может быть вполне интересен процесс постоянного переосмысления, но в рамках школьного класса его осуществить сложно. С другой стороны, история знает и многих ученых, которые были прекрасными преподавателями, как, впрочем, и учителей, которые ничем особенным не отметили себя в науке, но при этом воспитали блестящих учеников, зародив в них неизбывный интерес к предмету.

Есть учителя, которых любят больше всего. Они постоянно развлекают учеников, шутят, много смеются и добродушно относятся к тупости студентов. Они никогда ничего не задают, а на экзаменах строго не спрашивают. Но и знания их учеников практически нулевые, хотя учителя считаются очень хорошими, их любят и вспоминают всю жизнь. По крайней мере, они не вселяют отвращение к предмету и иногда даже вызывают к нему неподдельный интерес. Таких учителей можно назвать клоунами-популистами. (К такому типу отчасти относится сам автор.)

Есть учителя вдумчивые, которые передают свой интерес к предмету, постепенно рассуждая и словно глядя на проблему глазами ученика, не знающего ничего. Такую методику применял и автор, когда речь шла о вопросе, его реально интересующем и который он более или менее сам достаточно глубоко понимал (по крайней мере, по его мнению). Но, увы, и у таких учителей результат не очень впечатляющий. Ученики учатся рассуждать (если следят за линией), но у них скорее возникает иллюзия, что они всё поняли. Когда же просишь их порассуждать о том же предмете, оказывается, что они гораздо хуже усвоили материал, чем те, кого учили обычными методами, заставив вызубрить урок наизусть.

Личностный фактор играет парадоксальным образом весьма многогранную роль в учебном процессе и функционировании всей системы образования в целом. Ведь в этом процессе взаимодействуют не просто разные типы личностей одновременно, но и разнообразные виды деятельности, притягивающие разные личностные типы. Кроме того, б**о**льшую, если не ключевую роль, играет фактор свободы выбора.

В учебном заведении встречаются совершенно разные преподаватели, студенты и администраторы. И здесь-то вопрос выбора и свободы воли проявляет себя тысячей оттенков. А вместе с ним и мотивация, оправдывающая деятельность, дающая стимулы к самораскрытию и реализации заложенных способностей. Однако можно с уверенностью сказать, что, скорее всего, большинство тех, кого судьба собирает под своды образовательных учреждений, делают это в силу случайного выбора, объективной необходимости, а не субъективного предпочтения.

В таких условиях даже самые лучшие и опытные преподаватели всегда будут встречаться с необходимостью «заводить» аудиторию. Они будут тратить излишнюю – вероятно даже избыточно чрезмерную в сравнении с самим учебным процессом – энергию именно на то, чтобы преодолеть нежелание учеников открыться чему-то новому, переломить предыдущие установки учеников, что учеба – это скука и мучение, «внушить» интерес, «подвести» к теме, «побудить» к развитию, «заставить» работать, «потребовать» определенных результатов...

Все эти слова сплошь и рядом звучат при описании учебного процесса с методологической точки зрения. А ведь они употребляются либо административными работниками («принудителями» самих преподавателей), либо теми же самыми лучшими, наиболее опытными преподавателями, которые делятся своим опытом. При этом часто они также используются и преподавателями слабыми, пытающимися «играть» в сильных.

На лучших преподавателях всегда лежит и избыточная нагрузка. Она проявляется как в виде количества учебного времени на отведенные им дисциплины и вариативность аудитории, так и в виде значительного психологического стресса, подстерегающего их с разных сторон. Конечно, их мастерство позволяет им преодолевать и первую, и вторую опасность, демонстрируя многолетнюю устойчивость. Но в целом все это отвлекает, не дает сфокусироваться на главном, распыляет как силы, так и внимание. Отдача же в материальном и социальном смысле далеко не соответствует затрачиваемым усилиям. Вознаграждает (да и то, к сожалению, не всегда) благодарность отдельных студентов, а главное, их достижения, но на эти результаты уходят десятилетия.

Помимо этого лучшие преподаватели не могут одновременно работать на способных и мотивированных единиц и общую немотивированную «массу», которая находится в аудиториях не по собственному выбору, а, так сказать, «из-под палки». Это создает всегда базовый негативный фон для любых занятий чем бы то ни было. Много времени уходит на «раскачку» – установление отношений с учащимися. Учеба неизбежно превращается в форму политики, где надо не заниматься непосредственным делом, а достигать максимального вовлечения в учебный процесс. Чего стоит так называемое «поддержание дисциплины», которое требует разных подходов для разных возрастов учащихся. А ведь они сменяют в период взросления друг друга очень часто.

В конце концов, ни один, даже лучший преподаватель, не способен сдвинуть дело с «мертвой точки», если она в буквальном смысле мертвая: то есть нет способностей и базовой мотивации студентов. В условиях, когда объем информации в рамках увеличивающегося общего количества предметов растет, это проявляется все более резко. И тогда начинается своеобразное «бегство» как преподавателей, так и учащихся от данной проблемы в разные формы «политики».

Можно предположить, что те лучшие, которые терпят фиаско, лучшие не для учеников, не с точки зрения реальной эффективности обучения детей, а по каким-то там формальным показателям, которые не могут адекватно оценить учителя и его способность обучить детей чему-либо.

Ну, или в класс, как сейчас часто бывает, попадают не совсем здоровые дети (или врачи их отклонения признают незначительными, или родители настаивают, а отказать им не могут), для обучения которых требуются педагоги, специализирующиеся на обучении детей с отклонениями. Это отдельная специализация, особые педагогические навыки. Даже лучшие педагоги, не обученные преподаванию детям с различными психическими, неврологическими отклонениями, не справятся с "особенными" детьми.

Авторам зададут обоснованный вопрос, а что они имеют в виду, говоря «лучшие»? Действительно, каковы реальные критерии? Они зависят от возраста, уровня учеников, от предмета, от целей, которые ставятся. Если цель – заставить ученика вызубрить таблицу умножения наизусть, возможно, учитель с палкой окажется наиболее эффективным. А если ставить цель «не навредить», то есть не вызвать отвращения к учебе, то учитель-клоун, возможно окажется гораздо лучше учителя с розгами.

Итак, лучший учитель тот, который осознает цели и средства, и, если не приносит пользы, то хотя бы не вредит. Но и на этом пути сложности неизбежны.

МУЧИТЕЛЬНОСТЬ И СКУКА ПРОЦЕССА ОБУЧЕНИЯ

У кого из взрослых нет в воспоминаниях из школьных лет нестерпимой скуки на уроках, когда учительница бубнит нечто невнятное, или кто-то из учеников бесконечно крошит мелок о доску и пытается изобразить некий осмысленный процесс, а учительница раздраженно его, а заодно и всех, увещевает, притом что весь класс погружен словно в гипнотическое оцепенение. Кто вернет нам радость детства, загубленную этими уроками? Кто восполнит навсегда пропавшее время, которое можно было наполнить восторгом игры и жгучим интересом открытий, движением и восхитительными разговорами?

Нужно исходить, особенно в младших классах, когда ресурс у детей в обучении еще невелик, не из того, что ученикам нужно дать то-то и то-то, и еще бы вот это в качестве «внеурочки», а исходить из реальных возможностей детей. Чтобы не создавать стресс и перегрузку, которые по факту постоянно присутствуют в обучении и колоссально тормозят развитие ребенка, травмируя его. Хотя при этом ребенок формально, по документам, всё осваивает, правда, больше половины за него делают родители. Таким образом, ребенок не только не может изучить весь объем программы, но даже (из-за стресса и обилия хаотичной информации и необходимости молчать и сидеть больше половины дня) не может реализовать даже имеющийся потенциал в обучении. На выходе получается даже не ноль, а минус, т. к. возникает отвращение к процессу обучения в принципе, неспособность самостоятельно планировать свою деятельность (время-то все уходит на школу и на домашку и целиком определено родителями и учителями, когда что делать), даже опомниться толком некогда, возникает хроническая усталость и апатия, ощущение жизни как кромешного ада, а если еще и кружки, то вообще караул. Кажется, всякий родитель не этого желал своему ребенку, отправляя его в школу?

Аргумент о том, что, если сейчас не учиться в таком режиме, у ребенка нет будущего, не работает по указанным выше причинам.

Такая учеба не более, чем показуха «для галочки», а, по сути, непоправимый долгосрочный вред психике ребенка. Эдакая противопехотная мина для любого, кто потом попытается ребенка действительно чему-то научить. У школьника появится стойкий блок на любые попытки чему-то реально его обучить в будущем, и всё, что прямо или косвенно связанно с учебным процессом, навсегда будет ассоциироваться с мучением и открыто, а чаще скрыто будет вызывать отвращение и отторжение. Чем больше ребенка перегружают, особенно в дошкольном, младшем и среднем школьном возрасте, тем больше ограничивают его развитие. И вот именно тогда у ребенка будут возникать мысли сбежать из дома, покончить с собой, бросить учебу, как только, так сразу, стать кем угодно: дворником, бандитом, заняться сетевым маркетингом и т. д. (особенно если инновационную специальность в соцсетях раскрутят), лишь бы не эта жуткая учеба. У него просто сработает инстинкт самосохранения.

К тому же многие забывают, что в первую очередь ребенка необходимо подготовить к самостоятельной жизни. В основе всего не науки, а именно это. Всё остальное только при условии выполнения этого пункта.

Ставить планку того, что необходимо знать и уметь взрослому, можно только в старших классах (пусть кому-то допустима даже перегрузка, хотя у старшеклассников потенциал высок), но не ранее. Раньше перегружать – только делать хуже. Но и недогружать тоже плохо, хотя последнее не столь катастрофично. Дети, которые не перегружены учебой, могут хорошо находить себе интересное занятие (если, конечно, исключить отупляющее зависание в том же ТикТоке или игру в тупые компьютерные игры).

Важна мотивация, идентификация склонностей и интересов конкретного ребенка, тогда и эффективность обучения выше. Можно направлять идеями, если у ребенка проблемы с определением собственных интересов. Но при перегрузке не сработает и это. Следует использовать электронную технику как помощника, а не как часть тела (мы еще не дошли до того, чтобы стать киборгами, как прочит нам трансгуманизм), использовать компьютеризацию как способ облегчить обучение, но не усложнить, как сейчас происходит с платформой, на которой пытаются работать многие школы.

Важным моментом, обусловливающим мучительность процесса, является непонимание как детьми, так и учителями цели обучения и, главное, для чего дается каждая конкретная тема, для чего изучают тот или иной предмет. Где можно будет применить знания и (может быть) навыки, если вообще предполагается их давать вместе со знаниями.

Того, что описано выше, не понимают и составители программ, и даже в большинстве своем те, кто определяет образовательные стратегии, либо же они просто не интересуются этими вещами и выполняют свою работу формально. Таким образом, не только содержание программ, но и сама организация процесса обучения такова, что способствует только перегрузке учеников. Именно в результате этого хаоса процесс обучения становится скучным и мучительным для детей, что совершенно логично и закономерно при таком формальном подходе к образованию.

Тем более что, откровенно говоря, как бы ни старались школьные программы по части содержания и организации процесса обучения, они всё равно хронически не успевают за развитием мира, и ученики, конечно же, в первую очередь это чувствуют.

Причем дело не только в устаревании знаний, а в том, что устаревают и сами подходы. Можно привести такой пример:

То, как сейчас в образовании разворачивается как бы инновационная идея об универсальных компетентностях, это уже во многом прошлое. Например, такой навык, как работа с информацией, умение вычленять из всего потока надежную информацию, структурировать ее. Потому что информации так много, и столько создано теорий, якобы ее "верификации" и определения "истинности" без глубокого понимания предмета, что достоверная информация оказывается крупицей в море, и этими новомодными методами, если человек не имеет базы, ее не обнаружить невозможно, то есть она будет иметь такой же вес, что и ложная, но правдоподобная информация. Человека, который формально владеет навыками работы с информацией (одна из универсальных компетентностей), специалисту очень легко ввести в заблуждение. Это проверено опытом. Потому что нужна база и опыт в той области, к которой относится данная информация, только тогда ее можно реально оценить. А иначе это будет только иллюзия понимания.

Совокупность скуки уроков, нерелевантности материала, необходимости выполнять достаточно формальные и оторванные от жизни тесты, прессинг из-за оценок, неспособных мотивировать учебный процесс, превращают учебные годы в сущий ад.

При наличии такого опыта процесс обучения может стать для учеников реально мучительным, а ощущения от обучения – как от бесполезной траты времени, ощущение выпадения из реальной жизни, ощущение ненужности, того, что ребенка родители просто сдали в школу как в камеру хранения и хотят, лишь бы он чем-то был занят. Неважно чем, любой ерундой.

Так можно разбирать и другие навыки, навязываемые в школе как универсальные, которые при ближайшем рассмотрении как таковые актуальны только лишь для управленцев, менеджеров, бизнесменов, откуда и пошли изначально, а во всех остальных сферах нерелевантные, ибо там идет концентрация внимания на совершенно определенные вещи, большей частью специфичные для конкретных отраслей или их групп.

Мы еще не говорили о тех случаях, когда самодурство учителей, их неадекватный подход приносит прямой вред, превращая их в настоящих мучителей.

Вот рассказ нашего консультанта, ныне работающего помощником судьи в одном из центральных регионов России.

«В школе у меня несколько учителей со стажем с советских времен применяли мучительные методы обращения с детьми. Публично унижали, оскорбляли перед всеми, и это считалось нормой. Только в университете от преподавателей я узнал о настоящих педагогических методах обучения.

Со школы у меня до сих пор неприятное отношение к одной из учительниц по математике, она вела уроки с 5 по 11 классы, её метод обучения был такой: к ней после начальной школы приходили новые классы на обучение, и она вела уроки до 11 класса и выпускала их. Метод обучения заключался в следующем: всему классу она ставила только тройки. А в классе было несколько отличников, которые ни разу не получали оценку «три», всегда 5 (редко 4), при этом оценка 4 считалась для этих ребят большим унижением. Так вот, математичка, начав ставить тройки, подавляла детей, и эти отличники в последующем теряли всякий интерес к учебе и становились неучами.

Я сам столкнулся с этой проблемой, был случай, когда мы писали годовую контрольную и эта учительница поставила мне 4 с минусом, хотя я решил все без ошибок. На мои просьбы указать, какой будет правильный ответ, учительница заявляла мне, что я у нее буду троечником.

В последующем в России ввели обязательный экзамен по ЕГЭ, и проблемы начались уже у этой учительницы. Ведь с нее начали спрашивать за качество обучения, начали таскать ее на пробные экзамены, когда она сама не могла решить задачи по математике. По итогам, после нашего выпуска, данная учительница стала работать социальным педагогом в школе. На выпускном экзамене она тоже поволновалась из-за меня. Проблема заключалась в том, что дата сдачи ЕГЭ по математике была назначена на конец июня, а годовую оценку нужно было выставить уже в конце мая. Тогда она выставила всем тройки и спросила у класса, кто сможет сдать ЕГЭ на 4? Я поднял руку и попросил мне поставить 4, и я оправдаю ее ожидания, но она всё же поставила мне 3. Через месяц я сдал на 4, и этой учительнице пришлось прийти в школу и исправить мне оценку с 3 на 4.

При этом проблема с преподаванием математики заключалась только в этой учительнице: если она болела, то её подменял другой педагог, у которого мы все были отличниками, решали сложные логарифмы. После выхода нашей учительницы мы снова превращались в тупиц.

Больше всего мне жалко нескольких девочек из нашего класса, которые, после того, как попали в 5-м классе к данной учительнице, превратились из отличниц и успешных учениц в троечниц и двоечниц, которых периодически отчитывали у доски. Они потеряли былой интерес к учебе, стали курить и пить, хотя раньше были примерными детьми.

Я до сих пор общаюсь с данными одноклассницами, они до сих пор не избавились от этих привычек».

Когда мы задали этому консультанту вопрос, почему же они не жаловались, то получили ответ:

«А толку от этих жалоб? Директор школы указала бы о поступившей жалобе этой же учительнице, которая бы потом сама бы эту жалобу рассматривала, потому что у других учителей в школе тоже есть чем заняться. По итогам жалобщик-ученик или группа учеников стали бы изгоями. Я жаловался родителям, они меня поддерживали, но ходить к директору и требовать наказания для учителя привело бы опять к первому варианту, директор вызвала бы училку, она сказала бы, какой я раздолбай и так далее. Потом мне пришлось бы перевестись в другую школу, туда учителя довели бы обо мне негативный отзыв, я бы доучивался как ябедник, лентяй и тому подобное… Школы ведь замыкаются на управлении образования, где любые конфликты с учителями кончаются плохими последствиями для родителей и их детей. Да, и родители воспитывали меня так, что Учитель был большим авторитетом, которому нужно всецело доверять и подчиняться».

Напоминаем, что это говорит молодой помощник судьи, которого ожидает блестящая карьера в области, требующей серьезной интеллектуальной и высокоморальной деятельности. Но даже в силу своего сегодняшнего профессионального положения он не может дать соответствующую правовую оценку беспредела, творимого такими учителями-мучителями. По сути, они могут беспрепятственно продолжать калечить детские судьбы.

Отсутствие либо низкий уровень фактора свободы воли и выбора на всех уровнях образовательной системы проявляется с самого начала поступления в нее человека. Провозглашая повсюду главной целью утверждение и развитие человеческой личности, система образования на деле атрофирует эти ее фундаментальные качественные характеристики тысячью разных форм и методов. В этом смысле она действительно «подготавливает» большинство к «жизни», делая их послушными винтиками существующей системы межчеловеческих отношений под достаточно лицемерной личиной «приобретения знаний и навыков».

Сочетание в процессе обучения разных форм человеческой деятельности с воспитанием ещё более заостряет данную проблему. Под видом расширения знаний человеку незаметно внушаются постоянно повторяющиеся стереотипы выживания в том или ином обществе с точки зрения конвенциональной морали. Делается это всегда в виде той или иной формы принуждения. Оно может быть персональным и непосредственным или имперсональным и опосредованным, проявляющимся в форме реакции среды на те или иные формы личностного выбора.

Все это не может не давить как на психику ребенка, так и на психику тех, кто задействован в образовательном процессе вообще. При этом необходимо также иметь в виду, что образовательный процесс не есть синоним учебного, а более широкое понятие, включающее воспитательный процесс, с одной стороны, и административный – с другой. Он осуществляет процесс многоуровневой социализации и поддерживает его долговременное влияние. Что же в таких условиях происходит? Все звенья цепи, все задействованные в этом индивиды претерпевают мучительную долговременную «ломку». Это напоминает отчасти «пыточную камеру», где, однако, нет большого различия между палачами и жертвами. Здесь все пытают друг друга одновременно и по-разному... Сюрреалистическая картина, не правда ли?

Воспитание и административная работа так причудливо переплетаются, что нередко между ними нельзя найти фундаментальных различий. Но теперь уже «воспитываются» и «наказываются» все половозрастные группы в рамках одного заведения. Все это переносится на дух непосредственно учебного процесса, формулируя его методы и подходы. Восприятие учебного процесса его конечным адресатом – учащимся – впитывает в себя данное негативное влияние и формирует долговременное устойчивое негативное отношение ко всему данному феномену.

Итогом является отклонение восприятия в человеческом сознании: здесь сознательный элемент часто подменяется бессознательным, воспитательные элементы подменяют по значимости и влиянию образовательные, формы знания ассоциируются с формами поведения и тому подобное. В результате создаются неверные стереотипы отношения к учебе, а ее процесс и результаты подсознательно ассоциируются с негативным опытом, что, разумеется, отвергается личностью. И «опыт взросления», психологически соотносимый с общепринятым термином «переломный возраст», незримо переносится на совершенно иную сферу человеческого бытия. Тогда отвергаются и оспариваются уже не формы приличий и поведения, но даже формы мышления и знаний.

ОТСУТСТВИЕ АНАЛИТИЧЕСКОГО И КРИТИЧЕСКОГО МЫШЛЕНИЯ

Стоит вспомнить, что часто мы вынуждены констатировать отсутствие в школьном образовании мышления как такового. Почему? Во-первых, традиционная школа основана на выдаче ученикам знаний, а точнее, набора фактов часто без их анализа и мотивации учеников эти факты анализировать. Есть вообще запретные темы, которые дают нелогичные пробелы в программах, затрудняя обучение и анализ материала. Самое печальное, что человечество накапливает знания как снежный ком, и вслед за этим, хоть и с опозданием, распухают и школьные программы. Знаний все больше, а память ученика не резиновая, увы. Всего удержать не может, регулярно перегружается. Из-за этого мышление оказывается парализованным. Оперативная (рабочая) память вместо выполнения мыслительных операций занята зубрежкой, т. е. попыткой удержать какие-то, не связанные между собой факты.

Таким образом, она используется не по назначению, а мышление не развивается. Из-за мощного потока новой информации она даже не успевает "уложиться" в долговременной памяти, структурироваться для прочного запоминания, за ненадобностью изгоняется из кратковременной (рабочей) памяти, как только всё сдано. И ученик становится постоянно уставшим человеком с головными болями с раннего возраста, но, несмотря на усердное корпение над учебниками и другими информационными ресурсами, голова его совершенно пуста по окончании обучения. При этом способности к разного рода аналитическому мышлению близки к нулю.

Вот результаты, которые получают в большинстве современных школ.

Во-вторых. Нет разделения деятельности учителя и ученика. То есть "прохождение" материала измеряется тем, сколько "дал" учитель. Насколько понял и усвоил ученик, не рассматривается. Обычно требуют лишь воспроизвести пройденный материал, а это все равно, что записать нечто и потом "прокрутить " запись на экзамене, тесте, контрольной. Многие современные разработчики контента и проверочных работ сразу же заявляют: мы не можем проверить [при помощи современных, автоматизированных систем] понимание предмета. Можем только протестировать способность воспроизводить факты, в лучшем случае решать типовые примеры и задачки по математике, физике по образцу. Они считают, что проверить понимание невозможно в принципе. Однако еще в начале прошлого века как минимум многие пытались.

Что же мы удивляемся – по улицам наших городов ходят люди не только не способные к аналитическому мышлению, но и совершенно необразованные ни в одной области. Корреспонденты любят останавливать с виду обычных людей и задавать им элементарные вопросы из школьной программы, и – о ужас! – никто не может дать верный ответ! Но настоящий кошмар заключается в том, что большинство людей имеют очень отдаленное представление обо всем и лишь научились притворяться образованными людьми. Поэтому и возможны чудовищные политические манипуляции, поэтому им можно скормить какие угодно фальшивые новости, и они поверят, даже не пытаясь критически проанализировать информацию, сопоставив ее с базисными знаниями, которых у них нет. Если Сартр говорил, что страшный секрет богов и царей, что люди свободны, то мы можем перефразировать – страшный секрет людей, что они идиоты! И таковыми их сделало славное школьное образование. Причем неважно, о какой стране речь – России, Франции, США или Турции. Мы имеем дело с глобальным секретом, заговором идиотизма. Иногда после таких опросов поражаешься, как автобусы ходят, самолеты летают и как эти люди на улицах умудрились с утра надеть штаны не задом наперёд.

Авторы этой книги всю жизнь посвятили, так или иначе, преподаванию как детям, так и взрослым, и могут рассказать немало историй вопиющей необразованности, имеющей место вне зависимости от занимаемого высокого положения в обществе.

Теперь поговорим немного о критическом мышлении. Вспомним, что помимо учебных материалов ученикам сейчас, как правило, доступен огромный объем информации очень разного качества и уровня привлекательности для детей. Важно также, что просто по статистике качественной информации на порядок меньше, чем некачественной, недостоверной. Ведь проще и быстрее напечатать какую-нибудь ложную сногсшибательную новость, надергав чужих картинок и подправив, что нужно в «Фотошопе», чем выложить качественный материал, основанный на строго проверенных фактах, внести и проверить ссылки на рецензируемые научные источники. В интернете никто особенно не проверяет, обманываете вы людей, или просто неграмотны, или действительно выкладываете что-то реальное, интересное или полезное. Дети учатся всему без разбора, и им несвойственно критическое и аналитическое мышление.

Таким образом, дети запоминают не наиболее качественный материал, а наиболее яркий, выделяющийся. Соответственно, коммерческие интересы создателей рекламных ресурсов играют злую шутку с развитием детей. К тому же примитивные, понятные всем сюжеты ограничивают мышление, в т. ч. полностью парализуют критическое мышление у детей, ведь даже взрослые "клюют" на грамотно составленные ролики.

Нескончаемый поток информации дезориентирует ребенка, способствуя сохранению инфантилизма в более старшем возрасте, блокируя психоэмоциональное развитие. Причем тут часто возникает неравенство образовательных возможностей, т. к. бесплатные образовательные ресурсы часто содержат рекламу в явном или скрытом виде, трансформируя, примитивизируя мышление, а платные ресурсы, не содержащие рекламы, позволяют лучше концентрироваться на материале. Таким образом, мышление детей, имеющих богатых родителей, может быть значительно меньше подвержено разрушению, нежели мышление детей бедных родителей. Конечно, и воспитание тут играет роль, но, как ни крути, влияние интернета, гаджетов, да и печатных материалов, которые в большинстве делаются под стать интернет-ресурсам, в наши дни колоссально.

В условиях, когда ребенок попадает в атмосферу организованного регулирования его воспитания и учебы, сама сущность процесса выработки самостоятельного – а следовательно, в первую очередь аналитического, а затем критического мышления – ставится под угрозу. Первое ещё можно развить через знакомство с основами математики, давая импульс природным дарованиям ребенка. Однако вместе с тем изначальной проблемой является тот факт, что в течение долгого времени в рамках существующей системы образования у ребенка не формируют устойчивого, обоснованного, развивающегося отношения к логике и её производным, что и характеризует качественную составляющую мышления как категории и феномена.

Независимость мышления в реальности намного больше связана с аналитической базой, чем принято полагать. Очень трудно не просто на ранних стадиях жизнедеятельности, но вообще создать в сознании презумпцию, что необходимо стремиться к объективным суждениям, максимально абстрагироваться в познании реальности от всех и всяческих идеологических клише, предрассудков, предубеждений или субъективных ожиданий. Это очень важное состояние сознания не продуцируется в такой системе, где учащиеся просто должны следовать тому, что им «говорят» или «показывают».

В своем замечательном труде «Рассуждение о методе» Рене Декарт писал: «...мне пришло в голову, что и науки, заключенные в книгах, по крайней мере, те, которые лишены доказательств и доводы которых лишь вероятны, сложившись и мало-помалу разросшись из мнений множества разных лиц, не так близки к истине, как простые рассуждения здравомыслящего человека относительно встречающихся ему вещей. К тому же, думал я, так как все мы были детьми, прежде чем стать взрослыми, и долгое время нами руководили наши желания и наши наставники, часто противоречившие одни другим и, возможно, не всегда советовавшие нам лучшее, то почти невозможно, чтобы суждения наши были так же чисты и основательны, какими бы они были, если бы мы пользовались нашим разумом во всей полноте с самого рождения и руководствовались всегда только им». Декарт постановил себе: «Первое – никогда не принимать за истинное ничего, что я не признал бы таковым с очевидностью, т. е. тщательно избегать поспешности и предубеждения и включать в свои суждения только то, что представляется моему уму столь ясно и отчетливо, что никоим образом не сможет дать повод к сомнению. Второе – делить каждую из рассматриваемых мною трудностей на столько частей, сколько потребуется, чтобы лучше их разрешить. Третье – располагать свои мысли в определенном порядке, начиная с предметов простейших и легко познаваемых, и восходить мало-помалу, как по ступеням, до познания наиболее сложных, допуская существование порядка даже среди тех, которые в естественном ходе вещей не предшествуют друг другу. И последнее – делать всюду перечни настолько полные и обзоры столь всеохватывающие, чтобы быть уверенным, что ничего не пропущено». Этот метод ничуть не устарел и по сей день, хотя написанному уже почти четыреста лет.

Формальная и предметная логики разделены в сознании таким образом непроницаемой стеной. А по мере нарастания объема фактов по разным дисциплинам, которые к тому же подаются некогерентно и фрагментарно, в голове учащегося со временем может образоваться полная путаница. И при этом, как это ни парадоксально, никто не акцентирует, не повторяет, не показывает на примерах и не закрепляет ту достаточно простую, на первый взгляд, идею, что в основе всех выводов, благодаря которым эти факты и феномены существуют, стоит логика определенного рода, выраженная в определенных видах.

Дело в том, что логика – это не просто дисциплина или набор обезличенных закономерностей и формулировок. Это потенциально важнейшая часть человеческого существования, базис культуры и цивилизации. Аналитические способности, присущие изначально природе человеческого сознания, без этого оказываются во власти блуждания и, фрагментированные, приходят в итоге к хаосу, из которого человеку уже трудно бывает выбраться в более зрелые годы. Эта проблема может со временем привести и к полному личностному краху. Поэтому как воспитание, так и образование должно быть возвращено к своей первичной наиважнейшей задаче: формированию общей культуры мышления, где логика и аналитика могли бы всеобъемлюще взаимодействовать.

Особой проблемой на этом фоне, своеобразной «вершиной», становится формирование критического мышления, а точнее угроза его отсутствия. Когда логический и аналитический компоненты не гармонизированы, или даже противопоставлены друг другу, когда уровень осознаваемости фактов лишен определенных культурных критериев оценочности, нарушается и культура сопоставления. Феномены объективной реальности и – в первую очередь здесь – человеческого бытия наталкиваются в сознании неподготовленных индивидов на хаотическое и фрагментированное восприятие. Если культура установления причинно-следственных связей отсутствует (не заложенная воспитанием и образованием), человек становится в буквальном смысле слова некритичным. Он либо берет что-либо на веру априорно, либо осуществляет селекцию на основе предощущений, источники которых в реальности не осознает и не контролирует. В таких условиях безразлично, каким уровнем фактологических, технических, практических знаний обладает тот или иной человек. Все это оказывается бессильным в условиях, когда его сознание слабо представляет себе, откуда все это взялось, в каких взаимосвязях со всем прочим оно находится и как грамотно со всем этим распоряжаться.

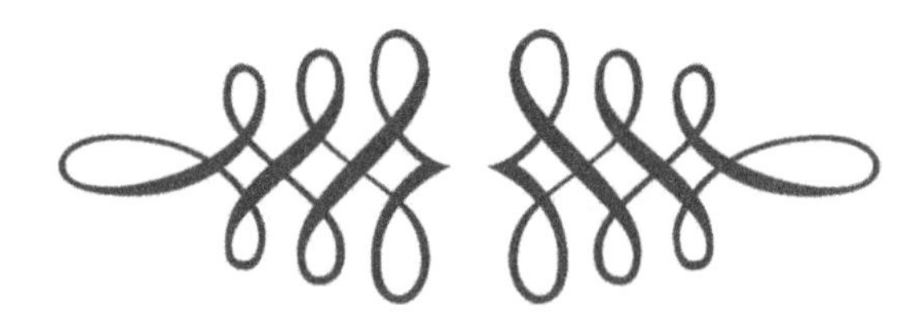

БЕСПРАВИЕ ДЕТЕЙ И МОЛОДЕЖИ

Главной причиной, почему один из авторов этой книги не хотел бы переродиться в новорожденного по индусскому верованию о переселении душ после смерти – это его детство, которое ему совсем не понравилось. Возможно, такое недовольство детством является индивидуальным и большинство взрослых вспоминают свою детскую пору с чувством счастливого умиления. Также возможно, что всё зависит от родителей и, соответственно, от их культуры и эпохи, в которую протекало детство. Детей семидесятых годов прошлого века было принято воспитывать по достаточно раскритикованным книгам Спока[13]. Тесное пеленание, укладывание спать на живот, кормление по часам, оставление ребенка плакать в одиночестве, чтобы не давать шантажировать плачем, сломало психику немалому числу ныне живущих взрослых.

Сейчас многие из подобных практик могли бы быть расценены как издевательство над младенцем, а некоторые из них (укладывание на живот) и вовсе опасны для жизни. Так или иначе, с раннего детства ребенок оказывался в мире, резко ему враждебном, с ощущением

---

[13] Бе́нджамин Макле́йн Спок (англ. Benjamin McLane Spock; 2 мая 1903 года, Нью-Хейвен, Коннектикут, США – 15 марта 1998 года, Ла-Хойя, Калифорния, США) – американский педиатр, автор книги «Ребёнок и уход за ним»

полной беспомощности, а может, и с выработанными навыками выученной беспомощности – психического состояния, при котором живое существо не ощущает связи между усилиями и результатом[14].

Трудно сказать, насколько подобные методы остаются популярными и в наше время. У авторитарных родителей взросление ребенка отнюдь не оставляет ему свободы. С новыми возможностями появляются новые запреты, ограничения, наказания.

Другая крайность – вседозволенность. Иногда мы наблюдаем ее, невольно подглядывая за общением мамаш с малышами. Тот лупит ее игрушкой по лицу, а она смеется.

И те, и другие крайности вредны и недопустимы. Но кто же знает, где золотая середина? Природа выдает нам младенца – существо менее развитое и приспособленное к жизни, чем питомцы большинства животных. Это плата за размер нашего головного мозга. Ребенок рождается в значительной степени недоразвитым, потому что головка большего размера просто не пойдет через родовые пути женщины. Из этого недоразвитого существа нам предстоит вырастить полноценного человека – задача не из простых.

Однако поражение ребенка в правах на всем протяжении его детства – чрезвычайно травмирующее обстоятельство. Нежелание считаться с его потребностями и вкусами, отсутствие вы-

---

[14] Это явление открыл Мартин Селигман в 1967 году

бора, навязывание родительского видения мира – все это путь к неврозам и проблемам. Да, слишком свободное воспитание неудобно, более того, может привести к недовольству родителя, потому что ребенок станет слишком рано самостоятельным и независимым, но чрезмерное сдерживание, гиперопека, навязчивый контроль или демонстративное игнорирование – тоже не выход. Особенно страшны презрительное отношение, нежелание выслушать и полное отсутствие намерения понять. Кто из родителей не грешил подобными качествами? Нечего и говорить об обзывательствах, крике и тем более рукоприкладстве. Порой к коту хозяева относятся с большим уважением и вниманием, чем к собственному ребенку.

Всего сто лет назад между детством со сказками о добрых феях и взрослой жизнью была довольно четкая граница. Тинейджерская культура возникла в США в XX веке, чтобы помочь детям (и их родителям) на самых сложных этапах взросления. Теперь взрослеть стали и рано, и поздно одновременно: американская молодежь учится иногда до 30-35 лет, а аборты без согласия родителей может делать в некоторых штатах уже с 14.

Искусственное затягивание детства, практикуемое в развитых странах, тоже не идет на пользу развития полноценного человека, способствует инфантилизму и юношеским депрессиям. С другой стороны, выгонять с 6 лети на работу, как это случается в неразвитых странах

– тоже не выход, более того, преступно и отвратительно.

Дети вовсе не такие придурки, как может показаться. Многие из них очень много понимают, уже начиная с довольно раннего возраста, они способны на осмысленную и продуктивную деятельность, более того, остро нуждаются в ней, но вынуждены бездействовать, проводить десятки часов в неделю в скучных классах, а остальное время проводить играя в отупляющие игры. Сколько замечательного ребенок мог бы сделать и испытать, если бы его жизнь была организована иначе? Какой удивительный человек мог бы вырасти из такого ребенка?

Читатель возразит, что всё зависит от родителей. Либо они виноваты, потому что сами плохо развиты, ленятся, либо жалуются на тяготы жизни, необходимость работать, чтобы обеспечивать семью. Всё это правда, всё это так. Но нередко находясь в идеальных материальных условиях, и не будучи дебилами, родители всё же не занимаются со своими детьми. Они с собой-то не знают, что делать, а тут еще дети на голову. Пандемия вскрыла этот ужасающий парадокс – некоторые родители страдали от необходимости слишком подолгу находиться с собственными детьми вместе.

Тут, конечно, мы могли бы свести всё к изначальному изъяну этого мира и бытия в нем, но, скорее всего, речь идет об отсутствии талантливо разработанных систем и традиций такого взаимодействия, совместного занятия родителей и детей делами полезными и интересными и тем, и другим.

Что же касается юридического ущемления в правах несовершенных лиц, надо предложить, чтобы существовали пути достижения совершеннолетия до биологического срока, хотя бы как опция. Например, введен определенный экзамен на зрелость, по результатам которого ребенок в любом возрасте мог бы получать практически полные права, включая право голоса. Нам возразят, что немедленно всё это будет использовано как во вред обществу, так и во вред самим несовершеннолетним. Но это не отменяет тот факт, что совершеннолетие не наступает с биологическим возрастом, а является качеством, зависящим от зрелости человека, которая у каждого наступает по-разному, а у некоторых не наступает никогда.

Так или иначе, необходимо приложить максимум усилий, чтобы у растущего поколения не формировалось чувства беспомощности, и бесправности, и, главное, привычки, что от них ничего не зависит.

Эйджизм – дискриминация человека на основании его возраста – проявляется в готовности воспринимать адекватно и сотрудничать лишь с теми людьми, кто соответствует некоему заранее установленному критерию возраста. С очевидной дискриминацией по возрасту сталкиваются как в начале, так и в конце карьеры[15]. Чистой воды идиотизм руководствоваться возрастными штампами.

То же самое происходит и в личной жизни. Принятые в обществе штампы не оставляют шансов для построения отношений между разными возрастными группами.

И самое досадное, что неужели те, кто руководствуется этими предрассудками, не понимает, что каждый индивид (при современной средней продолжительности жизни) побывает во всех возрастных категориях и подвергнется точно такой же унизительной дискриминации. Так и хочется об этом сказать нагловатым придуркам обоих полов, которым нечем больше кичиться, как своим возрастом, причем как молодым, так и зрелым.

Эйджизм оказывает значительный эффект на пожилых и молодых людей. Стереотипы и инфантилизация пожилых людей и молодёжи из-за покровительственного языка, с помощью которого с ними общаются, затрагивают самооценку и поведение пожилых людей и молодёжи. После того, как они много раз услышали стереотип, что пожилые люди и молодёжь бесполезны, то даже молодёжь старшего возраста может начать чувствовать себя подобно иждивенцу, как члену общества, не вносящему свой вклад в его развитие. Они начинают воспринимать себя зеркальным образом, то есть видят себя так, как их видит общество. Исследования

---

[15] С дискриминацией по возрасту сталкиваются в начале и в конце карьеры. yle.fi. Служба новостей Yle (2012-9-18)

также определённо показали, что, когда пожилые люди и молодёжь слышат эти стереотипы о своей воображаемой некомпетентности и бесполезности, они показывают результаты хуже, чем до этого. Эти стереотипы становятся сбывающимися пророчествами. Согласно Стереотипной Теории Воплощения Бекки Леви, пожилые люди и молодёжь иногда даже участвуют в создании этих самостереотипов, беря стереотипы, которые повлияли на их жизненный курс, и направляя их на себя самих. Тогда это поведение лишь укрепляет существующие стереотипы и обращение с молодежью и пожилыми людьми.

Многие преодолевают эти стереотипы и живут так, как они хотят, но бывает трудно избежать столь глубоко внушенного предубеждения, особенно если вы были подвергнуты подобным взглядам в детстве или юности.

Понятие «эйджизм» от английского слова, означающего «возраст», ввёл директор национального института старения США Р. Н. Батлер в 1969 году, обозначая им дискриминацию одних возрастных групп другими. Дифференциация социальных статусов и возрастная стратификация во многих западных обществах и культурах осуществлялись и продолжают осуществляться в соответствии с такими социальными ценностями, считающимися нормативными, как продуктивность и результативность. Это обстоятельство, в частности, лежит в основе негативно-пренебрежительного отношения к пожилым людям, как к субъектам, которые не соответствуют данным требованиям. Некоторые считают эйджизмом и законы о возрасте сексуального согласия на интимные отношения[16].

Многие социологи резко критикуют эйджизм. По их мнению, возрастная дискриминация в современном обществе является двунаправленной. То есть молодое поколение с подозрением и упрёками относится к старшему, в то время как старшее не доверяет молодёжи. В наши дни до сих пор ощущается острая проблема «отцов и детей», которая существует не одно поколение и раскрыта в романе Тургенева «Отцы и дети». «Для того чтобы хоть как-то про себя что-то понять – кто я, что мне делать, человек начинает идентифицироваться не со своей социальной группой – семьей или профессиональной группой, а с возрастной. Журнал для тех, кому от 30 до 35, вечеринка для тех, кому за 40, клуб знакомств для тех, кому за 50 и так далее. С одеждой то же самое. Существует почти непререкаемая норма, как следует одеваться людям того или иного возраста, как разговаривать, как себя вести. Каждый пытается отгородиться и одновременно найти себя»[17].

Между тем эти предрассудки были не всегда, по крайней мере, в том виде, в котором они

---

[16] Якимова Е. В., Торнстон Л. Геронтология в динамическом обществе // Социальная геронтология: современные исследования. – М.: ИНИОН РАН, 1994 – С. 58 – 68

[17] Елена Фанайлова. Эйджизм, или дискриминация по возрасту. Радиопрограммы и подкасты / Свобода в клубах. Радио Свобода (30 октября 2011). Дата обращения: 18 апреля 2016

присутствуют в современном обществе. В прошлом предрассудки, связанные с возрастом, безусловно, были, но порой совершенно другими. Скажем, в 19 веке брак между сорокалетним мужчиной и семнадцатилетней девушкой был весьма распространен.

Верно было бы взять за привычку обращаться ко всем с равной степенью уважения: как к детям и молодежи, так и к старикам, и лицам среднего возраста. И не менее верно было бы позаботиться, чтобы люди всех возрастов в максимальной мере были уравнены в правах, которые бы основывались не на возрасте, а на реальных способностях того или иного индивида принимать участие в различных видах деятельности.

ИЗВЕЧНЫЙ КОНФЛИКТ ОТЦОВ И ДЕТЕЙ

В любом рассуждении нетрудно найти перекос в ту или иную сторону и закричать: «Ату авторов, ату!» Если утверждать, что родители имеют полное право принимать решения, как они будут воспитывать своих детей, ибо именно родители решают, появиться детям на свет или нет, а посему обладают священным правом на их воспитание по своему усмотрению, нам возразят, что с таким мракобесием нам бы в

Римскую империю, где отец семейства имел над своими детьми практически полную власть.

Если же мы возьмёмся утверждать, что ребенок – уникальная личность, что ему и только ему принадлежит право решать, как воспитываться, то тут же получим горячие обвинения в раскачивании лодки, провоцировании конфликта между поколениями, разрыве духовных скреп и прочих деструктивностях. Хотя осмысленное принятие решения о рождении ребенка, своего рода, долгосрочный проект, и вполне можно ожидать, что родители имеют определенные представления о том, как они хотели бы этого ребенка воспитать. Если, конечно, мы верим, что действия людей не спонтанны и хаотичны, а хоть сколько-нибудь осмыслены в плане деторождения.

Как водится, правы обе стороны, поскольку перекос в ту или иную сторону нежелателен. Скорее решение о методах и целях воспитания должно приниматься родителями и детьми совместно на основе уважительного обсуждения, внимательного рассмотрения и оценки способностей и склонностей, оценки промежуточных результатов, построения и корректировки совместных планов. Поскольку в это сотрудничество маленький ребенок входит не на равных условиях, в силу своей естественной возрастной незрелости, то бережный родитель принимает этот факт во внимание и не оказывает излишнего давления на решения, принимаемые совместно с ребенком. Он приучает ребенка к аналитическому рассмотрению различных вариантов, к оценке плюсов и минусов.

Всё это действовало бы вполне сносно, если бы родители были рациональными, взвешенными людьми, а дети, в свою очередь, тоже вполне разумными, развивающимися индивидами. Короче, если бы люди не были людьми.

На самом деле всё обстоит гораздо печальнее. В детях буквально биологически заложен динамит восстания против родителей, не говоря уже об Эдиповых комплексах и прочей психологической отраве. Данный комплекс характеризуется двойственным отношением ребенка к своим родителям. Он одновременно любит и ненавидит каждого из них, боготворит их и желает им смерти, хочет быть похожим на них и боится быть наказанным за свои бессознательные желания[18].

Вместо уважительного обсуждения всё выливается в тот или иной перекос, и даже если создаётся временная видимость согласия – то она очень скоро будет нарушена. Ребенок рано или поздно восстанет и станет всё делать назло, причем часто даже себе во вред.

---

[18] Лейбин, В. М. Эдипов комплекс. Словарь-справочник по психоанализу. – Москва: АСТ, 2010 – С.660–664

Люди достигли высот показухи, и поэтому кажется, что они, как, впрочем, и их дети, представляют собой вполне разумных существ. На самом деле это не так, и поэтому неудивительно, что проблема взаимопонимания родителей и детей существует с незапамятных времен. Каждый из нас не раз в жизни имел сложности с принятием и пониманием позиции как старшего, так и младшего поколения. Аналогично рано или поздно любой родитель сталкивается с непониманием и упрямством собственных детей.

Как любой социальный конфликт, конфликт поколений и функционален, и дисфункционален одновременно[19]. С одной стороны, он способствует прогрессу общества, потому что если всё время делать всё по-старому, то не возникнет ничего нового. С другой стороны, конфликт создает множество проблем и конфликтующим сторонам, и социальному окружению, и процессам, происходящим в обществе. Конфликт поколений может перерасти в социальную проблему, нарушающую нормальное функционирование социума[20].

Американский социолог Л. Фойер писал, что «конфликт поколений является универсальной темой человеческой истории. Он основывается на самых изначальных чертах человеческой природы и является, может быть, даже более важной движущей силой истории, чем классовая борьба»[21].

Традиционно зрелость ассоциируется с мудростью и доброжелательностью, что и составляет сущность социальных ожиданий по отношению к старшему поколению. Но злоупотребления мерами социального контроля, навеши-

---

[19] Сыроед Н. С. Конфликт поколений как социальная проблема.

[20] Handbook of Social Problems. A Comparative International Perspective / ed. by G. Ritzer. Maryland, 2004 – P. 8

[21] Цит. по: Игнатова Т. В. Преемственность и конфликт поколений [Электронный ресурс] // Образование и общество: науч., информ.-аналит. журн., 2005, № 3. URL: http://www.jeducation.ru/3_2005/100.html (дата обращения: 06.06.2016)

вание ярлыков, следование клише обыденного сознания («в наше время молодежь была лучше») не соответствуют ожиданиям, оскорбляют и нервируют молодежь и не способствуют установлению взаимопонимания между поколениями.

Факторы, вызывающие недовольство и напряжение, инициирующие конфликт со стороны старшего поколения, включают: игнорирующее или даже подчеркнуто пренебрежительное отношение молодежи к старшим; некоторые элементы молодежной субкультуры, такие как молодежный сленг, манера одеваться, прически, отдельные формы поведения, музыкальные предпочтения, формы досуга, способы развлечения и т. д. При этом не учитывается тот факт, что принадлежность к молодежной субкультуре – это явление возрастное, временное и переходное. Включение во взрослую жизнь, задачи построения карьеры и семейной жизни обусловливают приобщение молодых людей к культуре социального окружения и мира старших.

Более того, враждебное отношение в наибольшей степени проявляется именно к собственным родителям. Многие из нас замечали, что от нас наши дети порой не согласны принять элементарные истины, в то время как от наших друзей и знакомых нашего возраста спокойно и даже охотно их принимают. Мы также заметили, что родителям гораздо труднее учить собственных детей, чем перепоручать это другим взрослым. В этом, между прочим, заключается одна из основных проблем домашнего обучения.

Проблема конфликта поколений известна давно, и благоразумное государство всегда старалось сгладить и свести на нет подобный конфликт, вставая на сторону старшего поколения и лишая молодежь легитимации вести себя агрессивно по отношению к старшим. В наши времена особенно западные государства узрели в конфликте между поколениями возможность атомизировать общество, сделав индивидов менее защищенными. Разрушая семьи, в которых естественным образом имеет место тесная связь поколений, современное общество получает более беззащитных, легко манипулируемых индивидов. Нетрудно втереть молодежи что угодно, если молодежь не может посоветоваться со страшим поколением (потому что отношения с ним испорчены и уважение отсутствует), с другой стороны, и молодежь уже не может рассчитывать на помощь и поддержку старших. По крайней мере, таковы реалии благополучных западных стран, где всё реже встречается взаимопомощь между поколениями и их отношения в лучшем случае сводятся к формальным застольям два-три раза в год, и всё чаще встречаются случаи полного разрыва отношений на долгие годы. Парадоксально, пандемия коронавируса только усилила размежевание между поколениями. Чего уж скрывать, некоторые с тайной радостью восприняли запреты на встречи с престарелыми родственниками.

Почему такое положение выгодно современному обществу? Потому что так общество не является монолитом. Разбивание подчиненных индивидов на группы и плохо связанные категории – прекрасный пример старого принципа «Разделяй и властвуй».

Причинами конфликтов поколений в семьях являются и вредные привычки, такие как алкоголизм и наркомания, компьютерная игромания, а также иждивенчество, стремление прожить за счет близких родственников, несправедливое распределение семейных обязанностей, бедность, низкий уровень обеспеченности жилой площадью[22].

Конфликт поколений в семьях порождает масштабные социальные проблемы, такие как дисфункции семейных отношений, домашнее насилие, детская безнадзорность, преступность, распад семей и другие.

Социальные проблемы не возникают сами по себе. Чаще всего они являются результатом каких-либо исторических потрясений или изъянов в функционировании социальных институтов. Конфликт поколений, негативное отношение молодого поколения к старшему формируется в значительной степени социальной политикой государства по отношению к возрастным категориям населения. Отношение к пожилым людям как к ненужной части общества, вытес-

---

[22] Вдовина М. В. Межпоколенные конфликты в современной российской семье // Социс. Социологические исследования, 2005, № 1 – С. 103

нение их на периферию социальной жизни является одной из доминирующих социально-политических тенденций в современной России. Очевидный и убедительный аргумент – это низкий уровень пенсионного обеспечения, снижение экономического и социального статуса старшего поколения.

Как пережить родительское разочарование, разбитые надежды? "Столько сил и средств потрачено впустую!" – пожалуй, одно из самых распространенных восклицаний родителя, чьи надежды на будущее его ребенка не оправдались. «А имеем ли мы вообще право на такие надежды, и что делать, если они рухнули?» – пишет журналистка Анна Кудрявская-Панина.

«Большинству родителей такая причина, как потеря детского интереса, не просто покажется недостаточной, она и причиной-то не покажется вовсе. Как бросил кружок? Как это – уйти из музыкальной школы за два года до выпуска?! Что значит, не буду поступать на юридический, хочу быть стюардессой?! Выйти замуж за Сашку? Да только через мой труп!»

Практикующие психологи, социальные работники и священники могли бы рассказать огромное множество невероятных историй на эту тему. Когда родители не могут смириться с тем, что дети не оправдали возложенных на них надежд, и давят, ломают, не дают идти своим путем, а потом, когда дети всё же делают по-своему, никак не могут справиться с постигшим их разочарованием.

Что же движет всеми нами, родителями, когда мы навязываем детям свое представление об их "прекрасном" будущем и настойчиво стараемся "причинить им добро"? А ничего хорошего, как это ни прискорбно. Нами движут наши собственные страхи, амбиции, стереотипы, установки и чувство вины. Что скажут люди; я не смог поступить в Бауманку, пусть у сына или дочери получится; быть парикмахером непрестижно; в нашей семье все оканчивали только МГУ, какой строительный вуз; я не оправдала мамины надежды, не стала балериной, ушла из училища; она не имеет права бросить музыкалку, потом будет жалеть, как я. И так далее, и так далее... Одним словом, мама знает, как надо! Мама жизнь прожила. И твою проживет!

Может ли из такого сомнительного набора сложиться что-то дельное? Очень вряд ли.

Какие надежды родителей чаще всего не оправдывают дети: не так хорошо учился, не туда поступил, бросил секцию, кружок, школу, вуз, не там работает, не на той женился.

Только вот почему мы решили, что наши дети делают не то и не так? Откуда берутся наши ожидания? Из очередной установки, принятой в обществе: дети неразумны, они не знают, как лучше, без нас они не справятся, их надо направлять, наставлять, иначе они собьются с верного пути и не придут к успеху. Успеху, который успехом считаем мы – взрослые, а вовсе не они сами.

Родителей пугает самостоятельность ребенка в выборе, их вообще многое пугает, они руководствуются внешними ориентирами, потому что их собственные не сформированы или сломаны. И они из благих побуждений как раз и не дают ребенку выстроить внутренние ориентиры. Замкнутый круг.

Чем выше ожидания родителей, тем сильнее стресс, которому они подвергают собственного ребенка и самих себя. Вот, что говорят "не оправдавшие надежд" дети: "У меня все так, как хочется мне. В чем-то я ошибалась, потом исправляла. Мама с папой считают, что я живу в нищете и горе... Я не ощущаю ни нищеты, ни горя... Просто их надежды – это был всего лишь один из вариантов, я выбрала другой, и была изгнана из дома, ну окей. В итоге всё хорошо, и мы даже общаемся с родителями, но они в упор не видят, что можно сделать свой собственный выбор, и он может оказаться самым лучшим для тебя"; "Я ребенок, который не оправдал надежд. С "не тем" человеком живу счастливо 20 лет, "тот" институт мне даром не нужен, уехала жить в деревню и пасу коз (о, боги!). Как итог – с родителями почти не общаюсь. Потому что это моя жизнь, и я живу ее так, как нравится мне"; "Мама измучила меня попреками и недовольством. Результат: полный разрыв отношений. Такое давление невозможно выдерживать"; "Если не прекратите насаждать детям свои иллюзии, как им проживать их жизнь, дети или будут вам лгать безбожно, либо отвернутся от вас и сбегут при первой возможности. И счастливого им пути, если честно".

Разрывают отношения и дети, не желающие продавливаться под родительские представления о них. И сами родители в "наказание" за черную неблагодарность отвергают "оступившихся" детей. Не слишком ли дорогая цена для наших надежд?

Но не все способны противостоять давлению самых любимых и авторитетных в жизни людей, особенно в детстве. Именно так и привыкают жить, не слушая и не слыша собственных потребностей и желаний, руководствуясь чужими, внешними ориентирами и установками. Замкнутый круг номер два.

Но все же, как справиться и пережить разочарование, если надежды были и не оправдались? Во-первых, живите своей жизнью: ваше детство уже прожито, юность тоже, не пытайтесь повторить или переиграть свой путь, заменив себя своим ребенком. Почаще вспоминайте, что ваш ребенок – не вы, и принимайте его таким – другим. Не думайте, что без вашего указующего перста он пропадет: ребенок – не деструктивное по натуре существо, он способен стать самодостаточной личностью и без родительского поводка. Не надо идти по пути вашего ребенка впереди него или за ним – идите рядом. И, в конце концов, разрешите ему выбирать и ошибаться. Без страха быть вами отверженным.

С другой стороны, авторы осмелятся утверждать, что нет человека, у которого бы не было каких-нибудь детских обид, претензий к взрослым, а чаще всего к собственным родителям, не важно, в каких райских условиях бы не воспитывались дети. Словно бы существует специальный отсек в человеческом сознании под названием «детские обиды», и он не может пустовать, что-нибудь туда обязательно будет помещено. Причем с виду незначительные, глупые и необоснованные обиды могут восприниматься как настоящие катастрофы сначала ребенком, а потом взрослым, выросшим из этого ребенка. Как и в случае родительских разочарований возникает иллюзия уникальности личной трагедии, и люди всерьез позволяют этим, по сути, глупостям и иллюзиям влиять на свои жизни.

Первые обиды настигают нас в детстве, и мы сталкиваемся с тем, что не в силах управлять нахлынувшим на нас чувством горечи и отчаяния. Эмоции настолько сильны, что переживание их остается в памяти на всю жизнь, и справиться с ними, даже будучи взрослыми, тяжело[23]. А иногда, уже будучи взрослым и ища оправдание или просто объяснение своим нынешним истинным или мнимым неудачам, мы принимаемся копаться в детстве и, вспомнив какое-то событие, может, и не особо нас расстроившее тогда, возводим в статус грандиозной обиды и поворотной точки отсчета, от которой всё пошло не так. Гештальтисты охотно соглашаются со своими пациентами и закрывают гештальты. Самое важное свойство гештальта

---

[23] Светлана Садова. «Детские обиды – недетский вопрос». Интернет-портал «Я – родитель». https://www.ya-roditel.ru/

– стремление к завершению. Все это происходит на уровне подсознания, и обычный человек (не умеющий профессионально копаться в своей голове) всего этого просто не осознает. Однако некоторые незавершенные гештальты очень глубоко «заседают в голове» и преследуют нас (порой всю жизнь), накладывая свой отпечаток на поведение. Больше всего склонны к этому люди, подверженные меланхолии. Человек раз за разом вытягивает из памяти какую-то проблемную, так до сих пор и не разрешенную ситуацию, и она его терзает. Это может длиться годами, уходя корнями зачастую в самое детство. Вся загвоздка в том, что причина проблемности этой ситуации (незавершенность гештальта) нами попросту не осознается, что и мешает выйти из нее.

Это как заноза, от которой мы чувствуем дискомфорт, но понять первопричину не можем. Гештальтпсихология как раз и признана указать человеку на эту занозу и помочь от нее избавиться. Нет, даже не так. Не указать, а научить самим находить эту взаимосвязь и избавляться от таких душевных заноз в дальнейшем уже самостоятельно.

Давайте вспомним свои детские обиды и попробуем предотвратить появление подобных чувств у наших детей. Как мы уже отмечали, это вряд ли возможно. Что-нибудь всё равно станет для них детской травмой, как бы мы ни старались.

Вот вам пример разрушенной мечты. Александр (41 год): «В детстве мечтал о луноходе.

Не знаю, как у меня возник образ желтой круглой механической машины на длинных ножках или гусеницах с заводным ключом. Я представлял, как он ездит по полу в моей комнате, как мы играем с друзьями с МОИМ луноходом, как он стоит у меня на полке. Я просил маму подарить мне его на день рождения и Новый год два года подряд. Помню, как накопил денег, экономя на школьных завтраках и канцтоварах, и отдал их маме, чтобы она купила мне в городе луноход, но, вернувшись, она сказала, что они не продаются. Мне было очень обидно. Но еще сильнее я обиделся, когда через месяц со своими одноклассниками сам оказался в городе и в «Детском мире» увидел целый стеллаж с луноходами. Они были по разной цене, разных размеров. Я просто стоял и плакал от обиды».

Понятно, что все купить детям невозможно. Но следует четко различать прихоть ребенка от настоящей мечты. Понять это нетрудно. Обычный каприз или просьбу можно отложить или заменить чем-то. Ситуативное желание легко корректируется и не вызывает глубокой обиды. Детская мечта – явление сложное. Мечта не поддается коррекции с помощью условий или других предложений – ребенок возвращается к ней постоянно.

Мечтать можно не только об игрушке. Детские мечты касаются многих явлений жизни:

- вещь-мечта: игрушка, велосипед, скейтборд, кроссовки и т. д.

- путешествие: поехать на море, в какой-то город или страну, к бабушке, пойти в поход и т. д.;
- научиться чему-либо: танцевать, кататься на велосипеде, рисовать, играть в теннис и др.;
- иметь животное в доме: собаку, кошку, хомячка, рыбок.

У истории Александра было продолжение. Будучи взрослым, но далеко не богатым человеком, он заметил, что сын мечтает о машине с пультом управления. Как-то Александр просто купил такую машину без повода, потратив на игрушку ползарплаты. Ребенок был счастлив. Игрушка до сих пор занимает почетное место в доме. Но Александр все-таки не понимает, почему в его детстве ему не подарили немножко счастья.

Каждый взрослый, описывая детскую мечту, при этом добавлял: «…Но мама (папа) сказала…» А дальше – целый перечень взрослых объяснений – от «у тебя и так игрушки некуда девать» до «вырастешь – заводи кого хочешь». Вот и вырастают взрослые люди с детскими нереализованными желаниями и обидами. Но, уверяем вас, даже если вы будете удовлетворять каждую малейшую прихоть своего ребенка, обида все равно сформируется, и, когда вырастет, он или она скажет: «Отец никогда не давал мне ничего захотеть по-настоящему. Он немедленно покупал мне все, что я хотел, как бы невероятны ни были мои запросы. Он сам считал себя обделенным в детстве и боялся даже в малой степени обделить меня. Но это лишило меня мотивации, не научило меня стремиться к цели и повредило мне во взрослой жизни. Поэтому теперь я с ним не общаюсь. Потому что его эгоистические мотивы, основанные на болезненном опыте его детства, испортили жизнь мне».

Можете себе представить, как обидно такому отцу наблюдать, как дети его друзей, которые плевать на них хотели в детстве, льнут к ним сейчас... Обидно, завидно, досадно, несправедливо. Страшнее всего, когда такой задушенный любовью и вниманием ребенок, получающий все в детстве, решив, что это было неправильно, будет строг и скуп со своими детьми, у которых возникнут свои обиды. И так поколение, которым все разрешают и покупают, будет сменяться поколением, с которым обходятся наоборот. Бесконечный круг взаимных обид и упреков.

А вот вам история из серии «Я никому не нужен».

Анна (38 лет): «Мама родила меня в 18 лет. Вышла замуж, но молодая семья не очень-то нуждалась в ребенке, стремясь отдыхать и жить для себя. Чтобы мама училась, бабушка занималась мною, но она работала, так как до пенсии еще далеко. Поэтому мое детство проходило в детском саду с раннего утра до позднего вечера. В выходные меня «перебрасывали» от родителей к бабушке, где в лучшем случае мною занималась старенькая бабушка, которая только жалела меня, и всё. Чаще всего мой выходной день сопровождался фразами «Иди погуляй» или «Займись чем-нибудь». Я не помню совместных прогулок с родителями, катания на санках, веселых игр, шопинга. И каждые выходные я смотрела в окно на счастливых сверстников, гуляющих с родителями, и плакала от обиды, хотя в этот момент мои родители были в соседней комнате».

Как часто появление детей не укладывается в планы взрослых. Маленький человечек уже существует, а родители не желают подкорректировать свой жизненный путь, находя в нем только время для новых хлопот. В итоге – ребенок ухожен, накормлен, обут и одет. От него откупаются игрушками и подарками, обеспечивают отдельную комнату только для того, чтобы он не «путался под ногами». Родители заняты своими делами, бабушки с трудом успевают работать, справляться с бытовыми нагрузками и следить за молодыми родителями. Вот только о душе ребенка никто не думает.

Такая проблема может быть не только у молодых родителей. Ненужный ребенок часто бывает в семье бизнесменов, публичных людей. Многие из них заводят детей, потому что этого требует общество и статус, а отсутствие внимания к малышу оправдывается занятостью.

В провинции люди вынуждены уезжать в город – они не видят детей месяцами, чтобы заработать на жизнь. При этом родителям не всегда интересны успехи ребенка. Они не интересуются проблемами психологического характера. Со временем ребенок понимает, что его переживания никому не нужны, а значит, не нужен он сам.

Обида может касаться только одного из родителей. Это чревато проецированием на отношение к полу в принципе.

Детская обида из-за ненужности очень опасна своими последствиями. Недолюбленные люди вырастают патологически несчастными и в дальнейшем растят несчастных недолюбленных детей. Ведь самое большое счастье в жизни – уверенность в том, что тебя любят.

Но есть и обратный эффект, когда дети «перелюблены» и они жалуются на родителей не с меньшим усердием. Так что важно понять, что претензии и обиды будут в любом случае. К сожалению, природа их, скорее универсальная и биологическая, досталась нам в наследство от наших шерстистых предков, но люди пытаются придать ей рациональный смысл, и получается ерунда.

Ученые наблюдали двух самок орангутангов в зоопарке в Честере, в Англии. У обеих были в одном и том же возрасте детеныши, разница была месяц или два. И вот одна была очень заботливая мама, она без конца держала детеныша на руках, постоянно о нем заботилась, и он постоянно был у мамы, спокойный, не плакал. А вторая была небрежной мамой, она часто откладывала детеныша на край гнезда, на землю около себя. Так этот детеныш быстрее научился ходить, чтобы приползать обратно к маме, в отличие от того, которого мама постоянно опекала и оберегала. Потом, через год мы видели, что поведение этих детенышей, их физическое развитие как бы сравнялось, но тем не менее в первый год жизни тот детеныш, которого мама оставляла очень часто самого, развивался намного быстрее, чем тот детеныш, которого мама постоянно держала на руках. И было видно, как существуют две самки, две педагогические системы. Но теперь вопрос, что лучше – оберегать детеныша, чтобы с ним ничего не случилось, или, наоборот, давать ему как можно больше свободы, чтобы он научился как можно быстрее ориентироваться в жизни?[24] Ответ напрашивается сам собой. Эволюционно выгодно, чтобы родители и детеныши постепенно отдалялись и учились самостоятельности. Вот и срабатывает этот механизм отталкивания, который и ложится в основу конфликта между поколениями. Есть биологические виды, которые буквально прогоняют подросшее потомство.

Люди же не хотят видеть эту биологическую основу своих конфликтов, принимая все за чистую монету и усердно делая из мухи слона.

Вот вам пример рассказа с популярной жалобой об «украденном детстве».

Ольга (45 лет): «У меня есть брат, с которым мы совершенно чужие люди. Я старшая в семье, а он моложе на три года. Вроде как немного, но в детстве мне постоянно давали понять,

---

[24] Ефим Фиштейн, Марина Ванчатова, Ольга Орлова. «Внутривидовые отношения и развитие детенышей человекообразных обезьян» https://www.svoboda.org/a/470399.html

что я за него отвечаю. Я не могла играть с подругами, я должна была смотреть за братом. У меня было пара-тройка кукол, а у брата – постоянно новые игрушки. Мне объясняли, что я взрослая и уже не нуждаюсь в игрушках (в 6 лет!). Позже я не могла записаться в кружок танцев, потому что должна была забирать брата из садика, а потом из школы. В мои обязанности входило: накормить обедом, погулять с ним, убрать в его комнате, проверить выполнение домашних заданий. Родители общались с братом только перед сном, давая мне полтора-два часа на собственные домашние задания. Мои детские воспоминания: я и коляска с братом; я везу брата на санках; я плачу вечером от обиды за наказание родителей из-за неубранной постели брата».

В народе говорят, что «сначала нянька, а потом лялька», но нельзя же понимать это буквально. Сколько бы ни было детей в семье, все они дети – их любят одинаково. Старшие дети должны помогать родителям присматривать за младшими, но только помогать, а не выполнять всю материнскую работу. Постоянная опека младшего брата у Ольги не вызвала материнских чувств, а напротив, стала причиной постоянно накапливающегося негатива. Дети могли бы вместе играть, веселиться, хранить секреты и «получать» одновременно за свое баловство. Но при этом они бы оставались детьми и к тому же единым ядром этой семьи. Но одного ребенка сделали слугой другого, фактически украв у него детство. Жизнь в семье была подчинена расписанию младшего, как будто старшего ребенка нет. Маленький ребенок, хотя он и старший, не понимает истинную причину такого отношения. Неудивительно, что весь детский негатив проецируется на брата: он виновник всех бед и обид. Поэтому возникает стремление оградить себя от общения с братом. С годами придет осознание, что такое «счастливое» детство создали для девочки родители. Это не исправит отношений с братом, а усугубит отношения с семьей.

С другой стороны, встречаются и другие крайности, когда подросшие дети напрочь отказываются помогать в уходе за младшими детьми. Мол, «зачем родители нарожали? Что им, нас мало было? Ну, нарожали, сами и возитесь».

Основа – снова чисто биологическая. Здоровая конкуренция между братьями и сестрами. Но человеческая психика делает из этого трагедию всей жизни.

Или вот еще классический пример: «Кого любят больше?»

Сергей (38 лет): «Мы с братом погодки, росли вместе. Я всегда был упрямым, молчаливым, поздно начал говорить, любил рисовать, писал стихи. А мой брат говорить начал рано, быстро проявил интерес к музыке и художественному чтению. На всех семейных ужинах брат был в центре внимания. В школе мама чаще всего ходила на собрание к брату, где во всеуслышание говорили о его победах на очередных конкурсах. Я тоже хорошо учился, но был неактивным, и победы мои были менее громкими: выставки картин проходили за пределами школы, и их мало кто видел. Сначала брату стали покупать больше одежды, так как ему нужно было выступать. Потом мама из двух мероприятий стала выбирать то, где были публичные выступления брата. Правда, сначала она оправдывала это поддержкой, а потом и совсем не оправдывала. Не знаю, в какой момент, но я понял, что брата любят больше. Это было обидно».

Некоторые родители любят детей за сходство с собой, другие, напротив, видят в детях черты родственников, отношение к которым негативное. Несмотря на все отличия и схожести, это наши дети, страдающие от подобного сравнения, поэтому нужно относиться к ним так, чтобы каждый ощущал себя любимым в семье, равным другим, независимо от цвета глаз, волос, способностей и успехов.

Причин для неравной любви к своим детям может быть много. Но здесь нет их вины, и они искренне не понимают, почему родители, умея любить, не делают этого в отношении всех своих детей, деля их на любимых и нелюбимых. Они любят своих родителей и ждут такой же любви в ответ.

Детская обида за недолюбленность чревата проецированием этого чувства на братьев, сестер и собственных детей. Она может перерасти в комплекс неполноценности, постоянное чувство вины. Все это не делает человека счастливым.

Но поразительны случаи, когда оба ребенка утверждают, что были недолюблены, взаимно указывая на своего брата или сестру, утверждая, что их-то как раз любили больше. Такие случае только показывают необъективность и даже надуманность многих обид детства.

Особенно часто запоминаются «несправедливые наказания».

Андрей (39 лет): «Помните ручки многоцветные в магазине – одна с несколькими стержнями? Стоили они дорого, а жили мы небогато, поэтому мне такую не купили. У одноклассника была такая ручка. Я экономил на школьных завтраках, собирал по 10 копеек и купил себе ручку. И надо же было совпасть, что вечером накануне ручка пропала у одноклассника: потерял. Его мама с утра подняла шум, и в школе начали проверять портфели. Ручку нашли у меня – ту, что я купил вечером. Меня обвинили в воровстве, а ручку забрали. Я плакал и объяснял, что купил вечером на скопленные деньги, маме побоялся сказать, чтобы не ругала за то, что в школе не обедал, а одноклассникам просто не успел показать чек – не сохранил, просто выбросив. Но никто мне не верил. Самое обидное, что родители не заступились. Они не поверили мне и в течение года игнорировали меня, называли вором, запрещали гулять и не купили собаку».

Кажется, что вкус детских слез проникает через строки. Обидно. Во-первых, наказание было несправедливым. Во-вторых, ребенку не поверили самые близкие люди – родители.

Можно сомневаться, но нельзя не верить своему ребенку.

Несправедливое наказание приводит к тому, что ребенок теряет веру не только в людей в принципе, а в семью. Маленький мир дома перестает быть для ребенка крепостью, опорой, надеждой. Человек выходит в мир без стержня. А каждому нужно знать, что есть люди, которые всегда в тебя верят.

Итог несправедливых наказаний – неверие самым близким. И, к сожалению, это на всю жизнь.

Но знаете, что поразительно? Может оказаться, ручку рассказчик действительно украл, а сочинив оправдательную историю, сам в нее поверил. И так бывает.

Как же сделать детей счастливыми? Увы, это практически невозможно. Бывает так, что детство проходит объективно легко, весело и прекрасно, но потом человек начинает буквально высасывать из пальца детские травмы и обиды. И наоборот, детство может быть довольно нелегким, а взрослый утверждает, что все было отлично, ну, а что родители лупили – так это даже хорошо, человеком вырос.

Мы рассмотрели самые распространенные детские обиды. Кто-то, прочитав чужие истории, вспомнил себя, кто-то задумался над поведением по отношению к собственным детям. Иногда, чтобы простить родителям детскую обиду, нужна целая жизнь. Иногда мы находим оправдание своим мамам и папам, но слишком поздно, когда обиды уже спроецировались на нашей собственной судьбе. Просто нашим родителям не хватило мудрости и гибкости. Но мы не можем повторить их ошибок, потому что любим своих детей. Но, увы, понимание того, что детские обиды – неизбежный фактор, имеющий глубокое биологическое назначение (оттолкнуть поколения и сделать молодых самостоятельными), может быть гораздо более действенным средством для того, чтобы объективно взглянуть на свои отношения с родителями и детьми. Хотя, конечно, понимание биологического значения боли не уменьшает боль…

Детские обиды вовсе не досужие разговоры, они калечат души, ломают судьбы. О каком образовании и успехе можно говорить, если у ребенка засели такие занозы в душе? Причем сам он их осознать не может!

Так как, если не допускать, то хотя бы уменьшить детские обиды?

Разграничьте серьезные и несерьезные обиды: некоторые дети очень обидчивы и пребывают в таком состоянии постоянно, манипулируя взрослыми – учитесь различать, насколько глубоки детские эмоции, выводите детей из такого состояния шутками или играми.

Любите своих детей одинаково, не демонстрируя превосходства одних по отношению к другим, не ставьте их в пример друг другу. Даже если кажется, что от этого может быть очевидная сиюминутная польза. Особенно сложно, когда дети разного возраста. Тогда у них разные ограничения, возможности и привилегии.

Не подчиняйте жизнь одного ребенка полностью интересам других детей, не делайте из ребенка слугу и не лишайте его детства.

Доверяйте своим детям, предпримите сотни попыток оправдать своего ребенка, прежде чем наказать его. Да и кто из нас в детстве не воровал хотя бы раз? Кто ответит отрицательно, наверняка подавил в себе эти воспоминания. Не делайте из мухи слона. Объясните, что так делать не надо. Расскажите о своем опыте и как вы сами решили в детстве эту проблему. Ни в коем случае не навешивайте на ребенка ярлык «вор», «лгун» и так далее.

Будьте волшебником для ребенка, исполняйте его мечты, правда, для этого нужно научиться отличать их от ситуативных желаний, чтобы не баловать ребенка, и сбалансированно научить его достигать своих целей самому.

Будьте рядом с ребенком при малейшей возможности, разговаривайте с ребенком по всякому поводу, не заменяйте общение с ребенком интернетом или телефонными разговорами, проводите с детьми выходные и праздники, потому что эти моменты они будут помнить всю жизнь.

Мы все родом из детства. Наша жизнь является проекцией детских желаний и стремлений. Детские обиды лежат на плечах тяжелым грузом, не давая двигаться вперед. Уберегите детей от обид, и вы увидите, как легко они пойдут по жизни, опираясь на ваше доверие, мудрость, силу, поддержку – на свое счастливое детство.

И главное, будьте готовы к тому, что дети все равно обзаведутся обидами на вас. И это не потому, что вы плохие или они. В этом заключается наша биологическая природа, унаследованная от животного мира. Разделение поколений имеет некоторый положительный эффект и в человеческом обществе. Молодое бунтарство нередко позволяло достигать чего-то нового, хотя в основном занималось бездумным разрушением хорошо проверенного старого, и наступанием на одни и те же грабли.

При всем при этом не станем забывать – биологическая основа конфликта поколений очевидна. В сообществах приматов молодые самцы находятся на самой низкой иерархической ступени, пока не разворачивается острый конфликт, и старый вожак не оказывается поверженным или изгнанным, и воцаряется новый альфа-самец из молодых. Но мы же, черт возьми, не совсем обезьяны! Нет ничего глупее, чем, будучи молодым, как мы уже только что сказали, наступать на те же грабли, отметая опыт предыдущих поколений. С другой стороны, старшему поколению весьма недальновидно полагать, что их опыт сорокалетней, а то и полувековой давности может быть вполне применен в столь быстро меняющемся современном мире. Не хватает мудрости и терпения как старшим, так и молодым. А общество, которому надоели за столетия эти дрязги между поколениями, потирает руки, приговаривая – а давай-ка извлечем из этого конфликта пользу?

Представьте себе, если бы семья была дружной, крепкой социальной ячейкой, где все поколения действовали согласованно, разумно распределялись и передавались ресурсы! На Западе все чаще родители не оставляют наследства детям и никак им финансово не помогают, пытаясь выпихнуть из дома в 18 лет.

Для общества потребления, политических авантюр и тотального отупения населения дружная семья – враг, тот самый Карфаген, который, как водится, должен быть разрушен! И когда дорогой наш читатель задумается в очередной раз, что же пошло не так в его семейных отношениях – не спешите винить себя. У отдельного человека практически нет шансов выстоять против биологических начал и активного влияния общества. Фиаско становится лишь вопросом времени, и готового решения проблемы, увы, нет.

ПРЕСЛОВУТЫЕ ОРГАНЫ ОПЕКИ

Что может быть ужаснее разлучения родителей с собственными малыми детками? Это нечто запредельное, из того же разряда, что смертная казнь, пожизненное заключение и изгнание на чужбину. От подобных методов веет жестокой древностью, мраком средневековья. Как же может быть, что в наш суперпросвещенный век подобная практика или, по крайней мере, угроза её применения стала реальностью и не только в развитых западных странах, но и в России, и в Израиле, где семейные узы всё ещё уважаются и чадолюбие в почёте.

Чего уж греха таить, если хорошенько припомнить детство каждого из нас, найдется немало моментов, которых было бы по сегодняшним правилам достаточно, чтобы наших родителей лишить родительских прав и отобрать нас у них. Оскорбления, крик, подзатыльники, прочие несправедливости навечно фиксируются во впечатлительной детской памяти. Но было бы нам лучше, если бы мы жили во времена процветания органов опеки? Трудно сказать. Может, наши родители вели бы себя поосторожнее и попридержали бы тумаки. Но, если честно, передача ребёнка в другую семью – травма невероятная, по сути, дело превращения его в сироту, и никак не может быть решением проблемы, когда речь не идёт о каких-то чрезвычайных издевательствах, полном отсутствии заботы и прочем кошмаре. В таких случаях и в прежние времена вмешивались органы опеки.

Про ювенальную юстицию в России чаще всего говорят ее противники, определяя «ювеналку» как систему контроля над семьями, в которой у родителей за малейшую провинность забирают детей (и никогда не отдают назад). Ведь именно это постоянно случается в США и странах Западной Европы, где ювенальная юстиция принята на государственном уровне.

Однако нужно отметить, что имеет место неверная терминология. Потому что органы опеки ошибочно называют ювенальной юстицией службу, которая занимается в основном преступлениями малолетних.

Но дело не в терминологии. Случаи неправомерного изъятия детей из семей связаны с тем, что в России пока плохо работает профилактика социального сиротства, а органы опеки не имеют четких алгоритмов работы: у них нет методик оценки ситуаций, когда для ребенка есть серьезная опасность, а когда его можно оставить в семье. Именно из-за этого увеличивается количество неправомерных изъятий детей из их семей.

Проблема еще более остро стоит в западных странах. Доходит, как водится, до абсурда. Нередко у матери-одиночки отбирают ребёнка, потому что её финансовые возможности не позволяют достойным образом его содержать, при этом траты на бюрократические процедуры и содержание ребенка в приемной семье обходится в такие средства, что их с лихвой хватило бы матери, если бы их выдали ей на улучшение условий содержания ребёнка!

Но главная проблема в том, что ребёнок практически всегда становится предметом торга и шантажа в бракоразводных процессах, а поскольку число разводов в последнее время достигло невероятного уровня, то значительная часть детей может стать жертвой таких распрей. В 2016–2020 годах в России распадалось огромное число браков – более 65%. Тридцать лет назад данное соотношение было равным 42%, а 70 лет назад распадалось всего лишь 4% брачных союзов[25].

При конфликте между родителями каждая сторона пытается перетянуть детей на свою сторону, и тут вмешательство органов опеки оказывается весьма под рукой. Главное – кто первый пожалуется.

В некоторых юрисдикциях начали игнорировать жалобы в органы опеки, если они идут от сторон бракоразводного процесса, а чаще от второй стороны, на которую уже пожаловались. Но, конечно, эти препятствия можно легко обойти, попросив пожаловаться друзей или соседей, якобы ставши их свидетелями неподобающего обращения с ребенком. Если и это не возымеет действие, можно осаждать жалобами полицию и прессу. Немалое значение имеет и прямой или косвенный подкуп соответствующих служб.

Короче говоря, грязнее и отвратительней сферы найти трудно. Конечно, дети тоже стараются максимально извлечь пользу из сложившегося положения, охотно принимая подачки и подарки то с одной, то с другой стороны. Дети, понимая, насколько высоки ставки, умело манипулируют родителями, угрожая, что сами будут жаловаться в органы опеки, более того, школа всячески поддерживает их в этих побуждениях, снабжая детей подробными разъясне-

---

[25] По данным ЕМИСС – Федеральной службы государственной статистики

ниями их прав и номерами телефонов для жалоб. В таких условиях авторитет родителей становится настолько слабым, что ни о каком серьёзном воспитании не может быть и речи. Если раньше родители пугали нас «придёт дядя милиционер и тебя заберёт» или «будешь так себя вести – сдам тебя в интернат», то сейчас наоборот дети пугают родителей.

Всё это тоже отнюдь не способствует урегулированию конфликтов между поколениями.

Например, в Канаде органы опеки превратились в выгодный бизнес. Ведь на каждый случай, рассматриваемый этими организациями, государство выделяет значительные средства. А организации эти не государственные, а НКО, которые неизвестно как, но довольно успешно учреждают непонятно какие люди. На работу специально принимаются бездетные сотрудницы, чтобы у них не было чувства сострадания к родителям, у которых они отбирают детей.

Причем принятие решения о срочном изъятии ребенка из семьи органы опеки могут принять без решения суда, просто внезапно заявиться с полицией и отобрать ребёнка. А когда родитель оспаривает это решение, судья склонен оставить ребенка там, где он уже находится, то есть в приёмной семье, до конца разбирательства, ну, чтобы не травмировать ребенка, таская его туда-сюда. А разбирательство займет минимум полгода, а часто и полтора. Чем дольше ребёнок находится в приёмной семье, тем менее вероятно, что суд вернёт его обратно. Все это время приемные родители (у которых, может быть, много таких детей) получают солидное содержание от соответствующего НКО (некоммерческой организации), которая, в свою очередь, получает средства от государства, ополовинивая их на свои нужды и судебные расходы. Даже если ребенка потом вернут – приемные родители и организация неплохо наживутся. А детей много. Отберут следующего.

Доходит до полного абсурда. В канадской провинции Онтарио парламент принял закон, который предписывает «конфисковывать» детей у родителей, которые критикуют нетрадиционные браки и гендерную идеологию.

В то же время этот закон исключает «вероисповедание» и систему ценностей, в которой родители воспитывали своего ребенка, из числа факторов, которые будут впредь учитываться службой защиты детей.

С другой стороны, крупные религиозные течения имеют свои НКО, несущие на себе функции органов опеки – иудейские, католические, мусульманские. Таким образом, отслеживается, чтобы ребенок не уходил из-под определенного религиозного влияния той или иной общины. А вот православные, например, такого своего НКО не имеют, и, соответственно, их дети легко могут подпасть под закон, который, как мы говорили, предписывает «конфисковывать» детей у родителей, критикующих нетрадиционные браки и гендерную идеологию.

Отмечается, что данный закон либералы протащили под лозунгом «защиты права всех детей Канады "пробовать" гомосексуальные отношения». А так как детям экспериментировать с извращениями запрещают «верующие» и «традиционные» родители, то именно от таких «ретроградов» законодатели вознамерились защитить всех малышей и подростков страны.

Эксперты отмечают, что в Канаде вводится «гендерная тирания», которая до этого уже была успешно отработана на «экспериментальной площадке» в Норвегии. Там для борьбы со всеми несогласными с идеологией «гомосексуализма» были созданы специальные «полицейские» подразделения под названием «Барневарн».

Основной функцией этой норвежской службы стала «защита детей» от консервативных родителей методом массовых изъятий этих детей из традиционных семей.

Источниками жалоб в органы опеки также являются школы, для некоторых учителей это становится средством давления на неполюбившихся родителей. Недостаточный уровень успеваемости, большое число пропусков занятий, желание родителей обучать детей дома – всё это может стать причиной разбирательств.

Один из соавторов этой книги сам проживал в Норвегии, а затем, в силу профессиональных обязанностей, многократно сталкивался со службами опеки в Канаде. Честно говоря, если с ними сотрудничать и не слишком выводить их из себя, то проблемы можно решить. В большинстве их требований есть здравый смысл, и они вполне исполнимы и даже весьма полезны ребенку, но в том-то и дело, что большинство родителей на поверку как раз-таки здравым смыслом и не обладает. Таким образом, множатся трагедии и нет им конца.

А какой уж тут разговор может идти об образовании и воспитании? Что можно ожидать от ребенка, которого изъяли из семьи?

ТРАВЛЯ (БУЛЛИНГ) В ШКОЛАХ

Скажите честно, если вас макнут головой в унитаз, попинают ногами, обзовут матерными словами и отберут у вас деньги, вы сможете через пять минут после случившегося с интересом заняться изучением доказательств теоремы Пифагора? Между тем для некоторых детей – это не отдельно взятый трагический эпизод, а каждодневная практика жизни.

Страшная проблема школы – это травля (буллинг), систематическое целенаправленное агрессивное поведение детей по отношению друг к другу.

Буллинг — сложная и неприятная тема, особенно для тех, кто с ней встречался. По последним данным практически каждый подросток так или иначе встречался с ситуациями травли, в позиции агрессора, жертвы или просто стороннего наблюдателя. С буллингом также связаны переживания таких неприятных эмоций, как страха, вины, стыда, беспомощности, ненависти, отчаяния, и самое печальное, что эти переживания очень мало обсуждаются.

О какой учебе, о каком усвоении материала можно говорить, если ребенок сталкивается с беспрецедентным стрессом, постоянной психологической травмой, да и просто с побоями? Неужели кто-то всерьез может полагать, что, получая тумаки и оскорбления на переменах, школьник будет внимательно и продуктивно учиться на уроках? Один день, одна такая пятнадцатиминутная перемена может причинить неизгладимый вред психике ребенка. Что уж говорить о ежедневном издевательстве в течение ряда лет. Дети-агрессоры, да и свидетели тоже не могут нормально развиваться. Они живут в искаженном мире, скорее напоминающем отношения между уголовниками в местах заключения. Грязный мат, отборные оскорбления надолго откладываются в детских головах. Эти отношения вовсе не готовят к жизни во взрослом мире, даже при всех его недостатках взрослые люди так себя не ведут на рабочем месте, в семье, на отдыхе.

Надо учесть, что сбор статистических данных крайне затруднен. Опросы среди учеников не могут показать объективной картины, поскольку в большинстве случаев дети скроют подобные обстоятельства как позорные, неприятные и порочащие их самих и их соучеников. Но даже по существующим данным примерно 16% девочек и 17,5% мальчиков во всех развитых странах мира два-три раза в месяц становятся жертвами буллинга, независимо от того, в какой школе они учатся: дорогой элитной или бюджетной в социально неблагополучном районе. 7% девочек и 12% мальчиков сами являются инициаторами травли – буллерами. Данные почти полностью совпадают для разных стран. В России более 40% учеников сами занимаются травлей и становятся жертвами[26].

Физическое насилие становится причиной подросткового суицида гораздо реже, чем психологическое. На первом месте по частоте встречаемости стоит словесная травля – оскорбления, злые шутки, словесные провокации, обзывания, непристойные шутки и т. д., на втором месте – бойкот, на третьем – физическая расправа, на четвертом – распространение слухов и сплетен, на пятом – воровство, отъем личных вещей и пр. Бойкот в отношении ребенка, который практикуется в течение продолжительного отрезка времени, является самой частой причиной суицида[27].

Различают травлю прямую, когда ребенка бьют, обзывают, дразнят, портят и прячут его вещи или отбирают деньги, и косвенную: распространение слухов и сплетен, бойкотирование, избегание, манипуляция дружбой («Если ты дружишь с ним или с ней – мы с тобой не друзья».) Также могут использоваться сексу-

---

[26] По данным Дэна Олвеуса (Dan Olweus)
[27] По данным того же Д. Олвеуса

ально окрашенные комментарии и жесты, угрозы, расистские прозвища.

Прямая травля происходит в основном в младшей школе, а пики косвенной травли приходятся на переходы в среднюю и старшую школу, хотя встречаются несчастные жертвы физической агрессии и в старших классах. Мальчики больше девочек склонны участвовать в травле в разных ролях, они же чаще становятся жертвами физической травли, у них отбирают деньги и портят вещи, им угрожают и заставляют их что-то делать, в то время как девочки чаще становятся жертвами сплетен, непристойных высказываний и жестов. С распространением интернета появилась новая форма травли – кибербуллинг, травля с использованием современных технологий: СМС, электронной почты, социальных сетей и так далее.

Причем с каждым годом явление буллинга становится все более распространенным. Даже на удаленке дети умудряются через компьютер оскорблять и унижать друг друга в перерывах между классами, а иногда и во время уроков.

Есть три основные роли участников ситуации буллинга — это жертва, преследователь, свидетель. Роли могут меняться от ситуации к ситуации и от группы к группе. Участники буллинга обладают определенными личностными и поведенческими чертами и имеют ряд сопряженных с ролями социальных рисков.

Для жертв травли характерна чувствительность, тревожность, склонность к слезам, физическая слабость, низкая самооценка, у них мало социальной поддержки, друзей, такие дети предпочитают проводить время со взрослыми. В качестве образца жертвы травли можно описать замкнутого ребенка с поведенческими нарушениями, отрицательными убеждениями о самом себе и социальными и коммуникативными сложностями. Такие особенности могут формироваться чаще всего в качестве последствий травли, но могут выступать ее предпосылками, восприниматься в качестве «сигналов» для других детей о том, что этого ребенка легко сделать жертвой.

Многочисленные исследования показывают, что в группу риска по возможности оказаться в роли жертвы попадают дети, имеющие трудности в обучении, синдром дефицита внимания и гиперактивности, расстройства аутистического спектра, диабет, эпилепсию, нарушения веса и другие нарушения и хронические заболевания, особенно влияющие на внешность. Кроме того, с оскорблениями, физическими нападениями и угрозами сталкиваются 82% подростков, воспринимающихся как «слишком феминные» (мальчики) и «слишком маскулинные» (девочки) или презентующих себя в качестве лесбиянок, геев, бисексуалов или трансгендеров. Дети, оказавшиеся жертвами травли, испытывают сложности со здоровьем и успеваемостью в три раза чаще по сравнению со сверстниками, имеют симптомы тревожно-депрессивных расстройств, апатию, головные боли и энурез и совершают попытки суицида. В результате такого опыта у них формируется представление о мире как о месте, полном опасностей, а о себе – как о человеке, не способном повлиять на происходящее.

Типичного ребёнка-агрессора можно описать как человека импульсивного и готового применить насилие для самоутверждения. Дети, практикующие преследование других детей, склонны демонстрировать грубость и отсутствие сострадания к жертве, могут быть агрессивны со взрослыми, им трудно соблюдать правила. Они могут представляться одиночками с дефицитом социальных навыков, но это не так: они менее депрессивны, одиноки и тревожны, чем их сверстники, и часто имеют среди них высокий социальный статус и группу сообщников, пусть даже небольшую.

Агрессоры обладают высоким эмоциональным интеллектом, они хорошо распознают чужие эмоции и психические состояния и успешно манипулируют детьми. Основными мотивами буллинга у преследователей являются потребность во власти, чувство удовлетворения от причинения вреда другим и вознаграждение — материальное (деньги, сигареты, другие вещи, отбираемые у жертвы) или психологическое (престиж, социальный статус и тому подобное). Негативные последствия того, что такое поведение для них становится привычным, – низкая успеваемость и прогулы, драки, воровство, вандализм, хранение оружия, употребление алкоголя и табака.

Третья группа участников буллинга – это свидетели, именно в нее входит большинство участников. По данным канадских исследователей, до 68% учеников средней школы бывали свидетелями травли в школе. Интересно, что практически все дети (но чем старше, тем реже) сообщают о чувстве жалости к жертве, но меньше половины пытаются ей помочь. Реакция свидетелей чрезвычайно важна для происходящего: присоединение к травле и даже малейшее ее одобрение (улыбка, смех и тому подобное) свидетелей служит вознаграждением для преследователей, а сопротивление и попытки поддержать жертву удерживают преследователя от дальнейшего насилия. Свидетели сталкиваются с внутренним конфликтом, который состоит в том, что попытка прекращения травли сопряжена со страхом лишиться собственной безопасности и собственного статуса в детском коллективе. Негативным последствием для свидетелей травли становится формирование мироощущения, когда они воспринимают среду как небезопасную, переживают страх, беспомощность, стыд за свое бездействие и одновременно испытывают желание присоединиться к агрессору. У свидетелей слабеет способность к эмпатии.

Как правило, причины буллинга кроются в следующем: борьба за лидерство, столкновение разных субкультур, ценностей, взглядов и неумение толерантно относиться к ним, агрессивность и виктимность, наличие у ребенка психических или физических изъянов, агрессивность в семье, низкая самооценка, зависть, отсутствие предметного досуга. Предпосылки подобного поведения отмечены еще у социальных животных и проявляются в тех случаях, когда группы молодых особей подросткового возраста остаются без присмотра взрослых[28]. А у людей такое поведение – опять же пресловутое биологическое наследие…

Не все дети могут и хотят рассказывать родителям о своих проблемах, и чем старше ребенок, тем меньше вероятность, что он пожалуется родителям на происходящее. Стоит проявлять интерес к делам своего ребенка, но делать это ненавязчиво. Если он ничего сам не рассказывает, следует понаблюдать за ним.

В первую очередь родителям следует сходить в школу, поговорить с учителями об отношениях своего ребенка с одноклассниками, посмотреть, как себя ведет ребенок в классе после уроков или на перемене, на праздниках: проявляет ли инициативу в общении, с кем общается он, кто общается с ним и т. д. Можно обратиться за помощью к школьному психологу, ему легче осуществлять наблюдение за детьми.

Необходимо обращать внимание на следующие симптомы у ребенка:

- неохотно идет в школу и очень рад любой возможности не ходить туда;
- возвращается из школы подавленным;
- часто плачет без очевидной причины;

---

[28] Shifra Z. Goldenberg, George Wittemyer. Orphaning and natal group dispersal are associated with social costs in female elephants // Animal Behaviour 143 (2018) 1-8

- никогда не упоминает никого из одноклассников;
- очень мало говорит о своей школьной жизни;
- не знает, кому можно позвонить, чтобы узнать уроки, или вообще отказывается звонить кому-либо;
- ни с того ни с сего (как кажется) отказывается идти в школу;
- одинок: его никто не приглашает в гости, на дни рождения, и он никого не хочет позвать к себе.

Родители также могут заподозрить, что ребенок подвергается буллингу, если у него вдруг появляются такие проблемы со здоровьем, как депрессия, бессонница, боли в животе, раздражительность и, разумеется, синяки, пропадают вещи.

Ребёнку, ставшему жертвой школьного буллинга, очень непросто помочь. Перевод в другой класс и даже в другую школу может только ухудшить ситуацию, потому что к новичку будут относиться заведомо предвзято. Кроме того, у ребёнка уже сформировался тип поведения жертвы, и агрессоры это легко почувствуют.

Чаще всего родители и учителя делают то, что легче всего и ни в коем случае нельзя делать – игнорируют случившееся с ребёнком и пускают всё на самотёк.

Учить ребенка постоять за себя – подло и бесполезно. Агрессоры редко действуют в одиночку. То есть мы предполагаем, что ребенок изобьет всех своих обидчиков. Причем не однократно, потому что поверженные агрессоры попытаются взять реванш, возможно с привлечением старших друзей. То есть получается, подобными советами, или, отправляя ребенка в секции самозащиты, мы эскалируем конфликт с непредсказуемыми последствиями.

Существует весьма распространённый миф, что якобы жертвами буллинга становятся дети, которые «сами виноваты» в том, что не могут выстроить отношения со сверстниками. И они должны научиться справляться с трудностями самостоятельно! Долгое время считалось, что жертвами становятся дети, которые в силу особенностей своего поведения и эмоционального реагирования сами невольно провоцируют других людей на специфически «несерьезное» или даже презрительное отношение к себе. Это дети возбудимые, неадаптивные, с неприятной внешностью и невысокой самооценкой, а также дети, у которых есть неприятные привычки (грязнули, подхалимы и пр.). Но сегодня виктимизация затрагивает также и вполне обычных учеников, которые имеют друзей и нормальную самооценку. Жертвой буллинга может стать любой ученик, говорит статистика[29].

Родитель, учитель, классный руководитель, директор или другое авторитетное лицо должны вмешаться в ситуацию. Но, во-первых, они предпочитают не вмешиваться, во-вторых, за

---

[29] По данным исследования Г. У. Солдатовой, только 5-7% европейских школьников признались, что были инициаторами травли, а в российской выборке цифра достигает 50%. Это может указывать на престиж роли задиры и хулигана в классе

доносительство жертва может пострадать еще больше и подвергнуться бойкоту всего класса.

Забияки часто выбирают себе жертву среди детей с низкой самооценкой.

Повышение самооценки помогает противостоять обидчикам, но важно разъяснять ребенку, что агрессия происходит не по его вине. Часто обидчиков мучают проблемы в семье, а также проблемы личного характера. В таких случаях причинение вреда другим людям помогает снять эмоциональное напряжение и почувствовать себя более благополучным[30].

Проблема буллинга стоит настолько остро, что ставит под вопрос ценность школьного образования как социальной среды общения детей!

Нельзя обойти вниманием и травлю детей со стороны учителей. Недавно в Сети появилась видеозапись «разговора» учительницы с шестиклассницей. Запись вели одноклассники девочки. «Ты родная дочь или приёмная?», – спросила учительница девочку Дашу перед всем классом средней школы города Холмска Сахалинской области. «У тебя есть родители? Есть. Они вообще адекватные? А ты адекватная? Вижу, что нет. Ты приемная что ли? Я что-то невероятное спрашиваю? Это сейчас нормальное явление. Что ты рыдаешь-то? Перестань мне здесь изображать припадок!» – отчитывала рыдающую шестиклассницу преподаватель.

---

[30] Психолог ЦДП «Юникс» Е. А. Гончарова

Причиной этого отвратительного допроса стала... дырочка на кофте у Даши. Совершенно очевидно, что перед нами пример учительского буллинга. Учительница использует одно из имеющихся в ее арсенале средств воздействия на детей. Она выбрала «козла отпущения» и показательно гнобит девочку на глазах всего класса, демонстрируя остальным, что будет с ними, если они нарушат «правила» и «нормы» поведения и не будут лояльными к учителю. (Ох, уж эта лояльность! Она почти всегда шагает рука об руку с травлей в детских и во взрослых коллективах.) Если вы спросите, что влияет на выбор «козла отпущения» в классе, то трудно ответить на этот вопрос. Но опыт подсказывает, что никто из детей не может быть абсолютно уверен в том, что учительница не принесет в жертву именно его. Конечно, в классе существуют дети из «группы риска», отличающиеся плохим поведением. Но жертвой такой учительницы могут стать и отличники, тихони, «ботаны».

Иногда учитель выбирает в качестве объекта травли того ребенка, который пользуется в классе авторитетом, хорошо учится, активно участвует в олимпиадах. И травля может проявляться не только в публичных эмоциональных «порках» с окриками. Дети годами слушают крики и оскорбления учителей, на которых никто не может или не хочет найти управу. Но есть еще такая разновидность травли, которую можно назвать «тихой травлей». Такую травлю очень трудно доказать и ей тяжело противостоять, так как она рядится в одежды учительской заботы о нравственном и психологическом здоровье ребенка и коллектива. Эта травля не явная, но самая подлая. Приведём примеры «тихой травли».

Подростки 14 лет рассказали, что в седьмом классе у них был мальчик, которого все любили. А учительница, судя по всему, за это и невзлюбила. И когда он заболел, в его отсутствие она почти на каждом уроке говорила классу о нем гадости. Вернее, это были даже не гадости, а слова, которые разъедали детские души, вытравляя из них симпатию к однокласснику. Например, когда они плохо написали контрольную, учительница не преминула его вспомнить, сказав: «Вот видите, Леши с вами нет, и вы уже ни на что сами не способны. Мне даже похвалить из вас некого». Когда во время подготовки к конкурсу дети решили обратиться к болеющему однокласснику за помощью, то учительница их одернула: «Он о вас и думать не думает. Вы ему не нужны, вы же по каждому поводу ему звоните. Захотел бы нам помочь, уже давно бы это сделал. Не так уж он и болен». Подростки мне признались, что, даже точно оценивая ее намерение, они стали плохо думать о своем однокласснике, а когда он вернулся, то встретили его холодно. Ребята сказали, что они не хотели идти на поводу у учительницы, но что-то в них поменялось – они уже с удовольствием смеялись ее шуткам над своим одноклассником, им доставляли радость его проколы и ошибки. Мальчик не мог понять, что произошло за время его отсутствия. А учительница за его спиной могла бросить с ухмылкой такую реплику: «Ну, это же – Алексей! Ему же все можно!»

Через некоторое время мальчик ушел из школы, а его одноклассники до сих пор досадуют на себя за то, что им пришлось отказаться от дружбы с хорошим парнем. Кстати, после его ухода дети стали открыто демонстрировать учительнице свое негативное к ней отношение. Они всегда ее недолюбливали, но за время тихой травли Алексея подростки не вступали с ней в открытую конфронтацию. Когда же Алексей ушел, то жизнь вернулась в прежнее русло и подростки стали еще больше, чем раньше донимать свою учительницу и портить ей настроение.

Эмоциональное насилие может принимать разные обличья. Оно может быть не таким явным, но в любом случае подрывает психику ребенка, оказавшегося вовлеченным в травлю в любой из «ролей», и, конечно, наносит непоправимый вред ребенку, которого в классе сделали «козлом отпущения». Очень часто учителя орут на детей, но этот крик, скорее, признак профессиональной деформации и преподавательской беспомощности, чем элемент последовательного и продуманного буллинга. Но, отчитывая ребенка перед всем классом, учитель должен отдавать себе отчет в том, что он подает детской группе сигнал: «Его можно гнать!».

Иногда учителю бывает выгодно направить энергию детей в русло травли одноклассника.

Травля очень часто сплачивает коллектив, занимает его внимание на какое-то время. Как правило, травля происходит в классах, в которых детей ничем не занимают – у школьников нет увлечений и дополнительных занятий, а мероприятия и уроки проходят скучно. Такие дети и сами, без подсказки учителя, готовы направить свою энергию на разрушение, на травлю. А если еще учитель сознательно становится инициатором травли, то несдобровать тому, кого они выберут в качестве жертвы. И в таком случае родителям будет сложнее всего установить истину. Никогда в жизни учитель не признает факта травли в классе, если ее сам и инициировал. Никогда другие родители не поддержат протест родителей жертвы, так как их дети становятся заложниками этой ситуации. Никто из них не захочет конфликтовать с учителем, чтобы не подставлять своего ребенка, замеченного в травле. Нельзя допускать, чтобы учителя делали ребенка «козлом отпущения»[31].

Происходящее является варварским наследием диких времен, уродует детей и наносит вред, несоизмеримый с какой-либо пользой, которую могла бы приносить школа. Уж лучше и правда, учителей и соучеников заменить на специальные виртуальные программы, ибо травля и даже сама вероятность такой травли делает посещение школы весьма вредным и опасным.

---

[31] Дарья Невская, доктор филологии

У 30% лиц в возрасте 14–24 лет бывают суицидальные мысли. От самоубийств ежегодно погибает около 3000 детей и подростков в возрасте от 5 до 19 лет, и эти страшные цифры не учитывают случаев попыток к самоубийству. Не в малой степени на это влияет травля в школе. Школы своим попустительством травле уродуют наших детей, а некоторых доводят до самоубийства, и эта проблема пострашней неэффективности программ обучения.

ПООЩРЯТЬ ЛИ ДОНОСИТЕЛЬСТВО В ШКОЛЕ?

Стучать или не стучать? С ранних лет родившиеся в России знают, что нет ничего хуже, чем быть «стукачом», «ябедой», «доносчиком». Их больше всего презирают и бьют в детских коллективах. Таким образом, создаётся замкнутый круг – если тебя травят и ты жалуешься на своих мучителей, тебя подвергают еще большей травле. А некоторые учителя могут сказать такому ребенку, что ябедничать нехорошо, и в воспитательных целях раскрыть классу, кто наябедничал, чтоб неповадно было. Ведь есть русская пословица «Доносчику – первый кнут». Поэтому неудивительно, что учителя в большинстве своем очень неприязненно относятся к детям, постоянно жалующимся на товарищей.

Самая частая реакция взрослых на детские жалобы – досада или негодование. Многие дети тоже не любят ябед и жалобщиков – их считают нытиками, слабаками, им не доверяют, не берут в общие игры. В общем, жизнь у ябеды невеселая – его презирают, осуждают, избегают.

Негативное отношение к ябедам со стороны взрослых связано с мрачным прошлым страны, с теми временами, когда процветало доносительство и стукачество. Но в том-то и дело, что в основе недоносительства лежит лагерная, блатная этика, где сотрудничество с властями нередко карается смертью. Именно оттуда пришло и усилилось в обществе отрицательное отношение к доносительству. Хотя государство и сейчас поощряет граждан жаловаться: сообщать о месте нахождения преступников, о забытых в транспорте вещах, о тех, кто утаивает налоги и т. д., – гарантируя анонимность, а иногда и вознаграждение (существуют даже специальные горячие линии). Так принято не только в России, но и во всем мире. Взрослые часто жалуются, например, полиции на буянящих по ночам соседей и очень негодуют, если орган власти никак не реагирует.

Но нужно понимать, что в школе детские жалобы – это основное средство получения учителями информации о детях. Маленький ребенок обычно не преследует никаких целей, рассказывая всем обо всем, он не жалуется, не ябедничает, он просто делится информацией. Ведь и взрослые рассказывают друг другу обо всем, обсуждают поступки окружающих. Ребенок это наблюдает и не видит в посвящении во все подробности окружающих ничего предосудительного.

Такая «излишняя» детская честность часто ставит родителей в неловкое положение. Вспомните почти анекдотическую ситуацию: на вопрос знакомых, понравился ли маме их подарок, малышка отвечает: «А мама сказала, что у нас такой ерунды полон дом!»

Что такое жалоба, ребенок понимает, когда окружающие начинают реагировать на его слова соответствующим образом (утешают, сочувствуют, ругают обидчика) или говорят: «Жаловаться нехорошо! Не ябедничай!» Согласно наблюдениям психолога Р. Х. Шакурова («Самолюбие детей»), уже четырехлетние дети, возвращаясь из садика, гордятся тем, что они «не ябеды», то есть не жалуются. Именно родители и воспитатели, порицая детей за жалобы, повторяя, что жаловаться нехорошо, надо разбираться самим в своих спорах, отказываясь вникать в суть детских взаимоотношений, присваивают ребенку статус ябеды.

Честно говоря – это высшая степень идиотизма. Виноват не ябеда, а тот, кому направлена жалоба, если он не может отреагировать на нее так, чтобы никто не пострадал. Ведь у учителя не наказательная, а воспитательная функция. Что же получается, если ребенок расскажет, что дети задумали заняться чем-то опасным в школьном дворе – то он ябеда и не должен этого делать? Здесь весь вопрос в том, как учителю следует на это отреагировать. Во-первых, ничем не выдать информатора, во-вторых, мягко пресечь опасные действия и провести беседы с детьми (желательно один на один), объяснив, какие страшные последствия могут быть от их действий. Может, конечно, что все это не поможет, но, по крайней мере, такова должна быть реакция.

Итак, ябед ненавидят, потому что не хотят быть наказанными. Ну а если в ответ на жалобу не последует наказания, а, например, детям, которые пытались бить молотком по боевому патрону, вместо этого предложат нечто более занимательное, но безопасное, то в чем же вред такой жалобы?

Наиболее активно жалобы процветают в начальных и 5-6-х классах средней школы. Подростки жалуются очень редко, предпочитая разбираться со своими проблемами самостоятельно, однако, к сожалению, не всегда удачно.

В проблему детских жалоб бывают вовлечены и родители, и учителя, и психологи. Учителей выводят из себя мелочные и несвоевременные жалобы учеников (распространенная ситуация: во время опроса учитель вызывает ученика, поднявшего руку, а тот сообщает, что Петя забрал у него карандаш). Родителям же не хочется, чтобы их дети росли ябедами, так как они считают, что за ябедничеством скрывается трусливый, склочный характер, или полагают, что ребенок не занимается своими делами, а сует нос в чужие.

Для психолога жалоба – это в первую очередь сигнал о проблеме. Следует различать жалобы и злостное ябедничание ребенка, когда жалобы имеют корыстную цель. Большинство жалоб непредсказуемы, они рождаются стихийно. Ребенок замечает что-то и может рассказать об этом взрослому из-за плохого настроения, обиды, неумения промолчать (такой уж характер); но может и не рассказать – потому что не хочет связываться или из солидарности.

Некоторые виды доноса спровоцированы самими взрослыми. Отмахиваясь от оправданий, наказывая всех без разбору, пуская происшедшее на самотек, взрослые ставят ребенка перед необходимостью защищаться самостоятельно. Дети перестают доверять взрослому, считают его несправедливым. Кстати, самая распространенная причина разочарования ребенка в учителе или родителе – несправедливость по отношению к детям.

Никогда не следует торопиться с выводами, в первую очередь необходимо выяснить, что побуждает ребенка жаловаться. Чаще всего, жалуясь, ребенок рассказывает о своих проблемах, иногда ему достаточно внимания и сочувствия. Во всем мире существуют организации, куда ребенок может обратиться за помощью или где просто может излить душу. Наверное, такие организации нужны детям, не нашедшим понимания и справедливости у своих близких. Но стоит ли доводить до этого?

Что в действительности скрывается за детскими жалобами? Беспомощность. Когда ребенок сталкивается с ситуацией непонятной, опасной – он идет к взрослому за помощью. Он делится информацией о происходящем со взрослым. Если его или кого-то обижают, угрожают расправой, затягивают в какое-то нехорошее дело – ребенок идет за советом, помощью, защитой. Взрослый для ребенка – последняя инстанция, к которой он обращается, если не может справиться сам. С возрастом таких ситуаций становится все меньше, жалобы сходят на нет. Хотя во многом это зависит от степени самостоятельности ребенка.

Ребенок делится своими наблюдениями за другими людьми, он не знает, как реагировать на то или иное происшествие. Он не жалуется, а ставит в известность и ждет разъяснений, как быть. Или он знает, что происходит что-то недозволенное, но не может это предотвратить самостоятельно. Некоторые ситуации требуют срочного вмешательства (например, дети играют в игру, грозящую травмой), иногда достаточно разъяснений («Вася взял эту книгу, потому что я ему разрешил»).

Но бывают и жалобы с корыстной целью. Месть. Если ребенка не берут в игру, обижают сверстники, то он стремится взять реванш с помощью взрослого. Наиболее часто жалуются дети, отвергаемые сверстниками, слабоуспевающие, неуверенные в себе, с низкой самооценкой. Такого рода жалобы прекращаются, если у ребенка налаживаются отношения в коллективе.

Жалобы могут быть попыткой самоутверждения. Ребенок владеет некоторой информацией о других детях, которой он делится со взрослым, чтобы почувствовать свою значимость. Кроме того, таким способом ребенок стремится привлечь к себе внимание взрослого и заставить сверстников считаться с собой. Если ребенок будет чувствовать себя комфортно в классе и у него появится возможность проявить себя в какой-либо области (творчество, общественная деятельность, учеба), то ему не нужно будет прибегать к жалобам как средству самоутверждения.

Можно по-разному относиться к детским жалобам, но необходимо понимать, что, принимая меры, мы всегда поощряем детей жаловаться и дальше. Бесполезно запрещать ребенку жаловаться, необходимо разобраться в причинах, побуждающих его к этому. Запрещая, вы отобьете у него желание делиться с вами своими проблемами. Первопричина всех детских жалоб – доверие взрослому и надежда на помощь с его стороны. Ребенок, не чувствующий себя защищенным, будет жаловаться на всё и всем.

Если вы подадите ребенку пример разрешения проблемы, то, возможно, в следующий раз он попробует справиться с ней самостоятельно, а не побежит к вам за помощью. Если ребенок часто жалуется, за этим может скрываться нехватка внимания со стороны окружающих, уязвленное самолюбие, отчаяние.

Иногда маленькому ябеде достаточно, чтобы просто выслушали и посочувствовали – он не жаждет мести, а ищет вашего участия. Например, он жалуется на придирки учителя, на то, что его не пригласили на день рождения, толкнул неизвестный старшеклассник, накричали в столовой. Вы мало что можете исправить в этих ситуациях. Выслушайте ребенка, обсудите происшедшее, расскажите что-нибудь из своего опыта, посоветуйте, как избежать подобных ситуаций в будущем. Самое главное – проявить внимание к проблемам ребенка.

Чтобы жалобы друг на друга не превратились в склоку, предложите детям «сесть за стол переговоров» и всем вместе обсудить взаимные претензии, найти выход из сложившейся ситуации. Вообще старайтесь обсуждать и выслушивать все жалобы в присутствии противоположной стороны, давая высказаться каждому. Это приучит детей к самостоятельному и конструктивному разрешению конфликтов.

Если ваш ребенок прослыл жалобщиком и нытиком, понаблюдайте за собой – не слишком ли часто вы сами жалуетесь всем окружающим на свою жизнь? Может быть, он просто берет с вас пример?

Не следует сравнивать детей между собой. Тот, кого ставят в пример, начнет чувствовать свое превосходство и будет ябедничать, чтобы еще больше самоутвердиться. А тот, кто недотягивает, будет ябедничать из желания отомстить.

Обида, зависть – довольно частая причина школьных жалоб. Учитель хвалит Колю за правильный ответ, а Таня, которая хотела ответить, но ее не спросили, заявляет: «А он подсмотрел в тетради!» Миша ест украдкой на уроке яблоко, а у Толи нет яблока, и он «закладывает» Мишу. В отличие от вынашиваемой мести, эти жалобы рождаются спонтанно, они ситуативны. В общем-то, и в этом случае ребенок стремится к справедливости. Почему он ест, когда нельзя? Почему он молодец, хотя подсматривал? Но ребенок уязвлен, поэтому ябедничает. Если учитель сделает замечание нарушителю, то это подскажет ябеде, каким образом можно воздействовать на окружающих. Если же учитель сделает замечание самому жалобщику, тот еще больше уверится в несправедливом отношении к нему. Можно ответить, что пользоваться своими записями не запрещалось, – это разъясняющая реакция. Можно сделать двойное замечание: «Миша, видимо, не успел позавтракать на перемене. Толя, ответь, пожалуйста, на тот вопрос, который был задан», – воспитательная реакция. Ребенку дают понять, что если обращаешь на себя внимание, то изволь работать вместе со всеми.

Защита себя и других, в том числе от несправедливого наказания. Для ребенка высшей инстанцией является взрослый: сначала родители, потом воспитатели и учителя. К ним он идет со своей проблемой – жалобой. При этом он всегда ожидает справедливости: провинился – будешь наказан, не виноват – все будет хорошо. И если взрослый сам не видел, что произошло, ребенок считает необходимым рассказать ему во всех подробностях. Тем более что сами взрослые и побуждают ребенка к откровенности, просят от них ничего не скрывать.

Увидев плачущего ребенка, старшие обязательно спрашивают: «Что случилось, кто тебя ударил?» Если взрослому недосуг разбираться, кто прав, кто виноват, если он наказывает всех, чтобы неповадно было, то тем самым провоцирует детей на доносы. Так они стремятся избежать несправедливого наказания. Опасен в этом отношении и способ поиска виновного, часто практикуемый в детских коллективах: «Пока не найдем виновного, никого не отпущу гулять!» Когда некому защитить его от несправедливых обвинений, ребенок защищает себя сам, указывая на подлинного виновника.

Нередко ребенок идет на шантаж. «Вот, я учителю расскажу...», «Если не примете меня в игру, расскажу, что это вы...» Угрожая разоблачением старшим товарищам или сверстникам, ребенок заставляет их принять свои условия. Этому очень удобному и распространенному способу манипуляции сверстниками ребенок учится у взрослых: «Вот скажу папе – не будет тебе зоопарка в воскресенье!», «Будешь шалить, поставлю двойку, родители тебе покажут!» К подобным жалобам прибегают чаще всего дети, претендующие на роль лидера, но не умеющие завоевать авторитет другим способом. Откровенное предпочтение взрослыми одних детей другим тоже является источником частых жалоб. Отвергнутого ребенка ябедничать побуждает ревность (к братьям и сестрам, к выделяемым учителем детям), за которой может скрываться и желание отомстить, и зависть, и взывание к справедливости. Учительские или родительские «любимчики» могут использовать угрозу пожаловаться как шантаж, взрослые становятся средством воздействия.

Для учителя жалобы делятся на два типа: требующие немедленного вмешательства (например, дети делают нечто опасное для здоровья и жизни, дерутся, громят класс) и те, когда достаточно ограничиться советом, рекомендацией пострадавшему как вести себя, а также отсроченным выговором обидчику.

Наблюдая за детьми, зная особенности их взаимоотношений со сверстниками, с родителями, можно сделать вывод о причинах, побуждающих ребенка жаловаться.

Ребенок, отвергаемый сверстниками, слабоуспевающий, неуверенный в себе, имеющий более успешных брата или сестру (на которых родители и «возлагают все свои надежды»), будет чаще всего жаловаться из желания отомстить, от обиды, из зависти. Но за этими жалобами будут скрываться его беспомощность и отчаяние.

Ребенок с завышенной самооценкой, с неадекватно высоким уровнем притязаний, амбициозный и стремящийся к лидерству, но не умеющий сотрудничать со сверстниками, к которому родители предъявляют очень жесткие требования, будет жаловаться из желания самоутвердиться, из зависти, может использовать жалобы как шантаж сверстников.

Встречаются в классе и «всеобщие заступники». Такой ребенок требует справедливого отношения ко всем, искренне уверен, что без него не разберутся, основная черта его характера – честность. Его жалобы – это попытка защитить себя и окружающих от несправедливости или предупредить взрослого о том, что происходит.

Зная особенности поведения детей, вы можете реагировать по-разному на их жалобы. Например, Маша жалуется на Васю, который ее ударил, а вы знаете, что Маша кого угодно может вывести из себя. Тогда Маше скажите: «Очень жаль, что так вышло. Старайся впредь держаться от Васи подальше». А с Васей поговорите наедине о необходимости сдерживать свой гнев, о неприемлемости рукоприкладства и способах мирного разрешения конфликтов. Если же ребенок пострадал от драчуна и забияки, можно среагировать на жалобу следующим образом: «Ну что же, придется мне очень серьезно поговорить с твоим обидчиком».

Не спешите реагировать на жалобу, обдумайте полученную информацию, иначе маленькие шантажисты будут использовать вас как «оружие» для достижения своих целей. На некоторые жалобы-сообщения можно реагировать так: «Хорошо, я разберусь». Исключение составляют случаи, требующие моментального вмешательства, например, игры, опасные для жизни детей.

Старайтесь избегать прямых обвинений и конкретных санкций. Если ребенок жалуется, что его дразнят, можно предложить ему разобраться, почему так происходит, предложить тактику поведения.

Не злоупотребляйте частыми публичными «разборками». Старайтесь не использовать фразы типа: «Разбирайтесь сами, это ваши проблемы», «Меня не волнует, кто виноват, а кто нет», «Если у провинившегося не хватает смелости признаться, то наказаны будут все». Таким образом вы настраиваете детей друг против друга и провоцируете их самостоятельно разрешать конфликты (а решать они их будут вовсе не цивилизованными методами).

Большинство родителей возражают против того, что ребенок ябедничает. Однако родители не должны оставлять без внимания информацию, которую выдает им ябедник. Поэтому им приходится оказываться в двойственной ситуации.

Обычно ябедничать склонны дети в возрасте до шести лет. Детям, которые ябедничают, редко делают замечания, хотя эта склонность не поощряется.

Родители, по-видимому, хотят получить от ябеды информацию, но не приветствуют его эгоистичных побуждений (почувствовать себя более значимым, расстроить брата или сестру и т. д.).

Большинство детей «вырастают» из того, чтобы ябедничать. За необоснованные наговоры обычно наказывает тот, кого оговорили: чаще всего он находит что-то, чем можно отомстить своему обидчику. Естественный результат ябедничанья – это еще большие оговоры.

С точки зрения Нехамкина В. А., донос – это многоаспектный феномен. Он объединяет различные грани общественных и личных отношений. Донос можно разделить на несколько категорий:

Информационный смысл этой области в том, чтобы передать сведения о каком-то лице или группе лиц, которые хотят скрыть какую-либо информацию. Данная информация должна быть обработана и показана в требуемой форме, чтобы по ней можно было бы предпринять какие-то меры.

Психологический фактор: человек внутренне себя подготавливает к тому, что он доносчик. Для этого необходим определенный микроклимат в обществе, который активно поощряет это явление.

Этическое явление. Донос не нарушает практически никакую заповедь Моисея из десяти. Однако в большинстве культур донос, так или иначе, представляется в виде определенного зла, и он должен оправдываться тем, что предотвращает какую-то страшную беду. Даже в западных культурах, известных своим доносительством, существуют негативные эпитеты, обозначающие доносчиков: крысы, хорьки. Нечего уж и говорить о русской фене. Например, для обозначения доносчика в уголовном жаргоне имеется более сотни наименований[32].

О позитивной роли доноса говорил, например, русский публицист, мыслитель И. Л. Солоневич. Он считал, что монархию в России, которая, по его мнению, была лучшим общественным строем, чем СССР, можно было спасти, если бы люди сообщали в определенные структуры о деятельности революционеров.

Мотивация. К ней можно отнести алчность человека (например, государство с древности поощряет человека, который доносит, влекомый каким-то денежным вознаграждением или каким-то имуществом), также к мотивации можно отнести и личное желание устранить своего конкурента (например, по бизнесу). Конечно, у доносчика может быть совершенно искреннее стремление помочь своему государству, также может присутствовать страх за то, что не донес информацию до вышестоящих органов государства. Все перечисленные мотивы доносчиков на практике часто пересекаются и могут образовать каждый раз специфическую систему взглядов на неё.

Профессор Фридрих Хеер (Friedrich Heer) в книге "Демократия и доносительство" назвал поощряемую систему "стукачества" раковой

---

[32] Кольцов М. Е., ИССЛЕДОВАНИЕ РЕЧИ ОСУЖДЕННЫХ В СОЦИАЛЬНОМ АСПЕКТЕ. Статья из сборника «Актуальные проблемы изучения иностранных языков и литератур: сб. ст. молодых ученых» отв. ред. В. А. Бячкова; / Перм. гос. нац. исслед. ун-т. – Пермь, 2016 – 455 с. ISBN 978-5-7944-2882-7

болезнью общества. Однако официальные власти думают по-другому и используют систему негласных информаторов гораздо шире, чем это диктуется подлинными интересами безопасности.

Вопрос «стучать или не стучать» вовсе не к стукачам, а к тем, кому стучат. Если они считают себя в праве жестоко наказывать, не разбираясь и не устраняя корень проблемы – то, конечно, *не стучать.* Всем будет только хуже. Но если тот, к кому направлены жалобы, реально постарается выправить ситуацию, по возможности никого не ущемляя и не обижая – то «стукачество» никакая не раковая опухоль, а возможность сделать общество безопасней, прозрачней и счастливей.

СХОДСТВО ШКОЛЫ С ТЮРЬМОЙ

Как и любое «казенное» учреждение, общеобразовательная школа обладает типичными отличительными характеристиками, связанными с постоянным напоминанием, во-первых, о ее принудительном характере, а во-вторых, об обезличенной природе. Это прежде всего вызывает ассоциативный ряд с тюрьмой, что прямо противоположно декларируемому эффекту от образования как одного из фундаментальных средств «освобождения» человечества посредством его «просвещения».

Возможно, само по себе «просвещение» родилось в полемике с существовавшими веками государственными институтами. Именно поэтому произошла такая вопиющая подмена ценностей: на определенном историческом этапе сотрясаемое революцией традиционное государство попыталось, и небезуспешно, «присвоить» себе источник самой революционности. Оно подчинило себе через «систему образования» то самое крамольное «просвещение», сделав его «контролируемым» и «предсказуемым». С этого момента посаженное за решетку «просвещение» осталось лишь утлой «лампочкой» в одиночных или коллективных камерах «приговоренных».

Да, именно так! Ибо с момента, когда государство присвоило себе право принимать законы о принуждении населения к «просвещению» и появилось «образование» в его современном виде, система принуждения проникла в «вольницу». Она начала проявлять себя в форме «этапов», «казенных домов», воплощаться в «надзирателях», в которых волей-неволей превратились воспитатели и преподаватели, осуществлять контроль с помощью системы «сертификации» и т. п.

Через систему образования, уклониться от которой само по себе может вызвать в ряде стран уголовную или административную ответственность согласно текущему законодательству, государство получило возможность регулировать процессы формирования человеческого сознания в тех формах, которые выгодны ему. Порой даже не обществу, формально учредившему государство, а именно государству выгодно через институциализацию воспитания и учебы регулировать принципы и подходы, согласно которым каждый отдельный человек в итоге оказывается, без преувеличения, «узником» тех или иных мировоззренческих схем, из которых вырваться уже не в состоянии.

Неудивительно, что в школу идут угрюмо, а выходят оттуда, как «на свободу»: оказывается, что даже в неосознаваемой форме человеческая природа безошибочно узнает попытку лишения ее изначально присущей воли и выбора внутреннего характера во имя навязанных внешних устоев. Человек, «отбывший срок», при этом как бы «заслуживает» право на «освобождение» – иногда и «досрочное». Более того (какая ирония!), те, что демонстрируют, казалось бы, наивысшие способности к умственному труду (читай, «просвещению»), в реальности «продолжают сидеть»... Часто – пожизненно... Нередко возвращаясь в школу уже в роли учителей, не менее несвободных, подневольных и забитых.

Подавая рабство под видом «свободы», система образования искусно отбирает у формирующегося человека те источники выбора и ту силу воли, которые могут быть опасны для государства. Стандарты образования должны в той же мере быть исполнены, причем в надлежащий срок, как и наказание за правонарушение. Эти наказания и сроки за них государство предусмотрительно вынесло за скобки системы образования, нацеленной на аудиторию, по его же законам как бы выведенную еще за рамки уголовно-правовой ответственности. Не является ли такой подход истинной причиной не просто подмены ценностей, но глубинной сублимации государством своей истинной цели – порабощения человека всеми возможными способами? Ибо везде, куда проникает законодательное регулирование этой обезличенной системы, проникает и бездушное принуждение, уродующее человеческую природу нередко до неузнаваемости.

Попробуем разобрать, что же происходит в обычных школах, на что это больше всего похоже?

Жесткий режим. Во время урока даже в туалет могут не пустить. Нужно сидеть и молчать. Общаться с друзьями нельзя. Учителю можно только в строго определенной форме что-то сказать, предварительно подняв руку. И только когда дозволено. В столовой кормят чем-то отвратительным на вид и на вкус, строгий контроль перемещения в пространстве. Нельзя бегать и выходить из школы даже на переменах. Если выходить и разрешается, то только парами, под присмотром педагога.

Во время пандемии, в рамках карантинных мероприятий можно перемещаться только из класса в ближайший коридор и обратно. Общение между классами запрещено. На входе турникеты. Вход и выход по карте, а информация об этом сразу попадает родителям и руководству школы.

Нужно по отмашке учиться и отдыхать, выполнять задания в строго заданное время. Никакой возможности делать что-то в более-менее свободном режиме. Даже освобожденные от физкультуры дети вынуждены просто сидеть в спортзале на лавочке. Им даже нельзя книжку почитать, не говоря уже о том, чтобы сбегать домой и немного отдохнуть.

Не напоминает ли это тюрьму строгого режима? Одно тут есть важное различие: в тюрьме хотя бы учиться не заставляют, уравнения решать. Не ставят оценки, от которых потом вся дальнейшая жизнь зависеть может.

К примеру, с принятым сейчас выставлением четвертных и годовых оценок при помощи автоматического вычисления среднего получается, что если ребенок получил двойку на контрольной, выставляется двойка с индексом 3. Отныне сколько бы ни пытался ученик исправить оценку, как бы ни старался в освоении предмета, даже если к концу года он будет заниматься на пятерки, та первая двойка в начале года черным пятном останется на "репутации" ученика, ведь средний балл за год все равно будет ниже, а значит, и годовая оценка. Ученик, таким образом, однажды получив низкую оценку, понимает, что далее стараться бесполезно. Все равно итоговая оценка уже никогда не будет высокой. На практике именно это и наблюдается: потеря мотивации. Ученик однажды оступился: может, устал или просто думал над чем-то по другому предмету, отвлекся не вовремя. Дети же не роботы. Вот и получил низкую оценку. Посмотрел средний балл и понял, что теперь уже ничего нельзя исправить, а потому можно дальше и не пытаться что-либо делать. Ибо бесполезно. Даже интерес к любимому предмету может пропасть.

Отсюда вывод: хотите считать автоматически, примените более продвинутые алгоритмы вычисления четвертных и годовых оценок, ведь не зря же столько лет люди развивали математику! Или доверьте ставить оценки учителям, которые хорошо знают детей, которых обучают, если знания "экспертов" в области математики не позволяют разработать адекватный алгоритм.

Давно известно, чтобы кого-то чему-то научить, необходимо дать возможность пробовать много раз ошибаться, не бояться ошибок, отрабатывать таким образом разного рода навыки. Но принятая система оценивания ошибаться не позволяет совсем. Вернее, позволяет, но каждая ошибка обойдется слишком дорого, что и заставляет учеников бояться ошибок, часто отказываться браться за сложные задачи, а это для эффективного обучения совсем не приемлемо.

Если мы ко всему этому прибавим тюремный режим так называемого обучения в школе, то странно удивляться, что обучение в массовой школе оказывается неэффективным и по большей части не оставляет следа в памяти учеников. И даже в той ситуации, где хоть что-то изученное в школе могло бы пригодиться, люди не могут вспомнить необходимое.

К сказанному выше вспомним также популярный нынче термин: "камера хранения детей", так часто сейчас называют массовую школу.

По сути, многие родители воспринимают школу именно так. Их можно понять, ведь они, как правило, работают. Им нужен кто-то, кто занимался бы детьми, ведь у них на это времени нет или его слишком мало. Неработающие родители нередко просто хотят иметь время "заняться собой". Таким образом, необходимо, чтобы кто-то хотя бы часть дня позаботился о детях. При этом родителям удобно думать, что ребенок в государственной, бюджетной школе чему-то учится еще. Это, конечно, чистой воды самообман. Бюджет идет в основном не на обеспечение школ и процесса обучения в целом, это видно по качеству получаемого детьми образования. Также очевидно, что вся организация процесса не соответствует интересам учеников, а направлена лишь на получение определенной статистики, достижения целевых показателей, ничего общего не имеющих с реальным качеством школьного образования. При этом многие современные родители выучились примерно по такой же системе, что существует в наши дни, и прекрасно осведомлены о ее "эффективности", но все же тщетно тешат себя надеждой или делают вид, что некоторые "инновации" вроде электронного журнала или цифровых ресурсов, новых предметов или просто новых тем по тому или иному предмету принципиально решат все проблемы, и их дети, сдаваемые регулярно в эту камеру хранения, будут образованнее родителей, а их обучение – эффективнее и полезнее для жизни.

Увы, из года в год повторяется одно и то же. При этом всех буквально из-под палки гонят в государственные школы. Мало кто из родителей, даже имея возможности, видит хоть какую-то альтернативу: чаще это видение ограничивается рассмотрением лишь аналогичной же по организации частной школой. И очень мало кто имеет возможности, хочет и решается на переход к иным формам обучения. При этом государственные школы часто сопротивляются, не желая терять учеников, ведь им за учеников перечисляют бюджетные деньги. Да и чтоб другим неповадно было. Таким образом, множество родителей, которые могли бы сделать обучение детей более персонализированным, интересным для них, могут и не решиться или просто не суметь перевести ребенка на ту форму обучения, которая наиболее удобна семье, а порой даже не знать о такой возможности.

При подобном подходе система образования не развивается, а деградирует. Ведь если бы оценочная успешность школ не зависела от числа учеников, если бы давалось больше возможностей для альтернативных форм обучения и не ставились препятствия тем, кто готов обучаться вне школы или заочно, например, государственные школы могли бы быть в значительной степени разгружены, а качество обучения – значительно повышено за счет меньшего числа учеников в классах. В крупных городах число учеников в классе бюджетной школы достигает 30-40 человек, потому что никому не имеют права отказать в обучении, и это выгодно школе, а школ и учителей, как правило, не хватает.

Вот и получаются школы в виде таких "тюрем" для детей. Если вспомнить, сказанное о травле в школах – то сходство, практически, полное...

СХОДСТВО ШКОЛЫ С ПСИХУШКОЙ

Воздействие системы образования на психику каждого отдельно взятого человека огромно и часто имеет непредвиденные последствия. Непредвиденные в основном потому, что никто и не пытается представить себе такие последствия, либо рассуждения о них не приветствуются самой системой. На самом деле в психологической теории и практике накоплен уже достаточно обширный опыт взаимодействия и даже лечения целого ряда врожденных и приобретенных болезней психики, неврозов и комплексов. Система образования, к сожалению, в своей современной форме скорее стимулирует их появление и развитие, чем способствует устранению. Не лечит, а калечит, выражаясь яснее.

Здесь надо признать, что молодые люди вообще, а особенно дети в своем естественном состоянии склонны вести себя как буйно помешанные. Они кричат, толкаются, скачут, выделывают несуразные фокусы. Причем чем младше возраст, тем более дикое впечатление производят их действия. Хотя и подростки не отстают. Обуздать такой класс можно только криком, угрозами, буквально физическим удалением из класса или постановкой в угол самых активных заводил. (Хотя подростка в угол поставить сложнее.) Недаром в некоторых школах учителя совершенно обосновано боятся своих учеников, причем это характерно для самых разных стран мира.

Буйство детей и молодёжи – очевидный факт, и ничего с ним не поделаешь. Видимо, животная составляющая в нас настолько сильна, что не проявляться не может. Поэтому справиться с ней невозможно без не менее животных контрдействий – повышения голоса до уровня агрессивной истерики, угроз, стука кулаком по столу. Травля и оскорбления со стороны опытных учителей тоже не взялись ниоткуда. Это их защитная и стабилизирующая реакция на естественное поведение детей.

Человек, попадающий в воспитательное и затем образовательное учреждение, на самом деле уже попадает как бы в учреждение исправительное. «Коррекция» – излюбленный эвфемизм для обозначения того, что система определяет как «отклонение от нормы», которое, естественно, должно быть устранено. Но система эта декларирует свой «гуманистический» характер. Иными словами, она не может принуждать при помощи насилия (хотя в достаточно недалеком прошлом такое скорее было нормой – буквально пороли розгами, били линейкой, развешивали подзатыльники). Она должна воздействовать при помощи убеждения и внушения. Как пел по другому поводу Высоцкий «бить нельзя их, а не вникнут – разъяснять».

Что же, как не эти способы, раскрывают то, что система опять-таки пытается утаить, скрывая всё это под благообразной ширмой «коррекции»? Система образования действует принуждением на психику через самые различные процедуры. Это часто подается под видом воспитания, но на деле говорит о характере образовательных учреждений как добровольно-принудительных психиатрических отделений.

Характерно, что системой, как всегда, пытаются манипулировать с обеих сторон. Учащиеся, которые в силу способностей или возрастной группы попадают в разряд «отклоняющихся» и восставших в той или иной форме против системы, по разному «обрабатываются» преподавателями и администрацией. Неслучайно, что в настоящее время школьные психологи (читай *заместители психиатров*) стали довольно распространенными работниками. И опять-таки неслучайно, что они – возможно, единственные из таких работников, которые легко и непринужденно могут сочетать в своей деятельности элементы как учебно-воспитательной, так и административной деятельности. Получается, что они функционируют в виде своеобразных «катализаторов» всей системы на сегментарном уровне.

Ребенок, попадая в школу, однозначно становится объектом психотропной среды. Это отнюдь не тот «естественный коллектив» с предполагающейся «социализацией индивида» в среде, о котором любят рассуждать. Состав класса – случаен. Школьный коллектив всегда искусственен, подчинен регламентирующему влиянию со всех сторон, иерархичен, испытывает разные уровни изоляции как на индивидуально-межличностном, так и на межгрупповом уровне. Дети, собранные в такие коллективы, нередко регулируются как по части их «бэкграунда», так и качественных, половозрастных особенностей и даже наклонностей. Над ними регулярно производят более-менее скрываемые эксперименты, мотивируя всё это в конечном итоге их же «благом». В этих случаях система говорит о «повышении эффективности».

Такая «эффективность» связана в первую очередь с психотропным воздействием. Распространенная в настоящее время практика тестирования еще более способствует внутрисистемному отчуждению человеческой личности, сводя институт проверки знаний к обезличенному, механистически-усредненному «нажатию кнопок», что наносит еще один удар по имиджу системы, «социализирующей» личность.

Наряду с жесткими требованиями и видимым контролем деятельности учеников в стенах школы очень и очень часто можно наблюдать полный хаос как на уроках, так и переменах. Дети носятся, кричат, перебивают учителей, совсем не реагируя на замечания взрослых, часть тихо "сидит в телефонах", даже не пытаясь разобраться, урок сейчас или перемена. Причем такие дети могут неожиданно начать кричать, побежать через коридор или по лестнице, сбивая всех, кто попадется на дороге, включая и взрослых. Таким образом, запросто могут пострадать и те немногие ученики, которые ведут себя прилично. Интересно, что последние исследования показывают резкое снижение брезгливости учеников в последние годы. Так, многие запросто садятся на откровенно грязный пол, совершенно не замечая грязи, спокойно поднимают с пола или земли упавшую и испачкавшуюся еду и засовывают ее в рот, едят. Про мытье рук порой и говорить не приходится.

Дурдом на выезде, принято называть такое.

Надо ли говорить, как высок в наши дни травматизм в школах. Травмы являются ведущей причиной детской смертности.

По какой-то причине очень многие дети совершенно не воспринимают взрослых, а порой и вообще замечания и любую другую информацию из внешнего мира.

И вот тут в попытке разобраться, почему современные школы превращаются в аналог психушки, стоит остановиться и задать себе вопрос: "А это вообще нормально, когда у значительной части детей существенно затруднено восприятие внешнего мира, коммуникации? Не напоминает ли это реальное психическое нездоровье?"

Даже первоклассник, если это здоровый ребенок, уже прекрасно способен к конструктивному общению с учителем, выполнению инструкций, пониманию объяснения соответствующих возрасту вещей, как бытовых, так и в рамках школьной программы.

По факту же, порой и старшеклассники не все оказываются к этому способны. Почему так происходит? Неужели так много родителей не сумело развить у детей даже базовые навыки? Или проблема в чем-то еще?

Если мы обратимся к медицинской части вопроса, то вынуждены будем констатировать настоящую эпидемию неврологических расстройств среди детей в настоящее время. Причем дело далеко не только в таких тяжелых расстройствах, как, например, эпилепсия, аутизм или ДЦП. Речь о таких расстройствах, которые не являются поводом для признания инвалидности (тем более что присуждение статуса инвалида со всеми полагающимися средствами реабилитации – дело для любого государства накладное), но тем не менее ведут к возникновению неадекватного поведения и нарушению когнитивных способностей. Например, в наши дни значительная часть школьников имеет диагноз «Синдром дефицита внимания и гиперактивности» или подобные либо имеет такие диагнозы в анамнезе. Эти отклонения требуют не только лекарственной терапии для коррекции состояния ребенка, но и специализирующихся на таких детях педагогов, а также подходящих коррекционных программ обучения, часто персонализированных, т. к. каждый ребенок с отклонениями может иметь массу особенностей. Однако признание государством таких детей здоровыми и готовыми к школе, а также подчас нежелание родителей проходить обследование и корректировать состояние ребенка (кому охота, чтобы родное дитя признали "ненормальным"), или просто нежелание отдавать в коррекционную школу, или просто отсутствие коррекционных школ приводит к тому, что в обычные школы попадают в том числе не очень здоровые дети.

Причины этой эпидемии – тема для отдельной книги. Здесь мы просто вынужденно констатируем данный факт.

Но в настоящее время, в соответствии с законодательством никому не могут отказать в получении образования. Даже если ребенок имеет тяжелейшую форму ДЦП и живет как растение, права человека, знаете ли, равные права для всех. Его обязаны обучать, а при окончании школы выдать аттестат, даже если он не показывает никаких знаний и обучаемости.

Само собой, дети с относительно небольшими отклонениями вместе со всеми отправляются в самые обычные школы, где работают учителя, обученные работать лишь со здоровыми детьми. Коррекционный педагог – куда более редкая и сложная специальность.

По сути, даже если будет 1-2 таких, с особенностями, ученика на класс, они могут превратить в хаос как уроки, так и перемены.

Так еще придумали «инклюзивное» образование, при котором в обычный класс попадают и заведомо больные дети. С такой «инклюзией» учителю справиться еще сложнее.

Теперь разберем другую проблему. Смартфоны у детей. И здесь нам снова придется говорить о детях с Синдромом дефицита внимания и гиперактивности, аутизмом и подобными неврологическими расстройствами, поскольку именно для них смартфоны представляют наибольшую опасность. При этом именно такие расстройства и связанное с этим поведение и является большим стимулом для родителей дать ребенку смартфон в самом раннем возрасте, чтобы тихо сидел, сколько возможно, и никому не мешал.

Отключение от реального мира приводит к тому, что дети не приобретают навыки взаимодействия с ним. Отсюда и неадекватное поведение, и многочисленные травмы. В виртуальном мире нет таких опасностей для жизни и здоровья, как в реальном. Из-за трудностей с различением реального и виртуального, которые часто возникают у детей, особенно маленьких, они часто гибнут, катаясь на электричках, прыгая из окон и забывая, что лишь виртуальные супергерои способны летать. По тем же причинам дети не учатся самоконтролю, так как в виртуальном мире доступно все желаемое, а обратная связь более чем неадекватна относительно реальности и однозначна, в отличие от существенно более сложного реального мира. Дети теряют или в принципе не приобретают адаптивность и оказываются не в состоянии соотнести собственное поведение с реальным миром. Каждый отчасти находится в своем виртуальном мире, а пересекаются эти миры порой болезненно. Для устойчивого существования людей в обществе важно реальное взаимодействие, а сегментация на отдельные персональные мирки или группы приводит к хаосу. Отсутствие общих, фундаментальных "вечных" ценностей, свойственных очень большим группам людей в реальном мире, не позволяет создавать устойчивый социум. Таким образом, будущее очень трудно предсказать при продолжении тенденций массового бессмысленного "залипания" в смартфонах и, следовательно, в виртуальных мирах. Ведь даже просто для обеспечения всего этого нужны высококлассные специалисты, программисты и инженеры, нужны специалисты агротехнологи, чтобы всех кормить, нужны квалифицированные рабочие руки, в конце концов, иначе погибнет цивилизация. А вырастить специалиста, умеющего работать на высоком уровне – это долго и сложно. Умеющего понимать реальный мир, адаптироваться к нему и помогать адаптироваться другим в разных аспектах.

Очень многие дети школьного и дошкольного возраста и в норме-то "буйные", а уж если у них присутствуют неврологические отклонения, тем более. Всего лишь отказ родителей от общения с детьми, воспитание в угоду покоя, такая вот незрелость и безответственность родителей приводит к тому, что многие дети фактически лишены будущего. Так еще и учителя порой показывают пример, копаясь в соцсетях прямо на уроке.

"Общение" со смартфоном с раннего возраста наносит вред даже здоровым детям, если начинается с раннего школьного или дошкольного возраста. Не формируются базовые когнитивные функции, ведь мозг развивается при наличии достаточных стимулов, в сложной окружающей среде, дающей адекватную обратную связь, которую не может дать смартфон, даже обучающие цифровые ресурсы.

Да, со временем, возможно, мир сильно изменится, но мы точно не знаем, как. И на данный момент смартфоны губительны для маленьких детей, не дают им развиваться, в то время как подобные, а также более сложные устройства являются отличными помощниками для взрослых, будучи в умелых руках, позволяют конструктивно развиваться обществу, науке и технике.

Ребенок, у которого по какой-либо причине существуют проблемы с коммуникацией, теряет последние шансы обучиться этому. Ведь, как показывают исследования, постоянное использование смартфонов с раннего возраста приводит к состоянию, подобному наркозависимости. А потому отказ от смартфона при попытке обучения реальному общению после онлайн-общения вызывает лишь "ломку" и желание вернуться к смартфону. А мозг, которому не предлагается задач прогрессирующей сложности, останавливается в развитии.

Таким образом, хаотичное использование смартфона не решает проблем самого ребенка, а напротив, усугубляет их.

Вместо помощника в решении конкретных практических задач и расширяющего возможности человека, устройство превращается в нечто, где человек "залипает", умственно деградируя и превращаясь лишь в идеального потребителя ненужных ему товаров и услуг (в условиях рыночной экономики-то). Вырастая, такой человек становится лишь обузой для государства, умственно неполноценной и никому не нужной личностью, неспособной выполнять сколько-нибудь сложные задачи. Ведь чем больше берет на себя смартфон, тем больше деградирует мозг. Мозг, увы, так устроен. Так, например, до появления смартфонов, люди неплохо могли ориентироваться на местности, а с появлением смартфонов этот навык у многих утрачен или не развился вовсе. А искусственный интеллект на данный момент, увы, не превосходит человеческого. Даже тот, который обыграл чемпиона мира в шахматы. Попробуйте-ка дать ему не игру, а реальную комплексную задачу. Не справится. А если придумают такой, то как бы он людей не поработил. В современном мире, который некоторые личности так хотят тотально оцифровать.

Помимо описанного выше необходимо упомянуть и перегрузку учебных программ. Перегрузка информацией, внеурочными, добровольно-принудительными занятиями вызывает и сознательные или бессознательные протесты учеников. Перегрузку испытывает большинство учеников даже в самых обычных школах. Уроков каждый день много, затем ученики еще вынуждены выполнять домашние задания в большом объеме. Тем не менее по статистике в российских школах, например, очень мало уроков. Откуда же такая разница в оценках? Дело в том, что чтобы избежать перегрузки расписания, уроков и вправду ставят мало. Однако во всех государственных школах при этом вводят внеурочную деятельность, которая по идее должна заключаться в проведении каких-то интересных занятий для переключения внимания от традиционных уроков на иную деятельность достаточно свободного характера и быть добровольной, по факту оказывается дополнительными уроками. Только вот эти уроки в статистику не входят, а ведь от них дети устают не меньше, а даже больше, т. к. это, как правило, последние уроки. Отсюда и внутренние протесты детей, и плохое поведение. Им и так непонятно, зачем всё это обучение, так еще вот вам дополнительно всё то же, только под другим названием. Обман и перегрузка.

В завершении отметим также как фактор плохого поведения и превращения школы в психушку возможность подавать жалобы на учителей, причем со стороны самих школьников. Это приводит к изменению психологии школьников, понижает статус учителя и его авторитет. Делая его не наставником, эталоном и примером для подражания, а обслуживающим персоналом, который по какой-то непонятной причине должен впихивать в учеников какие-то знания с непонятной никому целью. Разумеется, это ведет и к плохому поведению в школе, и к снижению эффективности обучения.

Не стоит также забывать и низкую квалификацию педагогов, причиной которой является как ухудшение качества их подготовки, так и развитие социума в современном мире, формирующее соответствующий менталитет педагогов в том числе: ориентация обучения на показатели, рентабельность, а не на ученика. Дети не могут не понимать, если учителя больше всего заботит вовсе не обучение, а совершенно оторванные от него показатели. С чего бы тогда слушаться учителя и благоговейно ему внимать на уроках?

После того как мы разобрали все эти проблемы (а это далеко не все, лишь самое основное), у вас еще осталось удивление, почему школа похожа на психушку?

Не просто так родителей не пускают в стены школы. Дети-то не все могут рассказать, а учителя промолчат, коли директор попросит.

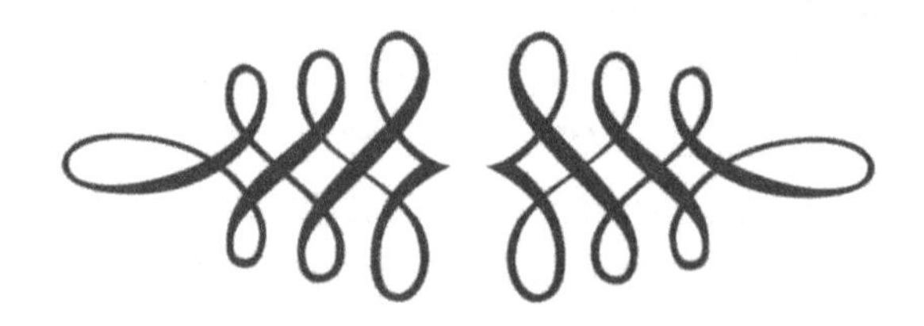

КАК ПОЛУЧАТЬ УДОВОЛЬСТВИЕ ОТ ПРОЦЕССА УЧЕБЫ?

Поведение многих животных, как и человека, обусловлено балансом между любопытством и страхом перед неизведанным. С одной стороны, эволюционное преимущество получают особи, которые не суют свой нос в опасные места, с другой – те, кто исследуют свое окружение и тем самым могут находить доступ к дополнительным ресурсам. Возможно, любопытство развивалось как инстинкт, который помогает нам адаптироваться к новым условиям, побуждая к исследованию. Однако это, кажется, противоречит другим теориям, предполагающим, что мы боимся нового из-за потенциальной опасности, которую может нести в себе что-то, о чем раньше мы ничего не знали.

Поскольку один автор этой книги – руководитель центра клинических исследований, а его соавтор – кандидат биологических наук, было бы странно если бы мы не обратились в своих рассуждениях к физиологии мозга. Как связаны любопытство и мозг? Бывало ли у вас такое, что вы изучали тему, которая вам неинтересна, а потом обнаруживали, что вы по ней ничего не помните? На самом деле этому есть научное объяснение – согласно результатам исследований, пребывание в *состоянии любопытства* увеличивает нашу способность запоминать интересную информацию. А вот если вам приходится изучать то, что вас совсем не интересует, вспомнить, что именно вы изучали, будет крайне затруднительно.

Допустим, что любопытство – программа, с самого начала инсталлированная в мозг и ориентированная на выживание, которую в процессе эволюции закрепила нейронная цепочка «новая информация – выброс дофамина – положительные эмоции». Это может показаться очевидным. Если вам что-то интересно, вы обращаете на это больше внимания. Что, в свою очередь, облегчает запоминание. Однако влияние любопытства на мозг намного сложнее. Когда что-то кажется нам любопытным, память начинает работать более эффективно. В результате мы лучше запоминаем даже то, что нам не особо интересно. На этом можно построить методики обучения, основанные на игропрактиках, когда ребенку интересна игра, но у него повышается способность запоминать и учебный материал, связанный с этой игрой. Дополнительная стимуляция может быть в виде призов (или оценок, что испокон веков применяются в школах, хотя чаще они несут карательную функцию, чем поощрительную). Это называют геймификацией учебного процесса.

Не секрет, что любопытство связано с обучением, и эту связь можно увидеть. Любопытство приводит к активации нескольких областей головного мозга, известных как гиппокамп (отвечает за память) и черная субстанция (отвечает за положительные эмоции, являясь важнейшей составной частью дофаминергической системы).

Кажется, что любопытство и страх могут быть спровоцированы одними и теми же ситуациями, причем любопытство иногда перевешивает страх перед исследованием чего-то нового. У некоторых людей страх может частично отвечать за пробуждение любопытства. Мы знаем, что системы в мозге, связанные с получением вознаграждения, активируются, когда нам интересно. Это указывает на то, что любопытство является своего рода жаждой получения дополнительной информации. В то же самое время любопытство связано с риском, стрессоустойчивостью и поиском острых ощущений.

Страх неизвестного легко объяснить: наш разум подсказывает нам, что для того, чтобы двигаться дальше, нам нужно знать, что нас ожидает, так как "если человек знает – он контролирует ситуацию, а если не знает, то не контролирует ее". Вот именно это и пугает нас больше всего, так как контроль помогает нам управлять результатом наших действий.

Этот страх существует уже тысячи лет и является частью того, что помогло нам выжить как виду. Многие из нас в детстве боялись темноты по большей части потому, что мы не знаем, что там может прятаться. Однако страх неизвестного часто тормозит наше развитие и усложняет открытие и понимание новых вещей, поощряя ограниченность и закрытость к новому. Наш мозг с самого рождения натренирован бояться неизвестности и неопределенности благодаря считыванию и запечатлению поведения родителей, часто даже неосознанному. Когда мы не понимаем, что происходит, как это происходит и что может случиться дальше, мы инстинктивно готовимся к худшему – запускаем стрессовую реакцию и включаем режим «бить или бежать». В таком состоянии практически невозможно мыслить рационально и принимать взвешенные решения, развиваться. Проблема в том, что вся наша жизнь в некотором смысле одна сплошная неизвестность. Мы снизили риск критических опасностей и научились худо-бедно удовлетворять потребности, прогнозировать и предотвращать в большинстве случаев банальные опасности, построив города и государства. Но как в глобальном, так и в индивидуальном смысле никто из нас не знает, что ждет его завтра и даже в следующую минуту.

Таким образом, механизмом справляться со страхом неизвестного является игнорирование, то есть отрицание существования неизвестного. Мы в разных ситуациях или стараемся на время забыть о страхе, или полностью вытесняем его.

Всякий человек стремится построить более или менее полную картину мира на текущий момент, будь то ребенок или умудренный ученый. Во всяком случае, для комфортного существования человеку необходимо создавать иллюзию целостного представления о мироздании и своем месте в нём, как бы примитивным и даже ошибочным это представление ни было. Именно тут и возникает серьезное препятствие для любопытства. Дело в том, что любая новая информация может разрушить целостную картину и человек окажется в опасности психологического коллапса. В целом, чем человек старше, тем меньше у него любопытства, тем более жесткая картина мира формируется у человека, тем менее чувствительным к новым знаниям он становится и активнее всеми способами защищает стабильность своей картины мира. Это инстинкт психологического самосохранения, так как с возрастом поддерживать баланс во всем организме становится сложнее. Отчасти этим и объясняется нежелание основной массы людей жадно поглощать научные статьи в поиске восполнения пробелов, ибо они создают себе иллюзию, что таковых пробелов в их картине мира нет, или что эти пробелы не имеют никакого весомого значения, а потому не заслуживают внимания. Кроме того, множеством «фейков» и манипуляций подорвано доверие к любым источникам информации, даже вполне респектабельным.

Ну и главным препятствием на пути любопытства становится страх потерпеть неудачу в попытке овладения новым знанием или умением, поскольку из опыта человек знает, что в прошлом учеба, увы, приносила больше неприятностей, чем удовольствия. Неспособность учителей легко и интересно изложить материал, возможно, издевки и оскорбления в большинстве из нас оставляют определенный блок: встать с утра, и, скажем, приняться вдруг изучать новый язык или заняться незнакомой нам наукой.

Не на последнем месте по степени способности вызывать негативный опыт, связанный с учебой, выступает скука. Когда человеку скучно, в коре его головного мозга преобладают процессы торможения, однако вместе с тем есть небольшой участок возбуждения, связанный с вынужденным бездельем, выполнением однообразной работы или ожиданием её окончания (например, окончания надоевшего урока). Скучающие люди, как правило, рассеянны, испытывают чувство нетерпения и неудовлетворенности и желание избежать условий, обеспечивающих невозможность активных действий (сидеть за партой).

Не зря существует такой народный метод. Если тебе что-то не хочется делать, просто сядь, отложи и выключи все отвлекающие приборы и сиди, ничего не делая. Через некоторое время ты не выдержишь и предпочтешь делать, то, что не хотелось, чем вовсе сидеть без дела.

Клинические испытания показали, что в состоянии искусственно вызванной скуки в крови у испытуемых повышался уровень кортизола – гормона стресса. *То есть скука вызывает стресс и дискомфорт.*

Итак, помощником учителю может быть любопытство ученика, а врагом – страх перед новым материалом, неприятный прошлый опыт, связанный с учебой, и скука.

Причем перед началом занятий учитель вполне может поделиться с учениками этой информацией, честно открыв все карты.

ФАКТОРЫ, СПОСОБСТВУЮЩИЕ ПРОЦЕССУ ОБУЧЕНИЯ

- Любопытство, восполнение пробела в существующем знании, положительное влияние личности и качеств учителя.

- Мотивация: достижение определенной цели, имеющей значение и ценность для ученика.

- Мотивация: целесообразность знаний, их применимость.

- Мотивация: повышение самооценки, самоутверждение.

- Положительное влияние класса: следование примеру заинтересованных и дружественно настроенных соучеников.

- Индивидуальный подход, учитывающий интересы, способности и личные особенности ученика.

ФАКТОРЫ, ПРЕПЯТСТВУЮЩИЕ ПРОЦЕССУ ОБУЧЕНИЯ

- Негативный опыт обучения в прошлом, плохая подача материала, отрицательные черты учителя – неувлеченность своим предметом, агрессивность, равнодушие, плохое отношение к ученикам.

- Отсутствие связи с уже имеющимся у ученика знанием.

- Отсутствие индивидуального подхода.

- Нецелесообразность знаний.

- Отрицательное влияние класса: пример незаинтересованных и враждебных соучеников.

- Скука, неучет физического и психологического состояния ученика, утомление, стресс, избыточное тестирование.

Давайте рассмотрим поближе главного союзника обучения – любопытство. Конечно, можно найти и другие неспецифические стимулы – удовольствие от достижения цели, преобладание над другими, целесообразность, получаемых знаний. Но из них наиболее связанным с учебой все же следует признать любопытство. Согласно исследованиям, некоторые люди испытывают любопытство чаще или интенсивнее, чем другие. Но разве любопытство – только черта личности? Специалисты предполагают, что все люди более или менее любопытны, особенно дети, однако каждый человек испытывает «индивидуальное любопытство», которое проявляется в интересе к каким-то конкретным вещам или ситуациям. Ученые называют это «типом» любопытства.

Исследователи выделяют два типа любопытства, которые хорошо исследованы:

Эпистемическое любопытство – оно описывает желание человека получать новую информацию, например, факты, концепции или идеи. Такое любопытство направлено на удаление пробелов в знаниях.

Социальное любопытство – описывает увлечение и привязанность человека к тому, как другие люди думают, действуют и чувствуют. (Подглядывать и подслушивать, смотреть сериалы, играть в сетевые компьютерные игры и так далее.)

В недавно опубликованном исследовании ученые хотели понять, отличается ли работа мозга у людей с разным типом любопытства.

Специалистам также было интересно, вызывает ли момент любопытства активность в тех же самых областях мозга, которые объясняют, насколько любопытен человек в целом.

Согласно предварительным результатам, ученые определили важную область, связанную с эпистемическим любопытством, но не с другими типами. Это свод головного мозга – структура, которая соединяет гиппокамп и области мозга, связанные с обучением, поиском информации и исследованием. Чем больше нас интересует информация в целом, тем лучше работают связи в мозге, отвечающие за обучение, поиск информации и мотивацию.

Это исследование может помочь нам понять, как лучше использовать любопытство в реальном мире, например, на работе и в учебных заведениях. Мы должны стремиться создавать учебную среду, которая способствует исследованию идей и поиску информации. Важно помнить о том, что любопытство улучшает нашу память и работу мозга.

Усвоить информацию по теме, которая нас интересует, проще. Новое исследование, отчёт о котором опубликован в журнале Neuron, даёт представление, что происходит в мозге, когда человек испытывает любопытство.

«Наши выводы могут иметь далеко идущие последствия для людей, поскольку они дают представление о том, как форма внутренней мотивации – любопытство – влияет на память. Эти результаты открывают дорогу к повышению качества обучения в школах и других образовательных учреждениях», – говорит ведущий автор исследования д-р Маттиас Грубер (Dr. Matthias Gruber) из Калифорнийского университета в Дэвисе.

Участники эксперимента в ряду простых вопросов выбирали те, ответы на которые им наиболее интересны. Между оценкой вопроса и получением ответа на него была 14-секундная задержка, во время которой демонстрировались фотографии случайных людей. Затем участники выполняли тест, о котором они не были предупреждены заранее – проверялась память на лица, которые были показаны на фотографиях. Далее было изучено, как участники запомнили ответы на тестовые вопросы. Во время ключевых моментов исследования работа мозга испытуемых изучалась с помощью функциональной магнитно-резонансной томографии.

Исследование позволило сделать три основных вывода. Во-первых, как и ожидалось, когда люди заинтересованы в получении ответа на вопрос, они удовлетворены, получив информацию. Неожиданностью стало то, что после того, как человек почувствовал любопытство, он становится более *восприимчив к получению любой информации*, даже той, которая не вызывает прямого интереса, что и показали тесты на распознавание лиц. «Любопытство может перевести мозг в состояние, позволяющее ему получать и усваивать любую информацию, это словно воронка, которая засасывает и то, в чём вы заинтересованы, и всё вокруг этого», – объясняет д-р Грубер.

Во-вторых, исследователи установили, что когда включается любопытство, в мозге наблюдается повышенная активность цепи вознаграждения. «Мы показали, что внутренняя мотивация на самом деле включает те же участки мозга, которые активно участвуют в материальной, внешней мотивации», – говорит д-р Грубер. Цепь вознаграждения опирается на действие нейромедиатора дофамина.

В-третьих, выяснилось, что, когда происходит мотивированное любопытством обучение, в гиппокампе, области мозга, важной для формирования новых воспоминаний, фиксируется повышенная активность. Также происходит усиление взаимодействия гиппокампа и цепи вознаграждения мозга.

В то же время несколько исследований, проведенных в последние годы, показали, что ограничение доступа дошкольников к природным объектам, разнообразной окружающей среде, вызывает стойкое уменьшение объема гиппокампа, которое может быть компенсировано лишь частично. А дети, которые имели возможность много времени проводить на природе, подпитывая свое любопытство исследованием мира, не увлекались содержимым смартфона целыми днями.

Итак, нам стало ясно, что, вызвав в ученике состояние любопытства, мы можем запустить механизм получения удовольствия от учебы.

Причем пока это состояние не достигнуто, учеба будет контрпродуктивна.

Нам становится любопытно, когда мы испытываем пробел в знаниях. Такие пробелы причиняют нам некоторый дискомфорт и желание от него избавиться. Например, иногда мы терпеливо смотрим плохие фильмы, чтобы только узнать, чем они закончатся. Сенсационные заголовки также работают, потому что они сулят нам новое знание. Одна из главных задач в коммуникации – завладеть вниманием. Рассмотрим способы пробуждения интереса и поддержания внимания аудитории.

Один из важных моментов «теории пробела» – сначала нужно его создать, а потом заполнить. Сначала необходимо убедить людей, в том, что они нуждаются в нашем сообщении.

Перед многими телепрограммами показывают анонсы. В них дается информация о событии, как правило, с использованием лексики, преувеличивающей значимость события.

Например:

«Наконец-то найден способ, как быть счастливыми».

«И все-таки Эйнштейн ошибался».

«В Арктике обнаружен скелет гигантского хомяка».

Сенсационные заголовки работают, потому что они раззадоривают нас, суля новое знание, провоцируют сенсационностью и потенциальным разрушением прежних представлений: Эйнштейн не прав? Хомяк – в Арктике? Неважно, что еще минуту назад это неизвестное нас ничуть не интересовало. Иногда излишняя сенсационность и несоответствие с нашими представлениями наоборот вызывают желание проигнорировать, но чаще всего подобные методы работают на привлечение внимания. Человек себе мысленно говорит: «Дай-ка я все-таки посмотрю, почему это Эйнштейн не прав, и что это за скелет гигантского хомяка в Арктике. Доверять этой информации я, конечно, не буду. Но просто любопытно. Чем опять людям мозги промывают».

Можно предположить, что чем больше мы знаем, тем менее любопытными мы становимся. Но все как раз наоборот. Чем больше информации мы получаем, тем больше сосредотачиваемся на том, чего мы не знаем.

Наиболее успешные научно-популярные произведения и лекции начинаются с таинственной истории или загадки. Авторы рассказывают о состоянии дел, а затем приглашают читателя углубиться в разгадку тайны. Загадки столь притягательны, потому что требуют завершенности – разгадки или объяснения.

Мы можем использовать «теорию пробела» в обучении. Но для этого у ученика должно быть некоторое базовое знание и отсутствовать блок, а именно предсуществующее отвращение к учебе, к самой ситуации, где он ученик и его чему-то пытаются научить, потому что в прошлом такое состояние было для него травмирующим.

С базовым знанием не такая уж и проблема. Все люди, включая детей, имеют некоторый опыт, к которому мы можем апеллировать. Поэтому разумно начинать, как говорится, от печки, от повседневного опыта. Дело в том, что всё во Вселенной взаимосвязано, и практически ни одно явление не может быть настолько изолировано (по ассоциации или противопоставлению) с человеческим опытом, чтобы не было возможности заинтересовать среднего человека. Эти связи неочевидны, и для того, чтобы видеть эти связи, учитель сам должен быть очень хорошо знаком со своим предметом именно с точки зрения его связи с явлениями повседневного мира, общедоступными новостями и так далее.

Кроме того, поскольку Вселенную постигают, в общем, такие же люди, как мы, то, обратившись к истории науки, мы обязательно дойдем до того момента, когда опыты или явления, лежащие в основе того или иного феномена, производились на уровне повседневно доступных наблюдений (яблоко Ньютона, ванна Архимеда и так далее). Именно проведя внимание ученика от известного ему явления к его объяснению через историю поиска решений учёными прежних веков, мы и создаем достаточно увлекательную загадку с пробелами, которые так хочется заполнить и заполнение которых включает нейрофизиологический механизм удовольствия, облегчающий восприимчивость и закрепляющий знания.

Это удобно и для того, чтобы не терять связь с аудиторией. Например, начать лекцию о проблемах в современной космологии вопросом:

«Подымите руки, кто видел звезды в ночном небе». Лес рук. «А теперь, подымите руки те, кто знает, почему они светят?»

Или еще проще: «Почему светит солнце?» Так можно начать занятие по природоведению в младших классах и лекцию по термоядерной физике в университете. Причем для старших, кто не знает, почему светит солнце, это будет своего рода вызов. Как же так, вы не знаете ответа на детский вопрос? И это даст стимул узнать, восполнить пробел. Все видели солнце и знают, что оно светит. А вот почему? По реакции аудитории можно понять ее уровень, отметая шуточные предположения. Есть ли в аудитории кто-то, кто даст верный и четкий ответ? Если да – то у остальных останется впечатление, что они отстали в понимании элементарных, казалось бы, вещей, и это подстегнет их внимание и любопытство. Если же никто из класса не предложит верного ответа – то это тоже создаст напряжение. Как же так, никто не знает ответа на такой очевидный вопрос: «почему светит солнце?» И далее преподаватель может провести учеников по истории науки: а как люди отвечали на этот вопрос в прошлом и как пришли к сегодняшнему пониманию.

Именно эта составляющая, связь с историей поиска верных ответов, нередко отсутствует в обучении, создавая впечатление оторванности и абстрактности изучаемого материала. Ставя перед учениками те же задачи, что стояли перед учеными прошлого, и предлагая попытаться их решить – мы встаем на путь, когда мозг ученика раздражает очевидный пробел, и поиск, и тем более получение ответа может доставить удовольствие, способствовать твердому запоминанию.

Из факторов, препятствующих обучению, нужно назвать еще и стресс (в т. ч. от постоянного диагностического тестирования), и перегрузку: физическую (например, далекие поездки в спецшколу в большом городе или дополнительные занятия в большом количестве) и умственное переутомление от перегруженных информацией уроков (которых бывает очень много каждый день), от высокого темпа учебы, от дополнительных кружков, аналогичных школьным занятиям, от домашних заданий большого объема.

При этом умеренный, возникающий время от времени стресс как движущий фактор и способствует обучению, позволяя мобилизовать накопленные знания и навыки. Например, если иногда (но не постоянно!) проводятся проверочные работы.

Оптимальная учебная нагрузка тоже способствует обучению. Мало – будет лениво и неинтересно, а то и до мании величия дойдет, т. к. все слишком легко дается, много – ничего не будет успевать усваиваться, т. к. мозг обрабатывать не успевает. Плюс негатив: "у меня ничего не получается".

Как мы уже отмечали ранее, именно искренний интерес и мотивация к изучению конкретного материала позволяют получать удовольствие от процесса учебы даже в том случае, когда определенные аспекты обучения требуют большого труда и тщательной, на первый взгляд, очень скучной отработки. Личность учителя, его пример – тут очень важный фактор, способствующий созданию мотивации что-либо изучать, поддержки в трудные моменты, ведь они неизбежно возникают у любого ученика. Форма обучения больше всего важна для дошкольников и учеников младших классов. Для подростков важнее всего содержание, т. к. во взрослой жизни и для взрослой жизни именно содержание формирует функциональные знания и навыки. Подростки ищут, что самое важное, за кем идти, или стремятся сами к лидерству.

Стоит также отметить, что как любая работа, так и учеба без удовольствия, через силу, не дают хорошего результата. Более того, приводят к негативным эмоциям, депрессии, выгоранию и даже деградации личности. Именно мотивация и искреннее желание достичь результата заставляют все трудности и скучную рутину, с которой неизбежно сталкивается каждый обучающийся и работник, воспринимать не как камень на шее, а как вызов себе. "Я это смогу", "Я хочу это сделать". Таким образом, чем сложнее задача, тем больше энтузиазм, азарт, интерес. Столь мотивированный человек сам станет искать задачи посложнее, поинтереснее. И именно такие встретятся выпускнику школы во взрослой жизни. Если он будет искать сложные задачи и принимать с готовностью непростые вызовы, не бояться этого, даже если сложно и ответственность высока, если научится при этом разумно взвешивать риски и собственные решения, у него будут все шансы достичь успехов, достичь своих целей. Умение ставить цели и конкретные задачи в их рамках – также важный навык, который хорошо формируется лишь при условии мощной мотивации. В противном случае ученику просто неинтересно "копаться в деталях".

Таким образом, основная задача – вызвать у ученика интерес к предмету, поддержать его собственные интересы, по возможности установить связи между этими интересами и таким образом мотивировать ученика.

Кроме того, крайне важно еще и добиться у учеников понимания того, для чего он изучает тот или иной материал, его необходимость и ответственность ученика за качественное его усвоение.

Для мотивации также важны исходные установки, которые в настоящее время часто упускаются из вида при обучении. Так, самая распространенная и действенная уже многие годы – это декларирование, что ученики уже достаточно взрослые, чтобы изучать данный, конкретный, непростой, но важный и интересный материал, чтобы стать хорошо подготовленными профессионалами в будущем, заниматься важным и интересным делом. Необходимо выработать у учеников уверенность в том, что именно они могут в будущем не только воспроизводить достижения других и осваивать в совершенстве то, что уже существует, но и открывать и создавать нечто совершенно новое. Также важно напоминать ученикам то, что в будущем на них будет лежать ответственность за их работу, и это вовсе не крест, а честь: стоит работать и учиться так, чтобы гордиться своими результатами, тем, как они проявятся в дальнейшей жизни, какой след оставят, нести ответственность за них.

Когда-то такие установки давались ученикам в школах, и предыдущие поколения живут именно с ними. Именно поэтому так много было воспитано людей, которые могут и хотят выполнять самую непростую работу, учиться новому, принимать вызовы и решать нестандартные задачи, не боясь их, а принимая с интересом и ответственностью за результаты. Да, далеко не все усвоили это, но те, кто усвоил, дали возможность развиваться науке и технологиям, искусству и гуманитарным областям и т. д.

Кстати, даже при этом было много немотивированных учеников, не интересующихся учебой. Чего же удивляться современному положению дел.

Для мотивации учеников младших классов хорошо подходят игропрактики и интерактивные занятия как одна из форм обучения. Но тем не менее форма обучения – скорее способ поддержать интерес, нежели его пробудить. Потому что в перспективе ученик должен четко различать серьезные вещи, за которые он будет нести ответственность, и те области, где может присутствовать игра. Первый опыт активного внедрения игропрактик в обучение, в т.

ч. при обучении взрослых, показал, что излишний упор на них хоть и мотивирует заниматься конкретной учебной деятельностью, но не позволяет выработать серьезного и ответственного отношения к результатам обучения и результатам собственной деятельности. Так, среди современных "эффективных" менеджеров, в том числе и на государственном уровне, мы наблюдаем такое отношение к реформам, официальным документам, различного рода управленческим решениям и т. д. Часто это лишь череда случайных попыток все изменить, модернизировать на основе простейших правил, без учета последствий и накопленного ранее исторического опыта, словно реальный мир – лишь простая схема, игровое поле, на котором существуют только строго определенные правила игры и кроме них не существует больше ничего. В этой ситуации менеджер, как правило, даже не обладает способностью адекватно оценить фактические последствия своей деятельности, принять во внимание неожиданные для себя факты, что-то за рамками простых "правил игры", упрощая и схематизируя всё для себя. Надо ли говорить, насколько такое поведение может быть опасным в реальной жизни, особенно когда речь идет о достаточно масштабных влияниях. Оторванность от мира, хоть и с удовольствием от своей учебы и работы, тут стоит рассматривать как негативный момент.

Итак, все-таки для мотивации, поддержания и пробуждения интереса у учеников в первую очередь важен учитель как личность. Именно тогда ученики захотят научиться, как он, быть как он, идти за ним, учиться, слушаться, уважать, принимать его моральные и этические нормы, не отрываться от реального мира, анализировать обратную связь в результате взаимодействия с ним и с другими людьми, учиться строить отношения. Именно он формирует это чувство удовольствия не только оттого, что дается весело и легко (конечно же, и это необходимо), но и от выполненной сложной задачи, оттого, что, проделав непростую работу в течение учебного года, ученик осознает, как многого он достиг, от преодоления трудностей. Именно так человек развивается, взрослеет, становится ответственным и подготовленным к самостоятельной жизни членом общества. Удовольствие от самосовершенствования, собственных достижений или совместных с другими, от работы в команде.

Для того чтобы учеба стала удовольствием, необходим в первую очередь интерес. Это означает непосредственную вовлеченность человеческой личности в то, что она делает или осуществляет, основанную на вере в значимость, необходимость того, что делается. Связано это также и с предвкушением результатов, которое должно иметь положительную окраску. Одни люди при этом способны наслаждаться самим процессом, в котором результативность отходит на задний план. Другим необходим именно конечный продукт их деяний, чтобы ощутить прилив сил и энергии.

Как бы то ни было, здесь мы имеем дело в первую очередь с психологией мотивации, и чем сложнее эта мотивация построена, чем многограннее сферы влияния на нее, тем более устойчивым во времени и личности человека может быть удовлетворение, получаемое от того или иного действия.

Мотивация в учебе имеет свои особенности, которые, возможно, не сравнимы ни с какими другими. Прежде всего учеба сочетает в себе как внешний, так и внутренний посыл: она одновременно обязательна и связана с выбором. Это накладывает отпечаток на восприятие учащимся характера данного явления. Этическая мотивация в школьном и студенческом возрасте вырабатывается постепенно. Важна изначальная установка и ее поддержание, несмотря на внешние вызовы. В данном случае есть всегда опасность, что либо обязательность учебы подорвет личную мотивацию, либо, наоборот, личная мотивация уведет интересы в сторону от обязательных.

Далее, мотивация в учебе далеко не всегда имеет дело с конкретной материализацией результатов умственных и творческих усилий учащегося. Любые оценки есть лишь условные и даже умозрительные стимулы. Равно как и одобрение либо порицание окружающей социальной среды на всех уровнях способны при определенных обстоятельствах не определить реакцию, а наоборот, видоизменить и вызвать контрреакцию по отношению к ожидаемой.

Во время учебы также внимание распыляется скорее, чем концентрируется, поскольку в учебе не просто есть точка взаимодействия воспитания и образования, но и взаимодействие на уровне каждой отдельной личности объемов знаний по самым разнообразным дисциплинам, которые в своей совокупности влияют на личность нередко противоречивым и непредсказуемым образом.

Главной целью учебы всегда должно являться всестороннее и гармоничное развитие человеческой личности – по максимуму возможного, исходя из природных склонностей и суммы способностей. Если этого не происходит, определить такое отсутствие не составляет особого труда. Ибо человек теряет интерес и связанное с ним удовольствие от выполняемых задач. Исправлять ситуацию бывает нелегко, так как система современного образования не способна учитывать тысячи тонких деталей каждого индивидуального процесса развития.

Привитие с малых лет культуры самосовершенствования и дисциплины, выражение доверия и благожелательности вкупе с терпением должны стать приоритетами в определении общего направления человеческого развития во время учебного процесса. Нужно постоянно и неустанно в каждом конкретном случае объяснять смысл и назначение знаний и навыков, стимулировать воображение и трудолюбие, поощрять полезные и долговременно устойчивые положительные интересы учащегося. Также очень важно совершенствовать представления о мотивации, не сводящиеся к узко материалистическим потребностям и их удовлетворению. Это, разумеется, трудная задача. Но без ее решения учащийся не сможет понять, а, следовательно, и позитивно принять всё многообразие феноменологии окружающего мира. В любом случае, узкий взгляд на вещи уже незримо разрушает как интерес, так и удовольствие, подменяя их необходимостью и удовлетворением. И если учебный процесс не помог формирующейся личности преодолеть данное клише, значит, он потерпел неудачу.

ГОРМОНАЛЬНЫЙ И ПСИХОЛОГИЧЕСКИЙ ФОН ПОДРОСТКА

Наступает возраст, когда ученик уже в значительной степени старается проявить самостоятельность и показывает повышенную работоспособность по сравнению с учениками младших классов. И тут-то, сообразив, что ребенок уже кое-что может, на него накидываются с невероятно объемной школьной программой средних и старших классов. "Это вам не начальная школа, – говорят учителя. – Вы большие уже". А те, бедолаги, и начальную-то тянули к четвертому классу с трудом и слабо скрываемым отвращением. Нет, скорее всего, материал не был так уж сложен. Просто его было так много, что больше половины в целях самосохранения пришлось пропустить мимо. А тут еще больше. Да, дети подросли, но... Только они как-то что-то "переварили", а на них уже выливают новый ушат каких-то новых материалов, столь же мало структурированных, как и в начальной школе.

И по какой-то неведомой причине ни учителя, ни методисты, ни разработчики образовательных стратегий, как правило, не задумываются, а что же нужно самому подростку. Вот прямо сейчас. А ведь человек в этот момент испытывает серьезные изменения в своем организме. Происходит качественный скачок в развитии, причем у каждого свои особенности этого скачка. У подростка в голове роятся разные вечные вопросы: Кто я? Кем меня считают друзья, родители, учителя? Что происходит со мной сейчас, почему я меняюсь и кем я стану? Почему время от времени в голове такой хаос? Как стать частью общества, найти единомышленников? Почему я чувствую одиночество? и т. д. Периодически подростки могут так отключаться от внешнего мира, что и сами не замечают, а попытки "поставить их на место" при их "плохом" поведении, не разбираясь в ситуации, вызывают агрессию или наоборот, апатию.

И вот при всем при этом детям каждый божий день вещают на уроках, что самое важное в жизни – это научиться решать квадратные уравнения и вычислять тангенс угла, непременно помнить строение тела дождевого червя и правильно записывать формулу окислительно-восстановительной реакции, а также крайне важно помнить переживания тридцатилетнего князя Андрея Болконского из "Войны и мира". Печальна судьба детей, которые этому поверят.

Да, именно в подростковом возрасте многие определяются с будущей профессией, но далеко не все еще к этому готовы в таком возрасте, тем более когда мир развивается так динамично, когда так много меняется и появляется нового. Тем более что выбор профессии необязательно на всю жизнь. Важнее всего то, что будущая профессия, как и некие базовые знания, необходимые во взрослой повседневной жизни, конечно же необходимы каждому, однако все это должно устанавливаться на фундамент общечеловеческих личностных качеств и моральных норм, умения взаимодействовать с людьми, постоять за себя (причем не с помощью драк, как это принято в школе), продуктивно сотрудничать, выстраивать отношения на фундаменте личностных установок. Иначе все остальное будет бесполезно, так как не умеющий выстраивать отношения, неспособный к саморегуляции, самоконтролю человек будет иметь много проблем в обществе, на работе, кроме того, сам по себе может стать несчастным и одиноким в результате нескладывающихся личных отношений, отсутствия друзей. У такого и на работе будут проблемы. Или вырастет тираном, паразитом, преступником, неспособным к сочувствию и взаимопомощи. Это также не самое полезное приобретение для общества, прямо скажем.

Но вот этому-то фундаменту школа сейчас совсем не дает формироваться, загружая подростков чем угодно, лишь бы им не дать свободно общаться, учиться у взрослых хотя бы элементарной коммуникации и выстраиванию отношений (уровнем выше, чем просто бормотание "здрастьМарьВанна", когда учитель входит в класс). Получается, что если подростки и осваивают описанные выше премудрости, то скорее вопреки школе и часто далеко не в полном объеме и непоследовательно. Болтают на уроках, получая замечания, носятся на переменах вместе, сбегают с уроков, наконец, или, что хуже всего, по-тихому играют в сетевые игры всё время, пока находятся в школе. Так и на уроках почти не мешают. Но что-то делать вместе, кроме каких-то элементарных заданий в парах или в формальных группах, где по факту работает только один, ну максимум пара человек, подростки так и не научаются на школьных занятиях. А пообщаться с родителями время есть не всегда, особенно если сетевые игры продолжаются и после школы.

Таким образом, школа упорно мешает развитию фундамента личности. При этом кидать в зыбкое болото хаотичные учебные материалы кажется совсем уж бесполезным. Тем более понятна и нулевая отдача такого обучения.

Тем временем в организме подростка происходят ключевые перестройки, связанные с наступлением полового созревания и изменением гормонального фона, когда он, может быть, сам растерян и не понимает, что с ним происходит. В такой ситуации важны доверительные отношения с ним, часто требуется что-то подсказать, важно понимание и сочувствие, а не жесткие, постоянно растущие требования в школе, когда цена любой ошибки очень высока. В то же время важно и тонко чувствовать потерю мотивации или просто лень и отличать их от возрастных рассеянности и перепадов настроения, невнимательности, имеющих именно возрастной характер переходного возраста. При половом созревании возникает и масса интимных вопросов, а все остальное может отходить далеко на задний план. Но в то же время возникают и периоды прилива сил, особенно в старших классах, желание активной деятельности. И тут важно вовремя поддержать, помочь направить энергию в созидательное русло, помочь опытом при необходимости, давать больше возможностей для самостоятельной деятельности, тематической, осознанной самоорганизации и активности, в т. ч. физической.

Конечно, подробно разбираться с каждым конкретным ребенком должны прежде всего его родители: вести задушевные беседы, налаживать отношения в случае конфликтов и учить тому же ребенка, показывать достойный пример в непростых жизненных ситуациях и т. д.

От учителей и методистов же требуется в первую очередь понимание того, что резкие изменения в организме непременно скажутся и на процессе обучения как в виде кучи новых идей в голове подростка, развития ряда навыков, так и временного снижения работоспособности и необходимости иметь достаточно времени для самопознания, попробовать новое и посвятить себя деятельности по душе или поиску новых интересов. Именно в этот период процесс обучения не может быть выстроен линейно и должен тонко учитывать особенности развития детей или хотя бы не мешать ему. А ведь это почти все школьные годы. Как минимум, б**о**льшая их часть.

Учителя в школе просто обязаны учитывать, что подростков порой "корёжит" изнутри просто по физиологическим причинам, и от них тем более невозможно требовать ровной учебы и идеальных результатов в каждый момент учебного времени, тем более при постепенно нарастающей нагрузке. Скорее, учитель может завоевать авторитет, увлекая подростков совместным, интересным делом, даже просто внеклассными мероприятиями, где можно свободно общаться безо всякого регламента и жестких временных ограничений и делать что-то вместе: вместе отдыхать, искать людей, с которыми комфортно, учиться взаимодействовать с теми, кто не очень приятен и т. д. Известная практика для объединения подростков – выходы "на природу", хотя такое не всегда доступно в силу разных обстоятельств.

Как минимум учитель ни в коем случае не должен мешать становлению личности подростков, т. к. на этом фундаменте можно построить многое, вырастить достойных людей: семьянинов, организаторов, работников.

Например, если учитель слышит, что на уроке начинается болтовня совсем не по теме урока, конечно, необходимо отложить это до перемены, но нужно стараться сделать что-то, чтобы немедленно увлечь болтунов. Если болтают, обсуждая что-то по теме, попросить прибавить громкость и пригласить присоединиться к дискуссии всех желающих. Если тема, которую обсуждают болтающие ученики, несколько в стороне от темы урока, но очевиден искренний интерес, можно позволить вкратце поговорить и об этом и обязательно при случае вернуться к данной теме более подробно, порекомендовать информационные ресурсы, предложить сделать совместно что-то по этой теме. Таким образом, может, и сократится объем информации, переданной на уроке, тем более что не всем может быть интересна конкретная тема, а кто-то, напротив, не будет хотеть от нее отступить, но некоторые навыки взаимодействия и примеры поведения в коллективе подростками будут усвоены. При желании многое можно буквально обратить в учебный материал. Также важно рассказывать подросткам про нормы поведения, эмоции, этику, тело человека и основные принципы его функционирования (не сухую анатомию и физиологию с кучей терминов и непонятных деталей без объяснения их связи). Именно это интересует большинство подростков. Очень важны раздельные и совместные занятия мальчиков и девочек для освоения основ ведения хозяйства с региональными, национальными и т. д. особенностями. Это помогает самоидентификации, к тому же часто уже изначально интересует подростков (как это ни политкорректно звучит, но мужчины и женщины по определению не могут быть равны, разница кариотипа и генома и, как следствие, различия в эмбриональном развитии, строении и гормональном фоне, разная роль в обществе, в силу фундаментальных различий, хоть, конечно же, и имеют достаточно общего). Одни вещи легче даются большинству мужчин, другие – большинству женщин, хотя попробовать всё тоже не лишне. Например, многие мальчики интересуются кулинарией, и из них вырастают отличные повара, а для девочек это чаще рутина: важно уметь готовить многое, оперативно. При этом девочкам может быть интересно и гвозди позабивать. Иногда даже просто для того, чтобы понять, что это, все же, как правило, лучше выходит у мальчиков. Отличная практика была во времена СССР, когда девочки готовили какое-то блюдо на уроках труда, а мальчики что-то мастерили, в т. ч. работали на станках, а в конце урока девочки угощали их собственноручно приготовленными блюдами. Было просто весело, даже если табуретки и блюда не совсем удавались.

Несомненно, в период активных гормональных, психологических и прочих перестроек в организме учеников алгебра и все остальное должно уйти на второй план при обучении. Разумеется, не исчезнуть вовсе. Просто важно честно признать, что она и так, априори, для детей на десятом плане, это очевидный факт. И то, чем они реально озабочены в поворотный момент своей жизни, действительно важнее в данный период. Одно признание этого поднимает авторитет учителя и любого, кто сумеет это понять, а уж грамотный учитель всегда сообразит, как вплести жизненно важные знания во все это. Тем более что "неиспорченные" дети, стоит им немного подрасти, и сами с жадностью вцепятся в учебный материал, когда придет их время. Особенно если учителями и самими программами будет признано их право на жизнь и развитие помимо учебы. Повторим: крайне необходимо, чтобы у учителя была свобода делать это, варьировать программу обучения в зависимости от конкретной ситуации в классе, конкретных учеников и их развития.

Психология формирующейся личности весьма неустойчива. И дело не в личности самой по себе, то есть не в том изначальном доминантном наборе характеристик, которые отличают одну личность от другой вне зависимости от внешних влияний на фоне устойчивости во времени. Речь идет о том, что в процессе взросления те или иные стороны личности по-разному активируются на разных этапах, нередко вступают в противоречие с окружающей средой, подчас пробуждаются парадоксально в таком противоречии и соответственно, в итоге находят не иные формы выражения, чем можно было бы предполагать.

Молодой человек всегда идет по жизни на ощупь, он всегда уязвим. Но это неуязвимость уже сформировавшегося старшего возраста. Опытность тут тоже играет скорее вторичную роль: ведь, можно сказать, что есть и опытность уязвимости. Молодой человек более не знает, но предощущает. Он часто не умеет надлежащим образом сформулировать то, что для него жизненно важно, значимо. Это в итоге накладывается и на особенности физического взросления, когда гормональный фон весьма неустойчив и склонен к отражению болезненных реакций.

Образование должно делать всё, чтобы, с одной стороны, учитывать эти реалии, а, с другой стороны, быть именно тем очагом, у которого формирующаяся личность в спокойной и доверительной обстановке, который может получить всестороннее объяснение происходящих процессов и нелицемерную поддержку в принятии решений или устранении проблем.

Подростки склонны к болезненным и чрезмерным реакциям, необходимым их личностям для самоутверждения, а лучше сказать, для определения собственных границ и пределов, для корреляции поведения с окружающей действительностью, для расставления приоритетов и объяснения устойчивой мотивации. Если система образования не дает личности аппарат для анализа и критического отношения к реальности, то свойственные от природы потребности в этом найдут противоречивые и весьма болезненные выходы, подсознательно травмируя неустойчивую, но восприимчивую психику на всю жизнь. Именно предоставление «точек опоры» в виде последовательно, ясно, четко и аргументировано сформулированного аппарата аналитического и критического мышления и восприятия способны помочь человеку в его поиске себя самого.

Молодые люди в период взросления неизбежно ставят под сомнение авторитеты как на межличностном, так и на социальном уровне. Это связано с тем, что каждое поколение (не говоря уже о личности) имеет свою неповторимую вариацию набора ценностных приоритетов. И каждый из них противоречив и неоднозначен. Если же у человека (равно как и общества в целом) не сформированы базовые критерии того, как выстроить набор в систему, исходя из его реальных значимых интересов и потребностей, ценности вступают в противоречие.

Этот хаотический дисбаланс, как правило, слабо осознается в такой ситуации и ведет к печальным последствиям. При этом на физическом уровне интеллектуальный и эмоциональный разлад как следствие приводит и к гормональному. Поэтому последствия взросления личности в условиях искусственной среды образовательной системы, не отрегулированной и не сбалансированной внутренне, бесспорно отражаются на уровне каждой отдельно взятой личности, прошедшей через нее. Совокупность данного опыта может и должен служить своеобразным катализатором работы системы и нахождения недостатков в ее функционировании, равно как и их устранении.

ПРОБЛЕМЫ ПОЛОВОГО ПРОСВЕЩЕНИЯ

Так уж заложено природой, что половая мотивация лежит в основе человеческих отношений. Как бы этот фактор ни пытались припудрить ложными приличиями, сознательно или через подсознание он всё равно вырывается наружу. Мы сексуальные существа и сознательно или бессознательно постоянно оцениваем друг друга как потенциальных половых партнеров. В конце концов, в результате этого поведения и получаются дети, которых приходится учить в школе и дома, а ведь именно об этом наша книга. И если наше сексуальное поведение отменить, то через несколько десятков лет человечество полностью и бесповоротно вымрет.

Конечно, давно уже никто не связывает напрямую сексуальность и продолжение рода, но природе как-то забыли об этом сообщить, и она, не желая вымирания своей наиболее забавной игрушки – человека, продолжает заставлять нас видеть в каждом потенциального полового партнера.

Безусловно, мы услышим множество возражений, что есть и так называемые «асексуалы», которым якобы нет дела до этих аспектов жизни. Но, так или иначе, в среднем прирост населения земли пока положительный и достигается это отнюдь не только оплодотворением в пробирках.

Мало кто признает, что проблема заключается в том, что и сами взрослые не знают, что им делать со своей сексуальностью, как жить в рамках семейной жизни, предотвращать измены и разводы. Человечество само натолкнулось на непреодолимые разногласия по вопросам пола в современном мире.

Авторам легко говорить на эту тему, потому что один из них по первоначальному образованию медик, а другой – биолог. У нас нет обычных для такой темы комплексов, поэтому заранее просим у читателей прощения за открытую прямолинейность обсуждения.

Половое просвещение – это доведение до обучаемых знаний об анатомии половых органов человека, половом размножении (оплодотворении, зачатии, развитии зародыша и плода вплоть до родов), половом сношении, репродуктивном здоровье, эмоциональных отношениях с половым партнёром, репродуктивных правах и ответственностях, противозачаточных средствах и других аспектах сексуального поведения человека.

Половое просвещение может также включать сведения о сексуальности, включая информацию о планировании семьи (при этом вопрос о грамотном создании семьи не рассматривается), обо всех аспектах сексуальности индивида, в том числе о внешнем виде обнажённого тела, сексуальной ориентации, половом удовольствии, ценностях, принятии решения о половой связи, общении, заведении знакомства, взаимоотношениях, инфекциях, передающихся половым путём, и как избежать их[33].

Обычные пути получения его – неформальный и формальный.

Неформально сведения можно почерпнуть из разговора с родителями, попечителями, друзьями, в религиозных группах, из средств массовой информации и кампаний органов здравоохранения. Возможно получение неформальных сведений от авторов мотивирующих публикаций, из колонок журналов, содержащих советы по сексу, или с помощью веб-сайтов по половому просвещению.

Формальное половое просвещение предлагают школы и лица, оказывающие медицинскую помощь. Иногда его преподают в виде полного курса как часть программы в средних и старших классах средней школы. В иных случаях это только один раздел более широкого курса биологии, курса сохранения здоровья, домашней экономики или физической культуры.

В 1936 г. Вильгельм Райх[34] отметил, что половое просвещение его времени выступало как

---

[33] Adolescents In Changing Times: Issues And Perspectives For Adolescent Reproductive Health In The ESCAP Region United Nations Social and Economic Commission for Asia and the Pacific

[34] Reich (1936) Die Sexualität im Kulturkampf. Part one «the failure..» 6. The puberty problem – (3°) «A reflection..» – c. sexual relationships of pubescents – paragraph 4.a (pp. 198-9 of italian edition)

средство обмана, когда фокусировалось на биологии, но скрывало половое возбуждение – пробуждение, которым половозрелый индивид интересовался более всего. Вильгельм Райх добавлял, что такой акцент затемнял то, что он считал основополагающим физиологическим принципом: все опасения и трудности происходят от неудовлетворённых сексуальных импульсов.

Некоторые школы не внедряют половое просвещение, поскольку в таких странах существуют противоречивые взгляды к подобного рода знаниям, особенно в США (прежде всего по отношению к возрасту, в котором детям следует начинать получение полового просвещения, количеству раскрываемых тем, касающихся сексуального поведения человека, например, практики безопасного секса, мастурбации, добрачного секса и сексуальной этики)[35]. Когда проведение полового просвещения обсуждают с аргументами, то главными противостоящими точками являются следующие:

- представляет ли рассмотрение сексуальности подростка ценность или оно вредоносно;
- применение противозачаточных средств, таких как презервативы и гормональная контрацепция;

---

[35] SIECUS Report of Public Support of Sexuality Education (1999) SIECUS Report Online

- влияние их применения вне брака на подростковую беременность и передачу заболеваний, передающихся половым путём;
- разрушение традиционных форм полового воспитания, сложившихся в той или иной стране, исходя из её истории и особенностей культуры, что чревато снижением рождаемости[36].

Одной из причин этого противостояния служит возрастающая поддержка полового просвещения, ограниченного воздержанием, со стороны консервативных групп. Страны с консервативным отношением к половому просвещению, включая Великобританию и США, имеют более высокие уровни заболеваемости болезнями, передающимися половым путём и подростковой беременности[37]. Существование СПИДа придало новое ощущение срочности теме полового просвещения. Во многих африканских странах, где уровень заболеваемости СПИДом находится на эпидемическом уровне, общественное здравоохранение рассматривает половое просвещение как стратегию выживания. Некоторые международные организации, такие как «Родители по плану», полагают, что широкие программы полового просвещения

---

[36] Как сокращают население во имя репродуктивных прав: Часть 2. О современном варианте генерального плана «ОСТ» (недоступная ссылка). Дата обращения: 26 марта 2015. Архивировано 2 апреля 2015 года

[37] Joy of sex education" by George Monbiot, The Guardian, 11 May 2004

имеют глобальные преимущества, управляя риском перенаселения и повышая права женщин. Согласно Совету по сексуальной информации и просвещению США, 93% опрошенных взрослых поддерживают половое просвещение в старших классах средней школы, а 84% поддерживают его в средних классах. 88% родителей учащихся средних классов и 80% родителей учащихся старших классов полагают, что половое просвещение в школе облегчает разговор с детьми о вопросах секса[38]. Кроме того, 92% из числа подростков сообщили, что хотят как разговора о сексе с родителями, так и полного полового просвещения в школе[39].

Распространённая точка зрения на половое просвещение состоит в том, что оно уменьшает рискованное сексуальное поведение подростков, такое как незащищённый секс, подготавливает индивидов к принятию информированных решений об их личной сексуальной активности.

Другая точка зрения на половое просвещение инспирирована сексологом Вильгельмом Райхом, психологами Зигмундом Фрейдом и Джеймсом У. Прескоттом. Согласно ей при половом просвещении на карту поставлен контроль над телом и освобождение от социального контроля. Сторонники этой точки зрения склонны видеть политический вопрос в том,

---

[38] Sex Education in America (Washington, DC: National Public Radio, Henry J. Kaiser Family Foundation, and Kennedy School of Government, 2004), p. 5

[39] Sari Locker, (2001) Sari Says: The real dirt on everything from sex to school. Harper Collins: New York

следует ли сексуальные подробности преподавать от имени общества или индивида. При таком взгляде половое просвещение можно рассматривать как обеспечивающее индивидов знанием, необходимым для достижения освобождения от социально организованного сексуального подавления и для выражения собственного мнения. Кроме того, сексуальное подавление можно рассматривать как социально вредное[40].

Для другой группы в дебатах по половому просвещению вопрос стоит так: кто должен преподавать сексуальные подробности: государство или семья? Сторонники полагают, что сексуальные подробности следует оставить для семьи, что половое просвещение представляет вмешательство государства. Они утверждают, что некоторые программы полового просвещения нарушают предсуществующие понятия приличия и поощряют принятие практик, которые сторонники этого взгляда расценивают аморальными (гомосексуальность и добрачный секс). В качестве примеров они упоминают веб-сайты, такие как «Coalition for Positive Sexuality» (коалиция за положительную сексуальность).

Естественно, что те, которые признают гомосексуальность и добрачный секс нормальной

---

[40] PBS, February 4, 2005 Religion & Ethics Newsweekly, Episode 823 Accessed 2006-12-30

частью спектра сексуальности человека, не согласны с ними[41].

В Канаде несколько лет назад реформы в программе полового воспитания вызвали буквальную революцию среди семей иммигрантов. Протесты в некоторой мере повлияли на смещение в Онтарио либерального правительства.

Многие религии учат, что сексуальное поведение вне брака аморально, поэтому их последователи ощущают, что моральные принципы секса следует преподавать как часть полового просвещения[42].

Другие религиозные консерваторы полагают, что сексуальные знания неизбежны, и они предпочитают программы, ограниченные воздержанием.

Научное изучение эффективности полового просвещения включает в себя целый ряд исследований.

Дебаты о подростковой беременности и заболеваниях, передающихся половым путём, стимулировали проведение изучения эффективности разных подходов к половому просвещению. ДиСензо и соавт. выполнили метаанализ, в котором сравнили программы полного полового просвещения с программами, ограниченными воздержанием[43]. Последние не снизили вероятность возникновения беременности у

---

[41] Health Gap: Pepfar Policies

[42] Cardinal praises «dedication and commitment» of Catholic teachers

[43] DiCenso A. et al.: Interventions to Reduce Unintended Pregnancies Among Adolescents: Systematic Review of Randomized Controlled Trials. British Medical Journal 2002; 324:1426

женщин, которые участвовали в таких программах, а, напротив, повысили! Четыре программы воздержания и одна школьная программа были связаны с накопленным увеличением числа партнёров у мужчин на 54% и у женщин на 46%.

Опросы подростков показали, что они желают, чтобы половое просвещение было более позитивным, с меньшим заострением внимания на анатомии и тактике устрашения, чтобы оно фокусировалось на выработке навыков диалога о сексуальных взаимоотношениях и общения.

Примечателен факт, установленный в США при выполнении обзора общегосударственной кампанией по предупреждению подростковой беременности путём изучения 250 исследований программ полового просвещения. Заключение этого обзора гласило: «...Подавляющее большинство данных свидетельствует, что половое просвещение, которое обсуждает контрацепцию, не повышает сексуальную активность».

Обзор 2018 года не нашёл доказательств тому, что школьные программы эффективны для снижения подростковых беременностей. Результаты обзора согласуются с результатами исследования влияния подобных программ на профилактику ВИЧ и других венерологических заболеваний в подростковом возрасте[44].

---

[44] Elliot Marseille, Ali Mirzazadeh, M. Antonia Biggs, Amanda P Miller, Hacsi Horvath. Effectiveness of School-Based Teen Pregnancy Prevention Programs in the USA: a Systematic Review and Meta-Analysis // Prevention Science: The Official Journal of the Society for

В некоторых странах на уроках полового просвещения не уделяют внимания темам сексуальной ориентации, методов контрацепции и их правильного использования, абортов, репродуктивного здоровья, отношений с партнёром и принуждения к сексу, предпочитая пропагандировать воздержание и секс после замужества.

Многие не согласны с полным половым просвещением, не упоминающим и не обсуждающим перечисленные темы под предлогом, что включение дополнительной информации такого рода, а именно гомо- и бисексуальности, трансгендерности и интерсексуальности, может преподноситься как пропаганда гомосексуального поведения. Сторонники полных программ придерживаются мнения, что исключение обсуждения упомянутых вопросов может вызвать ощущения изоляции, одиночества, вины и позора, а также психические расстройства, в частности депрессию, что плохо влияет на учащихся, которые относятся к такой группе; полагают, что могли бы принадлежать к одной из этих категорий или не уверены в своей сексуальной принадлежности[45].

Если для мальчиков принадлежность к ЛГБТ воспринимается как печать позора, и они склонны скрывать подобные наклонности, то у девушек – все наоборот, растет число открыто-

---

Prevention Research. – 2018-5. – Т. 19, вып. 4 – С. 468–489 – ISSN 1573-6695 – doi:10.1007/s11121-017-0861-6

[45] Involve The Young! Interview with Dr Pramilla Senanayake, assistant director-general of the International Planned Parenthood Federation

го провозглашения себя «лесбиянками», в том числе и при полном отсутствии какого-либо сексуального опыта. Таким образом они пытаются отгородить себя от проблем взаимоотношений с противоположным полом. С процессом взросления, однако, их взгляды и наклонности меняются.

Лица, выступающие за включение вопросов ЛГБТ в качестве неотъемлемой части полного полового просвещения, аргументируют тем, что такая информация будет полезной и уместной и уменьшит вероятность суицида, заболеваний, передающихся половым путём и «показное» поведение таких учащихся. При отсутствии подобного обсуждения представители той или иной группы фактически останутся скрывающимися, а остальные будут лишены руководства, как справляться со своими однополыми увлечениями или с ЛГБТ-одноклассниками. Сторонники просвещения, ограниченного воздержанием, часто демонстрируют более консервативный взгляд на гомосексуальность и бисексуальность. Они против того, чтобы эти ориентации преподавались как нормальные и приемлемые и чтобы давать им равные права с гетеросексуальными активностями / отношениями[46]. Лица, поддерживающие полные программы, воспринимают это как значительную проблему, поскольку, по их мнению, такие программы усиливают отчуждённость и чувство

---

[46] National Abstinence Education Association. «Mathematica Findings Too Narrow». Press release

стыда у ЛГБТ-подростков от их сексуальной ориентации.

Надо отметить, что, например, в Африке половое просвещение сфокусировалось на искоренении растущей эпидемии СПИДа. Большинство правительств африканских стран в сотрудничестве с ВОЗ и международными неправительственными организациями приняли программы просвещения про СПИД.

В Европе впервые обязательное половое просвещение в школе было внедрено в Швеции в 1955 году. В 1970 – 80-е годы примеру Швеции последовали многие иные страны Западной Европы. В Центральной и Восточной Европе половое просвещение в школах стало развиваться лишь после ликвидации социализма. Возраст начала полового просвещения в Европе варьирует от 5 лет в Португалии до 14 в Испании, Италии и на Кипре.

В Англии и Уэльсе половое просвещение в школах необязательное, родители могут отказать в посещении их детьми таких уроков. Программа преподавания фокусируется на половых органах человека, развитии плода, физических и эмоциональных изменениях в подростковом возрасте, тогда как информация о контрацепции и безопасном сексе представлена на усмотрение педагогов, а дискуссия о взаимоотношениях индивидов часто исключается. В Великобритании один из самых высоких уровней подростковой беременности в Европе.

В Германии с 1970 г. половое просвещение входит в школьную программу. В 2006 г. опрос, проведённый со стороны ВОЗ, касавшийся сексуальных привычек европейских подростков, выяснил, что немецкие подростки заботились об использовании противозачаточных средств. Уровень родов среди лиц в возрасте 15 – 19 лет был очень низким.

В СССР Зигмунда Фрейда и его методика психоанализа встретили поддержку в лице Льва Троцкого. Ставился вопрос об организации новой науки о ребёнке и переделке человека – педологии и проводились психоаналитические исследования детей. В структуре Наркомата просвещения были открыты интернаты – например, Детский дом-лаборатория «Международная солидарность» – в которых организовано «свободное половое развитие детей». Это был первый в мире опыт введения сексуального образования в дошкольных учреждениях. Однако из-за обвинений в «несовместимости» с марксизмом, психоанализ подвергся запрету и гонениям со стороны Сталина, и было решено экспериментальные работы в этой области прекратить[47].

В 1994 году Б. Ельцин подписал федеральную программу «Дети России», в составе которой имелась подпрограмма «Планирование семьи». В некоторых школах начали проводить экспериментальные занятия по половому воспитанию. В 1994 году на программу «Планирование семьи» было выделено два миллиарда

---

[47] «Уничтожен сталинским террором»: почему в СССР запретили Фрейда. Газета.Ru

рублей. Однако к 1997 году в СМИ и среди консервативной общественности стали высказываться недовольства, и половое воспитание не было включено в школьную программу[48].

С 2012 года в России действуют поправки к закону «О защите детей от информации, причиняющей вред их здоровью и развитию», которые запрещают «изображать и описывать действия сексуального характера» детям до 16 лет. Данный закон значительно затрудняет проведение уроков полового воспитания в школах.

По словам министра образования Ольги Васильевой, сексуальным просвещением подростков должны заниматься родители:

«Разговор ведёт родитель, выбирая возраст, когда он необходим. Уверена, что каждый родитель хочет счастливую семью для ребёнка. Но такие вопросы должны быть не в начальной школе. Я против упрощённости. Этот флер не должен исчезать из нашей жизни. Мир не должен жить без любви».

В апреле 2014 Госдума России ратифицировала факультативный протокол к Конвенции о правах ребёнка, а также европейскую конвенцию о защите детей от сексуальной эксплуатации и сексуальных злоупотреблений. Оба документа предусматривают введение полового просвещения в школах. Бывший на тот момент

---

[48] Вместо полового воспитания – половой разврат. Почему в России нет сексуального просвещения в школах. Медуза (1 сентября 2017). Дата обращения: 11 марта 2019

детским омбудсменом адвокат Павел Астахов отстаивал позицию, согласно которой уроки полового воспитания «могут противоречить нормам морали и нравственности, а также традициям России»[49]:

«Я являюсь противником любого секспросвета среди детей. Это деятельность, которая должна быть запрещена, в первую очередь с точки зрения закона об основных гарантиях прав ребёнка, потому что недопустимо заниматься такими вещами, которые развращают ребёнка, и, конечно, с точки зрения закона о защите детей от вредной информации». Астахов также заявил, что лучшее половое воспитание – это русская литература.

Авторам трудно оценить напряженность дискуссии, потому что медикам и биологам легко говорить о вопросах пола и размножения. Нам не раз приходилось объяснять детям, как работают эти механизмы эволюции, и мы не видим ничего вредного или постыдного, чтобы дети это знали. Как говорится, что естественно не безобразно. Более того, выключение подобного материала и надежда на то, что об этом детям расскажут родители, или еще хуже, их просветят на улице – абсолютный нонсенс.

Разве что было бы правильно возлагать преподавание такого предмета на специалиста, который имеет опыт в таком роде образовании. Здесь вопрос не о том, надо или не надо детям

---

[49] «Астахов пообещал не допустить уроков полового воспитания в школах», Interfax, 1.12.2014

это знать, а то, насколько профессионально и интересно, сбалансировано и непротиворечиво эта информация будет до них донесена. Конечно, требовать и ожидать, что учительница младших классов всё им разъяснит – не надо. Необходимы специалисты, чтобы опять же не причинить больше вреда, чем пользы.

КАК ПЕРЕСТАТЬ ВЫРАБАТЫВАТЬ У УЧЕНИКА НЕГАТИВНОЕ ОТНОШЕНИЕ К ОБУЧЕНИЮ

Негативное отношение к учебе можно назвать главным препятствием для учебного процесса. Нередко оказывается, что стоит ребенку оказаться в роли ученика, как его поведение и настроение меняется. Появляется зазомбированность, направленная в лучшем случае на показуху. В других обстоятельствах увлекающийся и живой ребенок превращается в пассивного индивида, пытающегося делать вид, что он участвует в уроке. Между тем, если провести объективное исследование состояния ребенка – можно сказать, что он буквально мучается. Причем все это происходит еще до начала урока, прежде чем учитель успел открыть рот. Можно утверждать, что мы имеем дело с феноменом выученной беспомощности, психическим состоянием, при котором живое существо не ощущает связи между усилиями и результатом. Превалирует чувство обреченности: «сейчас снова меня будут учить, будет нестерпимо скучно, я все равно ничего не пойму, надо просто «закуклиться» и как-то пережить время урока, или исподтишка занять себя чем-нибудь, совершенно не связанным с уроком. Но при этом важно, чтобы учитель этого не заметил».

Чего уж скрывать, при таком состоянии ребенка ни о каком активном участии в процессе обучения говорить не приходится.

Что это? Естественная реакция ребенка на обучение? Ничего подобного. Дети любопытны и хотят постигать мир. Значит, эту реакцию вызвали педагоги, начиная от первого попавшегося ребенку на пути.

Для начала вспомним, что почти все дети хотят идти в школу, будучи в дошкольном возрасте. Для них школа – признак взросления, что-то серьезное и интересное. Для кого-то, кто ходит в детсад, это еще может быть и способом избавиться от вредной "воспиталки", хотя, как ни парадоксально, многие современные детские сады в России, а особенно в Москве не чета советским. Намного больше детей посещает их с удовольствием, хоть, конечно, и далеко не все. Тем более что "сдают" туда порой вынужденно или нет, детей, которым совсем не подходит такая форма времяпрепровождения.

И вот эти дети шести-семи лет по разным причинам мечтают пойти в школу. Казалось бы, отличный старт! Но с первых же уроков оказывается, что тут всё будет еще печальнее, чем в саду. Там хотя бы никто не требовал домашку, можно было в тихий час покидаться подушками в спальне, пока воспитатель ушел, да и поспать иногда. А еда в школьной столовой исключительно противная, в отличие от садовской, играть в школе нельзя вообще, нужно урок за уроком сидеть молча и слушать, что для большинства детей младшего школьного возраста совершенно невозможно, так еще и дома не отдохнуть, поскольку домашние задания начинают задавать довольно скоро. Того периода, что дается на адаптацию, катастрофически не хватает почти всем. Самое печальное, что при всем при этом родители, озаботившись домашней работой, весь вечер пытаются объяснить детям то, что недообъяснили учителя, занятые, как мы уже знаем, целевыми показателями, а вовсе не обучением детей.

Должно быть в этой школе хотя бы что-то, что ждет ребенок. Ну хотя бы большинство. Ведь задача первых классов – не столько научить, сколько заинтересовать (дети на домашнем обучении осваивают объем программы первого класса порой и за пару-тройку месяцев), поддержать интерес. Интересна природа? Учись читать и считать, чтобы знать и понимать больше, учись выражать свои мысли в разных формах, грамотно формулировать и задавать вопросы, тренируйся задавать, не боясь, ведь это тоже очень важно.

Дети хотят в школу, но разочаровываются. В их мечтах это совсем другое. Проблема, что объяснять на словах, что такое школа, до того, как ребенок пошел туда, трудно. Не поймет дитя без опыта.

Нужно пояснить, что это не просто круто, что придется работать, они до конца не поймут, но очень хотят повышения статуса. И вот тут важно не утратить этот кредит доверия и интереса. Обычно всё горение детей перед школой рубится на корню на первых же уроках.

Постоянное оценивание, причем независимо от состояния школьника, при этом любой промах будет отражен плохой оценкой и висеть напоминанием в течение всего года, снижая общий средний балл. И никакой пощады за малейший проступок. Это должно быть отменено. Если так нужно "для статистики", ученикам это уж точно не стоит показывать, потому что это один из факторов, способствующих выработке негативного отношения к учебе. Плохие оценки в этой системе полностью исправить невозможно, цена ошибки очень высока, а это вызывает страх ошибки, напряженность там, где ученик должен не бояться делать ошибки, чтобы научиться. Но этих попыток не дается, материала много, проверочных работ тоже. Это не значит, что нужно полностью отменять систему оценок, но ставить их за каждый шаг, создавая постоянный стресс – это прямая дорога к выработке негативного отношения к учебе. Даже если оценки в целом хорошие, даются они дорогой ценой или просто обманом (дети прогуливают часть многочисленных контрольных, причем сейчас порой и с подачи родителей, потому что выполнить все идеально попросту не в силах ребенка).

Как это обойти? Позволить ошибаться. Сделать последствия ошибки и ее отсутствия более материальными. Как в квесте. Например, в математике для этого могут быть полезны цифровые ресурсы: правильный расчет дает возможность, скажем, построить дом, а в случае неправильного дом развалится. Если ученик сумел соблюсти все необходимые условия, он сможет прорастить семена и вырастить растение, а если нет, растение погибнет. Внимательно выслушал объяснение и сделал правильно? Проходи на следующий уровень. Пусть другие смотрят и тянутся вперед тоже. Такой подход в совокупности с использованием геймификации хорош в начальных классах, когда огромное значение в обучении имеет игра и, по сути, большинство учеников младшей школы и ждет от нее игры, просто более сложной и потому еще более интересной, чем в саду. Ведь в садах проводят подготовку к школе, и при этом у детей, как правило, не возникает отвращения к учебе. Почему? Потому что они много играют, потому что изучают всего-то счет, буквы и основы письма, окружающий мир, причем последнее – на прогулках, а не по учебникам. Таким образом, не возникает перегрузки, а возникает живой интерес и функциональные знания. Изучая снег, дети трогают его; оставляя воду в мороз, находят на ее месте лед, который еще и "распух"; изучая растения, дети держат их в руках, могут "разбирать на части", как хотят, наблюдать за ними, ухаживать, а еще они разыскивают червей и жуков и наблюдают за ними, выковыривают косточки из незрелых слив, ловят лягушек, и многое другое. Возникает интерес, любопытство, желание узнать больше в том числе и потому, что у детей есть энергия на это, есть силы, ресурс. Их нервная система не истощена. Если, конечно, родители не решили, что их ребенку всенепременно необходима дополнительная подготовка к школе. В последнем случае негативное отношение к учебе начинает вырабатываться еще до школы.

Аналогична и ситуация с детьми, которые в сад не ходят. Они полны энергии и желания учиться.

Отчего бы школе не взять всё это на вооружение, прибавив лишь немного материала, а не заваливать им с первого класса? Какой смысл в том, чтобы дать кучу всего, когда, по сути, еще ни один ребенок в классе не способен воспринять эту кучу без вреда для своего здоровья? Уж лучше поумерить аппетиты и ограничить объем материала, повысив эффективность его усвоения. Лучше небольшой объем знаний и умений, зато прочно усвоенных, чем огромный объем, который проходит через мозг, как через решето, оставляя тем не менее одно негативное отношение ко всему, что связано со школой. В средних классах объем материала можно постепенно наращивать, но все равно важно не "задавить" детей тоннами знаний, дать им развиваться гармонично и позволить все же что-то прочно усвоить. Принцип "Лучше меньше, да лучше" тут как никогда кстати. Таким образом, выбор учебного материала и его организация становится очень ответственной задачей.

Еще один важный момент: повторение. Многие прекрасно знают, что детям нужно все много раз повторять. Только тогда они научатся, поймут, разберутся. Причем повторять нужно не в форме нотации, не одними и теми же словами – такое дети быстро перестают слышать, причем мозг впоследствии может начать автоматически отключаться при звуках однообразной лекции, так как это не сулит ничего интересного и полезного, и понять что-либо трудно. Важно объяснять и показывать каждый раз по-разному, с разных сторон, возвращаться к пройденному, устанавливать логические связи, в т. ч. межпредметные, а не долбить одно и то же. И напоминать отдельные моменты по ходу обучения время от времени тоже может быть не лишне, если ученик ну совсем застрял, что-то подзабыл. И в то же время не забывать давать достаточно возможности применить знания и умения самостоятельно, но не наказывая, если что-то не получилось. В школах же, как правило, происходит совсем иное. Быстро, словами учебника, учитель рассказывает новую тему, затем самостоятельная (порой на том же уроке), затем новая тема. Большее количество детей еще не успели ничего осознать, переварить, а уже поехали дальше. Вот и не остаётся ничего в голове при работе в таком режиме. Да еще стресс от самостоятельных и контрольных, а еще у доски спрашивают на оценку. Ведь "для статистики" в рамках мониторинга успеваемости нужно как можно больше оценок. Ведь проверяющим нужны так называемые образовательные результаты, успеваемость, нужны достоверные данные. Только вот за всей этой идеальной статистикой и бесконечным мониторингом теряется главное действующее лицо – ученик. Остается совсем один против всей этой безжалостной системы. Даже родители не все заступятся, а уж учителя – тем более.

На самом деле, по опыту одно снятие перегрузки уже может дать очень много. Стоит дать ученикам возможность проводить на уроках время с комфортом, за интересными обсуждениями, за рисованием (по теме урока, конечно, но без жесткой привязки к ней), дать в руки что-то интересное, показать, научить что-то делать (например, сделать препарат для микроскопа или пуговицу научить пришивать), как вдруг оказывается, что ученики, галдевшие весь урок и не очень спокойно сидевшие, тем не менее очень многое знают, а дома они лезут в книжки и интернет-ресурсы и там еще поинтересовались дополнительно. Их всего лишь не заставляли, не требовали, не заваливали непонятной им информацией, не пытались оценить каждый малейший шаг. Просто объяснили, что данный материал важен в жизни, рассказали почему важен, дали возможность не только слушать, но и делиться мнением, впечатлениями, эмоциями, своим опытом, и "игра" была не в одни ворота. И не было страха ошибиться, потому что это обучение. Такие дети спокойно напишут контрольную раз в четверть. Даже большую и непростую, на оценку, и будут к ней как следует готовиться и немного нервничать, но в результате справятся хорошо. Также они справятся и с устным экзаменом. Потому что рассмотрели изучаемое со всех сторон, задавали вопросы и получали ответы, заполняли пробелы в своих знаниях, тренировали то, что получалось плохо без страха получить плохую оценку, без стресса, и потому что материал соразмерен их возможностям усвоения.

Если качественный материал рассматривать с разных сторон, хорошо изучать с теорией и практикой, развиваются и универсальные компетентности, что очень важно в современном мире.

Здесь при всех плюсах есть проблема, и она важная. Классы очень разношерстны. Даже небольшие. Мало того, даже если мы специально подберем класс из более-менее равных по возрасту, способностям и текущему уровню подготовки детей, все равно рано или поздно возникнет неравенство. И скорость развития у всех нелинейная и несинхронная, и интересы могут быть разными, а могут и меняться. Кто-то сначала увлекается, например, медициной только потому, что друзьям это интересно, а потом понимает, что ему нужно совсем другое. Это проблема всех времен и народов. Если дать возможность развиваться слабым ученикам, все остальные потеряют интерес к учебе. Или просто не будут прогрессировать, если их обязать "тянуть" слабых (да и не каждому ученику такое под силу). Если оставить слабых (пусть как-нибудь сами тянутся) и работать на "середнячков", то и сильным ученикам все равно будет перекрыт путь к развитию, им будет скучно, а ведь, возможно, именно за такими будущий прогресс человечества. Слабые же навсегда выпадут из учебного процесса, и ничего, кроме негативного отношения к учебе, у них не останется. Работать на сильных, как делают порой учителя, тоже не вариант: почти весь класс остается в пролете. Так еще и учитель класс любить не будет: ему же на всех наплевать, кроме отличников, независимо от стараний всех остальных. Так как же быть?

Для решения этой проблемы были придуманы различные приемы. Например, спецшколы. Но они не всегда являются приемлемым решением, т. к. не всем доступны даже территориально, а школы-интернаты платные, да и не каждый ребенок и родители готовы расставаться на целую неделю. В то же время множество дисциплин предполагают строго очное обучение. То есть обязательно нужно ходить в школу, иначе это будет лишь имитация обучения. Если ребенок обгоняет одноклассников по отдельным, но не по всем предметам, есть возможность использовать дополнительное образование – разнообразные кружки, в т. ч. практические работы, как, например, цитология и молекулярная биология, химия, физика, живопись, так и онлайн: программирование, компьютерная графика и так далее, в зависимости от типа дополнительного образования.

Однако, например, в России очень слабо разработана правовая база на этот счет. По сути, все обучение в кружках приходится на время после уроков, а одноименные уроки ученик все равно вынужден посещать и скучать на них. Только со спортивными школами это работает достаточно хорошо: ученик вместо уроков физкультуры посещает занятия по выбранному виду спорта. С расписаниями бывают нестыковки, но при желании эти проблемы можно решить. Важно, чтобы и по другим предметам была возможность без лишних хлопот засчитывать результаты дополнительного образования, избавив учеников от необходимости посещать уроки, которые по уровню намного ниже, чем им требуется, но при этом подходят для большинства других учеников.

Такое обучение может быть и переходной стадией к семейному обучению или переходу в специализированную школу. Но даже у старшеклассника интересы могут поменяться. Свобода и возможность пробовать разное при выборе будущей профессии очень важна, как и возможность сменить род деятельности при необходимости. Также необходимо обеспечить старшеклассников и информацией о качественных онлайн-ресурсах, очных, заочных, дистанционных курсах дополнительного образования и центрах, имеющих базу для этого.

Опыт одного из соавторов этой книги однозначно говорит о том, что такой подход очень продуктивен в современных реалиях, мотивируя учеников совершенствоваться в том, что ему интересно, учиться делать все качественно, учиться самоконтролю, ответственности и планированию своего времени, избавляет от рутины в значительной степени, и в то же время не тратить силы на ненужные уроки, которые формально дублируют дополнительные занятия, а по сути не содержат полезного для конкретного ученика. Правда, такой подход непрост для родителей.

Итак, мы понимаем, что свободная деятельность, отсутствие перегрузок – это хорошо, это открывает большой потенциал для обучения, но при этом и работать нужно учиться. Иначе откуда прогресс. Но делать скучную, однообразную работу в рамках учебы в школе с непонятными ученикам целями, неприемлемо. Именно поэтому в итоге должна вырабатываться мотивация у учеников. И именно для этого важен фундамент – позитивное отношение к учебе, которое чаще всего даже не нужно вырабатывать, а просто нужно сохранить, поддержать, развить.

Почему в результате многих лет обучения в школе, а затем и в высших учебных заведениях все чаще возникает проблема "лишних людей"?

Можно выделить две основные причины. Глобально – массовость образования приводит неминуемо к ухудшению его качества. Также на это повлияли и многие инновации, в том числе применение методик, не учитывающих возможности и потребности ученика, возрастных особенностей в широком смысле, а не только увеличение объема памяти и усидчивости, попытки тотальной цифровизации образования с целью оцифровать все на свете всеми правдами и неправдами, не заботясь о том, где это действительно полезно, а где даже вредно. Таким образом, ученики вырастают и формируется когорта людей, которые негативно относятся к школе и передают это отношение (вольно или невольно) детям. При этом они уверены, что образованы, но фактически не обладают какими-либо общими или специальными знаниями и не в состоянии выполнять какую-либо серьезную работу. А в развитых странах самую простую и монотонную работу, не требующую специальных навыков, в основном выполняют программы, машины. В странах третьего мира такой техники нет, но и платить за такую неквалифицированную работу никто не станет много там, где основная часть населения живет за чертой бедности. Там и специалистов-то не сильно балуют.

Если рассмотреть разные по среднему уровню жизни страны, а также огромные потоки мигрантов в развитые страны, то можно сразу понять, почему могут стать "ненужными" и квалифицированные специалисты. Приезжает в развитые страны людей много, в том числе и специалисты, не сумевшие найти достойное место на родине из-за низкой оплаты работы, а вакансий специалистов ограниченное количество везде. Они бы и рады хоть дворы мести, ведь дома им просто не могли платить такие деньги, на которые можно жить, а тут и дворникам платят неплохо. Но в развитых странах подобные неквалифицированные работы все в большей степени отдаются машинам. Таким образом, неквалифицированную работу все труднее найти. А в странах третьего мира же люди и так никому не нужны. Основной критерий – дешевая рабочая сила. Качество работы неважно, все равно на зарплаты денег нет. Поэтому специалистами работает кто попало, а те, кто имеет высокий уровень квалификации, получает те же копейки.

Есть очень много работ, характеризующихся однообразием. Редко кому такая работа по душе. К тому же человек не машина, склонен ошибаться время от времени, как ни учись. Парадоксально, но если работа простая, проводится по конкретному алгоритму, при этом очень однообразная, человек может ошибаться чаще, чем когда выполняет сложную, разнообразную интеллектуальную или поисковую работу, требующую постоянного внимания и активной работы мозга, набитой руки/глаза. Так происходит именно потому, что в последнем случае человек постоянно начеку, все его действия осознанны и контролируются им самостоятельно, задействуются самые разные части мозга в разных комбинациях и временных промежутках. А при монотонной работе работают одни и те же отделы. Мозг устает и начинает экономить ресурсы, пытаясь автоматизировать неинтересную и однообразную работу, сознание отключается.

Есть мнение, что школьная классная система образования формировалась, когда было необходимо подготовить как можно больше людей к скучной, нудной, монотонной работе, и время, проводимое в классе, было призвано приучить к терпению и выносливости, психологической готовности проводить долгие часы в скуке. Возможно, когда мануфактуры и другие производства требовали таких навыков, такой подход был оправдан, по крайней мере с утилитарной точки зрения. Но дело в том, что он мало чем изменился и сейчас. Скучнейшие как по форме, так и по содержанию уроки убивают мотивацию, интерес и наносят серьезный вред психике детей.

Сейчас подобные производственные процессы все чаще выполняются автоматически. Скоро даже такие профессии, как водитель, уйдут в прошлое, ведь появляются автомобили-автоматы. Заменить человека машиной/программой в таких случаях очень даже полезно. Неинтересная, нудная и однообразная работа вызывает не только скуку, но и фактически может разрушать личность. Люди, особенно если от работы устают, не только делают работу хуже, но и становятся апатичны или агрессивны, теряют интерес к жизни, мотивацию развиваться. Такие и с экономической точки зрения плохие потребители, ведь они устали от ненавистной работы без перспектив на ее улучшение и карьерный рост. А машина будет работать неустанно и ошибаться будет куда реже. Конечно, где-нибудь в сфере обслуживания в определенных случаях сотрудник будет выигрышнее, чем машина. Но далеко не всегда и не везде. Многие сотрудники, работающие с людьми, быстро выгорают, и были бы рады оставить такую работу, если бы умели делать что-нибудь другое. Таких лучше избавить от необходимости так работать.

Негативизм в восприятии обучения в современных образовательных учреждениях, причем на всех уровнях, уже предрешен тем, что они носят обязательный характер. Любой человек инстинктивно противится принуждению, воспринимая его как насилие, что порождает первичную реакцию в форме страха и самосохранения. К сожалению, этого эффекта не избежать, поскольку образование в современном мире институализировано, как и всё остальное, а значит, реализует законодательные функции государства, требующие, чтобы все сферы человеческого бытия подчинялись «общеполезным нормам», принятым в условиях применения особых, законодательных регулирующих процедур. Таковы правила игры, а значит, принуждение в самых разных формах всегда будет препятствием на пути реализации позитивного отношения всех учащихся к их форме занятости.

Однако не все так мрачно. Даже в этих условиях можно и необходимо находить позитивные стороны. К ним в первую очередь относится возможность развивать у учащегося изначально взвешенное отношение к объективной реальности, когда восприятие дополняется осознанным отношением. Данный подход по своей натуре уже оптимистичен, ибо учит, несмотря на объективные сложности и препятствия, всегда иметь в виду следующее.

Во-первых, что, поскольку все имеет свои границы, негативные начала также не абсолютны. Следовательно, нужно учиться соприкасаться с ними непосредственно только по строгой необходимости, а в остальном, что называется, «не пускать их к себе в душу». Во-вторых, любой негативный элемент в диалектическом мире всегда стремится к равновесию со своим антиподом – позитивным элементом. Иными словами, у каждой монеты есть две стороны. И нужно учиться обращать внимание на позитив и искать его даже в самых негативных ситуациях.

Это относится к так называемой повседневной жизни. В контексте же образовательной системы можно на примере материала всех учебных дисциплин постоянно и благожелательно учить видеть разнообразные стороны бытия и подключать сознание с целью поиска ответов на вопросы и выходов из проблемных ситуаций. При этом важно с ранних лет прививать основы объективного, с одной стороны, и взвешенного – с другой, отношения к реальности, совершенствуя ее восприятие.

Такую образовательную политику можно и должно проводить только на основе атмосферы доверия и терпимости, сострадания и ответственности по отношению к учащимся со стороны преподавателей и администрации. Если удастся побороть страх, пробудится сознание человека, и тогда многое из «невозможного» имеет шанс стать возможным. Этому может помочь поддержание высоких этических эталонов в общении и деятельности коллективов образовательных учреждений. Необходимо осознание педагогами, что наряду с сомнительной пользой от своей деятельности они могут нанести долгосрочный вред, отбить у ученика всякий интерес к учебе и тем самым опосредованно поставить крест на всей его жизни.

КАК ПРЕОДОЛЕТЬ ОБРАЗОВАТЕЛЬНЫЙ НИГИЛИЗМ ШКОЛЬНИКОВ

В соответствии с последними опросами 73% школьников ответили, что не любят школу, из них 16% признались в том, что посещают уроки только потому, что их заставляют родители. Более того, доля школьников, которых принуждают участвовать в конкурсах и олимпиадах, составляет 20%[50].

Ну, знаете ли, подавляющее большинство учеников не любит школу, о каких позитивных результатах обучения можно говорить, если в его основе лежит принуждение ходить туда, ку-

---

[50] Сколько детей не любят школу. Опубликовано в «Повышаем успеваемость» Эксперт Ассоциации родителей школьников Февраль 22, 2019

да школьники ходить не желают и заниматься тем, чем они заниматься не хотят.

Ребята, принимавшие участие в опросе, отмечали, что у них совсем мало интересных уроков. Нет учителей, способных вести свои занятия так, чтобы на них хотелось прийти. Мало предметов, которые могут пригодиться при выборе актуальной специальности. 65% школьников указали, что им не удается полноценно выполнять домашние задания из-за того, что их слишком много. Соответственно, у детей не остается времени на своих друзей и хобби.

Многие родители подтверждают, что сына (дочь) приходится буквально выталкивать утром в школу. Домашние задания часто игнорируются или выполняются только после бурных скандалов. Не любят дети школу, это факт.

Поэтому многие принимаются школу прогуливать, писать записки для учителей «маминым» почерком, саботировать выполнение домашних заданий.

В старших классах школьников начинают запугивать предстоящими экзаменами, ведь «страшнее ЕГЭ зверя нет», как известно. Начинаются занятия с репетиторами, подготовительные курсы, бесконечные пробные тесты. Постоянный прессинг со стороны учителей, ужас в глазах родителей. «Не сдашь ЕГЭ, будешь дворником работать» и прочее. Для увлекательного и добросовестного обучения, озаренного радостью открытий, никакого места не остается.

В ходе анкетирования участникам задавали также вопрос, а можно ли что-то сделать, чтобы школа стала более привлекательной для подростков?

Предложения были разные, самыми распространенными оказались следующие пожелания:

– учитывать интересы молодого поколения при подаче учебного материала;

– сделать систему школьного образования более профориентированной;

– увеличить долю компьютерных технологий в школе.

Интересно отметить, что у взрослых к своей работе отношение более терпимое, чем у учеников к школе.

Статистики подсчитали, что почти половина работающих россиян не любит свою работу. При этом 26% работают не по той специальности, которую они осваивали, и только 20% – по той, на которую они учились (остальные затруднились ответить, видимо, в силу того, что ничему не учились, и работают на неквалифицированной работе). Об этом сообщил фонд "Общественное мнение" (ФОМ).

Результаты исследования говорят о том, что 48% респондентов скорее довольны своей работой, восьми процентам их рабочее место категорически не нравится.

Интересно, что 37% респондентов не бросили бы свою работу, если бы даже имели достаточно денег, и только 17% ушли бы, не жалея.

То есть со взрослыми действительно положение выглядит не как со школьниками, что еще раз подтверждает катастрофическую ситуацию в школьном образовании. Заметьте и тот факт, что только 20% работают по профессии, это подтверждает катастрофичность высшего и специального образования. Более нерациональную и дурную ситуацию трудно себе представить. И это характерно вовсе не только для России. В других странах имеются подобные результаты опросов. Интересно, что в Канаде процент работающих по специальности также измерялся двадцатью процентами. Подобная ситуация наблюдается и в европейских странах. Эффективность обучения системы сравнима с ношением воды в сите. Если бы в домашнем хозяйстве что-либо происходило бы с такой же степенью эффективности, мы бы немедленно навели порядок. (Например, если бы мы потребляли только 20% покупаемых продуктов, а 80% – выбрасывали.) При всей неэффективности наших хозяйств такое положение невероятно и несовместимо с нашими бюджетами. Ну, а поскольку образование в основном осуществляется на общественный бюджет – значит, оно ничье, чему ж удивляться?

Несмотря на то, что многие люди считают советскую систему образования (и даже её последователя – нынешнюю систему) лучшей в мире, такие мнения голословны, ибо у неё довольно много минусов. Из них два основополагающих, которые во многом влекут за собой и остальные проблемы.

Одна из этих проблем – обилие предметов, знания по которым никогда большинству людей не понадобятся.

Как мы писали ранее, причиной "потерянности" школьников в современном мире избытка информации является отсутствие "опорных точек". Эти ориентиры не формируются так, как формировались у поколений доцифровой эпохи, в которую однозначность по определенным направлениям позволяла "жить проще", не задумываясь о многом об альтернативах там, где они не нужны, а порой и смешны.

Также прочно укоренившиеся в мозгу постоянные и неизменные суждения и установки создавали опору, каркас не только для рационального мышления, но и эмоциональный каркас, давая человеку спокойствие и уверенность, ощущение того, что он понимает то, что происходит вокруг него, уверенность в некоторых вещах, которые непременно произойдут в будущем, которые поддерживали людей в трудные моменты, давали моральные, душевные силы преодолеть трудности. Для детей такое состояние очень важно. Это не значит, что всем необходимо пребывать исключительно в зоне комфорта постоянно, ведь тогда не будет мотивации к развитию. Однако ощущение спокойствия, пусть иллюзорной защищенности и возможность в этом состоянии осмыслить происходящее, и подумать о будущем, и проанализировать прошлое крайне для развития необходимы. Конечно, все постепенно. Когда-то выбор состоял в том, обуться или пойти босяком, а в наши дни даже в достаточно бедных странах есть какой-никакой выбор на разный вкус. Также и с образованием. В начале двадцатого века в российской деревенской глубинке, например, для большей части населения стоял вопрос, идти в школу или продолжать помогать родителям вести большое хозяйство. Никто и не задумывался, что там, в школе, изучают, и насколько это полезно, лишь бы хоть немного грамотным стать.

В середине девятнадцатого века в европейских школах намеренно делали обучение как можно скучнее, чтобы приучить детей к будущей монотонной многочасовой работе.

Теперь же очень многие имеют возможность выбора в образовании. А сколько разных форматов и методик придумано: на любой вкус и возможности! Люди спорят об эффективности, о содержании программ, проводят исследования.

Но кажется, уже сейчас описанное разнообразие перевалило за какой-то невидимый предел. Когда потребности, в том числе и образовательные, ученикам навязываются, причем порой очень агрессивно. И много родителей идет просто на поводу у банальной рекламы или же разных хитрых маркетинговых ходов, навязывая своим детям то, что навязано им. В этой ситуации мозг ребенка бомбардируют информацией, постоянно пытаясь развлечь, научить чему-то вне школы, а в школе кидают под огромный водопад бесполезных и мало согласованных знаний. Ученик начинает захлебываться, перестает обучаться вовсе. Даже самым простым, бытовым навыкам, таким, как, например, мытье посуды или вечерний туалет.

Под воздействием огромных, непосильных объемов неструктурированной информации самого разного качества и детализации ребенок не только теряет способность к критическому мышлению, о чем мы писали ранее, но и не может научиться находить пробелы в поданной информации и искать способы их заполнить, всё принимает на веру или, наоборот, ничему не верит, не умея отличить качественную информацию среди прочего месива. Тем более что такая информация составляет всего долю процента, и найти ее непросто даже профессионалу в наши дни.

Если поток информации кажется неструктурированным, чересчур мощным, а главное, бесполезным, развивающийся мозг может начать попросту отвергать его. А если "продвинутые" преподаватели еще и активно напирают с разговорами о критическом мышлении, то возникает тот самый нигилизм, когда ученик не считает нужным воспринимать информацию от педагога, так как считает, что ничему нельзя верить, а все, что исходит от школы и вообще связано со словом учеба, совершенно бесполезно. Особенно часто это возникает, если в семье и школе ребенка частенько обманывают, причем этот обман в какой-то момент становится очевидным для ребенка, или когда ожидания ребенка от учебного процесса резко расходятся с реальностью.

В современном мире у ребенка отсутствуют универсальные положительные ролевые модели. Прошло время, когда мечтали стать космонавтами и доблестными военными, учителями и врачами. Подобные идеалы серьезно девальвировались. И самое страшное – что взрослым нечего предложить своим чадам, у них самих давно потеряны ориентиры. Мир, особенно в эпоху пандемии, представляет одну большую ужасающую неопределенность, причем все прекрасно понимают, что она, увы, не временная, что после такого удара по экономике мир вряд ли оправится без потерь, что вполне можно ожидать ещё больших пертурбаций. А когда взрослым нечего сказать – то дети это прекрасно чувствуют. Успех многих родителей сведён на нет закрытием предприятий, разорением, урезанием всевозможных бюджетов. Теперь трудно зажечь личным примером и остается только разводить руками.

Как же преодолеть эту ситуацию? Сделать, чтобы было интересно и важно принимать информацию и навыки, повысить авторитет учителя и создать "опорные точки", тот базис, фундамент, на который ребёнок в дальнейшем сможет опереться?

В случае, когда этот нигилистическое отрицание всего уже прочно сформировалось и угнездилось в сознании ребенка, нужна большая работа. И в первую очередь это развитие различных полезных практических навыков в тех ситуациях, когда ученик явно ощущает потребность в них. Создание таких ситуаций требует продуманности и тщательности, чтобы, с одной стороны, педагог не выглядел в глазах ученика беспомощным, предлагая ему подумать над сложившейся ситуацией или конкретной задачей, но в то же время и не "давил авторитетом", навязывая какие-то действия или мысли, едва ученик задумался. Соблюдение этой тонкой грани для ученика, а тем более для целого, пусть даже небольшого класса, требует от педагога высокого профессионализма, и большой любви, и увлеченности своей работой. Именно тогда у педагога возникает внутреннее ощущение, что необходимо ученикам в данный, конкретный момент, что они хотят и могут, как настроены и как помочь им перейти на следующую ступень развития своих навыков, личностных качеств, знаний, социальных, и эмоциональных взаимодействий с собой и другими. Ведь отрицание всего ровно так же, как и отсутствие критического мышления, тормозит, а то и вовсе блокирует развитие, так как и в этом случае совсем не на что опереться.

Рассмотрим сказанное выше подробнее на конкретных примерах.

Для создания опоры педагогу стоит строго определить источники качественной информации. Их может быть несколько, но важно, чтобы это было ограниченное количество. Для дошкольников достаточно одного, максимум двух любимых книга/место/сайт, где содержится качественная информация, к которой, помимо учителя, ребенок может обращаться, зная, что она качественная и что там можно искать ответы на свои вопросы, если в данный момент нет возможности спросить у учителя. По мере взросления ребенка можно добавлять новые источники и разные форматы подачи материала, учить грамотно пользоваться ресурсами разных форматов. Причем для каждого возраста это будет своя информация, свои источники с разной степенью детализации.

Тут важно помнить, что только тогда, когда сформирована база, опорные точки на основе этих источников, когда ребенок хорошо усвоил, что представляют из себя качественные источники, можно дать ученику попробовать поискать информацию самому. Но никак не до формирования этой опоры! Дети, которые не подготовлены таким образом, быстро потеряются в мире противоречивой информации и утратят интерес к ее поиску, никогда не поймут важности качества информации, не научатся фильтровать ее, ведь фильтруется она по определенным критериям, которые применяются к ней автоматически, без лишнего напряжения, а значит, навык должен быть хорошо отработан вместе с преподавателем путем анализа, обсуждения и так далее. Корабль, имеющий хорошую навигационную систему на борту, смело выходит в океан, не рискуя в нём потеряться. А если система плохая или отсутствует, лучше сидеть на берегу. А ученик идет за учителем, как небольшой корабль через льды идет за ледоколом, пока сам достаточно не окрепнет, чтобы преодолеть путь любой сложности.

Например, если из книги ученик узнает, что снежинки бывают самой разной формы, а снег не всегда состоит из снежинок, а затем убедится в этом лично, такое совпадение информации и реальности даст ему уверенность, что и то, что он лично проверить не может, скорее всего, тоже верно изложено в данном источнике. Вовсе необязательно проверять абсолютно всё. Достаточно того, что доступно на данное время. Но понимание качества и навык анализа, пошагового сравнения с эталонами и проверкой на практике, возможно, позволит оценивать и качество новых для ученика источников.

Есть тут, правда, одно НО. Все это работает, если начать грамотно работать еще с малышами. А если ученик уже отрицает всё на свете, мол, я знаю лучше, ничего знать и слышать от вас, взрослые, не хочу? Ведь он не может знать даже того, что он не знает! Особенно ярко такое проявляется у подростков. Особенно у тех, которые уже успели потеряться, даже раствориться в бурных потоках информации, и всего лишь пытаются найти себя, собственную сущность среди этого. В данном случае это отторжение – проявление нормального инстинкта самосохранения.

Для начала, конечно, стоит банально признать, что ребенок действительно кое-что знает, и он молодец. Особенно похвалить, если хоть немного пытается осмыслить окружающую действительность, собственную личность. Эта похвала, несомненно, будет заслуженной. Конечно, все разные: кого-то важно не перехвалить за то, что легко даётся, а кого-то нужно хвалить постоянно и с упоением, потому что самооценка низкая, и отрицание – всего лишь попытка в исступлении ухватиться за соломинку, чтобы окончательно не утонуть, не потерять себя. Именно с похвалой в российских школах совсем плохо. В Канаде, Израиле, Новой Зеландии и некоторых других странах выдают сертификаты и грамоты по маломальскому поводу, стараются часто хвалить, хотя там свой перекос в сторону фальши и лицемерия, которые дети прекрасно распознают.

Важно не заставлять учить все и вся, что содержат образовательные ресурсы. Важно привести ученика к той ситуации, когда знание ему будет необходимо по той или иной причине, когда ограниченность знаний и опыта будет осознана и возникнет потребность их расширить для решения возникшей задачи.

Мозг упорно сопротивляется против информации, которую считает ненужной, но охотно и без труда схватывает и запоминает, что считает полезным. Если нам встречается непонятное слово слишком часто, оно начинает не на шутку раздражать наш мозг, вертится на языке, и отсутствие понимания его значения провоцирует мозг отыскать его и накрепко запомнить. Так действует зрелый, хорошо сформированный разум. Дети же могут не догадываться и не осознавать, что нужно сделать, чтобы неизвестное, часто повторяющееся слово перестало раздражать их мозг. Известно, что заполнение пробелов доставляет мозгу удовольствие. Вот и следует строить обучающий процесс на этом, чтобы в конце концов сопротивление мозга против новой информации было преодолено.

Тут, разумеется, также не проверишь все, что ученику необходимо изучить, не подгонишь задачи абсолютно подо всё. Но грамотно составленные ситуационные задачи дадут возможность педагогу приобрести авторитет, а ученику – осознать как пробелы в своих знаниях и умениях, так и понять возможность их заполнения и собственного развития на основе нового качественного материала.

Для описанной выше ситуации приведем такие примеры, чтобы было понятнее.

Хорошей, комплексной задачей является школьная ярмарка, где ученики "продают" различные вещи, сделанные своими руками за школьную "валюту". Ученик, который считает, что ему совсем не нужно учиться, скажем, рисовать, дескать, и так хорошо рисует, при попытке продать свои картины быстро убедится, что картины, нарисованные учениками, которые внимательно учились на уроках рисования, продаются лучше. Увидев работы конкурентов, причем не только со своей, но и с чужой оценкой, ученик, вероятнее всего, захочет впредь относиться к обучению живописи внимательнее. Аналогичная, кстати, ситуация и с физкультурой. Даже технику бега нужно осваивать. Кто с этим не согласен, на соревнованиях, даже школьных, блистать не будет.

Как это ни странно, но корыстные устремления являются хорошим мотиватором. Известны эксперименты, с помощью которых небольшие обезьяны-капуцины приобретали способность понимать значение символов и могли использовать предметы, не имеющие для них ценности в качестве обменного эквивалента для получения пищи и не только – то есть в качестве денег. Так что кроме чистых похвал вполне можно придумать систему материальных стимулов, чтобы поддерживать даже у нигилистов определенный интерес к учебе. Тут уж, как говорится, уже все средства хороши, ибо со школьниками-нигилистами терять нечего.

Но вернемся к ярмарке. Здесь каждый "нигилист" с большой вероятностью сумеет убедиться, что и умение продумать стратегию изготовления своих товаров и способов их продать, чтобы потом купить у какого-нибудь искусного местного повара побольше вкусных пирожков, рассчитав затраты и прибыль, разменивая деньги, требует определенных навыков и знаний, и с удовольствием будет их осваивать, если ему их недостает.

И последнее, о чем стоит сказать тут, это создание позитивной атмосферы (но, конечно, не ограничиваясь лишь этим). В этом случае проблематично проявлять негативные эмоции, бурча, что, дескать, учиться совсем ничему не нужно. Если занятие дает положительные эмоции, открывает новые горизонты, вытаскивая ребенка из скорлупы всезнайства или просто вредности (назло не хочу учиться, и так нормально), мало кто устоит, чтобы не последовать за педагогом и примером других заинтересованных учеников. Расшевелить эти положительные эмоции помогают самые разные вещи: и переключение (в первую очередь разных органов чувств и соответствующих им зон мозга с уставших на отдыхавшие, со слуховой информации на зрительную и тактильную, например), переключение с пассивного участия в занятии на активное и наоборот, да те же пирожки, в конце концов, запах которых сулит удовольствие и заслуженный перерыв.

Современный мир предоставляет растущим поколениям все больше и больше альтернативных возможностей самореализации и получения информации. Операционные возможности для обращения со всем этим также высоки как никогда. Молодые люди существуют одновременно в разных мирах, и каждый из них конкурирует в их сознании с другим, предоставляя выбор там, где ранее всё казалось более-менее однозначным или даже само собой разумеющимся.

Юное сознание, которое в иные времена всегда воспринималось как «неотягощенное» избытком мыслей и чувств, переживаний и опытности, в современной ситуации, наоборот, не просто сталкивается с таким «переизбытком» ежедневно. Этот «переизбыток» приходит к ним извне в экспоненциально увеличивающемся объеме. Он многовариантен по каждому из бесчисленных направлений. Он обладает особенностями и собственными внутренними критериями. Он навязывает себя, незаметно подменяя в сознании молодых людей их собственные шансы на приобретение аналогичного опыта или впечатлений. Выводы также привносятся извне.

В этих условиях система образования всё более отступает на задний план как носитель опыта и знаний, ее авторитет и потребность в общении с ней сводятся к формальной стороне и исполнению необходимых требований. Эта система обычно скупо реагирует на внешние вызовы, поскольку чувствует себя законодательно и традиционно защищенной от посягательств извне.

Скепсис по отношению эффективности и адекватности системы образования к требованиям современности становится повсеместным. Параллельно с ним растет отчуждение учащихся от образования, стремление «отключиться», оградить свой внутренний мир, каким бы он ни был. Это не что иное, как постоянно оспариваемое извне и нередко заторможенное внешними влияниями естественное стремление к самосознанию. Та саморефлексия, которой «внешний человек» современности лишен в системном режиме. Это также и результат психологической отчужденности «затерянного в толпе» – с той только разницей, что теперь толпы становятся вездесущими. В результате человек просто теряет веру, что в этом хаосе звуков, каждый из которых громогласно звенит об «индивидуальности», он может быть услышан.

Именно поэтому прежде всего следует понять данные истоки образовательного нигилизма современных поколений. Их усталость от интеллектуальной нагрузки без сдержек, морального автоматизма и лицемерия, политизирующего заигрывания, с одной стороны, и сухого принуждения – с другой. Необходимо в первую очередь возродить представление об образовании как формировании общей культуры сознания и отказаться от практики «сотворения всех вундеркиндами» любой ценой во имя обезличенных статистических показателей и основанных на них личных амбициях. Это представление должно быть основой для реформирования мировоззрения по отношению к образованию, а не просто смене тех или иных подходов к учебному и воспитательному процессам на противоположные. Исходя из этого, необходимо рассматривать знание во взаимосвязи и логическом соотношении, а также исторической ретроспекции, но не как абсурдное нагромождение фактов, требующих непременного повсеместного запоминания. Насущно важно также разъяснять суть элементов творчества в структуре знания и сознания, акцентируя его, где только возможно. И, конечно, всё это важно делать при позитивно настроенной психологической атмосфере и реализации в максимально возможном режиме мотивированного личного выбора учащихся.

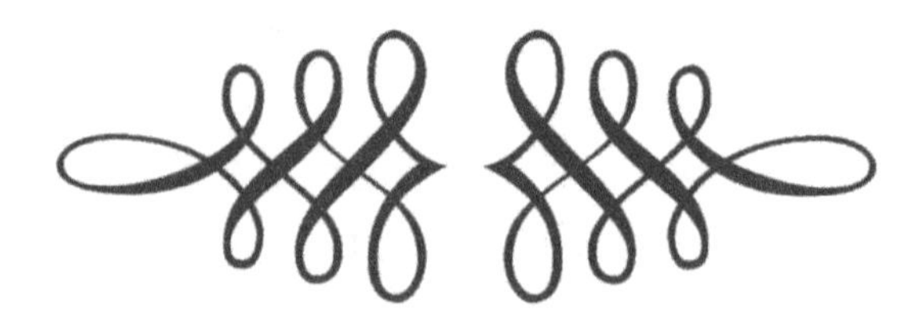

ПЕРЕГРУЖЕННОСТЬ УЧЕБНЫХ ПРОГРАММ НЕАДЕКВАТНОЙ ИНФОРМАЦИЕЙ

Самое ценное в нашей жизни – это время. Его не купить и не вернуть назад. Так зачем же мы тратим столько времени на то, чтобы годами изучать науки, которые нам никогда не понадобятся и не принесут никакой практической пользы? При этом и изучение этих наук, нужно сказать, весьма поверхностное и вряд ли даст какое-либо весомое преимущество перед теми, кто всего этого не учил.

Вот пример усредненного отзыва бывшего школьника:

«Ниже я выписал все предметы, которые мне довелось изучать в школе за все годы пребывания в ней. Конечно, не стоит забывать, что эти данные могут отличаться в разных школах, однако составить полную картину позволяют.

Итак, список.

Русский и иностранные языки мне пригодились, я ими часто пользуюсь. На мой взгляд, изучение иностранных языков – одно из самых полезных знаний, которое можно приобрести в стенах школы. Хотя многие хорошие технические специалисты находят работы заграницей даже с плохим знанием английского, не говоря уже о местных языках. Так что тут тоже не всё однозначно. (Надо отметить, что в советское время даже в спецшколах языки преподавались отвратительно, потому что сами учителя никогда не слышали, как разговаривают носители соответствующего языка, и изобретали некие несуществующие языки, которым впоследствии приходилось переучиваться.)

Алгебра – если отнести сюда ещё и математику начальных классов, то вещь необходимая. В жизни всё-таки нужно уметь считать.

Геометрия – ни разу в жизни мне не пригодилась.

Информатика или, проще говоря, умение работать с компьютером, в современном мире переоценить нельзя. Предмет важный, хотя его преподавание часто оставляет желать лучшего.

Биология, химия, физика – всеми этими знаниями я ни разу не пользовался в повседневной жизни. Да и трудно представить, где можно столкнуться с необходимостью расписать, например, химическую реакцию.

География была моим любимым предметом, но при этом я отдаю себе отчёт, что практические знания в этой области сейчас почти не нужны. Зачем помнить города, когда есть карта? Зачем уметь читать карту, когда есть GPS-навигатор и прочие гаджеты? Список можно продолжать ещё долго. Но я занят как раз в сфере туризма, так что знать её приходится.

История и история культуры, по сути, тоже нужны лишь в качестве показателей человеческой эрудиции. Каких-то бытовых вопросов они не решают. В профессиональном плане сталкивался с ней только во время работы гидом.

Этика. Что-то мне подсказывает, что этому должны учить дома, в семье, а не забирать драгоценное время в школе.

Экономика, безусловно, важна. Это тот предмет, в котором даже поверхностные знания могут пригодиться, и они позволят решить какие-то жизненные вопросы.

Правоведение – тоже хороший предмет. Но, хм, много ли оттуда можно «вынести». Нет, в случае необходимости каждый всё равно полезет за информацией в интернет или за советом к знающему человеку.

Труд в жизни мужчины нужен. Речь, конечно, не о том, чтобы каждую весну мастерить скворечники и развешивать их под соседскими окнами, а о том, чтобы элементарно собрать дома мебель, прибить полку к стене или починить небольшую поломку.

Спорт в жизни тоже важен, но не в той форме, в которой он присутствует в школе. Почти у каждого человека есть какие-то свои предпочтения в этом деле, тот вид спорта, которым человеку приятно заниматься. Ну а ленивый физрук, как обычно, заставляет весь урок бегать круги вокруг школы.

Музыка и рисование хороши только в самых первых классах, дальше они только отнимают время и у ученика, и у учителя.

Наука о здоровье – очень важный предмет. Поэтому вдвойне жалко, что ему уделяют так мало времени. На самом же деле его нужно преподавать с первого класса и приучать детей к здоровому образу жизни. Мы же по нему «пробежались» только в 9 классе – в возрасте, когда как раз меньше всего задумываешься о здоровье.

Подведём итоги: знания лишь по трети предметов мне приходится использовать регулярно, а две трети предметов я оставил на пороге выпускного и больше никогда с ними не сталкивался. И оставил их не только я, но и каждый из нас с вами. Вы тоже изучали кучу ненужного, просто «лишние» предметы могут различаться. Иными словами, более трети школьного обучения было для вас лишним. Более трети – это около четырёх лет! Четыре года! Их вы потратили на получение ненужной вам информации вместо того, чтобы изучать то, что сделает вас знающим человеком в своей области уже после школы. Уже после школы вы бы могли иметь университетские знания. Звучит привлекательно, не правда ли? Однако нам из поколения в поколение продолжают перегружать мозг ненужной информацией.

Выход: полностью переработать систему образования и создать новую, в основе которой будет выявление склонностей ребёнка ещё на ранней стадии и формирование настоящего специалиста. Сделать это можно таким образом: во время начальной школы ребёнок получает всестороннее развитие и изучает различные предметы. Помимо педагогов с детьми работают психологи, которые определяют, к чему у ребёнка есть склонность. Перед переходом в основную школу проходит психолого-родительский совет, в результате которого определяется, в каком направлении школьник будет учиться дальше. После этого идёт углублённое изучение выбранной науки без рассеивания внимания на посторонние предметы вплоть до окончания школы. Иными словами, ученик языковых классов не учит физику вообще. Потому что с вероятностью 99% она ему в жизни никак не пригодится, и через пару лет после окончания школы он её благополучно забудет.

Второй камень преткновения – это заучивание и зазубривание материала. По какой-то неведомой причине многие учителя считают, что это наилучший способ вложить знания в голову школьника. Полная чушь! Вот вы, лично вы, помните что-нибудь из того, с чем так долго мучились, пытаясь выучить? Вряд ли. Зато у нас почти не учат тому, как собственноручно искать нужную информацию, хотя это крайне важный навык, который не раз пригодится в жизни. К сожалению, многие до сих пор продолжают тыкать учеников в нужное правило и заставлять его бездумно зубрить. Такой метод негативно влияет на развитие области мозга, отвечающей за мыслительные процессы. Тем самым мы выращиваем «болванчиков», которые всю жизнь только и ждут, когда их ткнут носом и укажут, что им делать, вместо того, чтобы начать думать самим.

Выход: во время домашних работ больше времени отдавать заданиям, посвящённым самостоятельному поиску информации, её изучению и последующей презентации. И, конечно, отказаться от бездумного заучивания».

Вопиющий пример – систематика растений в курсе ботаники. Именно растений. Кто-то когда-то посчитал, что это способствует развитию памяти, навыков обобщения, может, чему-то еще. Уже никто толком не помнит, зачем это решили включить, но ведь куда легче перепечатывать рекомендуемые программы из года в год, не интересуясь развитием науки и внесением чего-то нового в соответствии с этим. Ну, на худой конец, можно переставить разделы, порушив последние остатки логики изложения курса. И что остается? Текст какой-то и картинки в учебниках. Вроде смотрится, да и ладно.

Подобных скучнейших для школьников вещей, к тому же бездарно изложенных в биологии, да и в курсах других предметов море. Никаких дополнительных ресурсов и разностороннего подхода для качественного освоения материала. Неудивительно, что уровень специалистов в наши дни существенно упал, попробуй хоть кого-нибудь заинтересовать этой тягомотиной, тем более если и сам учитель на уроках едва сдерживает зевоту. Да и для чего вообще этот материал в программе, большинство учеников и учителей не понимают.

Кроме того, та же систематика растений, которая, ко всему прочему, страшно устарела (лет на 50 как минимум) и вправду довольно сомнительна в плане применимости в будущей жизни, даже если мы вообразим, что хоть кто-нибудь из учеников решит стать "классическим" ботаником-систематиком или флористом. Не очень распространенная и актуальная профессия, не правда ли? Хоть и в определенных, единичных случаях важная. Вот если бы дети учились с практическими занятиями и вместо скучного текста учебника имели возможность те же растения держать в руках, рассматривать листья просто так, под лупой и микроскопом, изучать плоды снаружи, изнутри, а съедобные на вкус, тогда даже при полном исходном равнодушии к растениям у детей развивался бы живой интерес, развивались бы самые разнообразные навыки, а не только навыки обобщения из однообразных таблиц и текстов, которые при существующем варианте изложения материала, кстати, и не развиваются, как и память, активно отбрасывающая все скучное и чужеродное, а главное, ненужное. В случае если постоянно присутствуют практические занятия, если ученик регулярно находится в контакте с объектами изучения, и запоминание происходит легче, как и развитие самых разнообразных знаний, навыков мышления и ручной работы. Это действительно работает на практике, причем подчас лишь однократно упомянутые факты или показанные алгоритмы действий в таком формате, когда нет постоянного потока в сторону ученика, сбивающего его с толку, а есть разнообразие в занятиях (лекции, практика, самостоятельная работа, дискуссии), приводят к стойкому усвоению материала, запоминанию, освоению чего-то нового для ученика. Одним словом, к развитию.

Необходимо также отметить, что рекомендуемые учебные программы многие методисты рассматривают как аксиому, составляют все учебные планы и рабочие программы строго по ней, лишь бы сильно не перенапрячься и не нести ответственности за введение какого-то еще материала или замену его на нечто более полезное и жизненное.

Приведем еще некоторые примеры неадекватного содержания программ и отсутствия логики.

Почему, в соответствии с рекомендуемой сейчас в России программой по биологии, основы генетики изучают после генетики человека? Почему в базовом курсе биологии есть только генетика человека? Почему вирусы в учебниках сначала называют неживыми, потому что у них нет обмена веществ, и они могут размножаться лишь за счет клеток, но сразу же за этим упоминают как "неклеточные формы жизни", в то время как десятком страниц ранее четко написано: "все живое состоит из клеток". Разве можно серьезно воспринимать этот дурдом?

Про такую, очень актуальную тему, как иммунитет, в большинстве современных учебников написано предельно просто и, кажется, довольно понятно, логично и однозначно, как про идеально работающий механизм, но нет ни слова про то, что нюансов в его работе вагон и маленькая тележка. Ну, хотя бы взять тот факт, что иммунная система, как и все остальные, развивается и на каждом этапе развития, в разном возрасте, имеет свои особенности, которые порой сильно различаются. И это важно понимать, иначе совсем неясно, отчего же люди болеют? Учебник расскажет вам: чтобы не болеть, нужно правильно питаться и вести здоровый образ жизни, но что это такое – из учебника понять трудно. Особенно если в реальности людям приходится жить в городе, потому что только так можно заработать достаточно, чтобы правильно и полноценно питаться, ведь далеко не везде климат позволяет все необходимое вырастить в собственном хозяйстве. При этом и в городах есть здоровяки, которые пьют, курят, не занимаются спортом, но при этом почти не болеют, и в деревнях встречаются очень больные люди, например, те, кому часто приходится таскать тяжести или вообще трудиться с чрезмерной нагрузкой день за днем. Подобное известно любому школьнику. Кроме того, как только начинается тема про болезни, "оказывается", что организм как будто и вовсе не способен справиться даже с простудой и только лекарственные препараты могут спасти несчастных заболевших. Да еще неплохо "закрепить успех лечения" иммуномодуляторами и подобными лекарствами, "подстегивающими" иммунитет. Но при этом каждый разумный родитель любит повторять, что насморк проходит через неделю, если не лечить, а если лечить, то через 7 дней. И это подтверждает опыт. Более того, при обилии назначаемых в наше время лекарств даже при достаточно легком недомогании на фоне лечения болезнь порой еще и затягивается! В общем, всё наоборот. Потому, натыкаясь на такие вот явные несоответствия с жизнью, изложенные в учебнике, дети вряд ли станут воспринимать это серьезно, и правильно сделают. Ведь психологическое благополучие куда важнее, чем эта бесполезная галиматья.

С другими предметами также много вопросов. Например, возьмем химию. При рассмотрении, например, такой "очень сложной темы" по изучению взаимодействия азотной кислоты с металлами в учебниках написано, что химические реакции с участием азотной кислоты и металлов в разных случаях происходят с образованием таких-то и таких-то, строго определенных продуктов. Школьников заставляют выучивать запись этих реакций до последнего символа.

На самом же деле выделяется смесь всех продуктов. Любой химик и даже студент химфака это подтвердит, так как проверял это лично на практике. Просто в зависимости от металла и степени его измельчения, а также концентрации кислоты соотношение этих продуктов будет варьировать. Какие-то будут доминировать, но явно выраженное преобладание какого-либо продукта наблюдается не всегда.

Есть еще и такие нестыковки: например, учебники утверждают, что концентрированная азотная кислота не реагирует с железом. Но на практике, если железо тонко измельчить в порошок, то реакция протекать будет и очень бурно, с выделением ядовитых газообразных соединений азота, а также смеси твердых, в том числе комплексных соединений. Да, это не для школьного учебника. Но вопрос, для чего вообще учить свойства азотной кислоты, если всё, что изложено в учебнике, попросту не соответствует действительности, к тому же требует зубрежки и по факту вызывает у учеников большие сложности и неприятие? Зубрежку можно еще понять при изучении, скажем, правил дорожного движения, дорожных знаков, ведь это жизненно важные знания для городских жителей. Но азотная кислота... куда полезнее было бы просто знать, что она представляет опасность для здоровья, а с металлами ей лучше не соприкасаться, мало ли что. Ну если вдруг человек где-то под пеньком случайно найдет бутыль с надписью HNO_3. Мало ли. Такое, правда, бывает у подростков с их жаждой изучить всё, особенно если это выглядит интересно-рискованным, ведь подросткам часто очень хочется адреналина.

А ведь азотная кислота используется в производстве, она опасна и сама по себе, и ряд продуктов ее реакций с металлами. И это лишь один пример. Поверишь учебнику – получишь химический ожог или отравление. Не каждый ведь пойдет в институт после школы изучать все подробности. Многие и в колледж идут, что-то там проходят (мимо) – и на работу.

Еще пример одной странной темы в современных учебниках химии – орбитали химических элементов. Во-первых, то, что пишут в учебниках, устарело, а во-вторых, снова вопрос, зачем это? Все равно запись "электронных формул", которые для учеников сложны сами по себе, не сильно приближают ни к пониманию также устаревшего понятия валентности, ни степеней окисления, ни строения атома в современном понимании. Если ученик что и поймет, это будет иллюзия знания. А как там на самом деле электроны ведут себя на своих орбиталях, никому остается не понятным. Даже большинству учителей. И даже курс физики не даст достойного ответа.

Догадаться проконсультироваться со специалистами, как в наши дни обстоят дела на этот счет? Не до того. В школах ведь самое главное показатели, а уж чему именно там учат – дело второстепенное. Посему выучили, сдали, забыли, поехали дальше. Вот только потерянного времени жалко. Из физики нам хорошо известно выражение: *шарообразная лошадь в вакууме*. (Заимствовано из распространённого анекдота, в котором физик, получив задание оценить вероятность победы некоего коня на скачках, заявил, что результатов данного конкретного коня он пока предсказать не может, но уже разработал формулу оценки такой вероятности для сферического коня в вакууме.)

Тут тоже ученикам приходится изучать массу того, что либо слишком сложно, чтобы эти знания стали функциональными, а потому изучают на уровне той самой лошади, либо, как в приведенных примерах по химии, изучают что-то в принципе далекое от современных научных представлений. Сплошная показуха и мракобесие.

Небольшой пример из физики. Ученикам рассказывают, что в космосе температура всегда равна нулю градусов по шкале Кельвина, но любой любознательный ученик быстро выяснит, что все не так просто. Ведь Вселенная не статична, она постоянно эволюционирует, меняется. Она неоднородна в каждый момент времени, даже если мы не берем в расчет космические тела. И опять бесполезные факты, оторванные от реальности задачи и навыки, полезность которых весьма сомнительна.

А вот овладеть самыми основными принципами исследований, постановки экспериментов и отдельных опытов в рамках изучения этих предметов, а также междисциплинарных, вообще освоить связи между разными предметами ученикам очень полезно, даже если они не собираются становиться учеными. Такой основательный подход к новому *учит учиться*, осваивать незнакомое, что бы это ни было, на функциональном уровне, а не просто для галочки или лишь бы потом просто что-то умное сказать (чаще невпопад).

Таким образом, формирование целостной картины мира помещает отдельные "опорные точки" в общую систему знаний, навыков и установок. Объединение знаний и умений в более-менее логичную, но не на 100% жесткую систему, окрашенную положительными эмоциями и интересом, создает, с одной стороны, уравновешенность, внутреннее спокойствие и уверенность в себе, а с другой стороны, оставляет потенциал для развития. И тогда всё новое будет хорошо ложиться на такой вот фундамент.

Существующая же в современной массовой школе система беспорядочного и безответственного подбора учебного материала, его форм и принципов изложения никак не способствует развитию, перегружает отдельные органы чувств и отделы мозга, вызывает скуку, переутомление и головные боли, не оставляя следа от пройденного и не давая практически ничего функционального и хоть сколько-нибудь полезного в дальнейшем.

Сейчас "реформаторы" России, похоже, принимаются за то, что ещё недореформировали: за среднюю школу. И в самом деле, разве ж можно терпеть в "цивилизованном гражданском обществе" такой вот пережиток "тоталитарного СССР"?! Помилуйте, да ведь советский учитель всегда подавлял индивидуальность ребёнка, а вот, когда он станет равным партнёром... Уважение к старшим? – это патриархально, отстало... Гордость русской историей? – да разве ж в "этой стране" есть чем гордиться?.. Разве что тем фактом, что средний советский выпускник после 10 лет, проведенных в школе, обладал большим объёмом знаний, чем те, кто просидел 12 лет в школе американской? А вот "у них" якобы не забивают детям головы бесполезными вещами, а учат только тому, что в жизни нужно...

Но теперь, кажется, за реформу среднего образования возьмутся основательно. Каким же должен быть конечный результат преобразований? Странный вопрос! Разумеется, за образец должны браться школьные системы "цивилизованных стран".

Беда в том, что подавляющее большинство русских учителей, которым будет велено проводить в жизнь реформу, ничего не знают о том, как выглядит школа "у них". С нынешним учительским жалованием ведь не то, что до "цивилизованных стран" – до ближайшего райцентра добраться накладно. Да и невозможно, наверное, понять и оценить чужую школьную систему, оказавшись в стране туристом.

Когда учитель боится ребенка...

Автор следующих строк работает учителем в Канаде. Полагаю, что подробные зарисовки североамериканской школы могли бы быть интересны как русским учителям, так и родителям.

«Итак, начну с того, как управляется здешняя школа. Несколько школ одного района объединены в округ, во главе которого стоит совет из выбираемых на несколько лет местных жителей. Таким образом, предполагается, что дела образования находятся в руках местных налогоплательщиков. Демократично! А попробуем-ка представить себе, что происходит, когда дела школы оказываются под прямым контролем родителей. Думаю, многие из читающих мои заметки могут честно вспомнить, как родители сетовали, что вот, мол, детей слишком загружают, как в выпускных классах, когда были нужны хорошие отметки для поступления в вуз, ворчали на то, что учителя придираются, а кому-то, наконец, просто помогали решать трудные задачи или что-нибудь нарисовать-склеить? "Папа у Васи силён в математике..." Представьте, что у родителей появляется путь наименьшего сопротивления – позвонить в местный совет по образованию и нажаловаться, что учитель "не смог заинтересовать нашего ребёнка своим предметом". Что ребёнок "перестал получать удовольствие от посещения школы". Что уроки "методически неверны". Позвольте, а откуда заявители знают про уровень уроков и справедливость отметок? Разумеется, со слов собственных детей! Вот в их-то руках и сосредоточена значительная власть, существенно превышающая власть учителя. А теперь угадайте-ка с трёх попыток, к чему должна привести долговременная ситуация, когда учитель вынужден побаиваться своих учеников? Собственно, об этом дальше и речь.

Боюсь только, что люди, воспитанные советской школой, не поверят мне, если я начну попросту описывать то, с чем приходится сталкиваться каждый день в отнюдь не плохой канадской школе... В 8-м классе примерно четверть 13-14-летних детей не понимает разницы между умножением и делением. Они уверены, что при делении шести на два получается двенадцать... В 10-м классе НИКТО даже приблизительно не знал, что такое параллельные линии... 9 из 10 шестнадцати-семнадцатилетних учащихся 11-го класса никогда не слыхали про Дарвина... А когда я показал им "немую" карту Евразии, они смогли на ней найти только Россию, "потому, что она самая большая". Многие выпускники 12-го класса не знают, что такое общий знаменатель дробей. Разница между атомами и молекулами для выпускников тоже неочевидна...

Повторяю, всё это совершенно НОРМАЛЬНЫЕ североамериканские школьники из благополучных семей.

Над такими "блестящими" достижениями надо долго работать. И работают. Начиная с детского сада. Ребёнку начинают активно внушать, что он "особенный", "уникальный". Конечно, при этом произносят и всякие "правильные слова", про то, что надо, мол, учиться. Но... если я и так уже особенный и уникальный, чего же себя утруждать?!

Помню, мне однажды довелось замещать урок физкультуры у семиклассников. Обычно такие уроки сводятся к тому, что изрядно ожиревшие дети носятся по залу с пластмассовыми клюшками, а я попытался показать им всякие упражнения. Разумеется, никто из них не смог ни разу отжаться от пола, но вот их реакция на эти недоступные им упражнения меня поразила – им было очень смешно! В самом деле, если я – уникальная личность, не могу чего-то сделать, так ведь это, очевидно, и не нужно!

Прогрессивные североамериканские учителя, в отличие от отсталых наших, вовсе не обязаны быть специалистами в своём предмете. Считается, что, коли ты учитель, то ты знаешь, КАК учить, а ЧТО учить – это уже мелочи. Совершенно нормально, когда один и тот же учитель преподаёт в старших классах физику, домоводство, английский язык, физкультуру и историю.

Примечателен и сам язык, на котором американские педагоги разговаривают с детьми. Он насыщен такими оборотами, как: "Что ты по этому поводу чувствуешь?", "А как ты думаешь?", "Каково твоё мнение?" Что же, всё это для того, чтобы научить ребёнка и вправду вырабатывать СВОЁ мнение (и быть за него в ответе)? Да вовсе нет – напротив, главная мысль, которую должен усвоить ребёнок, состоит в том, что "собственное мнение" сформировать так же просто, как и надуть пузырь "бабл-гам", которая всегда во рту у этих "мыслителей"!

Недавно я просматривал новый учебник по математике. Там речь шла о системе математических доказательств (эту тему, кстати, тут мало кто из учителей "проходит" с детьми). В качестве введения детям в виде комикса из 3-х картинок излагается система судебных доказательств: на картинках нарисованы прокурор, который обвиняет, адвокат, который защищает, и жюри присяжных, которое взвешивает доводы сторон и решает. Следующей строкой детям задаётся вопрос: "Что ты думаешь о нашей системе правосудия?" Не больше и не меньше! Всё же целых 3 картинки с подписями человек посмотрел, пора миру узнать его мнение! (Не очень понимаю, при чём тут вообще математика, но думаю, что если ученик так лихо разобрался с системой правосудия, то уж какой-то там математике он живо хвост накрутит!)

В канадских университетах на факультетах образования учат только одному "методу". Он называется "конструктивизм". Идея там в том, что вместо простой передачи знания от учителя к ученикам (моделировавшую до недавнего времени обычную смену поколений) дети должны сами "конструировать" свои знания. Разумеется, при "ненавязчивых подсказках" и под руководством учителя. Он сам даст им такие материалы, которые "помогут им самим выработать свои мнения".

Мне всегда в этой связи вспоминается гоголевский Ляпкин-Тяпкин, который "как человек, прочитавший 5 книг, несколько вольнодумен" (хотя 5 книг – всё же не 3 картинки...). В ответ на упрёки Городничего: "... А когда вы о сотворении мира начинаете говорить, то хоть святых вон выноси!", Ляпкин-Тяпкин, как человек, обучавшийся, очевидно, у конструктивистов, возражает: "Так ведь своим же умом дошёл!"

Однако для нас тут, думаю, главная идея такая: ученики должны "выработать свои суждения" с подачи учителя, на предложенном им материале и под его руководством. Да это же как раз то, что ЭТОМУ обществу и требуется. Вот усаживается "самый свободный народ в мире" каждый вечер перед телевизорами, тут уж такой "конструктивизм" начинается, что только держись! Очевидно, это и есть главная задача "личностно-ориентированного образования" – готовить граждан современного тоталитарного государства.

Североамериканский ребёнок растёт, воспитываемый интернетом и телевизором. Естественно, что сознание привыкает воспринимать информацию в режиме "видеоролика". Все учителя украдкой жалуются, что им приходится "изображать из себя телевизор", хотя на официальном педагогическом языке это здесь называется "визуальными методами обучения". Результат всех этих педагогических новшеств, при которых ребёнку предлагают всего понемножку и с быстрой сменой впечатлений таков, что лишь немногие наиболее усердные выпускники могут корпеть над математической задачей аж целых 5 минут, остальные сдаются сразу же, если не могут напрямую подставить заданные цифры в формулу.

Честно говоря, при такой системе мне больше всего жаль детей одарённых, которых эта система отучает серьёзно работать над собой. Но здешним учителям ничего не остаётся, кроме как смириться с необходимостью ублажать учеников вместо того, чтобы их обучать. Не имея никакого реального контроля над детьми, они вынуждены занимать великовозрастных недорослей "учебными играми", т. к. "научно доказано", что традиционные методы обучения – лекции, опросы, работа у доски – вредны для 16-18-летних деток.

Так, при изучении биологии клетки в выпускных классах настоятельно рекомендуется, чтобы учащиеся "сыграли в лицах" работу разных частей клетки, перекидывая друг другу мячики, верёвочки и т. п., изображающие различные биомолекулы. "Скажи, ты помнишь, что такое клеточное ядро?" – спросил я у старшеклассницы, изучившей строение клетки методами "активного обучения". "О да", – ответила она и задумалась, вспоминая инсценировку. – "Это – Джонни!"

Как ни смешно, но подобный результат в здешней школе не вызывает негодования. Ведь главная цель достигнута: подростки всё-таки сидели в классе, а не курили "травку" на улице, они были под наблюдением взрослого и получили "fun" (фан). Главный лозунг школы – чтобы дети были "довольными и в безопасности" выполнен, а клеточное ядро... кому положено по службе его знать, тот и будет!

Очень многих удивляет противоречие между анекдотически низким уровнем североамериканской школы и процветающими наукоёмкими отраслями промышленности. А чему тут удивляться – считал ли кто-нибудь процент иммигрантов в здешних университетах и лабораториях? Причём этот процент становится всё выше в связи с победным шествием "активных", "визуальных" и прочих методов в школьном образовании! Только вот интересно, как российские "реформаторы" школы собираются организовать приток учёных со всего света в Россию? Ведь очевидно, что подобная система образования может существовать только там, где есть возможность сманить к себе научную элиту из других стран. В России же своих учёных почти всех "пустили по миру", а те иммигранты, что норовят въехать, всё больше оседают не в лабораториях, а на рынках...

Воспитание нравственное может удивить неподготовленного человека не меньше, чем успехи в науках. Мне, человеку, вестимо, с "тоталитарным сознанием" кажется, что здешним детям разрешают всё, что должно быть запрещено, и запрещают всё, что должно быть разрешено. Разрешают напропалую хамить взрослым, посылая учителя по-английски "на три буквы" – это, конечно, не одобряется, но никаких серьёзных последствий за собой не влечёт. "Поймите, они таким образом выстраивают собственную личность!" Разрешают совсем не учиться, с трудом читая к 8-му классу. "Учёба – это личный выбор каждого!" Но при этом категорически запрещают играть в снежки. Запрещают детям на школьном дворе заходить в такие места, где дежурный учитель их не видит. "А вдруг они начнут трогать друг друга неподобающим образом!" Запрещают старшеклассникам находиться без присмотра вблизи копировального аппарата. "А вдруг они скопируют что-нибудь непристойное!" Помогает ли всё это...

Недавно одна пожилая преподавательница полушёпотом сказала в нашей учительской: "Из нашей современной школы полностью исчезло понятие стыда. Даже слова такого больше не осталось, потому что, если ты попробуешь устыдить ученика, тебя обвинят в том, что ты на него психологическое давление оказываешь"».

"Подражательная" реформа школы, если её и вправду проведут в России, может оказаться ещё одной национальной катастрофой, ещё одной ступенью превращения великой державы в "банановую республику".

В течение веков любое новшество или открытие происходило с большим временным интервалом и становилось чуть ли не мировой сенсацией. И даже для того, чтобы стать таковой, ему требовалось сравнительно большое время. В современных условиях открытия и новшества приобрели системообразующий характер. Они настолько поставлены на поток, что, казалось бы, не проходит и дня, чтобы где-нибудь не было что-то открыто, переосмыслено, уточнено и обновлено. Таким образом, очевидно, что современность сформировала и продолжает продвигать целую культуру новизны.

Это подразумевает постоянный рост объема знаний по всем областям и направлениям. Ведь в первую очередь новое есть познанное. И поскольку критерии, по которым измеряется и узнается эта новизна, все усложняются и разветвляются, система образования впитывает и по-своему преломляет этот зыбкий, текучий материал.

С одной стороны, существует достаточный объем знаний, который не меняется долгое время и является своеобразным тезаурусом научного познания, фундаментом, без которого ни одно современное мировоззренческое здание не может быть построено. С другой стороны, отраслевое знание становится все более сложным и разветвленным, а теоретические конструкции – все более многочисленными и противоречивыми.

Современные учебные программы выглядят все более громоздкими. И речь идет не только о высших учебных заведениях. Как раз наоборот: средние и общеобразовательные заведения претендуют на некое «опережение» в своем сомнительном стремлении перенасытить учебный процесс таким количеством материала, который нередко не под силу освоить университетскому студенту высших курсов, а вовсе не школьнику. Выглядит это так, что средние учебные заведения соревнуются с высшими так же, как новые изобретения и технологии уже стучатся в двери применяемым, которые только-только вошли в оборот, но уже должны потесниться.

Попытки приноровиться к темпу научно-технического прогресса, а скорее, к культурным ожиданиям и требованиям, порожденным его экспансией – совершенно естественны. Вместе с тем амбициозные посылы системы здесь дополняются амбициями административных и преподавательских элит. Они повышают градус требований к учебному процессу и усваиваемому материалу, поскольку хотят продемонстрировать большую эффективность по сравнению с вышестоящими или более квалифицированными коллегами. Этот причудливый конгломерат постоянно повышает ставки в образовании, превращающемся незаметно в странную гонку на выживание, где ставкой становится здоровье, душевное равновесие и даже психическое здоровье учащихся.

Материалы курсов по разным дисциплинам подаются часто несистематизированно, чрезмерно. Они не соотносятся с другими курсами, и межпредметная (дисциплинарная) связь по большей мере отсутствует. Между тем именно она является ключом к пониманию генезиса знания и тенденций его развития. Общенаучные и теоретические дисциплины при этом даются весьма рудиментарно и с нарушением логической последовательности от общего к частному (ибо индукция так же важна в учебном процессе, как дедукция в научно-исследовательском). Отсутствует понимание того, что без разъяснения и постоянного, повторяющегося упражнения в демонстрации логических взаимосвязей между отраслями знания громоздкий и хаотизированный фактологический материал повисает в воздухе. Он отрывается от реальности во всех смыслах, становясь моральной, нравственной, интеллектуальной обузой любого его носителя. Совершенно очевидно, что этот фундаментальный методологический недостаток должен быть устранен: тогда появится ясность в том, что фактология на самом деле вторична и существует в учебном процессе для демонстрации подтверждения или опровержения гипотез, будучи в свою очередь их производной, а никак не наоборот.

В этой главе мы привели подробную и, надеемся, вполне обоснованную критику как российской, так и североамериканской систем школьного образования, особенно с точки зрения релевантности содержания и подачи учебных материалов. На это читатель нам возразит, что чему же тогда, по-вашему, учить и надо ли учить вообще? На этот вопрос мы постараемся ответить в следующей главе.

ЧЕМУ ЖЕ НАДО УЧИТЬ? И НАДО ЛИ УЧИТЬ ВООБЩЕ?

«Образованный человек тем и отличается от необразованного, что продолжает считать свое образование незаконченным», – считал К. Симонов.

То есть глубокое знание своего предмета рождает потребность обладания вначале смежными с основной специальностью знаниями, а затем и достаточно далекими от нее, а также дальнейшего углубления знаний по свое специальности. Так рождается образованный человек.

«Образование – это то, что у вас останется, когда вы забудете все, чему учились», – считал Б.Ф. Скиннер. А как быть, если «это то, что у вас останется» даже и не присутствует в процессе обучения? Лекции в виде слайд-шоу, крестики-нолики и т. д. на образование влияют если не сомнительно, то уж определенно не лучшим образом. Если нет слов, яркого запоминающегося диалога, будоражащего мышление, то такой компонент учебного процесса, как лекция, семинар, практическое занятие оказывается пустым.

Действительно. Обучение всегда было необходимо. И сейчас в этом смысле ничего не изменилось. Не только формирование целостной картины мира, но и понимание ее динамичности и механизмов этой динамичности, способов поиска нового знания, интерпретаций наблюдаемого, разработки новых инструментов, методов анализа, полученных с их помощью данных – все это необходимо каждому человеку и может быть рассмотрено на разнообразном материале.

Но для того, чтобы всё необходимое было усвоено учениками, при обучении важно очень внимательно разделять действие ученика и учителя. Если точнее, важно понимать, что даже если учитель хорошо учит, ученик учится не всегда. Но самое-то главное, чтобы дети учились, чтобы активно были включены в процесс. Если они будут вполуха слушать скучную лекцию на уроке, ничему не научатся. С другой стороны, если учителя будут только всячески развлекать детей, они не научатся сами ничего делать. И эта пассивность учеников – большой бич современности. Ведь все кругом их пытаются чем-то занять и развлечь, а дети впоследствии не могут научиться действовать сами, даже развлечение себе найти, не говоря уж об остальном, да и к ответственности за себя не приучаются. Но именно это и необходимо при обучении. Да, есть фазы обучения, когда дети должны что-то слушать/смотреть, запоминать, но потом все равно необходимо услышанное и увиденное анализировать и увязывать с остальным материалом, практикой. Если разобраться, при успешном обучении действия со стороны ученика происходят всегда, и именно за счет этого вырабатываются самые различные навыки, начиная от навыков мышления и кончая практическими навыками.

И стоит отметить, что при этом и как-то активно учить приходится не всегда. Дети издавна повторяли за взрослыми и таким образом учились только потому, что им было интересно, а взрослым – стратегически важно для выживания, чтобы дети научились делать то же, что они, как минимум не хуже. Самое главное, наблюдать за учеником, учится ли он? Только не дергать постоянно, а дать достаточно свободы. Ведь все дети учатся очень по-разному, у всех есть свои особенности восприятия и наиболее эффективные способы усвоить материал. Была бы мотивация.

В определенных случаях можно так "завести" ученика, что учителю в конечном итоге останется лишь направлять его, отвечать на многочисленные вопросы, не давать "зарываться" в ненужные в конкретном случае частности, помогать с добыванием нужной информации, а большую часть работы ученик будет делать сам. Такую ситуацию можно рассматривать как очень благоприятную для эффективного обучения. Да, если дети учатся полностью сами, они учатся менее эффективно, так как повторяют многие типичные ошибки и делают свои особенные ошибки, которые учитель может исправить или подсказать подопечному, как это сделать самостоятельно, помочь найти верное решение. Но если их только и делают, что учат, то ученики выпадают из процесса, не понимая, зачем тут они. А если на них еще и активно давят, то они еще и учиться не хотят. Баланс свободной поисковой деятельности ученика и в разной степени активных действий со стороны учителя дает хорошие результаты при обучении.

К сожалению, вопрос о том, чему и как надо учить в современном мире, далеко не столь однозначен, как можно было бы полагать. В течение веков обучение передавало по наследству сумму накопленных поколениями знаний, из которых одни виды представляли навыки выживания во всем их разнообразии (взаимодействие с феноменами природы и общества), а другие – озарения одиночек, доказавшие свою общеполезную ценность. В настоящее время фактор поколений абсолютно трансформировался: мы говорим о «поколениях» технических средств и всяких усовершенствований в рамках одних и тех же человеческих поколений.

В современном мире также сосуществуют и взаимодействуют понятия «теории» и «практики», причем их границы, как правило, не объясняются. Вопрос «что» или «кто» превалирует над вопросом «как», либо, наоборот, в зависимости от того, кто и какую политику в образовательной сфере осуществляет. Современность постоянно мультиплицирует феномены, исходящие из того или другого источника. Но все так же система образования не может ввести в свой обучающий арсенал простые, ясные определения элементов теоретического и прикладного характера, вскрыть многообразие и значение этих элементов, продемонстрировать их взаимосвязь. Без этого всё производное в буквальном смысле слова отрывается от реальности и, что называется, «повисает в воздухе», начиная жить в человеческом сознании собственной, фантомной жизнью. Это неминуемо искажает восприятие и сознание людей.

Конечно, с умножением количества знаний и их непрестанной диверсификацией, всё труднее не просто представить, но и составить целостную картину окружающей действительности. Границы постоянно раздвигаются, объемы и вызовы расширяются, парадоксы отталкивают и даже пугают. Есть искушение, как оно было всегда, уйти с головой в узкую, прикладную, понятную и предсказуемую сферу прикладных умений и навыков, которые просто позволят выжить в любой ситуации. Но именно поэтому система образования должна вновь и вновь совершенствовать свои возможности там, где она, увы, этого не делает: стремиться выявлять и демонстрировать на примерах узкого и специфически отобранного материала общие макротенденции и законы.

Задачей учебного процесса в настоящее время должно стать возвращение к основам культуры научного познания и творчества, объяснение природы теоретического и практического знания, механизмов их развития, взаимного стимулирования друг друга, взаимопроникновения. Особенно важно делать это в исторической ретроспекции. Необходимо показывать, как и почему развивались те или иные виды знаний, какую практическую ценность представляли их потенциалы, как через раскрытие тех или иных фактов человечество обогащало понимание себя и мира. Нужно акцентировать внимание не только на положительном, но и на отрицательном опыте применения идей и знаний.

Что же касается фактов и навыков практического характера, то все это нужно отдать преимущественно в сферу свободной творческой и исследовательской деятельности самих учащихся. Именно так есть неплохие шансы способствовать их самостоятельности в выборе ориентации профессионального и личного характера, поощрять их положительные устремления, формировать личность через познание. Учебные заведения должны сфокусировать внимание не на том, чтобы перегружать сознание информацией, но помогать в понимании ее внутренней природы как феномена, ориентации в ее разнообразных видах, непредвзятости и всестороннему осмыслению ее элементов и структуры.

Не учить в современном мире невозможно, как не было возможно никогда. Человеческая природа сама по себе требует институциализации и формализации передачи знаний и навыков. Это психологически, социально и исторически обусловлено. Однако чем более развитым становится общество, тем более сфокусированным и интенсивным должно стать обучение, тем больше самостоятельного выбора учащихся, как ни парадоксально это прозвучит, должно быть в нее привнесено. Тем более она должна формировать в учащихся чувство ответственности в той же мере, как и личностного выбора.

Конечно, велик соблазн сделать ставку на обучающие программы с полным погружением в виртуальную реальность или даже методы воздействия на мозг, о которых говорят приверженцы трансгуманизма. Трансгуманизм – это мировоззрение, которое на основе научных принципов говорит нам, что человек – это пока что вершина эволюции, но он плох, и его можно улучшить по всем направлениям. Рационально мыслящие трансгуманисты считают, что люди несовершенны и сделать их сильнее можно только с помощью технологий и науки.

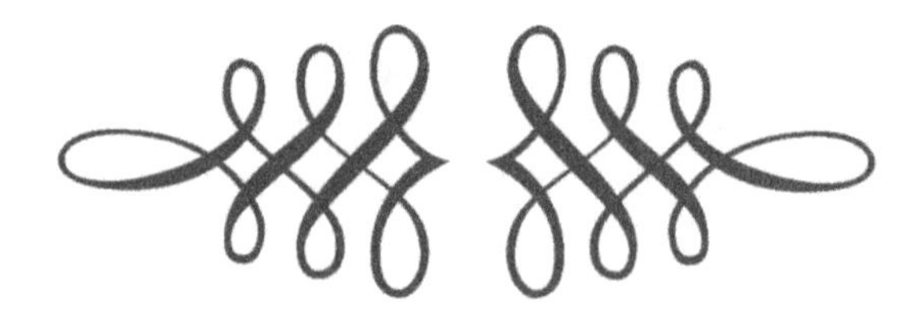

НАУЧНО ДОКАЗАНО: ЧТОБЫ ДЕТИ ВЫРОСЛИ ЗДОРОВЫМИ И СЧАСТЛИВЫМИ – НАДО ПРИУЧАТЬ ИХ ДЕЛАТЬ ДОБРО

Хочется сказать банальность: «Надо учить делать добро! Главное, чтобы люди хорошие выросли, а остальное приложится». Веками пробовали. Христиане, буддисты, коммунисты, нынешние гуманисты. Кто только не пробовал. Спорить не будем, что-то, безусловно, получалось полезное и позитивное, но чаще, к сожалению, выходило лицемерие, ханжество, двуличие и прочие безобразия. В чем же дело? Неужели авторы самоуверенно полагают, что у мириад поколений не получилось, а у них получится дать такой совет, что наконец-то мы сможем воспитать новые поколения, которые сделают мир реально добрее? Что изменилось теперь? Как можно по-новому взглянуть на эти проблемы?

Дело в том, что современные исследования подвели научную базу под слабую догадку прежних эпох, что «делать добро – приятно», полезно для того, кто этим занимается, и даже укрепляет его здоровье.

Между эгоизмом и альтруизмом нет такого уж четкого противоречия. Дело в том, что обе наклонности регулируются природой. Эгоизм направлен на благо индивида, а альтруизм – на благо сообщества. Как вы думаете, что выгоднее природе, чтобы отдельной особи было хорошо или чтобы целое сообщество благоденствовало? Безусловно, природа отдает предпочтение благу сообщества, особенно у особей, живущих в социуме, так сказать, общественных живых существ. А именно такими и являются люди.

Как же природа заставляет поступать так, как выгодно ей? Через удовольствие, выделение определенных гормонов и нейромедиаторов, от которых у индивида возникает эйфория, буквально от наслаждения «крышу сносит»!

Например, секс. Природе надо, чтобы мы размножались, и вот люди с ума сходят из-за секса. Нам возразят – не все. Есть такие, которым это не важно. А мы ответим, всё дело в том, насколько развита привычка. Некий индивид в разные периоды жизни может настолько подсесть на подобные «стимуляции», что они значительно видоизменят всю его жизнь.

Сюда же можно отнести и обжорство, закрепленное природой. А для кого-то здоровый образ жизни или рискованный спорт становится источником естественных «наркотиков», выделяющихся в организме.

Авторы смеют утверждать, что делание добра, если его развивать, может приносить значительное наслаждение, сопоставимое с упомянутыми выше.

Но, как и в случае с сексом, например, в обществе, как это ни удивительно, существуют сдерживающие факторы для делания добра.

Во-первых, люди не любят и не умеют принимать бескорыстное добро, они воспитаны так, что относятся к «подачкам» и помощи разного рода отрицательно. Большинство из них не желает оставаться ни у кого в долгу. Нередко совершение добра вызывает отрицательную реакцию, отсюда и народная мудрость: «не делай добра, не получишь зла».

Другой группой людей, которая сопротивляется тем, кто принимается творить добро, являются лица, приходящие в завистливое неистовство при виде кого-то, сотворяющего доброе дело. «Что, он лучше нас? Святого из себя строит!» Почему они так говорят? Почему им не все равно?

Во-первых, потому, что интуитивно завидуют удовольствию, которое получает делающий добро. Во-вторых, природа, когда чего-то от нас хочет, наряду с пряником всегда припасает кнут. И каков этот кнут в данном случае? Совесть! Ведь муки совести – тоже психический процесс, в основе которого лежит биохимия мозга. Муки совести появляются чаще всего, когда мы ущемляем кого-то из окружающих.

То есть наблюдающему за творящим добро не только завидно, но и совестно, что сам он добра не делает. А почему он не делает добра? Потому, что большинство уверено, что ресурсы ограничены, и, что если будешь всем помогать, то сам загнешься. И что когда тебе потребуется – никто не поможет.

А с ресурсами дела обстоят вот как. Если всем делиться, оставляя себе только самое необходимое, то на всех хватит с лихвой. Это за исключением ужасных катастрофических ситуаций, при которых, опять же не факт, на всех не хватит, если действительно опорожнить закрома и неприкосновенные запасы.

Но чахнут наши кощеи, над златом страдая или подавляя в себе это страдание теми или иными доводами. Но если мы пристально изучим практически любого индивида, то найдем в его жизни поступки, часто совершаемые тайно, связанные с тем или иным бескорыстным добром. Люди иногда даже стесняются самих себя, ведь их жизненные установки говорят: «нечего баловать, дай руку – откусят локоть», но все равно добрые дела совершают.

Причем добро должно быть именно бескорыстным и добровольным. Как только появляется корысть, некая выгода или принуждение – удовольствие пропадает.

Надо учить детей (и взрослых), что делать добро – природная потребность человека. Можно использовать тот самый умеренный разумный цинизм, из-за которого они не делали добро. Цинизм будет заключаться в призыве: хочешь получить удовольствие – делай добро. Хочешь быть здоровым, активным, получать удовлетворение от жизни – опять же делай добро! Попробуй! Не во имя идеологии, религии, не из-под палки. А исключительно по зову души. А биология утверждает, что такой зов в той или иной степени присутствует у всех особей, потому что эволюционно выгоден.

Как когда-то общество жёстко подавляло сексуальные удовольствия, так, как ни странно, оно поступило с отношением к взаимопомощи, формализовало и омертвило делание добра, запихав в рамки «волонтерства». Оно, конечно, тоже может приносить удовольствие, но гораздо в меньшей степени, чем спонтанное добро, творящееся исключительно по инициативе индивида.

Надо дать человеку стимул попробовать – купить еду престарелым соседям, не взяв с них за это деньги, помочь как-нибудь и кому-нибудь еще. Не одноразово, а сделав это постоянной привычкой, потребностью, почувствовав вкус к тому букету гормонов, который выделяется в организме в ответ на делание добра.

Также следует учить не сопротивляться, когда добро хотят сделать вам. Не чувствовать себя болезненно должным, уязвлённым, понимая, что добряк уже получил свою награду в виде выброса гормонов счастья, и если мы попытаемся ему отплатить – мы конкретно обломаем ему кайф.

Читатель недовольно возразит: «Утопия!». Хорошо. Читатель, а вы никогда не получали удовольствия от делания добра? Уверены, что получали. Так вот, если это развить, то ваше состояние придет к уровню блаженства, как при самой настоящей влюбленности (гормоны выделяются подобные). Единственное, учитесь уворачиваться. Добро не будет оставлено безнаказанно. Подозрительные люди будут считать, что вам от них чего-то надо. Поэтому лучше делать добро анонимно или быть предельно рассудительным, дабы, опять же, не причинить больше вреда, чем пользы.

Как ни странно, как раз теперь делание добра перестает быть опцией, но становится необходимостью. Роботизация и автоматизация оставит без работы миллионы людей. А постоянное повышение производительности таких автоматизированных индустрий позволит обеспечивать толпы безработных минимальным достатком. Мы получим массу людей без смысла жизни, с чувством, что они никому не нужны. Им нечего будет делать целыми днями. Они станут агрессивны, подсядут на наркоту и компьютерные игры. Чем их занять, так, чтобы им это доставляло удовольствие, сопоставимое с бешеным потребительством (много средств у них не будет), с обжорством, сексом, порнографией?

Делание добра друг другу. Этим можно заниматься целыми днями, избегая депрессии. Это привносит в жизнь чувство особого удовлетворения и полноты. И это не благодушная философия. Это – биология. И никакой идеологии и религии. Если кому-то захочется самому добавить того или другого – пожалуйста. Но, честно говоря, лучше уж рациональный атеист, творящий реальное добро, чем верующий демагог и лицемер.

Необходимо ввести в школах чисто рационально-практический предмет ДОБРОДЕЛАНИЯ.

И этому предмету надо учить пусть даже с эгоистичных, циничных позиций получения удовольствия, поддержания собственного здоровья, потому что иначе мир перебьет эти благие настроения своими обычными доводами об ограниченности ресурсов, в том числе и экономии усилий, именуемыми ленью.

Надо не просто иногда делать добро, а сделать это целью своей жизни, постоянно искать и находить поводы и ситуации, в которых человек может быть бескорыстно полезен другому человеку. Более того, надо учить не сопротивляться, когда добро делают вам. И не завидовать, и не мстить, когда вы видите, что кто-то на ваших глазах делает добро. Увязать все эти действия с получением мощнейшего стимула удовольствия, состояния, близкого к эйфории. Природа не обманет. Стоит начать практиковаться, и всякий человек подсядет на добротделание. А общество должно всецело поддерживать такие инициативы граждан, именно не формализировать, бюрократизировать и институализировать, а способствовать проявлению таких качеств.

На Западе это крайне распространено уже. У вас есть возможность пожертвовать вещи. Во многих дворах стоят железные ящики, куда можно положить то, что вы хотите отдать другим. Практически в каждом супермаркете стоят корзины, куда можно положить любые купленные вами товары, и они пойдут в так называемые банки пищи, где любой может получить еду без необходимости доказывать свое материальное положение.

Но эти проекты направленны на социальные нужды. А человеку гораздо важнее искать и находить свои собственные пути помощи другим. И этому надо учить на специальных уроках на каждом году обучения. Это, пожалуй, самое главное, чему мы сможем научить детей, чтобы подготовить их к жизни в будущем мире, чтобы он не превратился в мрачную антиутопию, планету ненужных людей.

Маленькие добрые дела чаще всего не требуют больших усилий, а эффект производят просто огромный. Причем и на тех, кому они адресованы, и на тех, кто их совершает. Ученые выяснили, что быть вежливым и совершать добрые поступки полезно для здоровья! Добрые и отзывчивые люди меньше подвержены сезонным депрессиям, реже страдают от гипертонии, у них хороший иммунитет, и чувствуют они себя намного увереннее и счастливее прочих.

Думаете, совершать добрые дела сложно? Ничего подобного! Необязательно сразу становиться волонтером или спасателем. Просто оглянитесь вокруг и постарайтесь не спешить. Вы увидите, как много мелочей просто просится в вашу копилку добрых дел! Вот только некоторые из идей. Начните прямо сейчас! Причем чаще всего добрые дела не надо искать. Поводы сами себя найдут, если внимательно относиться к жизни.

- Всегда подавайте нищим, вне зависимости от их внешнего вида. Это даже больше нужно вам, чем им!
- Подвезите кого-то на своем автомобиле бесплатно, если вам все равно по пути или даже вовсе не по пути.
- Помогите пожилой женщине в супермаркете прочитать сроки годности на продуктах и заплатите кому-нибудь за покупки.
- Заведите себе несколько подопечных и снабжайте их чем-нибудь им необходимым, то, что не очень в напряг вам.
- Оставьте монетку в платной тележке в магазине или аэропорту.
- Подержите зонтик над случайным попутчиком, который мокнет под дождем на переходе, ожидая зеленого света.
- Придержите дверь, когда выходите из подъезда или из метро. Идущий за вами человек оценит вашу заботу.
- Сделайте кормушку для птиц.
- Напишите письмо вашей маме: расскажите о том, как вы ее любите и за что ей особенно благодарны.
- Оставьте в кофейне «подвешенный кофе» для того, у кого сегодня туго с деньгами. Кафе, где это можно сделать, много – их список можно найти в сети.
- Позвоните пожилому родственнику и узнайте, как он себя чувствует.
- Подарите лотерейный билет незнакомцу.

• Отнесите подшивки прочитанных журналов и книги, которые вам больше не нужны, в ближайшую библиотеку.

• Пропустите вперед к кассе покупателя с одной-двумя покупками.

• Принесите в офис что-нибудь вкусненькое, чтобы порадовать коллег.

• Подарите кому-то свои скидочные купоны, если знаете, что все равно ими не воспользуетесь.

• Если на офисной вечеринке или в гостях вы заметили кого-то очень стеснительного, первым подойдите к нему поболтать.

• Неопытного коллегу отругал начальник? Попробуйте помочь ему исправить оплошность.

• Делитесь с друзьями своими полезными контактами, ведь у вас наверняка есть проверенные врачи, юристы или мастера по ремонту всего на свете.

• Обучите кого-то тому, в чем вы профи. Посидите просто так с чьим-нибудь ребенком.

• Когда вы за рулем, пропускайте пешеходов и выезжающие автомобили.

• Притормозите в мокрую погоду, проезжая мимо пешехода, чтобы не забрызгать его.

• Зайдите в школу, в которой вы учились, и поблагодарите любимых учителей за то, что они сделали для вас.

• Подарите другу маленький подарок просто так.

• Пожертвуйте пакет сухого корма местному приюту для животных.

- Возьмите домой питомца из этого приюта.
- Не скупитесь на искренние комплименты. Заведите привычку находить, за что похвалить людей.
- Увидев у обочины автомобиль на «аварийке», остановитесь, узнайте, все ли в порядке. Возможно, вы сможете помочь.
- Изумите случайного автовладельца: уступите ему свое парковочное место. Наверняка чуть дальше вы найдете для себя еще одно.
- Предложите помощь туристам, которые озабоченно разглядывают схему метро или карту города.
- Оставьте положительный отзыв о кафе, салоне красоты, магазине.
- Подарите шоколадку – просто так – любому представителю незаметных и непрестижных профессий: уборщице, курьеру или консьержке.
- Улыбнитесь и пожелайте продавщице в магазине хорошего дня. Вот увидите, как ей будет приятно!
- Возьмите у парня, раздающего рекламные листовки на ветру, его продукцию. Ведь чем скорее он их раздаст, тем раньше уйдет греться.
- Скажите официанту, что вы знаете, как нелегка его работа и видите, как хорошо он ее делает. Передайте слова благодарности шеф-повару, ему тоже будет приятно.
- Отдайте вещи, которые пылятся в шкафах, в благотворительный фонд.

- Поговорите с соседом-стариком. Выслушайте его. Пожилые люди очень нуждаются в общении.
- Помогите женщине с ребенком спустить детскую коляску по ступенькам. Или бабушке – подняться с ее ношей по тем же ступенькам.
- Станьте донором – сдайте кровь. Возможно, ваша кровь поможет спасти чью-то жизнь.

Суть большинства добрых дел, которые мы можем совершать, заключается в том, что от нас требуется минимальное усилие или вложение, а эффект для того, кому мы поможем, может оказаться огромный, а иногда буквально спасающий жизнь.

Всеми этими делами и многими другими можно заполнить свою жизнь. Вплоть до того, что выходить из дома с исключительной целью кому-нибудь помочь. Но надо учиться, как при этом не попасть в неприятную историю, потому что мир, конечно, будет сопротивляться.

У человека должно сформироваться приятное предвкушение – вот-вот мне удастся сделать что-то полезное! И появление любой такой возможности должно вызывать азарт, радость – вот как повезло, я реально могу помочь! Формирование такого отношения закреплено гормонально и не представляет сложности. Человек, познавший радость от помощи ближнему, подсевший на букет позитивных гормонов, которые вырабатываются в ответ на такое его поведение, будет закономерно искать возможности его повторить и закрепить.

Можно, конечно, еще поговорить о том, что добрые дела возвращаются сторицей. Можно упомянуть Вселенную или Бога, которые вознаграждают за добро. Но это уже будет идеология с религией и пока этому не найдено научное доказательство. Хотя те, кто практикуют доброделание – прекрасно знакомы с таким эффектом.

Ведь если вы совершаете множество добрых дел достаточно долгое время, то, окажись вы в нужде, хоть помощь вам, увы, и не гарантирована, однако гораздо более вероятна, чем если бы вы никогда никого не облагодетельствовали. Конечно, нам могут привести примеры черной неблагодарности. Но с тем же успехом можно привести примеры ответных добрых дел, а иногда и многократно умноженных. Такими историями полнится интернет, и у нас нет причин сомневаться в их правдивости. Тут помогает пресловутое нежелание людей оставаться в долгу. Даже знаменитый миллионер Карнеги рекомендовал сделать мелкую услугу тому, от которого вы ожидаете некую выгоду. Тут вы удовольствия не получите от дара банки колы вашему клиенту, потому что сделали это не бескорыстно, а вот подсознательное чувство, что он у вас в долгу, может дать вам многотысячный контракт.

Даже те, кто верит в неотвратимость кармических расчетов, согласятся, что ждать следующей жизни, чтобы удостоиться условной пятерки за собственную добродетель, довольно утомительно. Как хорошо, что в этом нет необходимости – в большинстве случаев вознаграждение за добрый поступок находит нас без промедления.

Представьте себе обычную сцену, свидетелем которой вы бывали не раз: юноша уступает пожилой даме место в автобусе. Результат? Дама сияет, юноша горд собой, и даже другие пассажиры почему-то чувствуют, как их настроение улучшилось. Но самое ценное, что приятный эффект от подобного проявления доброты не ограничивается областью психологии. Занимающиеся изучением хороших дел ученые (да-да, бывают и такие) установили, что даже за размышлениями о правильном поступке следуют солидные физиологические бонусы для счастливчика-альтруиста. И хотя мысль о возможной награде – не самый благовидный стимул для проявления любви к ближним, списывать благостные последствия со счетов все-таки не стоит.

Химик доктор Дэвид Гамильтон оставил карьеру в области разработки лекарств от сердечно-сосудистых заболеваний и рака, чтобы посвятить себя изучению благотворного влияния доброты и счастья на здоровье. По словам Гамильтона, хорошие поступки способствуют выработке окситоцина – гормона, который выделятся, когда мы обнимаем своих детей или гладим котят. Помимо всего прочего, это вещество кратковременно понижает кровяное давление. «То есть доброе сердце – в буквальном смысле слова здоровое сердце», – поясняет ученый.

Еще недавно считалось, что альтруистическое поведение, когда одна особь помогает другим, даже в определенных случаях в ущерб себе, свойственно только людям и животным, защищающим свое потомство. А в отношении других особей, в т. ч. неродственных, такое присутствует только у людей.

Недавние исследования показывают, что и у социальных млекопитающих отмечается такое. Причем обнаружена специальная система, включающая определенные группы нейронов в головном мозге при участии желез внутренней секреции, сформировавшаяся в процессе эволюции (вместе с родительским обучением), которая названа caregiving system, «система заботы».

Считается, что эмпатия возникла эволюционно как основа для развития этой нейрогуморальной системы, отвечающей за заботу индивидов друг о друге, драйвером для возникновения мотивации к такому поведению (Decety et al., 2016)[51].

Исследования показали, что помощь другим приводит к уменьшению стресса, оказывает положительное влияние на здоровье, увеличение длительности жизни тех индивидов, которые оказывают помощь. Гормоны, участвующие в этом процессе, такие как окситоцин и прогестерон, могут оказывать нейропротекторное и вос-

---

[51] Decety J, Bartal IB-A, Uzefovsky F, Knafo-Noam A. 2016. Empathy as a driver of prosocial behaviour: highly conserved neurobehavioural mechanisms across species. Phil. Trans. R. Soc. B 371: 20150077. http://dx.doi.org/10.1098/rstb.2015.0077

становительное действие. Кроме того, способность «системы заботы» мотивировать усиление регуляции стресса может снизить подверженность людей вредным уровням гормонов стресса, таких как кортизол (Brown et al., 2011)[52].

Интересно, что совсем иначе обстоят дела у тех, кто вынужденно, а не добровольно оказывает помощь другим.

Группой ученых из разных университетов США было показано, что сиделки, ухаживавшие за больными с деменцией, испытывают повышенный уровень стресса (хронический стресс), что приводит ухудшению их собственного здоровья, а также обострению хронических заболеваний при их наличии. Заметим, что в данной ситуации заботу о больных людях сложно назвать альтруистическим поведением. В данном случае это вынужденный уход, то есть или за родственниками, или за деньги. Кроме того, это тяжелый труд, он требует терпения и большой отдачи. Вследствие того, что нейрогуморальная система, отвечающая за альтруистическое поведение и помощь, не работает, забота о других приводит не к удовольствию, а к негативным эмоциям и стрессу, повышению уровня кортизола и другим стрессовым физио-

---

[52] Moving beyond self-interest. Perspectives from evolutionary biology. Chapter. The Human Caregiving System. A Neuroscience Model of Compassionate Motivation and Behavior. Stephanie L. Brown, R. Michael Brown, Louis A. Penner (ed.) Oxford University Press, USA, 2011 – 297 p. DOI: 10.1093/acprof:oso/9780195388107.003.002662.Marta C.

логическим реакциям, а впоследствии, как показывают исследования, к ухудшению состояния здоровья (Vitaliano et al., 2003)[53].

Показано, что помощь другим регулируется лимбической системой, которая формирует особую систему связей в головном мозге, являющуюся достаточно консервативной с эволюционной точки зрения, и имеющую много общего у человека и животных (Brown et al., 2011).

Caregiving system (система заботы) впервые описана на примере взаимодействия матери и ребенка, но позже оказалось, что присутствует и работает она и при других типах взаимоотношений как в семье, так и в обществе в целом.

Эта система дает особи возможность развить способность вкладывать долговременные "инвестиции" в других особей, их благосостояние, что в дальнейшем приводит к получению выгоды и для самой особи, для популяции или экосистемы в целом (Brown et al., 2011).

Механизмы работы «системы заботы» находятся в процессе активного изучения. Полученные результаты подчас противоречат существующим теориям и заставляют ученых разрабатывать новые.

Команда Оксфордского университета разработала теорию выборочного инвестирования (SIT). Авторы приводят следующее описание:

---

[53] Peter P. Vitaliano, Jianping Zhang, James M. Scanlan. 2003. Is Caregiving Hazardous to One's Physical Health? A Meta-Analysis. Psychological Bulletin. Vol. 129, No. 6, 946–972 DOI: 10.1037/0033-2909.129.6.9466

"...в качестве альтернативного способа объяснения мотивационной основы для случаев жертвенности и дорогостоящих долгосрочных инвестиций в других (CLI). Согласно теории, социальные связи, позволяющие формировать близкие отношения, обеспечивают доступ к мотивационной структуре мозга, которая позволяет людям подавлять собственные цели самосохранения и предпочтения, когда это необходимо для того, чтобы способствовать благополучию другого человека. Такой взгляд на социальные связи представляет собой отход от традиционной теории обучения, основанной на личном вознаграждении". Если говорить точнее, имеется в виду *опосредованное личное вознаграждение*, которое человек получает в тот момент, когда другому оказана помощь или поддержка.

Сейчас предлагаются модели близких отношений, которые подчеркивают важность использования партнеров для удовлетворения индивидуальных потребностей. Авторы пишут: «Учитывая значительные затраты на постоянную помощь другим, наша теория также предполагает, что социальные связи формируются выборочно в условиях, называемых положительной «взаимозависимостью пригодности». По сути, взаимозависимость положительной приспособленности – это состояние связанного репродуктивного успеха между двумя или более лицами, у которых улучшение физического состояния одного приводит к улучшению физического состояния других. Как описано в теории выборочного инвестирования, люди могут быть взаимозависимыми, если у них общие гены, как в случае кровных родственников, или если они связаны друг с другом для достижения общих результатов и при использовании общих ресурсов, которые влияют на выживание и размножение. Признаки взаимозависимости, положительной приспособленности включают, например, восприятие фенотипического сходства, знакомства, общей угрозы и общих эмоций, а также обстоятельств, которые в результате создают положительную связь и взаимную приспособленность. Состояния положительной взаимозависимости являются привлекательной предпосылкой для формирования социальных уз и альтруистического поведения.

Принимая во внимание описанное выше, можно сделать вывод, что попытки одного партнера использовать другого или иным образом снизить его приспособленность, приводят к сопоставимому снижению приспособленности другого. Таким образом, эксплуатация не могла быть выбрана для формирования партнерства и состояний взаимовыгодного существования, а следовательно, выживания популяции.

С точки зрения теории, социальные связи, основанные на взаимозависимости положительной приспособленности, рассматриваются как непосредственные (мотивационные) причины дорогостоящих долгосрочных инвестиций в других.

Формирование мотивационной системы – посредника между социальными связями и заботой особей друг о друге – коренится в эволюции родительской заботы. «Система заботы» – нейрофизиологическая система, позволяющая развивать взаимозависимость и социальные связи (и фиксировать другие избранные стимулы) для стимулирования познания, эмоций и поведения, которые выходят за рамки личных интересов.

Показано, что когда особь оказывает помощь другим, происходит торможение системы вознаграждения (мотивации к получению собственной сиюминутной выгоды). Причем отмечено это не только у матерей по отношению к детям, но и у отцов, а также при отношениях иного типа. При этом характерна избирательность при оказании помощи (Soares et al., 2010[54]; Abraham et al., 2014).

Исследования активности мозга показали, что у особей, проявляющих заботу о других, ингибируется система вознаграждения лимбической системы Nacc-VP (прилежащее ядро – базальный бледный шар).

Медиальная преоптическая область гипоталамуса (MPOA) участвует в родительской заботе. Причем, как показали исследования, не только у женщин, но и у мужчин (Abraham et al., 2014). Показано, что она ингибирует Nacc, в результате чего возникает поведение по сохране-

---

[54] Soares, Redouan Bshary, Leonida Fusani, Wolfgang Goymann, Michaela Hau, Katharina Hirschenhauser and Rui F. Oliveira. 2010. Hormonal mechanisms of cooperative behaviour. Phil. Trans. R. Soc. B 365 , 2737-2750 doi: 10.1098/rstb.2010.01511

нию ресурсов для других. Для тех, кто нуждается в них (Brown et al., 2011).

Это приводит к таким изменениям поведения, как уменьшение субъективной значимости заботы о себе в счет заботы о ком-то, повышение собственной оценки значимости помощи другим, увеличение мотивации к такой помощи.

Nacc-опосредованная система вознаграждения не регулирует материнское поведение напрямую, а лишь оказывает на него опосредованное воздействие.

Обнаружена существенная взаимосвязь между MPOA и PAG (периакведуктальная серая зона). В результате поведения, связанного с помощью другим, здесь отмечается синтез fos-белка – достаточно универсального индикатора ингибирования активности нейронов, например, при материнском поведении у лабораторных крыс и мышей (Кузнецов, Афанасьев, 2013; Brown et al., 2011).

Помимо этого, у особей, оказывающих помощь, отмечено *торможение развития чувства страха при опасности, даже опасности для жизни ради помощи другой особи.* Альтруистическое поведение взаимосвязано с ингибированием реакций на стресс (Soares et al., 2010; Brown et al., 2011).

Показано также, что при таком поведении происходит активизация дофаминэргической системы, что характерно не только при материнском поведении, а альтруистическом поведении вообще.

Изучение «системы заботы» выявило ключевую роль окситоцина при возникновении альтруистического поведения. Было выявлено, что он снижает активность HPA (гипоталамо-гипофизарно-надпочечниковой системы), кровяное давление, уровень кортизола (Brown et al., 2011; Soares et al., 2010).

Была выдвинута гипотеза о том, что окситоцин является гормональной основой социальных связей, любви и избирательного признания партнеров, потому что она может способствовать установлению связей, например, формированию партнерских предпочтений и исследованию новой среды.

В экспериментах показано, что окситоцин также тормозит реакции на тепловое и механическое раздражение.

Оказалось, что основным механизмом снижения стресса, а также ускорения восстановления после перенесенного стресса является восстановление уровня окситоцина (Brown et al., 2011).

Окситоцин (ОТ) также называют гормоном взаимосвязи при альтруистическом поведении, оказании помощи другим. Активная продукция окситоцина ассоциирована с возникновением доверия, и предполагается, что именно он является гормональной основой социальных связей различного характера.

Интересно, что в одной из работ авторы рассматривают механизмы сопереживания. Причем они обнаружили свойство эмпатии и у маленьких детей, дошкольников, и считают, что эмпатия – фундаментальное свойство, как минимум начиная с млекопитающих, причем не только в отношениях родителей к детям, а в самых различных типах отношений в сообществах (Decety et al., 2016).

И любопытно, что при сопереживании обнаружена активация сходных механизмов с теми, что работают при *возникновении боли* наряду с системой поощрения (Soares et al., 2010; Decety et al., 2016).

Получается, что если не учить делать добро, не учить работать с природным свойством эмпатии, то вот такое "чувство боли", по всей вероятности, будет сохраняться и, возможно, не будучи осознано, переходить в сферу подсознательного. И это печально и разрушительно для самого человека.

А делая добро, сопереживающий человек и чужую боль, и страдание уменьшает, и свою, которая, по всей видимости, неразрывно связана с чужой.

Существуют также и регуляторные механизмы защиты от эксплуатации, в противовес альтруистическому поведению (Soares et al., 2010; Brown et al., 2011), что также является важным навыком, который следует развивать у детей и в семьях, и в школьном образовании.

Специфика материнского поведения обусловлена особенностями нейроэндокринной реакции на стресс. Зависит от этого аналогичная система ребенка (снижение реакции на стресс, стрессоустойчивость). Например, ребенок может стать чувствительным по отношению к потребностям других или же, напротив, чувствительным к сигналам об опасности к эксплуатации, например, при ограниченности ресурсов, и не желать инвестировать в других до тех пор, пока ситуация с общими ресурсами не нормализуется (Brown et al., 2011).

Очевидно, это верно и для любого человека, воспитывающего и обучающего ребенка. Таким образом, ответственность – не только наблюдения за психическими последствиями. Они проявляются и на нейрогуморальном уровне, причем могут закрепляться.

Социальные животные могут жить в группах, которые организованы в сложные социальные сети связанных и не связанных между собой людей. Для обеспечения успешной работы в группе может иметь важное значение индивидуальное признание и сотрудничество между отдельными людьми (например, парные партнеры или аналогичные социальные союзы). Индивидуальное признание или признание социальных партнеров разного типа (например, кооператоры или не сотрудничающие) являются как основой, так и следствием взаимодействия с другими и требуют консолидации памяти о прошлых взаимодействиях и их результатах. Роль, которую играют нейропептиды аргинин-вазопрессин AVP и окситоцин OT в формировании социальных воспоминаний, то есть процесс обучения отличать знакомых от незнакомых, была подробно исследована на лабораторных грызунах. У крыс и мышей социальное признание можно оценить, измерив продолжительность обонятельного исследования других особей. Обычно обнюхивание незнакомых особей длится дольше, чем знакомых. Участие окситоцина в формировании социальных воспоминаний было впервые показано и было недавно подтверждено исследованиями на трансгенных мышах, лишенных генов окситоцина. Мыши с окситоцин-нокаутом не имеют обонятельных нарушений, и не демонстрируют общих нарушений в обучении и памяти, и тем не менее они не демонстрируют поведения, которое указывало бы на то, что они распознают знакомых даже после неоднократных встреч. Демонстрация того, что этот тип социального обучения на самом деле зависит от окситоцина, довольно проста: однократного лечения мышей с окситоцин-дефицитом перед социальным взаимодействием достаточно для восстановления более позднего узнавания. Помимо лабораторных грызунов, участие окситоцина в социальном признании было показано у овец и моногамных степных полевок. У моногамных полевок окситоцин важен для распознавания партнера и образования пары. Совсем недавно было показано, что окситоцин, в частности, может иметь важное влияние на социальное признание у людей. Так, интраназальное введение окситоцина улучшает способность распознавать лица, но не влияет на запоминание несоциальных стимулов.

Участие AVP в формировании социальных воспоминаний. AVP также участвует в обонятельном социальном распознавании, так как мутации генов его рецепторов у грызунов приводили к нарушению распознавания знакомых особей, а сверхэкспрессия – наоборот, улучшала узнавание в проведенных экспериментах. Все вместе, эти результаты предполагают, что AVP играет ключевую роль в обонятельном социальном распознавании.

Создание и поддержание пар – хороший пример сотрудничества между двумя не связанными между собой людьми, поскольку обоим может быть полезно терпеть и поддерживать друг друга. Связь в паре также является поведенческой чертой, которую можно легко оценить в лабораторных условиях, например, с помощью стандартизированных тестов предпочтения партнера. Различные виды полевок использовались в сравнительных исследованиях механизмов образования пар, которые показывают заметные межвидовые различия с точки зрения социальной привязанности, даже несмотря на тесное филогенетическое родство. Сотрудничество между партнерами особенно важно для поддержания целостности пары, по крайней мере, у долгоживущих моногамных видов. Поддержание связи в паре является результатом «двустороннего» взаимодействия между партнерами и «многостороннего» взаимодействия между парой и ее социальным окружением. Следовательно, при поиске поведенческих и физиологических коррелятов успешного воспроизводства может оказаться показательным смещение единицы анализа с индивида.

Таким образом, ОТ, по-видимому, увеличивает доверие за счет снижения активации миндалины и одновременного снижения состояния тревоги, связанного с возможностью невзаимности. Социальные взаимодействия могут быть полезными и вести к дальнейшим взаимодействиям с одним и тем же партнером. Вознаграждающая ценность социальных взаимодействий предполагает, что их значимость могут быть закодированы схемами, участвующими в обучении за вознаграждение, а именно: мезолимбический дофаминергический путь.

В заключение своего исследования Браун и соавторы пишут: «Доказательства, которые мы рассмотрели, совместимы с существованием специальной нейробиологической системы для оказания помощи другим, которую трудно свести (на неврологическом уровне) к ожиданию награды или избеганию боли. Существование такой системы представляет собой критический вызов доминирующим взглядам в психологии и поведенческих науках, основанных на концепциях, например, рационального личностного интереса или психологического гедонизма для объяснения социального поведения. Мы верим, что наша структура имеет значение для самых разных явлений, в том числе механизм, объясняющий пользу для собственного здоровья от помощи другим. Гормоны, участвующие в уходе, такие как окситоцин и прогестерон, могут быть нейропротекторными и восстановительными с точки зрения физического здоровья. Кроме того, взаимопомощь снижает подверженность людей к вредным уровням гормонов стресса, таких как кортизол. Мы только начинаем понимать нейробиологические основы альтруистического поведения и межличностные отношения. Однако даже беглый взгляд на эти системы проливает свет на чрезвычайно важные предположения о человеческом поведении, которые мы используем для построения социальной политики (рациональное своекорыстие), а также нейронную архитектуру, которая была сформирована эволюцией для обеспечения жизнедеятельности организма, роль в содействии выживанию и репродуктивному успеху других. Мы надеемся, что, продвигая биологическую основу для изучения системы заботы, мы можем предпринять шаги к преодолению этого разрыва и использовать это в обучении. В том числе выстраиванию отношений разного рода в социуме (Brown et al., 2011).

Помните, все изложенное – не фантазии авторов. Это биология человека. А научные факты – упрямая штука. И, возможно, такой простой выход, как распространение знаний об истинной природе делания добра и приучение детей к такому поведению, решит в недалеком будущем многие проблемы человечества.

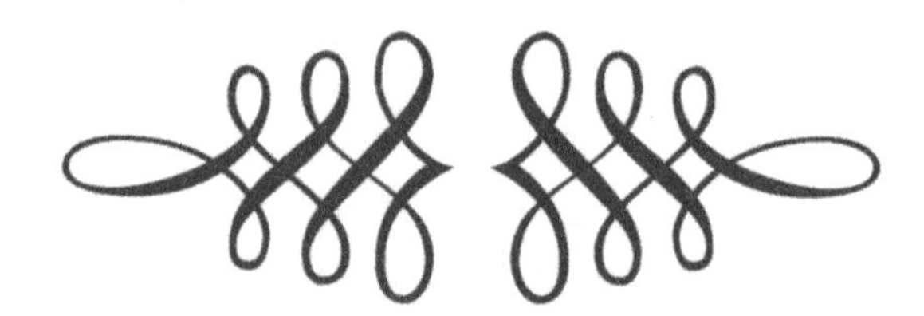

ИСПОЛЬЗОВАНИЕ НОВЫХ ТЕХНОЛОГИЙ И ПОИСК АЛЬТЕРНАТИВ УЧЕБЕ В ШКОЛЕ

Если представить в идеале новый подход к обучению с помощью только еще появляющихся средств виртуальной реальности и искусственного интеллекта, можно себе представить программу, которая бы находила наилучший индивидуальный подход к обучению каждого школьника отдельно, имея полный доступ ко всем его поведенческим и физиологическим данным, психологическим и познавательным предпочтениям. Анализируя все это и внимательно наблюдая за реакциями ученика, программа могла бы создавать виртуальные образы, более того, виртуальную среду, в которой обучение проходило бы в наиболее естественной и эффективной форме.

Что же касается еще более футуристического подхода, то имплантация чипов или прямое воздействие на головной мозг, создание технической телепатии вообще могут снять вопрос проблематичности современного обучения. Но вернемся с неба на землю. Пока мы еще даже близко не стоим к эффективному, а главное, безопасному и массовому использованию подобных технологий. Неизвестно, возможно, они никогда не станут возможными, наткнувшись на некий непреодолимый барьер. А может быть, они станут повседневностью уже через какие-нибудь десять лет. Ведь мы не знаем, какие секретные разработки уже ведутся в этих направлениях и каковы конкретные успехи. Обыденный смартфон у нас в руках тоже показался бы фантастикой еще каких-нибудь 15 лет назад.

Виртуальная реальность (VR) – значение этого слова знакомо любому школьнику. Современные дети с раннего возраста пользуются гаджетами и легко осваивают компьютерные игры, в то время как усвоение школьной программы часто вызывает у них сложности. По данным исследования независимого мониторинга знаний, 65% пятиклассников не могут выполнить сложение, вычитание, умножение и деление, а 75% девятиклассников допускают ошибки в решении системы из двух уравнений. Эксперты выделяют в качестве главных проблем «слабые места» в учебно-методическом комплексе, низкую мотивацию школьников и непонимание смысла в учебе.

Похоже, современные дети рождаются заточенными под восприятие мира через новые технологии, но совершенно неприспособленными к обучению традиционными способами. Как изменится образование благодаря VR и будет ли оно соответствовать потребностям будущих поколений?

В 2015 году в Петрозаводском государственном университете было проведено любопытное исследование, в ходе которого изучалась эффективность использования виртуальной реальности для обучения в юношеском и взрослом возрасте. Ученые сравнивали успешность усвоения материала при помощи традиционных и VR-методов.

Было создано пять обучающих программ по биологии и геометрии. Материал адаптировали для демонстрации через шлемы Z800 и Oculus Rift Development Kit 2. Испытуемыми были ученики старших классов средних школ, а также взрослые и пожилые люди. Плохо успевающие ученики из группы «VR» давали на 40-50% больше правильных ответов после изучения темы с помощью виртуальной реальности, а отличники и вовсе показали результаты в 100%.

Другое свежее исследование, проведённое в Китае, изучало влияние VR-методов на академическую успешность, эффективность усвоения материала и долговременную память студентов. Испытуемые были разделены на четыре группы по 10 человек в каждой. Первые две группы изучали материал посредством VR-технологий, вторые – с помощью традиционных методов.

По итогам тестирования, проведенного сразу после обучения, группа «VR-студентов» продемонстрировала оценки на 27% выше, чем группа, изучавшая материал традиционным способом. Результаты повторных тестов также были в пользу VR: оказалось, что виртуальная реальность способствует не только усвоению материала, но и сохранению знаний. Показатели «VR-студентов» превышали показатели контрольной группы на 32%.

В ходе субъективного оценивания студентами предложенных методов обучения 80% отметили, что им очень понравились VR-методики, 20% – что скорее понравились, чем нет, 95% сообщили, что по сравнению с традиционным VR-обучение более «погружающее» и интерактивное, 85% отметили, что виртуальная реальность улучшает сохранение знаний, 70% заметили, что стали лучше понимать материал, 50% обратили внимание на увеличение концентрации внимания, 45% увидели повышение академической успеваемости.

Известно, что основным каналом восприятия для большинства людей является зрение. Согласно исследованиям, опубликованным в учебном пособии «Психология познавательных процессов», через слуховой канал запоминается лишь 15% информации. Это связано с тем, что скорость мыслительного процесса в 8-10 раз превышает скорость речи. Из-за этого, когда учитель выполняет роль рупора, большая часть информации просто минует центральный канал восприятия. Отсюда необходимость большого количества закрепляющих упражнений и постоянных повторений пройденного материала.

В отличие от традиционного подхода, инструменты виртуальной реальности позволяют направить информацию точно по адресу: «В шлеме виртуальной реальности невозможно отвлечься – весь образовательный материал на 100% регулируется сценарием, предложенным учителем и реализованным разработчиком, – объясняет Алексей Каленчук, директор по развитию The Skolkovo Foundation. – Буквально каждый пиксель, каждый объект вокруг вас в VR задан той образовательной программой, которую вы в данный момент изучаете. Не получится, как на обычных лекциях в классе, залипнуть в смартфон. Единственный способ игнорировать обучение в VR – это закрыть глаза. Но даже эти самые глаза (направление взгляда) можно отслеживать – всё ли заметил ученик, был ли он достаточно внимателен и так далее».

Традиционная система образования игнорирует ещё один важный аспект – эмоции. Считается, что эмоции скорее мешают восприятию информации, чем помогают. «Сиди спокойно», «не дёргайся», «не разговаривай» – фразы, знакомые многим из школьной жизни. Эмоциональные и слишком активные дети довольно быстро получают клеймо неспособных к обучению.

Однако ряд психологических исследований указывает на важность эмоционального компонента в процессе обучения. Ученые Нью-Йоркского университета провели исследование с участием 115 добровольцев. Студентам показывали два вида изображений – вызывающие эмоциональную реакцию и нейтральные. Спустя шесть часов провели тест с целью оценки качества запоминания. Было обнаружено, что демонстрация эмоционально значимых изображений перед нейтральными увеличивает степень запоминания нейтральных. Это означает, что любой, даже на первый взгляд неинтересный материал может быть усвоен эффективнее, если обучающийся будет эмоционально вовлечен в процесс.

Даже если информация достигает адресата, нет гарантии, что на её основе сформируется необходимый навык. Советский психолог Пётр Иванович Зинченко в сороковых годах XX века в ходе экспериментов обнаружил, что дети лучше запоминают числа в задачках, которые придумали самостоятельно, по сравнению с теми числами, которые были им предложены экспериментатором. Позднее эффект генерации подтвердили в независимых исследованиях американские психологи Норман Сламек и Питер Граф.

Ещё один американец, педагог Эдгар Дейл, в ходе многолетнего опыта преподавания выяснил, что прослушивание лекций и чтение являются наименее эффективными способами усвоения материала, в то время как имитация реальной деятельности и обучение других вместе с применением знаний на практике позволяют максимально полно усвоить информацию.

Эти законы справедливы для людей любого возраста, а значит, применение инструментов VR эффективно для обучения как детей, так и взрослых.

Виртуальный мир вовлекает гораздо сильнее реального. Можно долго спорить, хорошо это или плохо, но нельзя отрицать явную конкурентоспособность виртуальной реальности.

Технологии VR уже заняли своё место в индустрии развлечений и, очевидно, скоро займут его в образовании[55].

Абстрагировавшись от подобного футуризма, обратимся к нашему дню. Как только начинается масштабирование хорошей, успешной системы с высокими образовательными результатами, резко падает качество образования. Это происходит даже в частных учебных центрах. Хороший педагог – целый мир, причем все эти миры разные и не могут быть стандартизированы, так как исходят из потребностей, возможностей конкретных учеников, а они тоже разные, хоть и есть ряд общих фундаментальных принципов, которые сознательно или интуитивно применяют педагоги высокого класса.

Другое дело, что отсутствие системы еще хуже. Но система, которая облегчает приход к власти аутсайдеров, которые, имея уверенность в себе, но не имея знаний и практических навыков, умеют только отбирать у слабых, что позволяет им становиться еще сильнее, захватывая власть, также никуда не годится.

Фактически в позднем советском периоде система массово готовила необразованных гангстеров, отрицающих школу, а также их жертв. Это привело, по всей видимости, в настоящее время к неблагоприятным условиям, в том числе в образовании.

Существуют люди, для которых учеба насущно необходима. И те, для которых она

---

[55] Автор: Анна Носова © Rusbase, 2019

просто «обязательна». Есть также и те, кто, возможно, смог бы обойтись без какой-либо учебы вообще, просто самостоятельно развивая и совершенствуя собственные знания и навыки в свободном режиме, как сочтет нужным.

В общем и целом каждый из нас обладает элементами всех трех категорий. Просто они «дозируются» внутри личности, исходя из ее личностного и энергетического потенциала, а также условий, в которые нас погружает объективная действительность, именуемая «жизнью».

И тем не менее существование всего вышеназванного вновь и вновь приводит к мысли о назначении и сущности процесса передачи знаний и навыков, его преемственности, значимости и нужности, воспитательной ценности. Возможно ли сделать так, чтобы каждый человек «образовывал» самого себя без вторжения государственных и общественных институциональных «посредников»? И если да, то как сделать так, чтобы, «образовывая себя», человек действительно достигал бы определенного уровня знаний и квалификации без того, чтобы не тешить свое самолюбие или гордыню ложной уверенностью? Как добиться того, чтобы, самостоятельно плывя по волнам океана знаний, человек смог ориентироваться в его внутренних закономерностях и не «потонуть»?

Современные возможности в передаче информации велики как никогда. У каждого из нас есть «параллельное измерение» в цифровом формате, в котором мы нередко пребываем больше, чем в физической реальности. Общение в интернете позволяет обмениваться информацией любого, в том числе и кросс-культурного характера. Соответственно и удельный вес самообразования растет экспоненциально. Этот вид образования не институциализирован, и его значение даже не осознается в полной мере, поскольку конвенциональное сознание продолжает оперировать привычными величинами и категориями.

Однако в будущем, возможно, в цифровом формате будут существовать независимые от человеческой конъюнктуры способы оценки и квалифицирования знаний, которые уже не будут требовать вторжения неких «образовательных стандартов» и будут соотносимы только с каждой отдельно взятой узкоспециальной категорией знаний, глубину и всесторонность которой у той или иной личности надо подтвердить. Эти оценочные системы будут универсальны и автоматически нацелены на расширение объемов знаний, с одной стороны, рекомендации по повышению квалификации – с другой, и знания по структурно-функциональным и системным связям внутри знаний, с третьей. Эти системы и ориентация в них будут подчинены изменениям в реальном времени, и процесс учебы станет постоянным процессом естественного роста квалификации или переквалификации. Более того, эти системы могут быть встроены в контекст индивидуального развития личности в направлении сфер интересов и профессионального приложения. Большую роль должны в такой схеме построения образования будут играть чаты и общение в интернете. Образование имеет шанс стать формой коммуникации, дистанционного обмена информацией в режиме реального времени, которого ранее никогда не было.

Иными словами, необходимо стремиться к тому, чтобы процесс обучения стал в буквальном, технологическом смысле, частью реальной жизни каждого индивида, а квалификации вышли из-под жесткого государственного контроля и стали бы универсальными на уровне Человечества. Ибо главное в знании – это объективность. Только тогда это знание настоящее. Следовательно, очищение природы знания от любых форм субъективности, идеологичности должно стать генеральной линией в развитии образования. При этом само образование как феномен может быть деинституциализировано только в том случае, если станет технифицировано.

Однако нельзя забывать, что мы имеем дело не с идеальными людьми. Нужно принять во внимание, что при общении в чатах легко халтурить. Даже при достаточно жесткой системе контроля ученики легко подменяют собеседника, таким образом, могут не учиться вообще. Уже современные технологии позволяют обманывать даже камеры при видеоконференциях, видеозвонках. Дети ищут не способ обучиться, а обмануть машину. Уже "эксперимент" с пандемией и дистанционным образованием показал несостоятельность такого подхода и резкое падение качества усвоения учебного материала, ухудшение самоконтроля, неврозы как у детей, так и у родителей, особенно наиболее ответственных из-за проблем со связью. На данный момент фактом остается то, что обеспечить качественную и стабильную связь могут далеко не все для общения в реальном времени. Даже при общении через электронную почту во множестве населенных пунктов возникают большие проблемы. Ряд стран, включая Россию, даже близко не подошел к тому, чтобы описанное выше стало возможным.

Также вопрос вызывают существующие технологии и прогноз их развития.

Принимать во внимание возможность независимой оценки знаний за счет применения искусственного интеллекта несколько преждевременно.

Например, В 1980-х годах работали над созданием производственных роботов, а когда уже были созданы роботы, достаточно совершенные, позволяющие надежно и качественно выполнять определенные функции, начали планировать производство с их применением. После, но не до. Ведь что-то могло бы получиться, а что-то нет, и пришлось бы на ходу менять планы. Посему не принято ставить телегу впереди лошади.

А почему тогда с образованием все иначе? То, что еще не создано в работающем виде, в т. ч. программы искусственного интеллекта для образования, уже сейчас активно пытаются внедрить в массовое, заметьте, образование! При этом для завершения работы над такими системами нужно сделать еще ой как много. И непонятно, как скоро это будет сделано. Более того, еще неизвестно, получится ли хоть сколько-нибудь приемлемый результат от применения подходов, которые сейчас используются, или нужно будет искать другие, и вообще, насколько корректно поставлены задачи. Может быть, мы чего-то еще не знаем, и цели, конкретные задачи нужно ставить как-то иначе, чтобы они были полностью корректны и выполнимы. Образование – очень непростая мультидисциплинарная сфера.

Ответ тут может быть один. Все эти системы находятся в процессе разработки. А над школьниками проводятся массовые эксперименты. Стоит отметить, что без экспериментов, в т. ч. образовательных, не обойтись. Иначе ничего не будет улучшаться и развиваться. Но проводимые нынче эксперименты – массовые, чего прежде не было. Не было, потому что это хорошо лишь с точки зрения эксперимента и исследователя, достоверности результатов, но никак не обучающихся. Ведь социальные эффекты, как мы знаем, необратимы. Иными словами, в случае неудачи исправить ошибки уже не получится. Поэтому в таких случаях, когда нужно опробовать новые технологии в образовании, эксперименты ставились в так называемых школах-лабораториях, экспериментальных школах, куда родители сознательно приводили детей, если применяемые там экспериментальные образовательные технологии казались им интересными и полезными для детей. Таким образом, на относительно небольших группах учащихся получали первые результаты по влиянию новых технологий на детей, на их состояние и эффективность обучения. После чего можно было делать корректировки, снова тестировать, а в случае успеха, применять уже массово. При этом не было спешки, т. к. целью было, прежде всего, улучшение качества образования. Далеко не всегда такое масштабирование образовательных технологий приносит хороший результат. В этом случае можно вернуться в школы-лаборатории, придумав что-то еще, дав возможность разным школам использовать разные, подходящие именно для них подходы.

Второй момент, собственно, дизайн эксперимента, вообще подход к нему. Заметим, что исследователь, который сильно ограничен в средствах, мало что может сделать при всей его изобретательности. А вот если средств более чем достаточно, уже можно развернуться с экспериментами по полной. Но вот тогда возникает вопрос, а как эти средства грамотно распределить? Что лучше, сделать большие выборки (с этим – осторожно, учитывая необратимость социальных эффектов) или очень тщательно продумать дизайн эксперимента, чтобы из любых данных, полученных в эксперименте, можно было получить максимум полезной информации. Очевидно, что важен каждый пункт, но как найти баланс между ними.

Вот беда, далеко не все исследователи образования вообще задаются такими вопросами. И если мы рассмотрим через эту призму современные образовательные эксперименты, мы увидим, что они проводятся на огромных выборках, что неизбежно приводит к тому, что огромная часть подрастающих индивидов все эффекты испытает на себе, а результат непредсказуем и, судя по первым оценкам, не блещет. При этом продуманы такие массовые эксперименты из рук вон плохо за счет неясно сформулированных целей и задач, масштабной подмены понятий, показухи, распила бюджета (так или иначе в любой стране), коррупции и выдавания желаемого за действительное (использование при формировании целей и планов того, чего реально еще не существует или не существует в доступном виде). А если сами идеи, лежащие в основе эксперимента, заданы некорректно, то и в его результатах не будет никакого смысла. Учитывая еще, что и адекватность современных систем оценки образовательных результатов и образовательных экспериментов вызывает большие вопросы и является поводом для ожесточенных дискуссий в научной среде, то получается, что системы образования многих стран, к сожалению, движутся вслепую.

Для родителей это значит только то, что, если они хотят вырастить своих детей зрелыми и способными к саморазвитию личностями, умеющими выполнить качественную работу, нести ответственность за результаты, важно помнить об этих образовательных экспериментах, критически относясь к уговорам, что это, мол, уже сформированная и многократно опробованная программа.

В то же время эффекты "цифровизации" образования до сих пор не изучены, особенно их отдаленные последствия. Но нейропсихологи уже бьют тревогу: длительный контакт детей с гаджетами стимулирует лишь зрение и слух, чего для нормального развития мозга совершенно недостаточно. Мозг человека попросту не рассчитан на цифровую среду, так как формировался эволюционно в реальном мире под воздействием множества сложных стимулов. По этой причине слишком быстрые изменения во внешней среде, на порядки обгоняющие эволюционные процессы, приводят не к стимулированию развития, а, напротив, к деградации. Понятие дополненной реальности, которую также сейчас время от времени стараются подключить к обучению, очень размыто (сейчас этими словами называют почти все, что сочетает реальное изображение и звук с виртуальным), что также не прибавляет, как правило, даже тактильных стимулов, не говоря о вкусовых стимулах и запахах, которые так необходимы ребенку для нормального развития. Таким образом, определенные участки мозга не развиваются и даже подавляются за счет гипертрофии других отделов. Ведь ресурс детского мозга и организма в целом ограничен. Гиподинамия также в значительной степени блокирует развитие мозга. Ведь двигательная активность также развивается и совершенствуется, участвуя в формировании здорового, умственно полноценного человека. Внешние стимулы, мышление и двигательная активность помогают ребенку развить свой потенциал.

На детях младшего возраста (дошкольниках) уже показано негативное влияние гаджетов на развитие головного мозга за счет необратимых блокировок формирования определенных важных нейронных комплексов.

Также хорошо известно, что в настоящее время наблюдается резкое увеличение заболеваемости глазными болезнями среди детей в развитых странах.

Есть даже конкретный пример влияния экрана на зрение детей. Неграмотно выстроенное дистанционное обучение в классе дочери одного из авторов. Класс три месяца учился дистанционно, затем, после летних каникул еще примерно столько же. При этом все уроки проходили в форме видеоконференций, а после уроков нужно было выполнять задания на цифровой платформе. В сумме все это требовало проводить у экрана 5-6 часов в день. Это привело к тому, что у всех учеников начались проблемы со зрением, причем даже у тех, у кого таких проблем и в помине не было. По счастью, автор сразу отказалась от такого обучения, сохранив дочери здоровье глаз и всего остального. А у наиболее рьяных любителей видеоигр проблемы со зрением присутствовали и до начала дистанционного обучения.

Помимо проблем со зрением опасность возникновения у детей зависимости от гаджетов очень велика. Даже многие взрослые в той или иной степени этой зависимости подвержены. А дети формируют такую зависимость очень быстро, как показывают современные исследования. Аналогичный эффект можно наблюдать, например, с кофе. Если взрослые люди могут пить этот напиток без катастрофического вреда для здоровья и лишь тогда, когда необходимо временно взбодриться, но очень хочется спать, то у детей, как показывают исследования, легко формируется зависимость даже от небольшого количества этого напитка. С гаджетами происходит аналогично.

Также специалисты отмечают, что при длительном и регулярном пребывании в цифровой среде у детей не формируется воображение.

Воображение же очень важно в развитии человека и человечества в целом, оно рисует то, чего нет и никогда не было, а именно способствует развитию, постановке целей, которых хочется достичь. Виртуальная реальность, когда дается детям готовой, блокирует развитие воображения. Более того, ребенок может считать, что это какие-то небожители создают такое, хотя каждый, обучившись, способен создавать детальные, реалистичные и интересные виртуальные образы.

Серьезные проблемы представляют и критерии достоверности информации при противоречивых источниках – частота встречаемости той или иной версии ответа на вопрос/запрос.

Авторы контента могут преследовать вовсе не цели передачи достоверной информации, а всего лишь пересказывать то, что дает больше просмотров, хотя бы банально затем, чтобы стать известнее, а суть изложенного их вообще может не волновать. Неспециалисты копируют не глядя, ведь сейчас популярна профессия заполнения сайтов контентом, куда берут лишь по критерию умения работать с сайтами, причем порой и учат там же, а вовсе не специалистов по тематикам сайтов. Потому что важнее создать сайт, чтоб был, а не качество контента. А то, что качественно и достоверно, создается долго, нужен дополнительный специалист для создания контента, а времени на раскрутку ресурсов у автора может не быть (например, если это грамотный и очень востребованный педагог/ученый/инженер/программист и т. д.).

Но большинство подходит к проблеме просто: если на 10 сайтах так, а на одном – эдак, значит, правы те 10, так как их большинство. И даже не обращают внимания, кому принадлежат эти ресурсы.

То есть, по сути, те положительные стороны цифровизации, которые можно отметить при обучении, являются положительными только для взрослых! То есть для тех людей, у которых уже прочно сформированы базовые навыки критического мышления, самообучения, у которых уже развито воображение и понимание различий реального и виртуального, навыки работы с информацией, у которых уже сложно сформировать психологическую зависимость от цифровой среды и присутствуют все остальные признаки зрелости головного мозга. В этом случае можно с уверенностью сказать, что человек сообразит, как использовать цифровые ресурсы и гаджеты с пользой, и сможет обойти все острые углы. Ну хотя бы большую их часть.

Тут мы уже имеем дело с цифровой безопасностью – проблемой, которая на данный момент практически не решается, так как создатели систем безопасности ничуть не отличаются по уровню подготовки от хакеров, более того, могут работать на два фронта, как лиса из басни про льва, лисицу-архитектора и курятник со специальной откидной доской, которую она сделала, чтобы незаметно воровать кур. А за счет того, что высококвалифицированных программистов, как и других специалистов, всегда раз-два и обчелся, и мало кто понимает до конца, что же они делают, вероятность число проблем с цифровой безопасностью сильно увеличивается. Ведь, по сути, огромные цифровые системы отданы на откуп небольшой кучке людей, в результате чего благополучие многочисленных пользователей зависит по большому счету лишь от совести и профессионализма этих людей.

Тем не менее для жизни в современном мире важно использовать технологические достижения. Просто важно понимание того, что гаджет, компьютер – не игрушка, не часть мозга, а помощник в решении задач. Да, можно играть или как-то еще развлекаться: рисовать, снимать видео, фото и так далее, тем более что-то из этого может даже стать будущей профессией. Но основное, это работа. Тогда технологические достижения принесут пользу. Ребенок, пока маленький, и не возьмет в руки устройство, если оно в его сознании будет связано с работой. Малышу это скучно. Взрослый же, когда ребенок подрастет, может иногда давать ребенку возможность что-то на устройстве делать, потому что устройства могут иногда быть и "придворным музыкантом", немного развлечь, как развлекает взрослого в процессе работы (музыка) или в перерывах. Но эти развлечения не должны становиться основой времяпрепровождения ребенка, если родители хотят нормального развития и здоровья в будущем.

Если ребенок выбрал специальность, связанную, например, с программированием или компьютерной графикой, то в старших классах он может проводить больше времени у экрана, но пока активно формируется организм, развивается мозг, постоянное или длительное и регулярное взаимодействие с экраном может быть очень опасно, особенно если оно никак не контролируется взрослыми людьми. В этом случае воспитывается не только больной ребенок, но и вообще другой индивид. По сути, вырастает не совсем человек, если его воспитывает компьютер. А если такой индивид воспитан компьютером, он оказывается совсем не адаптированным к самостоятельной жизни и не способен обучаться жизненно важным вещам, даже если жизнь во многом цифровая, потому что при общении преимущественно с компьютером не формируются даже базовые навыки, в том числе навыки самообслуживания.

Сейчас такое называют "цифровая" гигиена. Не очень удачное название, но понятие важное вообще и при обучении в частности. Контроль над временем и целями использования цифровыми ресурсами.

Мы понимаем, что нужно, формулируем цели и задачи, затем решаем, может ли помочь компьютер, и, если поможет, то чем именно. Таким образом, и процесс обучения будет направленным и осмысленным как с точки зрения тех, кто составляет общие образовательные стратегии, программы обучения, подбирая конкретный учебный материал, так и с точки зрения ученика. Нельзя применять цифровые ресурсы и технику абсолютно во всём, но и выкинуть всё новое на помойку тоже как минимум неразумно.

Итак, цифровая среда вряд ли может полностью заменить учебу в школе. Поиграть на переменке для детей куда полезнее, чем постоянно учить алгебру с использованием цифровой платформы. Это, конечно, не исключает использование отдельных качественных цифровых ресурсов соразмерно возрасту. Но это можно рассматривать как вспомогательные средства обучения, но не полную замену всех других.

Чем же можно заменить обучение в школе, ведь мы уже хорошо понимаем, что, по сути, значительной части учеников даже сама форма такого обучения не очень подходит. Или очень не подходит, не давая реализовать и сотой доли своего потенциала.

Немного обратимся к истории. Почему примерно до 19 века желание детей освоить профессию, отличную от профессии родителей, резко осуждалось? Это даже стало предметом сюжета некоторых литературных произведений, выставлявших родителей как злодеев, не дававших детям свободы выбора. Но давайте разберемся, как обстояли дела в реальности, отбросив эмоции. Действительно ли выбор был? Из разных источников мы хорошо знаем, что период существования массовых школ в историческом масштабе очень невелик. Веками люди жили без школ, либо школы были доступны лишь очень ограниченному числу детей. Либо в школах учились представители элиты, либо исключительно способные дети принимались мастерами различного профиля в свои мастерские: античные философы брали себе учеников, художники и скульпторы, гончары и кузнецы во все времена могли брать на обучение детей в свои мастерские. Но всё-таки это явление не было массовым, а обучение в этом случае носило индивидуальный характер. Попасть к хорошему мастеру было большой удачей для талантливого ребенка. Но что же делали все остальные, коих было абсолютное большинство? Они могли учиться только у родителей. Отправить ребенка учиться к кому-то еще было проблемой, а потому самым простым и эффективным было осваивать именно то, чем занимаются родители. Таким образом, ребёнок не только осваивал жизненно важные и профессиональные навыки, но и помогал родителям в их работе, когда достигал первых успехов. В случае если ребенок учился у другого человека, помогать родителям он не мог, а потому далеко не каждая семья могла себе позволить отпустить ребенка. Это попросту был вопрос выживания. Да и ребенку приходилось часто уезжать из семьи. Именно поэтому прежде всего приветствовалось следование профессии родителей, и освоить что-то другое было объективно проблематично в большинстве случаев. Отсюда и осуждение родителей при желании освоить альтернативную профессию. Надо принимать во внимание и высокую внезапную смертность, когда дело могло остаться без хозяина, а семья без кормильца, и тогда с ранних лет обученные профессии дети могли спасти семейство, заступив на место отца.

Теперь вернемся в современные реалии. Встречается ли сейчас такое наставничество? Конечно, да. Во всех профессиях, связанных с освоением практических навыков. Но популярно ли оно? Увы, нет.

Заметим, что в наши дни при всем разнообразии профессии, которое постоянно увеличивается, и обилии образовательных технологий и форм уже нет необходимости следовать профессии родителей, хотя надо понимать, что если такое возможно, как и в давние времена, это чаще всего является хорошей перспективой для ребенка в плане его развития, хотя устаревание некоторых специальностей должно напоминать родителям, что современный человек должен быть достаточно гибким и готовым осваивать новое, иметь к этому мотивацию. Проблема, что родители часто не имеют возможности показать детям работу, взять с собой или очень заняты. Это жаль, нужно убирать эти барьеры. Но главным барьером являются сами дети, которые, как водится, рано или поздно восстают против любых инициатив родителей.

Конечно, образовательная среда, которую родители могли бы создавать, как известно, очень мотивирует, увлекает, способствует усвоению знаний и умений. Старшая дочь одного из авторов, много общаясь с матерью-биологом, время от времени посещала институты, конференции. В 6-м и 7-ом классах она стала победителем и призером олимпиады школьников по биологии, хотя на школьные уроки она не ходила, да и учебник читала нечасто, при этом успешно сдавала выданные ей в школе задания, задавала вопросы, смотрела, изучала живое на прогулках на улице, в походах.

И это ребенок, которому не было особенно интересно изучать именно биологию.

Такое без среды невозможно. Сидя дома, даже имея все ресурсы на руках, не выучишь, не поймешь, не сможешь применять такие вещи.

Другой автор тоже приобщал своих детей к работе в своей фирме, а мать однажды отдала старшего сына на обучение к известному мастеру, делающему эксклюзивные кухни.

Однако в определенный момент дети отказались следовать рекомендациям родителей, а в тех случаях, когда последовали – обвиняли родителей в неудачном выборе предложенной им профессии.

На основе отдельных успехов и неудач нельзя делать далеко идущие выводы, но в принципе, чем наставничество не является альтернативой учебе? Основные навыки начальной школы – читать и писать – можно освоить дома, если родители имеют возможность немного уделить времени, ну или бабушки и дедушки.

Но все же, за счет появления новых специальностей, дети, как правило, сейчас не следуют по стопам родителей, и родители обычно справедливо на этом не настаивают. Да и устаревают специальности. Мы живем в уникальное время высшей степени неопределенности, всё развивается настолько быстро, что о судьбе ни одной специальности ничего нельзя сказать с достаточной степенью уверенности.

Возможны занятия спортом или зачисление в профильные школы, если ребенок талантлив, и у него хорошо что-то выходит, и если ему интересно. Здесь обязательно стоит отметить, что жесткий подход наших предков, когда мастера брали на учебу только самых-самых по причине того, что и их самих было немного, сейчас не актуален. В любой рабочей команде, чем бы она ни занималась, нужны принципиально разные люди. Команда, состоящая сплошь из гениев, никогда не сделает ничего путного, не добьется успеха. Несмотря на кибернетический прогресс, все еще нужны и те, кто просто аккуратно выполняет большие объемы не самой интеллектуальной работы, но все же такой, которую не поручишь современной программе, кто-то улаживает отношения и может сказать слова поддержки коллективу, сплачивает его. Таким лицам подготовка разного уровня и различная специализация важна. А для этого детей хорошо привлекать к различным совместным проектам по интересам. Например, таким руководителем может быть эколог или инженер, проекты могут осуществляться под руководством любых мастеров. За счет того, что возможно отчасти дистанционное взаимодействие, если позволяет связь, возможности таких проектов сильно расширяются. Некоторые теоретические аспекты можно изучать дистанционно, но не увлекаясь, т. к. дети еще хуже взрослых воспринимают сложный материал за счет ограниченности каналов связи (зрение и слух). Тем не менее для кого-то это единственная возможность получить качественную информацию.

Самообразование для старшеклассников по отдельным направлениям более доступно, для младших – ограниченно. Учитель же нужен, так как не сформированы как следует навыки самоконтроля.

Можно пробовать изначально ориентироваться на интересы ребенка, но давать возможность их менять. Не каждый день, а со всей ответственностью и обоснованностью. Во многих случаях благодаря объединению по интересам дети и остальное усваивают хорошо, им интересно учиться вместе, за компанию.

Есть детские учебные заведения, частные, где просто есть тематические комнаты, где дети чем-то с учителем занимаются, но свободно перемещаются между комнатами и вообще могут делать, что хотят, но это может использоваться как дополнительное обучение, разве что как основное для младших школьников с проблемами адаптации к обучению.

Вот нужно ли непременно всех учеников пихать в спецшколы? Мы думаем, что не нужно. Но крайне важно определить склонности ученика, причем отслеживать их в динамике, не приклеивая ярлык при первом же собеседовании или тестировании. Откроем небольшой секрет. Именно так поступают тренеры в ведущих спортшколах, что позволяет им подготовить высококлассных спортсменов, в том числе из детей, которые на начальных стадиях не показывают выдающихся способностей и результатов, но при этом обладают какими-то особенными качествами, не очень-то и заметными и как будто не особенно полезными на первый взгляд. Умение увидеть и развить это особенное, постоянно давать шанс всем ученикам, не ставя крест ни на ком – важная часть работы любого педагога. Разумеется, не все станут выдающимися. Но умение идти к цели, несмотря на проблемы, работать качественно, ответственно и с интересом дозировать нагрузки, уметь радоваться жизни и хорошо отдыхать, помогает любому достичь личного максимума, стать надежным специалистом среднего звена (а в таких потребность всегда максимальная) или использовать принципы, по которым они учились, и остальной позитивный опыт в других сферах, если полученная специальность стала неактуальной.

Нет времени? Вспомним, сколько времени в школах тратится на откровенную ерунду. Это время можно было бы потратить с пользой.

Итак, если родители не могут по какой-то причине передать ребенку свою специальность или считают это нецелесообразным, и есть в доступе (так, чтоб далеко не ездить) хороший педагог, с которым можно хоть время от времени общаться лично, нужно использовать любую возможность, если ребенок в принципе не против. Как мы знаем, художниками / писателями / инженерами не рождаются. Если рядом есть тот, кто может увлечь, нужно пользоваться.

Так и группы/классы дружнее, ведь есть общие интересы, а учить в школе по месту жительства чему-то общему среди случайных людей непонятно зачем.

Очевидно, что за счет различных форм обучения, которое многие родители при наличии поддержки с готовностью возьмут на себя хотя бы отчасти или с организационной точки зрения (даже сейчас, без поддержки многие берут), произойдет разгрузка и массовых школ, позволяя и там применять максимально персонализированный подход в обучении для тех детей, для которых родители не смогли организовать что-то еще. И детям будет нравиться больше.

Ведь и в школах можно организовать прекрасную образовательную среду, оснастив технически не только доступом в интернет, но и приборами, на которых школьники могут учиться работать, параллельно постигая теорию. Все это возможно, если будут сняты перегрузки с учителей по численности классов и оформлению огромного количества документации, от которого многие учителя забывают, что они вообще должны делать в школе. Особенно важен очный контакт для учеников младших классов, но при этом самое главное, чтобы это был авторитетный человек для них. Онлайн-обучение может быть использовано как дополнение, но именно научить без контакта, дающего огромное разнообразие стимулов, способствующих закреплению учебного материала, воспитанию саморегуляции, оно не может. В школе, или дома, или в кружках и секциях, походах на природу, или где-то еще, но очное обучение должно быть.

В интернете имеются только те идеи, которые уже кому-то пришли в голову. Более сложный и разноплановый реальный мир дает на порядок больше пищи для новых идей, хотя и при этом за счет стирания пространственных границ.

Важно наличие источников идей, а они в основном в реальном мире, который реагирует на воздействие человека очень многообразно и интересно, неоднозначно, и можно изучать что-то бесконечно. Бездонный кладезь информации.

Тот, кто никогда не видел микроскопа, не работал на нем, не готовил препараты, не будет интересоваться видео и фото с микроскопа, выложенные на интернет-ресурсах. А если и заинтересуется, то, скорее всего, даже не задумается, каким образом такие изображения были получены, а реальные микроскопические обитатели почвы, водоемов, болот и т. д. будут восприниматься примерно так же, как придуманные кем-то существа, герои компьютерных игр или мультфильмов. Тем более что современная техника позволяет создавать их достаточно реалистичными, если хорошо постараться. Можно привести и другие примеры, когда, несмотря на высокое качество ресурса, дети не понимают основной сути того, что изучают, того, как эта информация получена, а также того, что и они когда-нибудь так смогут, если захотят и будут стараться.

Об этом четко говорит опыт преподавания одного из авторов. Подобного рода интернет-ресурсы привлекают в основном взрослых, а если дети и интересуются ими, то обычно это те немногие, кто сам умеет работать с микроскопом. При этом заинтересовать ребенка в изучении микромира на очном занятии не составляет труда. Пожалуй, это самые популярные у детей практические занятия. Особенно если грамотно подобрать материал.

Школа мешает детям, у которых уже ярко выражен какой-то интерес, и они хотят ходить параллельно в музыкальные, художественные, спортивные школы, готовы работать и учиться планировать своё время. Руководство жестко настаивает: выбирайте, или то, или другое! Но ребенок в 7-8, 10, и даже в 14-15 лет еще не в состоянии сделать осознанный выбор. И родители по той же причине не могут сделать это за ребенка, ведь этот его жизнь. Да и сама перспектива такого радикального выбора закономерно пугает, тем более в современном, быстро меняющемся мире, когда навыки игры на скрипке, например, могут в будущем стать не нужны вообще, и бросать ради их приобретения всё, отдавать этому все силы даже сейчас кажется большинству неразумным. Тем более что перспективность музыканта или, например, спортсмена в детском возрасте не всегда можно надежно оценить, даже если это делает высококлассный педагог или их целая комиссия, ведь успехи складываются из огромного числа разных факторов. Но при этом научиться делать что-то хорошо и заниматься с интересом, научиться планировать своё время в раннем возрасте, нести ответственность за результаты своих действий, да и вообще активно познавать мир, отличный от бесконечных школьных уроков, видеть разную жизнь невероятно полезно как для развития гибких, универсальных навыков, так и для того, чтобы иметь реальную информацию к размышлению о собственном будущем.

Во что превращается школа со своей цифровизацией? Почему альтернативы учебе так важны? Когда-то школа являла собой образовательную среду пусть и не для всех, но для многих желающих. Потому и обучение получалось эффективным. Теперь что? Дети частенько даже не смотрят оценки, т. к. это еще одна цифровая платформа, а на ней что-то вроде лайков в Фейсбуке или ТикТоке. Не нравятся те, кто неадекватно оценивает тебя, ставит двойки, читай, дизлайки, так уходи на другую платформу. Кто опустит руки, а кто бегом в ТикТок или еще куда. Глядишь, найдется место в сети, где оценят, как надо. Высоко. Объективно или нет, другой вопрос. Но раз школа стала аналогом Фейсбука, только неприятным, с кучей разной бюрократической волокиты, то и альтернатив ей – море. Что ни возьми, с большой вероятностью будет лучше. Хоть очно, хоть заочно.

Дети всё равно часто убегают с цифровых, дистанционных уроков, отчаянно халтурят, учителю непросто взаимодействовать и дисциплинировать их, а самоконтроль у детей не сформирован, с проведением контрольных проблема, можно обмануть и попросить сделать контрольную другого. Даже студенты вузов, и те халтурят, а ведь они старше и сами выбрали учебу после школы по понравившейся специальности. Что уж говорить о школьниках, которых подчас заставляют играть в этот "школьный ТикТок". Но если и не заставляют, самоконтроля еще маловато в силу возраста.

КАК ВЫЗВАТЬ ИСКРЕННИЙ ИНТЕРЕС?

Как мы уже писали ранее, в первую очередь важно не отбить природный интерес ребенка к обучению. Причем это касается как педагогов, так и родителей, так как и те, и другие могут являться причиной его утраты. Но что же делать, если ученик уже утратил интерес к учебе? И что делать, когда нужно изучить что-то, что будет необходимо ученику в будущем, или уже необходимо, но это совершенно не интересует его? Ну, к примеру, хотя бы банальные правила дорожного движения, которые должен знать каждый ребенок, живущий в городе, просто чтобы его не сбила машина. Есть, скажем, такой предмет в школьной программе под названием ОБЖ (основы безопасности жизнедеятельности) или что-то подобное, к которому, увы, ученики в лучшем случае относятся как к необязательному и учат, лишь бы отделаться, в худшем – не учат вообще, так как там рассказывают что-то совсем далекое от жизни, как кажется ученикам.

Почему так происходит? Во многом из-за отсутствия у учеников опыта. А также из-за неадекватности учебных программ. Многим детям даже интуитивно понятно, что часть материала для них абсолютно бесполезна. А в силу отсутствия опыта, дети не в состоянии осознать применимость остальной части, поскольку ни учебники, ни большинство педагогов не утруждаются тем, чтобы передать знания в нужной детям форме с опорой на имеющийся у них небольшой опыт, развить и обогатить его. Предметов много, в приоритете литература и математика, которую даже не усваивают, хоть и учат до потери пульса. Что уж говорить, о "второстепенных" предметах.

Для того чтобы вызвать уже утраченный интерес, нужно решить непростую задачу. Ведь развивающийся мозг ребенка от природы имеет свойство этот интерес генерировать. Ребенок в норме просто жаждет знаний, а узнав что-то и обдумав, задается новыми вопросами, желая узнать больше. Тем сложнее вернуть то, что не достигнуто в результате каких-то усилий, а имелось от природы и было почему-то утрачено. Трудно понять, а что же утрачено? Пожалуй, утраченный интерес к жизни, к окружающему миру можно сравнить с болезнью, которая требует серьезной реабилитации.

Как мы писали ранее, организм хоть и склонен и запрограммирован учиться, он также запрограммирован не тратить ресурсы понапрасну, и этот баланс между экономией и жаждой чему-то научиться – уже сам по себе является важным навыком, который формируется постепенно с возрастом, на основании жизненного опыта. Любой ребенок стремится к тому, чтобы ощущать себя комфортно. Если жизнь, внешний мир раз за разом доказывает ему, что учеба – это неприятно, скучно и не нужно, он или пойдет познавать новое вне школы сам, либо, при наличии чрезмерной опеки со стороны родителей, в конечном счете придет к наиболее экономному и несамостоятельному сценарию, ведь инициатива наказуема (мало ли что случится), а без нее вроде и так тепло, сытно, и мухи не кусают. В этом случае интересы человека становятся примитивными, каковыми и остаются в течение жизни, поддерживая инфантилизм и во взрослом возрасте.

Так что же мешает не уничтожить природный интерес, что мешает развивать его? Мы уже поняли: один из факторов – гиперопека. Она не только блокирует развитие, но и не дает развиваться любопытству, разнообразным интересам и, как следствие, мотивации в учебе.

Помимо этого, перегруженность учебным процессом также негативно влияет на формирование интереса. Даже уставший взрослый не станет любоваться прекрасными закатами и размышлять о смысле жизни, если перегружен работой и даже не имеет времени нормально поесть. В случае, когда речь о ребенке, эта проблема встает еще острее и может полностью разрушить способности к самоконтролю и саморегуляции.

Другой фактор – сконцентрированность многих детей на видеоиграх и мультфильмах. Обучающие мультфильмы и подобные ресурсы как единственный или основной источник знаний тут не помогут, так как не формируют функционального знания, а у малышей разрушают ощущение грани между реальным и виртуальным, или она вовсе не формируется. Современные технологии, применяемые в видеоиграх, на телевидении и в различных интернет-ресурсах, благодаря развитию психологии и нейробиологии, позволяют надежно завладеть вниманием ребенка и даже взрослого человека. Ребенок, привычно уткнувшийся в планшет, стабильно теряет интерес к внешнему миру и понимание обратных связей, ведь в виртуальном мире этого нет, а если есть, то всё проще и чаще всего принципиально отличается от того, что существует в реальном мире. Кому-то прибыль от продаж, а кому-то – жизненный тупик, ведь зависимость от подобных вещей очень похожа на наркотическую.

Таким образом, интерес ко всему постепенно угасает. Более примитивный виртуальный мир со временем надоедает, а то, что в реальном мире есть нечто более сложное и любопытное, непредсказуемое и невероятное просто потому, что не ограничено человеческим разумом и воображением, напрочь забывается.

Тут стоит отметить одну наметившуюся общую тенденцию развития виртуального мира. Дело в том, что, как показывают исследования, основная и очень важная утрата при избыточном общении детей (в меньшей степени взрослых) с виртуальным миром, это блокировка развития воображения. Таким образом, каждое следующее "цифровое поколение" не только рискует здоровьем из-за малой подвижности, но и всё менее способно придумывать что-то оригинальное, грамотно строить гипотезы в попытке объяснить мир, генерировать новые идеи и образы, создавая интересные сюжеты для кино или технические новшества и т. д.

И это действительно наблюдается в современном мире. Появляется огромное количество цифровых ресурсов, которые при всей технической оснащенности их создателей совершенно не наполнены смыслом, на рынок выпускаются товары сомнительной применимости, и только их реклама, а не реальная потребность покупателя, позволяет продавать их. Таким образом, за формой теряется самое главное: содержание.

В дополнение к сказанному отметим, пожалуй, самое важное. Мы снова вынуждены вернуться к теме учителя, поскольку интерес у детей, как и многое другое развивается благодаря примеру. Большинство читателей, скорее всего, без труда вспомнит хотя бы одного учителя или даже представителя другой профессии, невероятно увлеченного своим предметом, который с горящими глазами рассказывает, показывает, отвечает на вопросы учеников. Почему у такого учителя процесс обучения очень эффективен, хотя он может часто отклоняться от программы и даже не успеть охватить все, что "положено"? А потому, что такой учитель показывает детям пример. В том числе пример интереса, ведь дети, как мы знаем, во многом учатся на примере, повторяя за взрослыми. Так, дети "загораются" подобным интересом, у них формируется мотивация, несмотря на все трудности, учиться, совершенствоваться, стать как учитель, причем в этом случае ученики могут и не заметить, как превзойдут его. И если такой учитель посоветует что-то дополнительное к уроку, дети в большинстве своем заинтересуются и найдут время познакомиться с рекомендуемым ресурсом, зададут вопросы, поищут информацию сами. Потому что интересно. Потому что уважаемый и любимый ими учитель сам искренне интересуется предметом, а значит, это и вправду значимо и важно.

Слово «интерес» почти синонимично доверию, пользе, вдохновению. Интерес изначально подразумевает непосредственное погружение, соединение, взаимодействие. Это уже само по себе подразумевает, что, если речь идет об учебном или воспитательном процессе, невозможно вызвать интерес, постоянно «играя в одни ворота».

Интерес необходимо долго и кропотливо выстраивать. Это как архитектура, где есть изначальный замысел, генеральный план, материалы и сроки, и только потом, после длительного труда – конечный, устойчивый, долговременный результат. И так же, как это характерно по отношению к каждому отдельному человеку, это относится и к любому предмету или теме, на которых концентрируется внимание.

Интерес первоначально пробуждается на личном уровне и затем переносится на уровень более умозрительный, когда личность передает что-то от себя другому через базовую симпатию. Так это работает в детском и подростковом возрасте, когда эмоциональный фон и восприятие заменяет формирующейся личности пока еще неразвитый интеллектуальный уровень сознательной деятельности. Мы также лучше запоминаем, когда это соотносимо с чем-то приятным и устойчивым. А запоминание, особенно в усложняющемся режиме, является одной из главных характеристик такого явления, как интерес.

Внимание и запоминание как бы представляют собой два полюса, между которыми сознание выстраивает ассоциативные цепи, характеризующие интерес как укорененную потребность в творческом познании. Ни творчество, ни познание невозможны без любви как особого отношения. Неслучайно древние говорили, что мы «настолько знаем, насколько любим». А любовь без искренности также немыслима.

Вот почему каждый раз, когда мы говорим об интересе, мы возвращаемся к теме межчеловеческих отношений. И в этой связи в современном мире возникает новый уровень интереса, когда он бывает искренним, но далеко не всегда основывается на первичных межчеловеческих симпатиях, так как они опосредуются или даже подменяются в ряде случаев техногенными способами. Однако даже в этом специфическом случае конечной целью интересов всё равно становятся люди. И отношение к ним в итоге неизбежно определит судьбу как самого интереса, так и интересующегося (или также заинтересованного, что не всегда одно и то же).

Для того чтобы вызвать искренний интерес, надо прежде всего пробудить доверие, связав одновременно какие-либо формы знания с позитивным межличностным фоном индивидуального общения, а также наклонности и черты характера ребенка, которые в зародыше стимулировали бы его восприятие и фантазию в нужном направлении. Материал необходимо давать постепенно, в игровой форме, мало-помалу незаметно увеличивая объем. В зависимости от реального прогресса в построении интереса. Необходимо объяснять связи тех или иных форм познания друг с другом на междисциплинарном уровне, чтобы ребенок ощущал, что все в этом мире не существует само по себе, но является частью сложной системы взаимоотношений на всех уровнях бытия. Такие соотнесения способны пробудить творческое воображение и одновременно открывать для учащегося все новые сферы для интересов.

КАК РАСКРЫТЬ ИНДИВИДУАЛЬНЫЙ ПОТЕНЦИАЛ РЕБЕНКА?

Начнем издалека. Много сейчас говорят о том, что семья должна содействовать школам при обучении ребенка. Но что стоит за этими словами? Помогать учить, делать домашние задания? Как-то так это содействие обычно и понимается. А школа тогда зачем?

Но если вдуматься, действительно, базовые навыки, умение общаться, выстраивать отношения, основные навыки самообслуживания по большей части ребенку дает семья.

Крепкая, хорошая семья также дает и базовые жизненные ориентиры, и шаблоны поведения, и принципы решения проблем в различных затруднительных ситуациях.

Важной характеристикой всего описанного является то, что в первую очередь ребенок в семье учится, как следует поступать, оценивать свои действия на соответствие сформированным родителями и близкими родственниками ориентирам способами поведения. Для маленького ребенка, который еще мало умеет и немногому может научиться в силу возраста, это самое главное: понимать, как правильно, что такое хорошо, как говорится в известном одноименном стихотворении. Как делать не надо, что плохо и неправильно, может стать основным методом обучения только для больших детей, которые уже близки к началу самостоятельной жизни.

Но вы можете возразить, а где сейчас крепкие семьи с хорошими отношениями? Нет их почти. Только вот беда, именно семья и закладывает базовые навыки, на которых строятся хорошие манеры и черты личности, необходимые для взаимодействия с другими людьми и построения с этими людьми хороших отношений. Хорошая семья и научит. А не научит, то и в прекрасной школе ребёнку их будет освоить очень и очень непросто, а уж в массовой – и подавно.

Но институт семьи сейчас рушится почти повсеместно. И снижение образовательных результатов связано в том числе и с этим. Взрослые поглощены собой, часто сами незрелы, дети порой появляются незапланированно, да и если запланированно, не все реально понимают, что такое быть родителями. Особенно если один ребенок в семье. Часто такие родители склонны переложить ответственность за образование детей на школу, на кружки. Вроде как отдали, и спокойны. А сами учить, общаться не хотят. Нет такой привычки, понимания, что это важно. Они не могут дать детям тех базовых навыков, которые могли бы позволить им стать успешными в образовании в том числе. Но при этом трудно представить, что кто-то может лучше воспитать свое чадо, чем собственные родители, потому что ребенок привязан к ним и в определенном возрасте естественно и лучше всего усваивает любую информацию от них. (Пока в раннем подростковом возрасте не возникает отторжения, и тогда подростки лучше воспринимают других взрослых, чем собственных родителей.) За очень редким исключением, когда у родителей объективные проблемы вроде алкоголизма, наркозависимости, тяжелых психических расстройств. Дети таких родителей имеют мало шансов.

Лет пятнадцать-двадцать назад в Подмосковье, в районе элитных коттеджных поселков часто встречались плакаты с социальной рекламой, на которых было фото симпатичного и добротно одетого мальчика и надпись: "Весь в няню", так как в те времена многие родители нанимали своим детям нянь, если могли позволить в плане финансов, при этом с детьми почти не общались, даже если кто-то из родителей не был вынужден постоянно работать. Стремление к богатой и комфортной жизни, желание развлечений, быстрое утомление от детей как следствие собственной инфантильности заставляли ряд родителей фактически отказываться от детей и передавать их на воспитание няням. Нянь часто нанимали подешевле, без образования, тех, кто готов был побольше работать за скромные деньги. И кто, по сути, в лучшем случае мог только присмотреть за ребёнком. Дети и учились у таких необразованных. И часто совсем плохому.

В современном варианте надпись на подобном плакате могла бы звучать еще печальнее, примерно так: "Весь в "Алису/Марусю/Гугл-ассистента".

Только вот, увы, не видно сейчас социальной рекламы, пропагандирующей семейные ценности. Хотя печальные последствия деградации института семьи лезут изо всех щелей.

При этом, как мы можем понять из предыдущих глав, семья – уже сама по себе образовательная среда, так необходимая для успешного обучения. Причем такая, в которой ребенок в норме находится постоянно, ну или как минимум регулярно и подолгу. И вот получается, что чем дальше, тем больше этой базы дети лишены из-за недостаточного общения с родителями (у всех свои дела, разделены интересы), из-за неумения и нежелания родителей взаимодействовать с детьми, отсутствия терпения, наконец, их очевидной инфантильности.

Отсюда и решение: укрепление института семьи на всех уровнях, начиная с государственного и надгосударственного уровней. С большой вероятностью одна активная пропаганда семейных ценностей и реальная, а не фиктивная поддержка семей может дать возможность подготовить детей к школьному образованию, в том числе больше детей эффективно учить самостоятельно, на семейном или заочном обучении, а отчасти и на самообразовании, что даст возможность и разгрузить массовые школы, и улучшить качество образования (в том числе и в этих школах).

Очевидно, что современная школа не стремится, да и не может помочь раскрыть индивидуальный потенциал ребенка, ведь необходим индивидуальный подход. В семье, на семейном обучении это задача родителей, индивидуальная. Ее трудно конкретизировать, но мы все-таки попробуем рассмотреть основные принципы.

Немного вернемся к педагогам. Мы уже понимаем, как важен хороший учитель, но учителей, которые реально могли бы помочь детям раскрывать себя, как мы уже знаем, везде не хватает. Даже там, где им оказывают постоянную и значимую поддержку.

При этом работа невероятно сложная, так еще и в большинстве стран не поддерживается должным образом государством и, к несчастью, обществом. Образовательные услуги, в которые превращено образование в современной России, делает из учителя слугу, вынужденного угождать всем: и начальству, и родителям – чтоб не уволили, жалобу не написали. Притом, что некоторые из учителей со стажем вполне могут оставаться самодурами, явно и безнаказанно разрушать детскую психику и наносить очевидный и долгоиграющий вред. Во время подготовки этой книги авторы получили немало писем с историями вопиющего самодурства учителей, доходящего до открытого издевательства и подавления учеников. Вот вам и очевидное мучение вместо учения, как и было заявлено в названии книги, когда речь идёт не об учителе, а о мучителе.

Угадайте, кто получится после обучения у такого «учителя»? О каком раскрытии потенциала детей тут может вообще идти речь? Многие сочтут совсем непривлекательной данную перспективу, если хорошенько задумаются. И захотят детей из школы забрать. Что уже и происходит довольно массово.

Проблема не только в таких учителях со стажем, ведь качество современного педагогического образования оставляет желать лучшего. Но все же задумаемся: ну не могли же враз исчезнуть люди, имеющие педагогический талант и желающие учить других. Где же они теперь? Репетиторы? Да, конечно. Но чтобы быть репетитором, все же нужно приличное образование. К тому же доля богатых людей, которые могут нанять репетитора, постепенно уменьшается. Особенно если речь о таких "второстепенных" предметах, как химия, биология, искусствоведение, обществознание и т. д. А ведь кто-то не пошел работать учителем вообще, понимая перспективы, а кто-то даже не стал тратить время на бестолковое обучение в вузе ради непонятной бумажки диплома и околонулевых знаний, но при этом имеет и способности, и желание обучать других. И это, несомненно, куда более многочисленная группа, нежели репетиторы. Где же эти люди?

А вот где: в лучшем случае они организуют семейные школы, если имеют ресурсы, но большинство – это так называемые коучи, промоутеры, блогеры и подобные им деятели, ведущие преподавание на свободные темы и в свободной форме, за исключением того, что в современном мире, чтобы выжить за счет подобной деятельности, им, как правило, необходимо что-то постоянно и активно рекламировать. И да, их педагогический талант постоянно поощряется всеми возможными способами, а умение донести нужную информацию до аудитории имеет чаще всего хорошую обратную связь. Хорошее выступление повышает продажи (товаров или услуг), дает приятные многим "лайки" в соцсетях, дает доход и возможность достойно существовать, не думая о деньгах. При этом, как правило, сейчас взаимодействие с учениками идет через интернет, а у таких людей чаще не постоянно фиксированная аудитория, а случайная. В любом случае, постоянно появляются новые ученики, и уходят тоже. Текучесть большая. Но тут цель заработать, а не обучить в первую очередь.

Да, чудесно, что такие люди могут что угодно донести до детей и взрослых, знают соответствующие технологии и формы обучения. В том числе нейролингвистического программирования (НЛП). Но у них нет содержания. Без образования и при постоянной необходимости продвигать то, что скажут, у этих талантливых людей постепенно атрофируется критическое мышление. Оно ведь только мешает в подобной работе публичных выступлений и тренингов. Ну или как минимум оказывается бесполезным в большинстве случаев. Вот и отпадает за ненадобностью.

Будь у таких людей хорошее фундаментальное образование, умение критически мыслить и искать информацию, разбираться в сути вещей и механизмах функционирования всего, а не только заниматься поиском "багов" в работе человеческого сознания, дабы навязать что-то клиентам, какие бы это были прекрасные и эффективные учителя, надежные наставники для учеников. Но... они блогеры, ведущие подчас бесполезные ресурсы или с недостоверным содержанием, коучи, промоутеры, актеры в рекламе, тратят свой талант на впаривание дурачкам непонятно чего, не думая о содержании того, чему учат, что предлагают. Они привыкают, в силу профессиональной деятельности, изучать новое очень поверхностно, ни во что не вникая хоть сколько-нибудь глубоко и системно. Счастье, если есть кто-то, кто подскажет, даст возможность разработать качественный материал, наполнить содержанием учебные курсы, ведь качественное образование перестало быть широкодоступным.

А на эти сомнительного содержания интернет-ресурсы натыкаются и дети, которые часто бессмысленно бродят в сети, пока родители занимаются своими делами.

Это мы, взрослые, знаем, что вредно, что полезно в цифровой среде. Да и то, не всем на самом деле достает этой цифровой грамотности. А дети, не имеющие представления о том, как в принципе все это работает, как устроено, тем более не знают. Без участия взрослых дети, не имеющие опыта, могут находить обрывки полезного, но могут и мимо пройти, наткнувшись на агитаторов и промоутеров с педагогическим талантом. Следовательно, детей необходимо учить, стараться изучать самим с ними параллельно то новое, что появляется, обсуждать или искать достойных учителей, которые именно в этой активно развивающейся среде, конечно же, есть, и их реально найти.

При поиске возможностей для раскрытия потенциала ребенка важно еще и помнить о том, как на развитие в целом влияют страх, и особенно постоянный стресс, и чувство потерянности.

Важно не забывать, что хоть жизнь и полна опасностей, маленьких детей нельзя запугивать даже с целью выработки послушания. Не пугать, а показывать, как надо. Пусть ребенок, пока он в раннем возрасте и не знает, идя по верному пути, каких опасностей избегает. Об этом он узнает позже, когда подрастет. На первых этапах необходимо, чтобы у него сформировалось понимание общих ценностей и жизненных ориентиров, понимание того, что хорошо и правильно, умение научиться сравнивать одно с другим. А ужастики позже. И для этого придет время.

Но сейчас очень часто принято постоянно действовать на негативе. "Не бегай, упадешь, сломаешь ногу" (а как научиться бегать, чтобы не ломать ноги, если не тренироваться, если ребенку нельзя бегать?) и так далее. Да, техника безопасности – понятно, но часто аналогично действуют и во всех остальных случаях при обучении. "Не играй, а делай уроки – вырастешь идиотом" (а задали непонятные вещи вроде квадратных уравнений, не объяснив, ну зачем вот это учиться делать) или: "Ну как ты режешь хлеб, ты же пальцы отрежешь себе".

Почему это не работает? Дело в том, что тут упускается важный момент: вариантов, как не надо, как неправильно и опасно – бесчисленное множество, и изучить их, твердо освоить не под силу никому, тем более ребенку. Таким образом, приходится изучать лишь ограниченное число наиболее "популярных" негативных сценариев. Но "популярность" может быть и необъективна ввиду многогранности жизни, складывающихся ситуаций, разницы условий жизни, возраста участников и обстоятельств. СМИ также активно участвует в распространении негативной информации, негативных примеров и сценариев развития событий. И даже еще хуже: вытаскивают на поверхность в виде сенсации часто разные негативные примеры, ситуации, которые произошли в силу стечения определенных специфических обстоятельств и, по сути, являются крайне редкими. Но за счет высокой представленности в СМИ люди считают, что происходят они чаще, чем на самом деле. Да и вообще, как мы знаем, мы все эволюционно учимся на примерах, а объективный анализ нам освоить очень трудно. Он становится доступным для освоения лишь в определённом возрасте, да и то, по факту его полноценно осваивают далеко не все. Ведь этому не учат в большинстве школ, и родители не все могут обучить такому.

Так вот, проблема в том, что знание и понимание, как не надо и как неправильно, доминирует часто над позитивными, правильными и продуктивными сценариями. И ученикам остаётся непонятным, а как же правильно? Как сделать, чтобы работало, как сделать, чтобы поставленная цель была достигнута?

Позитивные образы, к которым любой ребенок и вообще любой человек подсознательно стремится в этой ситуации, берутся из несуществующей реальности, например, из виртуальной. Потому что настоящее выглядит слишком мрачным и непривлекательным, а из-за выученного чувства беспомощности и идея о том, что он своими руками может кое-что изменить к лучшему, у ребенка не возникает.

Даже с базовыми вещами в таких случаях возникают проблемы. Увы, виртуальный принц на белом коне, как позитивный образ идеального мужчины (в том числе для выросших девочек) не лучший помощник в жизни. Он не может стать хорошим мужем и отцом, так как его аналоги в реальной жизни – просто обман, приводящий девушек к личным трагедиям, подчас пускающим всю жизнь под откос. А знойная полуголая и общедоступная брюнетка из компьютерной игры не станет хорошей женой. Подобный образ "идеальной" женщины и непонимание того, какие человеческие качества важны для создания семьи, и мужчин приводит к беде. При этом страдают и дети, появляющиеся в семьях таких инфантилов, запуганных родителями и школьными учителями, опустивших руки, так как реальный мир кажется им полным ужасами. У них нет понимания правильных алгоритмов действий в сложных ситуациях и родителей/наставников, которые бы показали, как надо. И какая это легкая добыча для мошенников, подобные люди. Ведь стоит только придумать что-то плохое, чего они не знают, надавить на нужные болевые точки – и они попались.

Но если детей учит виртуальная реальность, тем более без какого-то направления, по принципу, что больше рекламируют, получается так, как мы описали выше.

В крепких семьях всегда присутствует позитив и пример «как надо». Причем все базовые навыки у детей в раннем возрасте формируются в этой атмосфере. И поразительно, но такие дети, идя по протоременным дорожкам добра и позитива, уверенные в себе, ставят себе цели и достигают их, даже если нет материального обеспечения. В старшем возрасте освоив и технику безопасности, но уже имея сформированную мощную подушку позитива, такие дети уже могут очень много. Ведь страх, который парализует развитие, не стал частью их личности с раннего детства.

Так вот в раннем возрасте каждому ребенку просто необходимо заложить фундамент, давая развиваться, давая интересоваться миром. Только так потенциал ребенка может раскрыться, только при этом условии. И только потом все остальное.

Также нельзя задавить стремления малыша в раннем возрасте, перегружая его школьными и разными навязанными дополнительными занятиями. Просто стоит принять, что заниматься по 7 уроков первоклашка без вреда для своего развития, да и вообще здоровья просто не может. Не рассчитан человеческий организм на это. А всяких примочек к нему, которые "залили" бы в него по-быстрому массу знаний и умений, еще не придумали. Даже в средней и старшей школе непросто по 7 уроков высидеть. А если еще и "сидячие" кружки после школы? На практических занятиях и физкультуре может быть и попроще, но дети устают все равно, хотя от однообразия устают, конечно, больше.

Чем больше усталость, как физическая, так и психологическая, тем меньше шансов у ребенка реализовать свой потенциал. Поэтому первое дело для этого – обеспечить здоровье, психологическое благополучие, мотивацию.

А вот уже когда мы понимаем, что ребенок благополучен, не запуган, интерес к окружающему миру не убит, и ребенок жаждет знаний, уже и можно обратиться к модным нынче принципам, таким, как "персонализация обучения", проектная деятельность и так далее.

Успех всего этого прорастает из отношений в семье и вызывает много проблем, если семьи нет или в семье большие проблемы. Еще больше проблем вызывает у детей ощущение ненужности, в том числе в ситуациях, когда семьям, оказавшимся в трудной жизненной ситуации, не оказывается никакой реальной поддержки со стороны государства, да и вообще кого-либо. Когда родители работают много, очень стараются, получают мало, а из школы, госструктур только слетаются тумаки, когда нависают грозные и унизительные органы опеки (якобы в детском доме детям лучше). В этой ситуации возникает тот самый страх, стресс, причем затяжного характера. Но при этом и в трудной ситуации даже непосредственно для эффективного обучения детей нет другого выхода, как поддержка семьи. И даже когда нуждающуюся семью оставляют без поддержки, ребенок все равно обучается намного эффективнее, чем в детдоме. Ведь для детей важен не столько физический доступ в школу, сколько наставник и позитивный пример. А это родители, другие родственники (в раннем возрасте), а позже – и другие интересные люди, которые имеют значимые достижения (необязательно глобальные, пусть даже всего лишь в умении качественно убираться/готовить и ответственно относиться к результату). Любой такой пример детям намного полезнее, чем бессмысленное бубнение Марьванны на уроках в школе и равнодушный воспитатель в детдоме. В то же время сохранение способностей гибко мыслить и разнообразие практических задач дает ребенку возможность не стесняться чего-то необычного, что приходит в голову и что хочется сделать, не стесняться смотреть на свои и чужие действия и их плоды максимально объективно, пробовать, отсеивая все неудачное, шлифовать навыки, отстаивать свое мнение и выслушивать, принимать во внимание мнение других, учиться управлять эмоциями. И в то же время переключаться на творческий режим, дав отдохнуть "аналитической" части мозга или для обучения синхронизации работы ее с "творческой" частью. Это также обеспечивается достаточной степенью свободы, возможностью достаточно времени уделять свободной деятельности наряду с целенаправленным обучением.

Вот такое состояние, внутреннее ощущение благополучия и психологической устойчивости, позитивный настрой и дает возможность гармонично развиваться.

Ведь что важно для реализации потенциала? Не чтобы родитель или школьный психолог выявил какие-то там склонности у ребенка, а сам ребенок увидел их в себе и, более того, захотел развить именно их, имея рядом авторитетного (именно для него) наставника. И чтобы родители и другие родственники поддерживали, конечно, а не пытались сделать ребёнка кем-то из них самих, заставить *реализовывать чужие несбывшиеся мечты.*

Также важно помнить, что чем младше ребенок, тем меньше "специализация" его потенциала, то есть тем больше вариантов дальнейшей реализации. Например, если ребенок склонен к творчеству, он потенциально может стать и скульптором, и художником, и специалистом по компьютерной графике, и дизайнером одежды, и музыкантом, и много кем еще. Какой найдется наставник, тем и станет ребенок. По сути, представитель какой специальности заинтересует ребенка, за тем ребенок и пойдет. При этом он ничего не потеряет от того, что, пойдя по пути дизайна, не стал создавать живописные полотна или музыку. Позже интересы ребенка уже более оформлены и он может не захотеть, скажем, часами просиживать у фортепиано, потому что виолончель ему милее или, возможно, (о, ужас!) электронная музыка. И тут уже придется ему с родителями вместе решать, как быть, что можно сделать. Ведь одного желания мало. Нужно еще и всесторонне обеспечить его реализацию, что не всегда возможно.

Хорошо, если у ребенка есть возможность освоить профессию одного из родителей. Так проще учиться, да и при устройстве на работу уже все "адреса и явки", а также подводные камни известны. А вот если что-то новое – без надежного и неравнодушного наставника никуда. Главное, осваивать любимое дело, имея время на отдых и имея возможность не транжирить время на изучение ненужного хлама, а также тратить достаточно времени на выбранное дело, да и общее развитие не забывать (выбор-то может меняться со временем, по мере появления у ребенка новых знаний).

Новое для семьи осваивать трудно, но без этого и нет прогресса цивилизации, и в современном мире очень и очень многим придется (и уже приходится) осваивать что-то совсем новое, просто чтобы выжить, не говоря уже о развитии интересов.

И еще важно выделить время на то, чтобы пробовать разное, особенно если то, что есть на данный момент, чем-то объективно не устраивает. И важно также запомнить, какие общие склонности и таланты демонстрировал и демонстрирует ребенок. Чтобы посоветовать что-то, ведь он может всего и не знать в силу отсутствия опыта. В каких-то вопросах современные дети более продвинуты, чем родители, но есть базовые знания и ценности, моральные устои, некий фундамент, который могут заложить в будущей личности только взрослые. Ведь новорожденный ребенок совсем ничего не умеет (даже "врожденные" инстинкты на поверку оказываются выдумкой), и с самого рождения ребенок усваивает важнейшую для своего выживания информацию от взрослых.

У животных, чьи детеныши не рождаются беспомощными, с рождения закладывается больше, но и потенциал развития, как правило, меньше. Такая вот жизненная стратегия. И именно поэтому все овцы, рождающие сформированного ягненка, который сразу же после рождения бегает за матерью и даже может спасаться от врагов – это овцы, а люди – не все овцы, потому что в каждом человеке заложен гораздо больший потенциал, чем в овце. И сложная социальная структура, позволяющая долго заботиться о беспомощных малышах, позволяет этим малышам набраться больше знаний и умений. Детство у человека по соотношению с общей продолжительностью жизни намного длиннее, чем у зверей. Это дает возможность длительного активного обучения, так как период, когда обучение дается легко, очень велик, а дети находятся под защитой взрослых.

Опыт авторов однозначно говорит о том, что при грамотной работе педагога даже на первый взгляд очень заурядные дети начинают активно развиваться и достигают хороших результатов. Даже если родители не блещут умом, но любят детей и стараются поддержать детей, не перегружая обучением всему на свете, а просто искренне поддерживая их интересы и устремления. Жаль, что львиная доля потенциальных талантливых педагогов ушла в сферу медиа, пиара и рекламы.

Тут главное не упустить ту грань, когда неспешно разворачивающаяся личность ненароком останавливается в своем развитии на 14-15 годах, а то и 7-8, тогда детство затягивается, а у самого человека и его окружения возникает много проблем.

Ребенок развивается как бы "фрактально". Точнее, структура его мышления, навыков и способностей до определенного момента постепенно усложняется. Это если не мешать, не тормозить. От этого же зависит и то, как скоро это развитие замедлится или остановится. В 12 или в 80 лет.

Сейчас очень остро тем не менее стоит проблема инфантильности родителей. Возможно, хорошим решением проблемы было бы массовое проведение курсов родительства. Они, конечно, существуют, но не проводятся в больших масштабах, а порой просто формальны. В то же время они могли бы помочь как минимум принимать осознаннее решение о рождении детей, развивать понимание, что ребёнок – совсем не очередной питомец. Ребенка ведь в наши дни нередко заводят "для себя" даже одинокие люди. Как домашнее животное, и относятся к нему соответствующе.

И еще есть проблема: как сделать такие курсы родительства непредвзятыми и достаточно объективными? Какое искушение их поддержать разным компаниям в рекламных целях, использовать дурачков, а не дать им возможность поумнеть.

А как преодолевать проблемы, возникающие на пути самореализации ребенка? Тут, конечно, все индивидуально и единого ответа быть не может. Отметим лишь одно. Да, несомненно, важно грамотно выявлять проблемы (ведь препятствием к развитию, реализации потенциала может быть что угодно, в том числе любая мелочь). Но важнее учить ребенка самого выявлять свои проблемы. Постепенно, на примере и с подсказками, с максимальным старанием понять ребенка. Без этого человек не станет тем, кем хочет и, вырастая, будет лишь вздыхать об упущенных возможностях да винить родителей, что дали ему недостаточно, вместо того чтобы свою жизнь ответственно взять в свои руки.

Ведь смысл не только в том, что дают, но и в том, чтобы это брать, а еще поймать, если что полезное мимо "пролетит". Развить вот такую "хватку" в жизни. Не винить ни в чем родителей (большинство из них как минимум старается изо всех сил сделать все возможное и даже невозможное "здесь и сейчас", порой и многим жертвуя, о чем дети знают не всегда).

Важно понимание, что в жизни просто нужно стараться идти вперед, анализируя себя и окружение, общаться и проявлять эмоции, сдерживать их, когда необходимо, стремиться к самосовершенствованию, сохранять максимальную гибкость. Чего не додали родители, добирать где-то еще, если не хватает.

Это все трудно реализовать в массовой школе. Именно поэтому разнообразие опций, форм и технологий в образовании очень продуктивно по опыту ряда стран, где такое принято или было принято в прошлом.

Учитель и родители должны быть искренними. Тогда ребенок получает от них адекватную обратную связь и понимание происходящего. В мире достаточно лжи, которая ребенка дезориентирует и тем самым не дает развиваться, дает или чувство потерянности, или, наоборот, чувство ложного благополучия, когда реальность ребенок воспринимает неадекватно.

Стоит отметить, что имеет место и такая ситуация, когда за ребёнком обеспечен постоянный присмотр и проводится контроль всех его действий или многое делается взрослыми за ребенка (например, все школьные домашние задания, чтобы были пятёрки, работа по дому, чтобы в каждый момент времени было чисто и аккуратно и т. д.), поэтому у многих формируется хрупкая психика со сниженной адаптивностью. И происходит блокировка развития ребенка, возникает инфантилизм. Вот и потенциал весь похоронить можно.

Поддержание же активности, реально ответственные задания и там, где у ребёнка выходит хорошо, и там, где нужно разные навыки применить, но не все дается легко, ведет к тому, что ребенок непременно выдаст в перспективе свой максимум.

И еще никогда не нужно ориентироваться на звёзд, ярких, талантливых детей. Их единицы, и они далеко не всегда счастливы от своей «звёздности», ведь за это тоже нужно платить, и не все оказываются готовы.

Ведь если вдуматься, основу общества, продуктивную опору составляют обычные люди, которые качественно и ответственно делают свою работу, умеют честно сотрудничать и сочувствовать, умеют любить, наконец, и ориентируются в своей жизни на моральные нормы. И главное, такие люди благополучны психологически, могут прокормить себя, делиться уверенностью и позитивом с другими и в первую очередь с детьми. На таких, по сути, и держится мир. На такое и стоит брать курс. Деструкторы и паразиты рано или поздно плохо кончают и не способствуют развитию человечества, разве только как негативный стимул. Ну а счастье, конечно, у каждого свое. И путь к нему свой.

Но что мы все про учителя и родителей (каждый родитель в той или иной степени учитель своим детям). Рассмотрим вкратце, какие же средства могут помочь ребенку раскрыться?

Сейчас многие покупают развивающие наборы и игрушки. Но действительно ли они такие уж развивающие? Почему прежние поколения кажутся более развитыми, хотя жили они без таких игрушек?

Если разобраться, такие игрушки подчас лишь создают иллюзию развития, так как они ограничивают объем информации, который ребенок может получить в результате работы с ними. Разберем три примера.

Карточки с буквами и, например, животными, по которым маленькие дети дошкольники "выучиваются" буквам и названиям животных. Но давайте разберемся, чему именно они выучиваются.

Буквы для двух-трехлетнего ребенка – еще полная бессмыслица. Выучивание их в отрыве от применения ничего ребенку не дает, как и выучивание названий животных по картинкам, так как столь маленький ребенок не в состоянии мыслить абстрактно и соотнести картинку и реальное животное по неким самостоятельно выделенным общим признакам.

Набор для выращивания кристаллов отрывает от реальности, оставляя только макушку. В наборах представлены уже готовые соли в баночках и берутся они не пойми откуда.

Другое дело, если ребенок сам возьмет, например, соду, соль по подсказке родителя и учителя и получит кристаллы. Да, не так красиво. Но ведь совсем необязательно это «Вау!». Познавательно будет именно тогда, когда ребенок будет понимать, вот то, что используется в быту (а у кого-то такие вещи вообще под ногами встречаются), вот оно растворяется в воде, а при ее испарении кристаллизуется.

Другой пример – "ферма бабочек". Вроде как красиво и познавательно. Однако в наборе содержатся только коконы. Вырастив бабочек из коконов, ребенок узнает лишь то, что бабочка выходит из кокона. Но самое удивительное: ее превращение из гусеницы, а также вылупление последней из яйца – останется за кадром. Наглядности в этом не будет, хоть на словах об этом и можно рассказать. Такой набор подойдет только для дошкольников. А вот дети школьного возраста могут уже наблюдать за процессом, начиная с кладки яиц, затем за гусеницей в природе. И если от нетерпения не раздавит куколку, увидит и вылупление бабочки, если куколку поместит в банку и обеспечит необходимые условия. Эксперимент с проращиванием растений из семени – одна из тех немногих полезных вещей, которые применяются в массовой школе. Но, увы, молодые растения безжалостно отправляются на помойку вместо того, чтобы детям дать возможность дождаться цветков, плодов и семян тех самых, из которых потом вырастает новое растение (если, конечно, подопечное растение не ель). При этом еще великий русский учитель естествознания Александр Яковлевич Герд в своих трудах начала двадцатого века писал о том, что наблюдение полных жизненных циклов различных организмов – это просто кладезь информации для учеников, дающий понимание того, как функционируют и меняются организмы, общее понимание динамичности мира.

Итак, подменяя детям реальные задачи на "развивающие" игры и игрушки, мы чаще всего не продвигаем детей в развитии, а, наоборот, заставляем их буксовать. При этом у них и могут не развиться какие-то жизненно важные базовые навыки, которые в норме развиваются без непосредственного участия взрослых, и не могут развиться, если ограниченный в детском возрасте ресурс мозга задействован под какие-то иные, навязанные взрослыми, бесполезные на данный момент задачи.

Что будет стимулировать развитие и реализацию? Свобода задавать вопросы (мы уже ранее обсуждали как метод обучения, но и как способ определить и направить интересы ребенка, вопросы также хороши), свободная деятельность: подвижные групповые игры с самостоятельно выдуманными правилами или хоть просто казаки-разбойники, да хоть футбол или классики во дворе. Такие виды деятельности с постановкой поисковых задач и позволяют выявлять и развивать личный потенциал ребенка.

Какой же можно получить результат? Приведем пример одного из соавторов книги. Она с детства интересовалась живописью, биологией и космосом, а также преподаванием, написанием рассказов. И казалось, что все это у нее неплохо получается. Самые первые образовательные эксперименты, кстати, были проведены на младшем брате, который, надо сказать, сейчас совсем не в обиде и на жизнь нынче не жалуется. Казалось бы, трудно реализовать все в каком-то конкретном виде деятельности.

Но как ни странно, реализовать-таки получилось, и вот в какой форме. Сейчас она занимается анализом спутниковых изображений, изучением растительного покрова из космоса. Достаточно было узнать, что человеку нынче в космос лететь необязательно, чтобы много узнать. Есть отличные устройства, которые делают всю рутинную работу куда лучше человека и там, где ему тяжело находиться, а человек может применить себя там, где машина бессильна, используя комплексные знания и аналитику в области биологии и смежных дисциплин. Также приходится получать изображения с помощью микроскопа и работать с ними. Художественная визуализация результатов обработки данных, приводимых в регулярно публикуемых научных статьях, несомненно, добавляет им популярности, как и результаты детских тренировок по написанию текстов с тестированием их на родителях. Ну и конечно, своими результатами и достижениями других ученых обязательно хочется (и приходится) делиться и со студентами, и со школьниками, в том числе и с собственными детьми, разумеется. Как же не передать младшему поколению что-то интересное и важное для понимания жизни?

Чтобы раскрыть индивидуальный потенциал, необходимо знать предпочтения и приоритеты, склонности и хорошо понимать, какие слова или действия привлекут симпатию, а какие, наоборот, отторгнут. Достичь такого уровня понимания можно только в условиях осторожного, но целенаправленного воздействия в течение длительного периода времени. Основой для этого изучения может быть выбор, оформленный в форме игр: ребенку в том или ином виде предлагается выбрать между предложенными альтернативами, из которых одна или несколько нравятся, а другие нет, либо по нисходящей расставить приоритеты (что на первом месте, на втором, третьем и т. д.).

Это могут быть картинки или самые разные предметы, связанные по смыслу с теми или иными направлениями деятельности и вызывающие симпатию. Если предметы, выбираемые ребенком, отражают более комплексную реальность, чем простые и понятные вещи и действия, можно выждать время и затем предложить (возможно, в иной, новой форме) те же вопросы опять, следя за реакцией. И если в этом случае она повторяется, значит, скорее всего, у формирующегося человека есть предрасположенность к тому или иному виду деятельности или осознанному выбору на основе врожденной симпатии.

Когда выбор сделан даже на первичном уровне, можно уже пытаться начать работать в заданном направлении, раскрывая путем проб и ошибок потенциал таргетированной психологической и интеллектуальной сферы. При этом эмоциональная предрасположенность не всегда может завершиться интеллектуальным осмыслением. Есть случаи, когда такие обнаруженные сферы с течением времени могут отойти на второй план. И причин для этого может оказаться более чем достаточно: по мере взросления человек далеко не сразу выявляет себя как устойчивая личность, способная мотивировать собственный выбор с помощью осознанной и структурированной аргументации. Так что требуется терпение и такт.

Ни в коем случае не стоит принуждать ребенка делать что-либо при помощи насилия или психологического воздействия. Современные молодые люди в этом смысле достаточно рано взрослеют и легко распознают такие явления, отгораживаясь от их источников (будь то люди или иные объекты) непроницаемым занавесом. А если учесть и раннее начало давления на личность информационного потока, то такое поведение становится объяснимым как естественная реакция с точки зрения сохранения и распределения энергии.

В любом случае, когда сферы приложения по симпатии определены, необходимо осторожно, без давления, создавать условия, в которых, порой как бы «случайно», потенциал личности получал бы возможности для позитивного опыта проявления и раскрытия. Не надо также сразу ожидать или тем более требовать высокой результативности в данных областях.

Наоборот, вырабатывать постепенный рост объема позитивных результатов, усложнения их внутренних составляющих и критериев оценки – лучший способ сформировать у ребенка долговременную, обусловленную привычкой, позитивную реакцию.

Именно она, будучи отпечатанной в памяти в качестве своеобразного стереотипа, может в дальнейшем побуждать его к продвижению в избранных направлениях. И это продвижение будет основано на уверенности в правильном выборе и успешной результативности. При этом важно, с другой стороны, приучать ребенка также и к трудностям, уча его тому, что нужно проявлять упорство, настойчивость, трудолюбие там, где результата не удалось достичь сразу.

Индивидуальный подход чрезвычайно важен. Об этом много говорили и раньше, но лишь сейчас, с помощью обучающих программ и виртуальных классов такой подход представляется возможным осуществить. Например, не все ученики учатся через диалог. Есть такие, которых он скорее отпугивает. Таким нужно быть на уроке, молча слушать и наблюдать, что происходит. Потом они все понемногу переваривают, и если, скажем, устроить большой опрос, окажется, что они понимают всё и хорошо помнят материал уроков, при этом пишут и рисуют часто лучше, чем говорят. А вот диалог на уроке им не нравится, и толку при беседе о том, с чем ученики впервые столкнулись, от таких не добьешься. Чтобы что-то обсуждать, таким ученикам нужно глубокое понимание предмета. Есть еще те, кто, наблюдая за уроком, будет взвешивать, надо ли им это. Им тоже нужно все сначала наблюдать со стороны. И таких также не вовлечешь в диалог. А есть ученики, которые именно учатся через диалог.

Таким образом, в раскрытии индивидуального потенциала ребенка краеугольным камнем является принцип «не навреди», и, лишь убедившись, что мы не приносим своей педагогической деятельностью больше вреда, чем пользы, нужно провести наблюдения за интересами и склонностями ребенка, которые часто меняются. Нужно дать ребенку попробовать всё и вселить в него уверенность, что родитель/учитель поддержит его в любом начинании (конечно, в рамках разумной безопасности).

ОПРЕДЕЛЕНИЕ СПОСОБНОСТЕЙ УЧЕНИКА

Что, если б Моцарт родился в диком племени? Он бы очень талантливо бил в барабан, но мы бы никогда не услышали его божественную музыку. А сколько таких моцартов канули в неизвестность? Весьма разорительно для человеческого общества. Каждый раз, когда талант остается нераскрытым – это не только личная трагедия, но и потеря для человечества в целом.

Итак, интересы и выявление способностей – важная составляющая эффективного обучения и развития личности.

Из чего же формируется интерес, который и позволяет проявить и исследовать способности конкретного ребенка? И почему он может затеряться или угаснуть?

Формируется этот интерес по биопрограмме (развитие), а истоки его лежат в любопытстве. Оно исходно развивается как адаптивный для людей механизм, а позже может перерасти в конкретный интерес в соответствии с типом личности ребенка. Интерес, к сожалению, не всегда связан со способностями ребенка. Если ребенок проявляет интерес в том, в чем не имеет никаких способностей или не имеет перспектив по другим причинам, то важно помочь трансформировать интерес, переключить на другие аналогичные сферы, где ученик демонстрирует хороший потенциал. Конкретные, узкие интересы могут возникать и случайно, и при наличии определенных задатков равновероятно появление разных интересов.

У ребенка формируется интерес, а затем в деталях оцениваются способности человека в его свете на основе полученного опыта и мнения, поведения окружающих, у старших школьников и на основе самостоятельного анализа ситуации в сообществе.

Угасает интерес из-за навязывания некомфортной деятельности и банально от усталости ученика. В такой ситуации и обнаружить лучшие способности и создать возможность для их развития невозможно.

Не стоит забывать, что, скажем, интерес к балету не всегда означает, что ребенок непременно должен сам танцевать балет, ведь, во-первых, у него может и не быть никаких способностей к этому, а во-вторых, могут быть и объективные препятствия финансового, социального или иного характера.

Однако тут стоит помнить, что такие препятствия не всегда являются поводом пересмотреть планы на будущее и требовать от ребенка отказаться от того, о чем он мечтает. Важно понимать, что в рамках существующих специальностей имеется масса ниш, которые мог бы занимать ребенок в рамках соответствия своих интересов и своих способностей.

Например, желание лишь наслаждаться эстетически произведениями балетного искусства, хорошо разбираться в его нюансах позволит найти единомышленников и посещать театры, при необходимости можно и билетером устроиться, хотя в них, похоже, надобность скоро отпадет из-за применения электронных устройств для проверки билетов. Можно еще разрабатывать/шить одежду для балета или обувь, можно стать театральным критиком, аналитиком, правда, тут нужно понимать, что лишь очень яркие способности в этих областях могут дать подобное будущее, так как потребность в таких специалистах очень невелика.

Аналогично, физик или биолог – это не обязательно ученый, инженер это не обязательно чистой воды "технарь", не говоря уже об области биоинженерии, в то время как увлеченные сельским хозяйством люди могут вовсе не быть любителями копаться на грядках, а стать квалифицированными технологами, в том числе биотехнологами или организаторами в сельскохозяйственной отрасли. Весь спектр перспектив должен обязательно приниматься во внимание при поиске лучших способностей ребенка и с учетом уже сформированных у него интересов.

Откровенно говоря, разного типа личности могут найти себя практически в чем угодно. Важно только, чтобы это была хорошо сформированная и мотивированная личность. И, конечно, чтобы у нее были возможности себя обеспечить, свое существование, в первую очередь во время обучения, не тратя свои силы на поиски случайных заработков, имея возможность целенаправленно заниматься работой по специальности, не переключаясь на что-то другое слишком уж часто.

Но как же найти, обнаружить эти способности?

Ведь очень важно и определить, на что реально способен ученик, чем сможет заниматься, когда вырастет, какое место займет в обществе. При высоком уровне современной организации многих систем порядок профориентации остаётся буквально на уровне каменного века и страдает от зашкаливающего уровня зависимости от случайностей. Конечно, не хотелось бы, чтобы в раннем возрасте человеку предписывали, чем ему заниматься. Такой сценарий нередко высмеивается в фантастике. Например, в знаменитом мультсериале «Футурама», который начинается с того, что разносчик пиццы Фрай, ненавидящий свою работу, случайно был заморожен в криогенной камере и разморожен через тысячу лет. Фрай оказывается в далёком будущем в городе Новый Нью-Йорк. И там, определив его способности, его снова назначают разносчиком (хоть и работает он в команде звездолета, специализирующегося на доставках).

Но пока у нас нет бездушных определителей профессий, как в фантастических сериалах, для определения способностей, как и при определении интересов, полезны собеседования. Однако тут ограничиваться беседами в той или иной форме уже не получится.

Для определения способностей нужна и практика, и разные возможности для ребенка попробовать те или иные виды деятельности под руководством и наблюдением взрослого и желательно в той среде, где работают те самые специалисты.

Как же интерпретировать результаты работы с учеником в рамках определения его лучших способностей?

Ребенок, склонный по уши закапываться в подробности по каким-то вопросам, исследующий их активно, вероятнее всего, благодаря умелому обучению, вероятнее всего сможет стать большим профи в любом деле, за которое возьмется с интересом. А может, даже и без последнего, просто за счет склонности к скрупулезности, трудоспособности, усидчивости, умению концентрироваться на конкретных задачах. В то же время таким, как правило, требуется грамотное руководство, направляющее деятельность, позволяющее эффективно и рационально использовать силы и потенциал, а также результаты их работы. Зацикленность на деталях, неспособность отличить важное от второстепенного нередко становится причиной провала подобного рода работников во многих областях деятельности.

Люди, у которых имеет место склонность к аналитике и системному мышлению, развито умение видеть глобальную картину, стремление и способность грамотно планировать масштабные проекты и видеть реальный потенциал других людей, лучше справятся с организаторской работой при одновременно глубоком понимании сути деятельности, которое может обеспечить только самостоятельный опыт такой деятельности.

Поверхностный от природы ребенок, возможно, и не сумеет никогда очень глубоко во что-то вникнуть, но понимание общих принципов в какой-то области, наряду с общим пониманием смежных областей, даст такому найти себя, например, в качестве талантливого публициста, пишущего научно-популярные книги, или публикации по науке, разного рода инженерии и ее достижениях или по ярким и интересным тематикам из разных областей, привлекая интерес детей. Такой человек может быть и координатором больших междисциплинарных проектов в перспективе и тому подобное. Такой человек будет, вероятно, находить очень скучным, скажем, археологические раскопки и радиоуглеродный анализ, но если в принципе он интересуется археологией, умеет и любит искать информацию, читать научные публикации, то найдет возможность собрать нужных специалистов или поделиться открытиями с другими, перевести сущность интересных научных открытий на простой язык и представить широкой публике. И в такой ситуации для детей эта информация станет доступной, что позволит им больше узнать, заинтересоваться данной областью науки.

Особенно эмоциональные ученики часто находят себя в творчестве, а обучение их саморегуляции, но не подавление творческого начала позволяет обеспечить им продуктивную деятельность и развитие на длительное время.

Таким образом, выявление особенностей личности ученика, как и выявление его интересов, важно не только с точки зрения личности, но и общества, в котором живет человек, где очень важно, чтобы каждый нашел свою нишу.

При рассмотрении вариантов реализации способностей каждого ученика также важно опираться и на потребности общества, чтобы минимизировать риски для школьников остаться не у дел, когда они вырастут. В любом случае, не реализовавшие себя граждане и, главное, разочаровавшиеся в такой возможности могут быть особенно склонны к деструктивной деятельности в обществе и совсем не способствуют его оздоровлению и развитию.

Также важно не забывать, что, как говорится, горшки обжигают не боги. Важно понимание, что каждый может, при определенных стараниях и вкладе в свое развитие, занять достойное место в обществе, причем нет необходимости становиться "звездами" всем и каждому. Это понимание – есть необходимое условие для успеха в поиске лучших способностей ученика. Нет смысла пытаться ограничить развитие ученика, сразу же, еще в школьном возрасте ставя ему планку вроде: "Ну, больше дворника с твоими способностями ничего не светит", также нет смысла и твердить с раннего детства: "Ты – лучше всех, ты – будущая звезда". Увы, мы не можем знать будущего наверняка и тем более предсказать развитие той или иной личности.

Для успешного обучения детей, как мы писали ранее, важнее всего адекватная обратная связь от внешнего мира. По этой причине правильнее установки вроде: "Ты должен или должна стараться, чтобы получилось так, как ты хочешь, чтобы можно было сказать себе потом, что было сделано все возможное". В любом случае, нельзя искусственно сужать перспективы ребёнка, стараясь реализовать родительские несбывшиеся мечты или, напротив, полностью отстраняться, отказываясь направить его, как нельзя и чрезмерно поддерживать узкие интересы, возникшие у ребенка. Даже в подростковом возрасте, в силу отсутствия опыта, он еще не в состоянии в полной мере оценить собственные перспективы. Скажем честно, это и для взрослого задача непростая, а потому наряду с самостоятельностью детям следует в той или иной степени оказывать помощь разного характера, когда она требуется, но не ранее, чем они попросят, и не постоянно, дабы не провоцировать ее требование при возникновении малейших трудностей. Всё это сложный и тонкий баланс, который должен выдерживаться строго в индивидуальном порядке, и под силу поддержать такой баланс лишь родителям и грамотным педагогам. Направлять и исследовать не давя, предупреждать о возможных опасностях, поддерживать и наблюдать за развитием ребенка – вот что можно сделать для ребенка, чтобы помочь ему оценить свои способности и определиться, реализация каких его интересов наиболее реальна в текущей ситуации. Возможно, полученные знания и навыки ребенок применит совсем не там, где предполагали те, кто его учил. Это его право. Педагог и родитель может только порадоваться, если то, что он передал ученикам, пригодилось.

В какой-то момент школы, особенно на Западе стали формировать у школьников мнение, что им все пути открыты, и те, имея такие иллюзии, сталкиваются с суровой реальностью, от чего не могут интегрироваться в общество.

Мир все время меняется, уже за несколько лет он может измениться до неузнаваемости, и основное, что важно усвоить ученикам, это те универсальные компетентности, которые могли бы позволить ему встретить самые радикальные изменения в мире небезоружным, если они вдруг наступят. Пусть они освоены и на примере устаревшего материала, неважно. Если динамичность картины мира и другие фундаментальные понятия и навыки мышления усвоены учеником крепко, если он понимает, что значит делать хорошо, качественно выполнять свои задачи, он будет способен и ожидать перемен, и быть готовым к ним, и быть начеку в случае возникновения непредвиденных обстоятельств, и преодолевать возникшие сложности.

Недаром философ Халиль Джебран писал в своей книге "Пророк", что дети – это выпущенные из лука стрелы. Все, кто воспитывает их и обучает, лишь задают направление, а дальше – свободный полет. При всём желании изменить что-то в этом полете трудно. Лишь бы не мешать.

Иными словами, даже если родители или учителя попросту передадут ребенку то, что умеют сами, определив, что ребенок способен к этому, с наставлением, что это делается в основном для передачи универсальных компетентностей и используется как пример, хотя и может не пригодиться, такой ребенок, скорее всего, не пропадет, когда вырастет. Если будет возможно, он освоит данную ему профессию в совершенстве и будет применять свои профессиональные знания и навыки. Если они окажутся неактуальными, сумеет освоить и новое, используя те же подходы, которым его научили в детстве. Примеров таких профессиональных траекторий возникла масса в 1990-х гг. в России после перестройки, когда учителя, медики, ученые и инженеры массово и, как правило, успешно меняли специализацию, чтобы заработать себе на хлеб. Универсальные компетентности, которыми они обладали, позволяли быстро перестроиться и освоить на порядок более простые виды работ, такие, как бизнес и менеджмент в новых для себя областях, основы рыночной экономики, пиар, социальные технологии и т. д.

Высококлассные специалисты всегда нужны, но их не нужно много.

И по той причине, что государство СССР вырастило очень много высококлассных специалистов, оно и стало затем донором этих специалистов для всего мира, так как на родине не все такие специалисты смогли найти себе достойное применение или, имея прекрасную подготовку, вынуждены были работать на менее квалифицированных должностях, чем те, которые могли бы занять в соответствии со своим уровнем квалификации.

Экономические проблемы возникли, очевидно, отчасти по этой же причине (кроме всего, подготовка высококлассных кадров – недешевое удовольствие, если и окупается, то подчас довольно долго, а то и вообще не окупается, так как это не самоцель, а стратегический резерв и потенциал государства). Избыток высококлассных кадров и траты на их подготовку привели к проблемам.

С другой стороны, «Советское образование – лучшее в мире!» – скорее миф, чем реальность. Успех наших специалистов на Западе – тоже скорее миф. Просто наш брат хитрее и изворотливее (плюс все те же универсальные компетентности), и у них получается, как в том анекдоте про Петьку, играющего в карты с джентльменами, доверяющими на слово: «тут-то мне карта и пошла». Наши умеют обвести вокруг пальца, и получить хорошую должность, и удерживать её долгое время. А вот действительно хорошо работают и являются первоклассными специалистами – единицы. И эти единицы, как правило, вовсе не выпускники массовых школ СССР, а выпускники специализированных школ и лучших вузов с хорошим преподавательским составом, материальной базой, традициями, учреждений, куда поступить было крайне сложно и куда поступали лишь очень одаренные и мотивированные дети.

Кроме того, существовал определенный отбор. Те, кто не иммигрировали, подходят под прицел утверждения: «Качество советского образования прекрасно иллюстрировалось масштабом аудитории Кашпировского».

Но много гениев и не нужно. Больше всего нужно специалистов среднего звена, каждый из которых должен иметь шанс реализовать себя максимально, достичь тех высот в профессии, каких он хочет и может. А далее – зависит от него.

Нужны не обязательно суперспециалисты, нужны разные. Под разные задачи. И нужны такие люди, которые могут быть и увлечены своим делом, но при этом не погибнут от тоски, если придется перепрофилироваться, а смогут смело взглянуть в глаза новым задачам.

Это соотносится с тем подходом, который говорит о том, что в основе образовательной стратегии должны лежать универсальные компетентности, которые бы осваивались учениками на примере подходящего, хорошо структурированного и логически выстроенного материала с пониманием открытости (незавершенности) и динамичности научного знания, его развития.

Необходимо дать школьникам четкое понимание, что чем меньше они знают, тем умнее сами себе кажутся. Ученый с фамилией, созвучной с фамилией одного из соавторов этой книги, Джастин Крюгер, американский социальный психолог, профессор бизнес-школы Нью-Йоркского университета совместно с Дэвидом Даннингом, профессором психологии Мичиганского университета открыли особый эффект, получивший название «эффект Да́ннинга-Крю́гера». Он представляет собой искажение, которое заключается в том, что люди, имеющие низкий уровень знаний и квалификации, делают ошибочные выводы, принимают неудачные решения и при этом не способны осознавать свои ошибки в силу низкого уровня своей квалификации. Это приводит к возникновению у них завышенных представлений о собственных способностях.

Высококвалифицированные знающие люди, наоборот, склонны занижать оценку своих способностей и страдать от недостаточной уверенности в своих силах, считая других более компетентными. Таким образом, менее компетентные люди в целом имеют более высокое мнение о собственных способностях, чем это свойственно людям компетентным (которые к тому же склонны предполагать, что окружающие оценивают их способности так же низко, как и они сами). Также люди с высоким уровнем квалификации ошибочно полагают, что задачи, которые для них легки, так же легки и для других людей. Этот эффект многое объясняет. Жаль, что те, кто всех считает дураками, вряд ли знают об этом эффекте.

При проведении объективных профессиональных тестов оказывается, что хваленые специалисты с советским образованием частенько уверены в своем высоком уровне знаний без всяких на то оснований. Таким образом, нужно бежать от всякого рода мифов и пользоваться только объективными данными, как бы неудобны они ни были.

Поиск и выявление интересов и способностей, потенциала ученика крайне необходимы, поскольку при очевидной необходимости быть готовым к переменам в мире и перепрофилированию, при бесконечных метаниях из одной области в другую и совершенно без опыта работы невозможно стать даже специалистом среднего звена, ведь для этого необходим опыт и глубокое проникновение в суть предмета. А также нужны и увлеченность, и способности, и длительное обучение для получения всестороннего опыта, так как даже самый грамотно выстроенный учебный курс не может покрыть всех нюансов практической работы, сделать знания и навыки достаточно функциональными для выполнения реальных задач.

И если человек не желает всё время отдавать работе, а хочет много заниматься семьей, отдав этому приоритет, – это благородное и очень важное дело. Таких людей стоит тоже поддерживать. И не ставить крест, как часто делают в школах, на тех, кто мечтает о семье, в первую очередь, и о работе – во вторую, или же думает о какой-то простой профессии или о такой, которая не будет мешать семейным делам.

Вклад семьи в воспитание и образование чрезвычайно важен для общества, поскольку в семьях воспитывается будущее поколение граждан, причем это воспитание очень целесообразно и с экономической точки зрения. Родители берут на себя множество функций и расходов, в том числе и на образование. В наше время, когда существует тенденция к ожидаемому малому числу детей в семьях, особо важно ответственно подходить к тому, как и кого мы растим. Это верно и для многодетных семей, ибо есть определенный контингент семей, которые активно занимаются обучением и воспитанием детей, обеспечивают становление каждого как личности, а порой самостоятельно организуют семейные школы. Им нужна особая поддержка, так как такие дети получают полезный опыт и универсальные навыки, в том числе ведения хозяйства и воспитания младших.

Такие семьи поддержать несложно, т. к. их немного. Только глубокое перенимание семейных ценностей держит такие семьи в согласии. Хотя, может быть, такие для государства опасны? Ведь они еще кланы сформируют, да командовать начнут...

Потребности государства должны быть адекватно определены ответственными лицами, и эти цели должны доноситься до населения. Необходимо создание и активная демонстрация социальной рекламы тех профессий, которые нужны особенно. Например, разного рода специалисты в области сельского хозяйства. К сожалению, в наши дни социальная реклама ушла в прошлое, а если и создается, то она щедро сдобрена обычной рекламой, что не добавляет ей объективности и привлекательности для будущих работников.

Способности часто невозможно выявить, если у ребенка нет интереса, потому что только интерес и мотивация заставляют ребенка прикладывать старания в чем-то. Только тогда возникает желание показать собственные достижения, поделиться ими, а также своими планами.

Конечно, здесь идет речь о способностях детей школьного возраста, когда уже можно выявлять что-то уровнем выше, чем, скажем, просто хорошая координация и мышечная сила или способности к рисованию. Имеется в виду уже более предметное определение способностей.

Ранняя специализация, которая сейчас достаточно активно развивается в России – это не то, что нужно детям. Когда в Англии была принята такая система, очень многие молодые люди, выпустившись из школы и вынужденные учиться и работать по той специальности, которую выбрали еще в школе, сильно печалились, что переучиться уже практически невозможно. При этом выбрать специальность своей мечты, да еще и потом найти работу по ней проблематично в средней школе, когда эта специальность обычно выбирается. В наши дни быстро меняющийся мир диктует иные условия, и к этому вынуждены приспосабливаться образовательные системы разных стран, поскольку жёсткая специализация людей, да еще если она выбрана неудачно, так как делалось это в раннем возрасте, без полноценного осознания выбора и при его ограниченности и несовременности, заведомо оставляет таких негибких людей в проигрыше.

Заметим, что интерес может быть разным: например, созидательным, аналитическим, творческим. Также и способности детей, и их потенциал. Ключевой задачей является определение именно этих типов, и уже в следующую очередь – определение более частных способностей.

Каждый из этих типов или их комбинации важны для общества, а не только способны принести их обладателям удовольствие от самореализации и развивать их как личности. По этой причине стоит выявлять, оценивать и развивать интересы не только с точки зрения личности, но и потребностей общества. Дело в том, что есть области, в которых очень трудно объективно оценить работы. Есть отдельные эксперты, но и они могут иметь полярные точки зрения. Например, в области искусств и гуманитарных наук подобная ситуация обычна. Такие сферы априори привлекают больше людей, т. к. отличить людей от природы творческих от не творческих по формальным признакам проблематично. По этой причине, наряду с действительно одаренными яркими людьми, здесь будут "приживаться" и совершенно бездарные. Просто потому, что невозможно объективно оценить картину, например, и обосновать четко ответственность за некачественную работу. Ведь такие вещи, как формирование эстетического восприятия, развитие нравственности и эмоциональной сферы, на которую влияет искусство, владение художественной речью также невозможно точно оценить. В то же время строительство, скажем, какого-либо крупного объекта, например, плотины на реке требует и множества практических знаний, и навыков из разных областей и возлагает на создателя очевидную ответственность за качество своей работы. Ведь если при создании проекта или строительстве будут допущены ошибки, произойдет авария и могут погибнуть люди, сильно пострадать природная среда или все вместе. Не говоря уже об экономической составляющей вопроса. А от плохой картины или рассказа никто сильно не пострадает.

Таким образом, сферы искусства и гуманитарных наук по умолчанию привлекают больше людей, чем естественнонаучная сфера, медицина, математика, инженерия и т. д., так как последние по умолчанию подразумевают возможность в целом более объективной оценки результатов деятельности специалиста, ответственность за их качество.

При этом потребность любого общества в тех и других специалистах ровно противоположна, но увы, те, кто далек от точных, естественных наук, это понимают с трудом. Многие историки, работающие с архивными документами, экономисты и юристы, менеджеры, художники и программисты, да и разработчики образовательного контента, а также подобные им офисные работники могут слабо представлять себе, откуда берутся ресурсы, обеспечивающие их работу, да и вообще их жизнь. Порой в реальной жизни мы встречаем эпизоды, подобные тем, что показаны, например, в известном советском мультфильме "Страна невыученных уроков", где показано "хлебное дерево", на ветвях которого растут батоны. Когда-то всем детям была очевидна смехотворность такой картинки, но в наши дни можно встретить достаточно людей, считающих подобные сюжеты вполне правдоподобными.

Ответственных и сложных работ и, следовательно, специалистов требуется намного больше, чем гуманитариев. Хотя, с другой стороны, рост производительности труда, компьютеризация и автоматизация, наоборот, вытесняют большинство работников из сфер реального производства в сферу обслуживания, но это хоть и приводит к снижению потребности в специалистах самого низкого уровня, но сильно повышает требования к остальным.

При этом сложно воспитать и вырастить специалиста STEM, которому нужны и практика, и опыт, причем совсем не формальные, а результат работы чаще всего легко виден невооруженным глазом, и за некачественное ее выполнение можно понести суровую ответственность. Даже в лучшие для науки и инженерного дела времена кадровый дефицит был значителен. При этом тот факт, что наказание за ненадлежаще выполненную работу специалист может понести вплоть до уголовного, то неадекватная оценка работы, которая также по разным причинам всегда возможна в таких областях, как медицина, строительство или экология, например, ставит специалистов, которые долго обучаются и обладают подчас уникальными и полезными навыками, под удар. Само собой, далеко не все, даже увлеченные люди будут готовы идти на такие риски, чтобы потом много работать за небольшие деньги в той ситуации, когда над ними еще и будет висеть дамоклов меч правосудия, причем не всегда понятно, настоящего или мнимого. По этой причине многие стремятся, даже имея соответствующие способности, идти вовсе не в эти области, а в менее ответственные, гуманитарные, мотивируя такой уход тем, что, дескать, моя хата с краю, а там пусть другие работают.

Доходит до того, что, ограничиваясь лишь агитацией и умышленным умалчиванием реальных последствий выбора специальности, вместо реальной поддержки упомянутых областей, старших школьников еще удается заманить в специализированные классы, а абитуриентов – в вузы, но без настоящей и мощной, а не формальной поддержки государства, выпускники не идут работать по специальности или вообще бросают учебу. Переход в естественнонаучной сфере в России к зарубежной системе бакалавриата и магистратуры без обязательного окончания последней особенно "бьет" именно по STEM. Проблема в том, что при существующем положении дел с оплатой и условиями работы провоцируется массовый выпуск бакалавров – "недоспециалистов", то есть тех, кто имеет лишь общее представление о данной области, но не обладает необходимыми навыками для реальной работы в ней даже на административном уровне и в менеджменте. По сути, это образование подходит лишь для "общего развития", удовлетворения некоторого любопытства, и не более.

При этом без подпитки новыми кадрами рушатся и вузы, и школы подготовки специалистов в коммерческую эпоху, ибо по определению быстрой прибыли такое приносить никак не может, хоть и является жизненно важным для общества.

К сожалению, на данный момент в области STEM лишь очень простые функции могут быть автоматизированы. Например, стандартные, рутинные окраски препаратов для микроскопии, особенно если окрасить нужно очень много, или изготовление стандартных деталей для автомобиля. Однако именно в естественных науках, технологических разработках что-то стандартное как раз требуется редко. Ведь если делается постоянно одно и то же, развитие останавливается. Излишнее применение автоматизации в новых разработках может даже тормозить развитие области, зашоривая взгляд ученого или разработчика, так как идет поиск нового, лучшего, оттачивание новых идей, подходов и техник. Поэтому важно глубокое понимание сущности применяемых методик, грамотный подход к их модификации и много ручной работы в опытах.

С другой стороны, уже существуют полностью автоматизированные производства. Хорошим примером может служить завод «Тесла», который считается образцом высокотехнологичного производства. На огромной территории площадью 49 гектаров роботы собирают свыше 100000 электромобилей люкс-класса в год. Для выпуска новой модели необходима лишь небольшая реконфигурация производственной линии, что стало революцией в мировом автопроме. Владелец «Тесла» Илон Маск приобрел старые корпуса в 2010 году и напичкал их высокотехнологичным оборудованием, которое теперь уже собирает и электромобили будущего – с автопилотом. Проанализируем такой завод? Он отменяет необходимость в сотнях специалистов, а его продукция – отменяет сотни тысяч водителей, поскольку машины способны управлять собой сами. При этом для контроля работы такого завода требуется целый штат совершенно других, очень квалифицированных специалистов (инженеры-разработчики роботов, программисты, системные администраторы для сопровождения работы завода и т. д.). Эти работы более интересные для людей, чем, скажем, работа токаря, но требуют очень высокого уровня подготовки и мышления, умения решать проблемы, и искать, и воплощать новое.

Из всей суммы способностей, данных ребенку от природы, лучшие можно определить только с течением времени. Дело в том, что, начиная с раннего возраста, у человека формируются реакции на заложенные в его природе предпочтения. Можно сказать, что каждый человек рождается с соответствующей «миссией» в этом мире и, соответственно, наделен определенным потенциалом для исполнения заложенного. Этот потенциал всегда индивидуально варьирует, но при этом уровень индивидуальности самого носителя может быть весьма различным как по отношению к прочим, так и в среде. Лишь меньшинство может обладать задатками для широкого кругозора и вариативностью творческого сознания. Энергетический потенциал, как и интеллектуальный, всегда также индивидуально дозирован. Поэтому в первую очередь важным представляется «нащупать» пределы данных каждому конкретному ребенку способностей и, насколько это возможно, составить некий список первичных приоритетов, на которых можно будет фокусировать внимание в дальнейшем.

Когда ребенок вступает в школьный возраст, в первые годы такие приоритеты могут подтверждаться или опровергаться. Спешить ни в коем случае не стоит, а торопить события – значит, наносить ребенку травму. В течение данного периода происходит своеобразная «раскачка» личности. Формирующееся сознание включается в деятельность через коммуникацию как с другими людьми разных возрастов, полов и т. д., так и с феноменами окружающего мира, включая современные технологии. Игровое восприятие, основанное на первичном выборе, помогает расставить и укрепить обнаруженные приоритеты.

С момента вступления в средний школьный период ребенок получает возможность диверсификации знаний, навыков, предпочтений. Он уже может на базовом уровне объяснять свои предпочтения и выбор, и если к этому прислушиваться, можно понять, что в целом составляет ядро его личности. Это то, что больше всего занимает его сознание, время, энергию. То, о чем он говорит с увлечением, чем стремится овладеть, что хочет изучить и иметь рядом, под рукой всегда. Это также и то, чем он охотно делится, что готов обсуждать, что доставляет ему устойчивую радость – иными словами, делает его счастливым.

Эти формы активности (а он обязательно проявит ощущение счастья в форме активности, которая, в свою очередь, будет стимулироваться счастьем) нужно поддерживать и поощрять. Необходимо создавать и постепенно развивать среду и условия, в которых данные интересы и потребности проявятся в максимально возможной степени и с наилучшей результативностью. Если такие результаты деятельности позитивны, устойчивы во времени и обеспечивают личностный прогресс – то есть идут не вразрез с общим развитием личности и познанием окружающего мира – то можно быть уверенным, что найдено правильное решение, которое обеспечит личность человека полезной деятельностью на годы вперед, возможно, на всю жизнь.

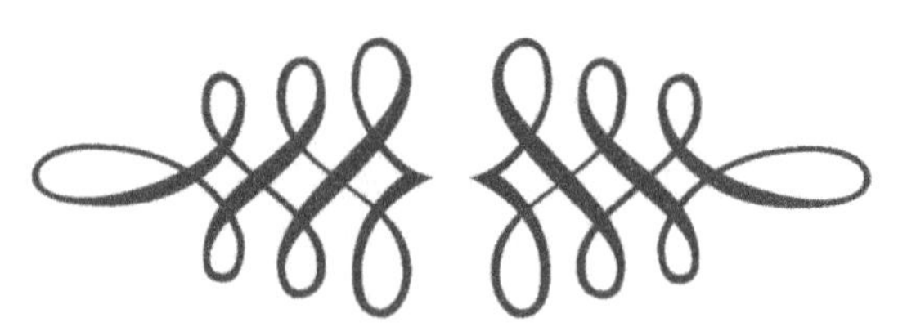

КАК РЕАГИРОВАТЬ НА ИЗМЕНЕНИЕ ИНТЕРЕСОВ РЕБЁНКА?

Как могут меняться интересы ребенка? Это вообще нормально или нет, когда дитя хватается то за одно, то за другое?

Да, ребенок растет и узнает новое. И прекрасно, если интересуется разными вещами, познает, примеряет к себе, пробует.

Так что это нормально. И в детском возрасте, особенно в раннем школьном такие метания и переключения – обычное дело.

Уровень и характер динамики интересов детей может быть разным, и это связано с возрастом, состоянием ребенка в конкретный момент, с типом личности ребенка, который к началу школьного обучения уже достаточно хорошо сформирован. Базовые типы личности имеют и свои характерные интересы, сильные и слабые стороны, которые необходимо учитывать как в процессе обучения, так и при анализе интересов ребенка.

Итак, собеседование с целью определения интересов и особенностей ребенка – важная часть обучения, способствующая повышению его эффективности, и необходимая часть процесса реализации, развития каждого ребенка. Родителям в первую очередь стоит принимать это во внимание и как можно чаще беседовать с ребенком. Тут немаловажно, чтобы ребёнок не почувствовал, что «с ним проводится собеседование для определения его интересов», ибо часто его реакция будет «закрыться» или говорить то, что взрослый ожидает от него услышать. У нас, у взрослых, внутренняя мыслительная среда подчас представляет весьма рыхлую неразбериху, чего уж ожидать от ребёнка? Дети очень чувствительны к оценочным реакциям родителей, причем совершенно необязательно выраженным словесным образом. Легкая усмешка, снисходительный тон голоса, мимика – всё может вызвать отрицательную реакцию, и ребёнок закроется.

Но еще важнее для получения корректного результата подготовить ребенка к собеседованиям, если их проводит не родитель за обычными делами, а посторонний человек, специалист, скажем, в школе, или в центре профориентации, или ином учреждении.

Имеет большое значение, кто и как проводит собеседование, насколько и в чем компетентен специалист. Важны в первую очередь базовые вещи, такие как умение и желание работать с детьми, общее качественное образование, мотивация и нацеленность на интересы ребенка. Детей, по возможности, надо оберегать от контакта с токсичными людьми, ведь даже один разговор, неудачное язвительное замечание может нанести долгосрочный вред, подорвать уверенность в себе. Для собеседований со старшими школьниками нужно уже и качественное специальное образование специалиста, увлеченность своей профессией в дополнение к описанному выше. Ребёнку должно быть комфортно и интересно беседовать с таким человеком.

Не стоит забывать, что человеку, которому ребенок не доверяет, не симпатизирует, он, скорее всего, и не станет рассказывать ничего личного, а потому трудно будет определить его интересы в процессе общения, особенно если оно не носит регулярного характера. Одиннадцатилетний сын одного из соавторов как-то на встрече с детским психологом на вопрос о личных переживаниях усмехнулся и сказал: «С чего вы решили, что я буду делиться этим с незнакомым человеком?» – и вышел из кабинета. Не у всех детей хватит смелости так вести себя со взрослыми, но и они способны на пассивный саботаж, хотя бы просто на молчание или обман.

Возможно, за исключением таких детей, которые любят поболтать, в принципе, неважно с кем.

В этой ситуации есть большой риск выявить желаемое лишь у самых общительных и подчас поверхностных учеников, работа с которыми по результатам собеседований может вестись адекватно. Но и с такими учениками могут возникнуть проблемы, так как не всегда у таких детей сказанное является отражением внутренних реальных интересов и стремлений. Нередко, особенно в раннем школьном возрасте, как и в дошкольном, такие вот общительные дети общаются на уровне "что вижу, то пою", не более.

В то же время есть риск "записать" не очень общительных, флегматичных от природы детей-молчунов в ничем не интересующихся и проблемных, тогда как они попросту не склонны изливать душу кому попало.

Важно также понимать, что с незнакомыми людьми, педагогами и даже с родителями дети, приученные к современной школьной системе, могут пытаться не высказать собственную точку зрения, а угадать слова и ответы на вопросы, которых от них ждут, так как современная система образования фактически учит именно этому и максимально обезличивает каждого, кто хочет получать лучшие оценки и быть «хорошим» для учителей и родителей.

В свете сказанного выше вспомним некоторые ключевые моменты, касающиеся методики собеседований.

Наводящие вопросы школьнику – хороший способ узнать о нем побольше. Задавая вопросы на определенные темы, рассматривая их с разных сторон, в разной формулировке, возможно в том числе выявить, где школьник кривит душой. Если такое выявлено, значит, дальнейшее общение в формате собеседования не имеет смысла в данный момент. Необходимо искать другие формы, а к "стандартным" собеседованиям можно вернуться позже.

Помимо отслеживания динамики интересов и стремлений школьника, это еще одна из причин, по которой стоит проводить собеседования достаточно часто и в том числе между делом, в процессе обучения. Вероятно, первые беседы с педагогом вообще не принесут никакой пользы, так как школьник может не захотеть общаться по существу. В то же время некоторые наводящие вопросы, а также отслеживание реакции на определенный материал, изучаемый на занятиях, могут дать даже больше, чем собеседования в обычном формате.

Анализ вопросов, которые задает ребенок, также является одним из ключевых при определении его интересов.

Правда, вот беда, большинство современных детей не задает вопросов. Они боятся продемонстрировать, что не понимают чего-то, так что не так уж просто их разговорить. Дети, обучающиеся в массовых школах, привыкли, что заданный ими вопрос демонстрирует непонимание, а значит, можно понести наказание за непонимание. Например, получить неудовлетворительную оценку или порцию раздражения от учителя: "Я же уже объяснил, а у меня тут еще, помимо ваших уроков, другие классы, и куча документов, и электронный журнал заполнить!"

Откуда брать информацию, помимо учителя и учебника по школьным программам, если что-то не поняли, многие ученики не знают. Ведь им этого обычно не говорят и не учат работать с разными дополнительными ресурсами – ведь некогда, надо "пройти" объемную программу. При этом многие непростые вещи даже очень способным детям приходится объяснять раз по сто, и ничего экстраординарного в этом нет. Любой опытный родитель это прекрасно знает.

Но не хватает этого терпения как некоторым родителям, так и многим учителям. А потому неправильный ответ учителю слишком дорого может обойтись ученику.

Неадекватность большинства современных инструментов оценки знаний заставляет детей жить в среде, в которой нет логики, а правильный ответ в большинстве случаев может быть лишь угадан, или его просто нужно вызубрить, не пытаясь вникать в суть ответа. Таким образом, и формирование интересов у детей затруднено. К чему это приводит?

К тому, что интерес разбираться в жизненно важных вещах, проявлять инициативу, что-то самостоятельно создавать и планировать, учиться нести ответственность за свои действия не формируется.

Есть попытки применить (для взрослых) большие системы опросов с "умным" анализом ответов. Первые попытки предпринимались еще 20-30 лет назад в виде "бумажных" опросников с большим количеством вопросов, в том числе и для подростков. Эта методология родом из США. Но, увы, для получения более-менее адекватных результатов от тестируемого требуется ответить на сотни вопросов, да и при таких условиях, когда для оптимизации обработки данных заготавливаются готовые ответы, а опросник представлен в виде теста, создание достаточно корректных вопросов и алгоритмов анализа данных затруднительно. С учетом того, что значительная часть людей по мере работы с опросником постепенно утомляется, даже если заполняет его с перерывами, а вопросы как следует читает не всегда, это становится еще более проблематичным. Тут требуется большое терпение от "подопытного", которое и взрослым-то не всем доступно, а подросткам подобные опросы пройти тем более проблематично, не говоря уже о более младших школьниках, независимо от формы представления опроса, потому что от тестируемого требуется непосильно большой объем информации.

Еще одна идея "цифровой помощи" в определении интересов и не только – виртуальный клон человека, который позволил бы отслеживать работу с интернет-ресурсами и таким образом помогать определяться с интересами. Но такая «слежка» может неэтично нарушать «личное пространство», с одной стороны, и если станет известна испытуемому, вызовет изменение его поведения в сети и значительную психотравму, с другой стороны.

Идея может показаться неплохой лишь до тех пор, пока мы не задумываемся о цифровой безопасности. Те механизмы ее обеспечения, которые существуют, имеют существенные недостатки. Так, например, миллион паролей, чтобы войти на разные сайты, не запомнить, да и записать где-то проблематично (с учетом того, что для безопасности они должны меняться достаточно часто), а иметь один логин/пароль или несколько для доступа к сети в целом – слишком опасно, так как в сети много небезопасных сайтов, объективно много мошенников, отследить которые на 100% не представляется возможным в наши дни, уж очень велика сеть.

В настоящий момент вроде бы существует решение: персональное устройство – смартфон, планшет, который сделан так, чтобы хозяин мог бы входить везде через него, но который в чужих руках превращается в кирпич. Но и тут встает вопрос безопасности. Всё равно есть базы данных, где вся персональная информация хранится не у конкретных людей, как в реальном мире, а на удаленных серверах.

Сетевые алгоритмы, применяемые, скажем, при подборе контекстной рекламы, могли бы более продуктивно оценивать интересы детей даже без необходимости утомлять их разного рода громоздкими опросами, но, увы, они работают более-менее адекватно только будучи нацеленными на совсем простые задачи. Определить же комплексные интересы, а тем более грамотно увязать их с действительностью такие алгоритмы пока не способны. Тем более здесь требуется множество персональных данных от несовершеннолетних учеников, которые и юридически не должны попадать в сеть без согласия родителей, и должны быть надежно защищены от хакеров. При этом должен быть контроль разработчиков, обеспечивающих безопасность. Все эти вопросы крайне важны, в первую очередь касаемо школьников, ведь речь идет о кибербезопасности несовершеннолетних детей, нимало не уступающей по значимости безопасности в реальном мире.

В общем, тут встает целый ряд проблем, а посему на данный момент куда проще и надежнее такую работу по анализу делать человеку.

Риски ошибиться есть в любом случае, но что в нашем мире абсолютно? Мы должны лишь стараться искать наиболее целесообразные варианты в каждом конкретном случае, не пытаться бежать впереди паровоза, силясь применить для достижения наших целей то, чего еще не существует, а стараться исходить из объективной реальности.

Будут ли созданы когда-то более дружественные к пользователям и дающие адекватные оценки и в то же время абсолютно безопасные электронные системы – большой вопрос. На данный момент для школьников ничего такого не придумали, а системы, созданные для взрослых, имеют те или иные существенные недостатки.

Есть еще такая современная проблема: пытаться применять цифровые ресурсы везде, хотя, несмотря на короткую историю, уже накопилось достаточно данных о том, что при несомненной пользе в ряде областей это вовсе не панацея, способная решить все проблемы, а в некоторых случаях и очень вредный инструмент. В сфере образования этот принцип также работает. Вопрос в том, как и где применяются цифровые ресурсы.

К сожалению, человечество, открыв и создав нечто новое, постоянно пытается сделать его средством для решения всех существующих в мире проблем и применять всюду, где нужно и где нет. Но обычно со временем мода на это новое проходит и остается лишь то, что действительно важно, нужно и полезно. Вот, например, когда-то, после открытия ртути, ей пытались лечить болезни. Много невинных жертв рассталось с жизнью или здоровьем из-за этого. В наши дни ртуть активно используется, но только там, где она реально полезна, и никому уже в голову не придет вредить здоровью при помощи нее. Очевидно, со временем так будет и с цифровизацией.

Напомним, что чем младше ребенок, тем больше может нанести вреда ему цифровая среда, что ее освоение необходимо для расширения, а не сужения возможностей человека, его развития, необходимо соразмерное возрасту взаимодействие с ней как по глубине, так и времени контакта, в противном случае развитие мозга во многом блокируется. При этом отслеживание интересов при помощи сети интернет упускает действительную, реальную часть жизни, которая просто в силу природы всех живых существ является основной, ибо базовые физиологические потребности для обеспечения жизни лежат именно там.

А если подумать, кто, как не сам человек лучше всего разберется в собственных интересах? Ведь есть вещи "нецифруемые", фактически, недоступные для рационального мышления и строгого анализа, а порой – даже совсем невидимые снаружи. Например, вдохновение и воодушевление. Индикаторы этого разные у каждого: у кого под ложечкой сосет, у кого глаза горят, по-разному бывает. Определить визуально-невербально и помочь ребенку распознать такие тонкие эмоции может помочь только человек и только при личном взаимодействии.

Как это поразительно ни звучит, но подчас люди сами не знают, что вызывает у них удовольствие, особенно связанное с познанием. А именно удовольствие от той или иной деятельности является залогом успеха. Одна из наших консультантов работает над применением целого комплекса исследований мозга в момент различных занятий. Её проект направлен на выяснение изменений в коре головного мозга, связанных с чувством предвкушения и непосредственного удовлетворения любопытства в зависимости от индивидуальных особенностей. Вот до каких сложностей доходит, чтобы просто выяснить, чем человеку нравится заниматься, а чем нет.

По всей видимости, одним из продуктивных подходов все же будут периодические беседы (не опросы) с авторитетными для школьников людьми в режиме "прощупывания" разных тематик по спирали, т. е. с возвращением к некоторым из них через определенные промежутки времени, особенно если они являются значимыми для общества, или ученик демонстрирует склонность к работе в этих областях, но не очень интересуется ими или отвергает по какой-то иной причине. Опытный педагог способен увидеть и оценить интересы ученика, в том числе и по почти неуловимым, невербальным признакам. Он может направить мысль, заставить ученика обратить внимание на что-то, не пройти мимо там, где ученик мог бы пропустить что-то значимое для себя. Кроме того, помочь, конкретизировать интерес и привязать его к реальной жизни, помочь прийти к тому, как именно такой интерес может быть реализован и возможно ли это в принципе в конкретных условиях, или же стоит поискать чего-то, что требует аналогичных склонностей и задатков, но более актуально или в настоящий момент, или прогнозируется увеличение актуальности в ближайшие несколько лет.

Но самое главное, каждый школьник, как и каждый взрослый человек, должен учиться работать над собой. В том числе и изучать себя: свои желания, склонности, потребности и результаты, учиться самоанализу. Только так он имеет шанс на самореализацию и реальный успех в дальнейшей жизни. Конечно, учить этому должны те взрослые, которым это уже удаётся.

Неосознанность нашей жизни и действий, мотивов и наклонностей – настоящий бич не только подросткового, но и взрослого возраста в современном мире. Состоявшимся людям с развитой степенью осознанности и привычкой самоанализа порой неизвестно, насколько неосознанной является жизнь подавляющего большинства людей на планете. К такому выводу нетрудно прийти, побеседовав по душам практически с любым человеком. Вы легко найдете огромное число нестыковок, алогичностей, да и просто мифологических мнений о них самих и их жизни. Но главное, что вы установите, что мало кто из них когда-либо серьезно задумывался над своими интересами и родом занятий. Многие провозглашают себя жертвой обстоятельств, снимают всякую ответственность за саморазвитие и живут одним днём. Целостных, целеустремлённых людей на свете крайне мало, да и у них вы подчас не найдете ответа, «зачем» они стремятся к своим целям и почему достижение этих целей достойно усилий. Одна из самых страшных форм лжи – ложь самому себе. Это неудивительно, ведь посмотреть в глаза своим недостаткам и открыто признаться в собственном несовершенстве могут далеко не все. Люди могут обманывать себя во всем, начиная с того, какую профессию выбрать, и заканчивая чувствами, которые они испытывают.

Осознанность означает смелость задавать себе правильные вопросы, которые часто бывают неприятными и неудобными. Без трезвой оценки происходящего в жизни невозможно качественно ее улучшить. Люди, лгущие сами себе, не могут быть честными и с другими. Отсутствие цели опустошает человека, делая его жизнь бессмысленной, в то время как ее наличие вдохновляет и мотивирует на новые достижения.

Чего уж ожидать, что ребёнок сможет легко определиться со своими интересами?

Крайне значимым моментом при собеседовании является оценка того, а есть ли у ребенка какие-то интересы вообще? Если есть, насколько глубокие и стойкие, какого они уровня? Если их нет как таковых, или они ограничиваются вещами уровня: выиграть кубок в видеоигре-бродилке или сходить в соцсеть с кем-нибудь поболтать и больше ничего, стоит обеспокоиться. Хотя не следует забывать о нелинейности детского развития, что в какой-то момент могут произойти качественные изменения и буйный рост интересов. Поэтому бить тревогу не стоит, и уж тем более не стоит читать нотации, мол, ты ничем не интересуешься и так далее. (Хотя соблазн так поступать очень велик.) Родители тоже люди, и им трудно скрыть своё беспокойство, ожидая, пока их «Илья Муромец належится на печи».

С другой стороны, дети часто торопятся. А уж в наш век информационного бума – тем более. Вокруг ведь столько всего, что ни один разум не охватит. Даже взрослый. Что уж говорить о детях. Это одна из причин чересчур быстрого и радикального переключения интересов как у детей, так и у взрослых. Не всегда это плохо, но если ребенок без конца мечется, хватаясь за все подряд, и не может сконцентрироваться ни на чем, это очень большая проблема, так как он рискует навсегда потеряться в информационной пучине.

Здесь, как мы уже писали ранее, ребенку важно помочь не столько узнать новое, сколько сконцентрироваться на чем-то, что ему интересно, развить или усилить мотивацию к дальнейшей самореализации, не упустить значимое для конкретного ученика. Ведь сейчас даже "самость" каждой личности, её целостность находится под атакой, под информационным "метеоритным дождем", и далеко не все метеориты – это манна небесная.

Иногда, если мы рассматриваем наиболее типичные характеристики личности в разные времена, это даже напоминает процесс, которым сопровождаются дегенеративные заболевания нервной системы: еще лет 20-30 назад никто даже не заикался про такие вещи в образовании, как концентрация внимания. Разумеется, такая проблема существовала всегда, но частота встречаемости учеников с дефицитом внимания была настолько невелика, что подобные проблемы было возможно решать в частном порядке, не создавая всеобщей паники и требований разработки массовых образовательных ресурсов и технологий, рассчитанных на таких детей. Да и вообще про универсальные компетентности, надо сказать, мало было слышно, потому что они считались чем-то само собой разумеющимся, берущем начало в семейном кругу и развивающимся в обычном образовательном учреждении (без лишней шумихи вокруг них) или в повседневной жизни при условии достаточной степени свободы и самостоятельности (порой и вынужденной) у учеников.

Теперь же оказалось, что постоянное "затыкание "не в меру" любопытных детей, задающих слишком много вопросов, чересчур активных и инициативных, привело у них к апатии, запойному потреблению виртуального контента, нежеланию что-либо делать в реальном мире, да и вообще что-либо делать, кроме таких вещей, которые даются совсем легко (примитивные видеоигры, например). Таким образом, собеседование с ребенком может дать очень неприятный результат. И это регулярно происходит при попытке опросить школьников. Может оказаться, что кроме видеоигр и съемки бессмысленных видео (просто подурачиться) школьника ничего и не интересует.

Система массового образования построена так, что чем ты тише, чем лучше следуешь инструкциям, чем меньше задумываешься об их целесообразности, тем выше "образовательный результат", который никак не соотносится с реальным уровнем подготовки школьника.

Когда-то такое рассматривалось не иначе как клинический диагноз, индикатор серьезных неврологических и психологических проблем, а теперь даже может считаться нормой. А врач-невролог или психолог лишь вздохнет, посмотрев такого ребенка: а что делать, сейчас все такие.

Слава богу, не все на самом деле. Просто с проблемами обращаются родители таких детей куда чаще. Те, у кого проблем подобных не наблюдается или они незначительны, не пойдет ко врачу и скорее будет избегать скринингов в школе (они же проводятся без участия родителей). Впрочем, уже и многие родители считают подобную апатию нормой просто потому, что ребенок не вызывает недовольства учителей и имеет хорошие оценки, в то время как именно сейчас это серьезный повод задуматься о благополучии ребенка.

А просто такое может быть от потерянности и оттого, что личность ребенка формируется в среде, где он не видит и не может сформулировать для себя цели. И не понимает, что ему делать, цепляясь только за совсем простые вещи, понятные интуитивно и желательно оторванные от неприглядного для него реального мира.

Например, ученица шестого класса увлекалась с раннего детства конструированием разных механизмов, интересуясь и вдохновляясь механизмами работы различных автоматов по продаже товаров.

Посмотрев некоторое количество видео и позадавав вопросы маме, спросив совета, она однажды соорудила из картона... автомат для продажи сухариков и лимонада. С использованием настоящих денег. Конструкция автомата была достаточно сложной: так, обмануть автомат, подбросив, скажем, пуговку вместо нужной монеты, было невозможно, и он исправно выдавал нужные товары взамен монеток определенного номинала.

Талант и мотивация налицо. Девочка быстро разобралась в куче подзадач во многом самостоятельно, отчасти по видео из сети, отчасти по советам родственников, была очень мотивирована на получение результата и неимоверно счастлива, когда созданный ей механизм надежно показал себя в работе.

Получив изрядную дозу восхищений от родственников, не раз протестировавших аппарат, она совершенно утратила интерес как к своему творению, так и к конструированию вообще. Так как поставленная цель была достигнута. По всей видимости, мечты построить звездолет или что-то такое у нее попросту не было.

После этого она переметнулась на рисование мультфильмов, благо хоть и примитивное устройство с простым программным обеспечением оказалось для этих целей доступно. В настоящий момент делает короткометражные симпатичные мультфильмы, получая от этого кропотливого труда (хоть и не настолько кропотливого, как в доцифровую эпоху) огромное удовольствие. Плохо ли это? Нет. Это просто поиск и исследование своего потенциала как постановка целей и алгоритмы их достижения, так и тестирование глубины мотивации заниматься тем или иным видом деятельности. Почему бы и нет?

Коммуникация с самых ранних стадий развития ребенка совершенно необходима. Именно через нее он и становится человеком в полном смысле слова. Именно посредством развития коммуникативных навыков личность входит в общество и этот мир, учась самовыражаться, воспринимать окружающую действительность и преобразовывать ее. Ведь в конечном итоге всё, что есть в этом мире, представляет собой текст и речь, выраженную в нём посредством самых разных средств. Важно поэтому с самых ранних лет приучать ребенка к этой мысли и одновременно учить его, как правильно формулировать мысли, чувства, потребности.

Развитие коммуникативных навыков должно в первую очередь способствовать оформлению феноменологии личности человека. Это совершенно естественно, поскольку каждый живущий человек базово настроен на то, что он находится, в определенном смысле, в центре Вселенной, и, следовательно, она представляет ему (ей) всё многообразие выбора и альтернатив, среди которых необходимо избрать приоритеты и сфокусировать свое внимание на том, чтобы достичь полезных благоприятных результатов. При правильной и устойчивой ориентации отношение к этому феномену личностного восприятия способно выйти далеко за грань первичного эгоизма и приобрести широту спектра восприятия объективной действительности.

Прежде всего, в коммуникации с детьми школьного возраста необходимо постоянно возвращаться к теме личностного выбора и его приятных и полезных сторон. Найдя точки опоры в предпочтениях и позитивных склонностях, необходимо постоянно стимулировать их проявления так, чтобы ребенок понимал важность и уникальность как происходящего с ним, так и своих собственных действий. Более того, необходимо постепенно увеличивать роль последних в общем контексте, поощряя самостоятельность выбора и суждений, принятие полезных и значимых решений в избранной сфере приложения, создавая благоприятный фон результативности.

Беседы с ребенком надо в первую очередь обращать к его (ее) личности. Все, что обсуждается, должно, так или иначе, быть с этим увязано и иметь прямое или опосредованное отношение к избранным сферам интересов и потребностей. Так у ребенка имеет шанс сформироваться правильное и взвешенное отношение к окружающей действительности при понимании о взаимосвязи всего существующего и происходящего, ответственности человека перед миром и самим собой, непротиворечивости уровней ответственности и сфер суждений. Позитивное восприятие и оптимистическая жизненная философия невозможны без такого подхода. А конструктивному оптимизму надо действительно учить – и увязывать с этим всегда личный пример.

В любом случае, молодой человек нуждается в поддержке морального характера, проявляющейся именно в таких беседах. Он должен быть уверен, что он не забыт и не оставлен на произвол судьбы, что его (ее) личность имеет значение и ценность, равно как все, что он (она) осуществляет и планирует. Коммуникация также помогает поддерживать необходимый уровень постоянной саморефлексии человека, своевременно находить новые возможности и в спокойной благожелательной атмосфере своевременно исправлять неизбежно проявляющиеся недостатки.

СОЗДАНИЕ ПОЗИТИВНОЙ АТМОСФЕРЫ НА УРОКЕ

Для учителя важно отслеживать, в том числе по невербальным признакам состояние детей на занятиях.

Подобное взаимодействие – одна из причин, по которой дистанционные уроки имеют существенно меньшую эффективность при обучении. При удаленном контакте задействовано меньше каналов связи между учителем и учениками, что является одной из существенных причин неуспешности и негативного отношения учеников и учителей к процессу обучения.

На очном обучении у детей меньше возможности отвлечься от занятия, больше способов сконцентрировать внимание на необходимом, так как на уроках создается особая атмосфера, которую дети могут воспринимать всеми органами чувств без исключения, в отличие от цифровой среды. Если же в школе или ином заведении грамотно создана общая образовательная среда, это еще больше активизирует интерес и позитивное отношение к учебе у учеников. При этом уроки позволяют как бы еще больше украсить и подчеркнуть отдельные интересные открытия, которые ученик самостоятельно совершает между уроками и после них, отвечают на вопросы, которые у ученика возникают при изучении каких-либо доступных ему объектов.

Например, одному из авторов приходилось наблюдать мини-школу в городе Петрозаводске, которую организовали в большой традиционной карельской избе, куда принесли множество предметов быта и культуры коренных жителей района. Ученики, находясь в такой атмосфере и имея возможность внимательно изучить все, что их окружает, с огромной радостью занимались и в основном хорошо усваивали разнообразный материал, задавали вопросы. Для них было важно, что все представленное в избе – настоящие вещи, причем с очень длинной и интересной историей.

По аналогичному принципу в некоторых школах устраивают разного рода музеи, причем такие, где всё можно потрогать и "покрутить" самостоятельно. Интересно, что независимо от тематики музеев, самые разнообразные уроки в таких школах в основном проходят на позитиве. Особенно если на уроках еще и отвечают на вопросы учеников, возникшие при изучении ими экспонатов таких музеев.

Есть такой тип учителя: учитель-клоун в хорошем смысле слова, который на уроках только и делает, что развлекает детей. Можно сказать, что до определенного возраста для учеников это самое большое и важное, что можно сделать для успешного обучения. Развлечь и показать, как увлекательно в целом учиться, и главное, что есть на свете очень много вещей, о которых дети и догадываться не могли. Это делает уроки похожими на квесты, что детям в основном очень нравится.

Тут не столько важна системность, сколько создание позитивного отношения к процессу обучения в принципе.

Для младшего возраста основная задача – не усвоенный объем, а заинтересовать, а также отслеживание, какого рода информацию ученик усваивает без труда и активно, а с чем возникают проблемы. При этом, как мы писали ранее, негатива и оценок должно быть по минимуму. И наиболее опытные и результативные спортивные тренеры, а также опытные родители всегда отмечают это. Опыт авторов данной книги говорит, что то же самое применимо и к академическому образованию, в частности, к обучению дисциплинам естественнонаучного блока и точным наукам.

При первом знакомстве с чем-либо жизненно важным главное, что необходимо, это выработка позитивного отношения к предмету обучения через позитивную атмосферу на занятиях.

В этом случае в старшем возрасте всё усваивается учениками быстро и эффективно. Более того, уже не только учитель, но и сами ученики способны участвовать в создании позитивной атмосферы на уроках, таким образом, процесс обучения становится активным. И если ученики младших классов возбужденно галдят целый урок, да еще и по теме урока, не стоит их останавливать. Добродушно призвать к порядку, если уж очень разойдутся – да, но не одергивать. Ведь такой галдеж – это самая высокая оценка учителю. Детям интересно и хочется обсудить то, о чем они узнали. В этой ситуации дать им такую возможность, подсказывая, уточняя и направляя дискуссию, задавая уточняющие вопросы, если ученики высказываются неясно – наилучший вариант. Данный формат урока позволяет отработать и различные универсальные навыки, такие как уважение к чужому мнению, умение выслушивать и вести дискуссию, критически мыслить, работу в команде и прочее. В обучении очень важно то, что ряд методик и инструментов может быть использован для достижения самых разных частных учебных целей одновременно.

Игропрактики для целей создания позитивной атмосферы также могут стать хорошим инструментом, который подходит не только для того, чтобы заинтересовать в предмете, но и для поддержания позитивного настроя у младших школьников.

Для старших детей формат игры может уже оказаться скучным, они уже хотят быть серьезными и чувствовать свою значимость. И для них это будет основой позитивной атмосферы. Хотя отменять игропрактики нельзя, резко обрубив, как часто делается в массовых школах: "А с этого года вы уже большие". Тем не менее у старших школьников, напротив, позитив на уроках создает в первую очередь деловая и серьезная атмосфера, ощущение созидания, открытия и соучастия, ощущение собственной значимости. При этом обнаружение ими самими каких-либо недостатков в собственных знаниях и умениях подстегивает желание узнать больше, научиться, перенять опыт других. Это будет также полезно для создания позитивной атмосферы. Игропрактики будут иметь меньшее значение, хотя также могут применяться как разгрузка после сложной и напряженной работы. Ведь мозг не должен постоянно нагружать одни и те же отделы. Важно обеспечить и отдых, и попеременную работу разных его отделов.

Если на уроке ученики не слушают учителя и тот не завоевал их внимания, что-то делать бесполезно. Если никак не получается заинтересовать, лучше, на худой конец, просто приятно провести время на занятии, чем пихать знания в детей насильно, агрессивно заставлять. Но в то же время необходимо сделать всё возможное для фокусировки внимания и требовать того же от детей. Один из таких нехитрых методов – неожиданно достать что-то ярко-интересное или пошутить. Смех очень помогает "перезагрузиться", так же как и нечто необычное переключает мозг и заставляет учеников взглянуть по-новому и иначе ощутить то, что их окружает.

При этом необходимо помнить, что дети не машины. Бывают дни, когда все более рассеянные, а бывают, когда легко сосредоточиваются и втягиваются в учебный процесс. Важно учителю это чувствовать. Да, дети должны учиться и сами действовать, но учит их это делать учитель, так что инициатива за ним.

По этой причине авторы считают, что жесткий регламент и точное планирование на уроках – вовсе не на руку качеству обучения. Это не значит, что учебной программы не должно быть вообще. Как раз это важная деталь содержания, образовательного контента, как модно сейчас говорить, как и в принципе общая концепция обучения.

Если учитель держит в голове такую концепцию и программу, все то, чему в принципе необходимо обучить детей в определенный период, но при этом передает материал тогда и в тех условиях, когда конкретные ученики к этому готовы (например, тщательно выбирает время, когда можно дать особенно сложный материал), то позитивная атмосфера на уроках обеспечена. Также и формат уроков возможно менять в зависимости от состояния и настроя учеников. При необходимости можно устроить небольшое обсуждение, голосование относительно формата в начале занятия, особенно если в классе есть разногласия. Помимо создания соответствующей атмосферы, у учеников будет оттачиваться и умение мирно договариваться.

Наличие некоторого количества домашних заготовок у учителя дает возможность сделать содержание каждого занятия максимально гибким, полезным, и, главное, интересным, и позитивным для учеников.

При этом для детей любого возраста урок превращается в интересное приключение. А приключения (в хорошем смысле слова) любит большинство людей, особенно если они несут позитив, интересные и неожиданные вызовы и испытания, а то и просто дают возможность расслабиться и молча поглощать какую-нибудь интересную информацию.

На занятии любым предметом важно добиться максимума вовлеченности в учебный процесс со стороны всех присутствующих в классе детей. Достичь этой идеальной задачи весьма непросто, учитывая неповторимость и индивидуальность каждой присутствующей личности, разные половозрастные характеристики, интересы и потребности. В современных условиях стремятся к тому, чтобы количество присутствующих в одном классе детей было не чрезмерно, с тем, чтобы был осуществлен охват большинства. Тем не менее даже в таких условиях сохраняется данная проблема, на самом деле одна из фундаментальных для всего учебного процесса в целом.

Позитивная атмосфера предполагает доверие и свойственную ему раскрепощенность. Это в первую очередь межличностное общение, где наставник и воспитатель, и учитель одновременно. По мере роста и взросления учеников в группах удельный вес воспитательской работы должен замещаться учебной, так как предполагается, что с ростом и развитием реализуется такая важная функция зрелой личности, как самоконтроль. К сожалению, такое происходит не всегда, поскольку на определенных этапах ученики, сильно различные на уровне заложенных способностей и наклонностей, не только начинают уходить вперед или отставать в учебе, но и в поведении также различаются.

Доверие у сознательных людей возникает и выстраивается в кратчайшие сроки и как бы само по себе. У людей с несложившейся или покалеченной психикой этот процесс может затянуться надолго и вызывать множество побочных эффектов. Однако особенность преподавательской деятельности, к сожалению, в том, что времени на работу в каждом отдельно взятом направлении дается очень мало. Система требует унифицированного подхода ко всем присутствующим в классе и к каждому индивидууму одновременно, и выполнить такое требование оказывается порой не под силу самому лучшему преподавателю.

Однако наладив личный контакт с каждым в классе, узнав его или ее лично и с разных сторон, преподаватель может со временем выстроить свой контакт с аудиторией таким образом, чтобы в течение урока по каждой данной теме попытаться затрагивать те ее элементы, которые были бы интересны тому или иному из присутствующих, исходя из их предпочтений и наклонностей. Такой подход может достаточно хорошо работать в условиях преподавания гуманитарных дисциплин, поскольку в классе все имеют дело с чем-то, что соотносимо с человеческой природой вообще, то есть гораздо легче найти точки приложения, чем в предметах научных, где речь идет о вопросах имперсонального характера в большинстве случаев.

Тем не менее эти последние существуют для развития очень важных для каждого личностных качеств, и тут акцент должен делаться именно на данную сторону без того, чтобы осуществлять давление. Вообще, принуждения нужно максимально избегать. Всегда нужно стремиться осуществлять скорее диалог, чем монолог и демонстрировать способность к адекватному восприятию нужд и чаяний подростков. Малейшая фальшь или давление – и все результаты будут, скорее всего, похоронены, а ребенок замкнется в себе. И извлечь его или ее оттуда будет уже очень сложно.

КОНКРЕТНЫЕ СТРАТЕГИИ ПРЕВРАЩЕНИЯ ОБРАЗОВАНИЯ В ЭФФЕКТИВНЫЙ ПРОЦЕСС

Очевидно, что повышение эффективности образовательного процесса на современном этапе требует осуществления ряда подходов.

Во-первых, необходимо гармонизировать применение традиционных образовательных методов и достижений современных технологий с тем, чтобы в рамках учебного и воспитательного процессов постепенно двигаться в сторону развития у учащихся альтернативного и взаимодополняющего мышления и всестороннего восприятия любых форм проблем, с которыми им придется конфронтировать.

Необходимо одновременно поддерживать спокойную, терпеливую, благожелательную атмосферу как в групповом, так и индивидуальном обучении, стремиться также стимулировать межличностную коммуникацию на разных уровнях. Учеба должна стать гораздо более коммуникативной, чем она была ранее, благодаря современным технологическим возможностям, с одной стороны, и соответствующим формам подачи учебного материала – с другой.

Важно стимулировать индивидуальный выбор, осторожно помогать учащимся в формулировании и достижении поставленных учебных целей. Это должно способствовать развитию самостоятельности мышления, ориентации в среде, построению связей и достижению устойчивой позитивной результативности.

Необходимо осознанно варьировать обязательное и самостоятельное изучение материала, постепенно повышая удельный вес последнего в учебной программе.

Также большое значение имеет акцентирование в преподавательской деятельности междисциплинарного подхода в изложении материала. Образование должно стать сфокусированным на факты, с одной стороны, и теоретико-методологически взаимосвязанным – с другой. Факты, даваемые учащимся, должны тщательно отбираться по критерию их максимально возможной междисциплинарной значимости, позволяя, таким образом, учащимся использовать один и тот же материал при изучении разных, но смежных дисциплин.

Демонстрация междисциплинарных связей и раскрытие логического и генетического родства видов познания и творчества – вот что должно лечь в фундамент построения учебных программ на всех уровнях. Такая стратегия будет еще более способствовать самостоятельности формирующейся личности в оценке окружающего мира и ориентации в нем. Учащиеся с разными уровнями природных данных и подготовки, склонностей и мотиваций в таких условиях получат как бы «дорожные карты», по которым будут учиться ориентироваться самостоятельно в своей дальнейшей личной и профессиональной жизни. У них будет сформированная базовая целостная картина природы знания, его видов, их соотношения, проблематики и направлений дальнейшего развития. Учеба таким образом станет формой отчасти игрового «спортивного ориентирования на местности», где наградой станет душевное и психическое здоровье и повышение уровня счастья в жизни каждой личности, включенной в образовательный процесс и реализующей себя через него, а также реализация полезных для общества ролей.

Прежде всего разберемся, что значит эффективный процесс? Какие именно проблемы сейчас постоянно возникают?

От специалистов и работодателей мы все чаще слышим, что приходит работать молодежь с красным дипломом и отличным портфолио, но по факту человек ничего не знает и не может выполнять реальную работу по специальности. Причем часто выпускник школы/вуза не обладает даже рядом базовых навыков, которые могли бы позволить ему освоить необходимые для работы знания и навыки.

Вроде экзамены выпускные на отлично, а придет на работу и оказывается совершенно не годен даже для самых элементарных вещей. Знания применить не может, не способен мобилизовать то, что учил, в нужный момент, узнать то, что учил в другой форме, посмотреть на известный предмет под другим углом и т. д.

Подчас у выпускников школ отсутствуют даже элементарные навыки, необходимые в повседневной жизни: например, сравнить цену 100 г одного продукта с ценой за 1 кг другого или выяснить, что выгоднее купить. Или что выгоднее: купить в дорогом магазине со скидкой или в более дешевом без.

Это и есть лишь некоторые признаки того, что обучение было совершенно неэффективным.

Что же нужно для того, чтобы ученики не напрасно тратили время, не были перегружены учебой, а имели оптимальную нагрузку, чтобы при необходимости могли применить в нужный момент знания, полученные в школе, чтобы умели преодолеть испытания и решить даже непростые задачи, которые постоянно подбрасывает жизнь?

Для обеспечения массовости и простоты обучения сейчас стараются применить цифровизацию образования. Дескать, надо смотреть в будущее.

Но по факту это лишь ухудшает ситуацию, т. к. человеческий мозг пытаются научить функционировать, как более простой компьютер, чтобы сделать их совместимыми. Аргумент, что компьютер обыграл чемпиона мира в шахматы, а потому давайте у него учиться, тут не работает: во-первых, это лишь игра, пусть и сложная, но не сравнится с тем, насколько сложен окружающий мир, во-вторых, до массовости внедрения компьютеров такого уровня еще ох как далеко. Сложно это и дорого. А пока мучимся, с чем есть. А это примитивные системы, которые к тому же подчас дурно сделаны и не выдерживают нагрузки, не говоря уже о том, что и связи-то во многих уголках земли нормальной пока нет, и техники не хватает. Это наглядно демонстрируют, например, исследования, проведенные Институтом образования НИУ ВШЭ в 2020 г. на территории РФ во время дистанционного обучения в период пандемии.

Также важно отметить и то, что технически напрямую совместить мозг и компьютер не так проблематично, и по отдельным задачам это делается (например, уже давно применяются слуховые аппараты). Но очень проблематично заставить мозг целиком работать в полной связке с компьютером.

Несмотря на множество общих черт сетей компьютерных и нейронных, есть между ними и фундаментальные различия. Для их объяснения важно упомянуть 2 особенности.

Во-первых, "нейрон" искусственной нейронной сети – это лишь узел, триггер, элементарная единица сети, способная принимать лишь ограниченный набор решений. Нейрон же – это живая система, целая клетка, то есть сам по себе является сложнейшей системой. Клетки мозга человека, например, могут при необходимости формировать функциональные комплексы, взаимосвязанные между собой, модифицировать и перестраивать их под новые задачи. Нейроны могут изменять свои функции, могут брать на себя функции утраченных клеток, могут даже размножаться, при этом сохраняя целостность нейросети головного мозга и основные функциональные связи. То есть каждый нейрон – это сложная система внутри сложной системы нейросети, способная реагировать на определенные стимулы множественно и разнообразно. Таким образом, возможности реальной нейронной сети и искусственной с одинаковым количеством нейронов разнятся на порядок. Живая нейронная сеть более стабильна, хотя и чаще может делать ошибки, допускать неточности, больше зависит от случайности и внешней среды, посторонних внешних воздействий, но за счет высокого уровня организации она же и обладает большим потенциалом исправлять собственные неточности, обнаруживать их, если получает обратную связь от среды. Именно поэтому живые нейронные сети существовали в природе задолго до человека, а более простые, искусственные, появляются только сейчас, придуманные теми самыми, живыми.

Сходства между теми и другими определяются сходством и общими законами, описывающими поведение сложных систем, но не более.

Во-вторых, и это самое важное, живые организмы имеют иной принцип существования, нежели компьютеры. Компьютер или любое подобное цифровое устройство относительно стабильны на достаточно длинном промежутке времени, который определяется годами, а в некоторых случаях и десятилетиями. Если мы обесточим компьютер, он не испортится. Современные энергонезависимые технологии хранения информации на твердотельных картах памяти даже позволяют после нового включения сохранять состояние, в котором находился компьютер в момент выключения. Таким образом, при включении можно начать работать с того момента, на котором закончили. А попробуйте-ка выключить нечто живое. В этом случае оно просто умрет. Живым организмам даже и не снилось такое, чтобы можно было нажать кнопку "выкл", переждать то, что не нравится в полностью выключенном состоянии, и потом включиться в нужный момент. Чтобы жизнь продолжалась, в организме постоянно идут процессы, даже атомы, молекулы, составляющие организм, постоянно заменяются с течением времени за счет метаболизма: питания и выделения. У многоклеточных организмов даже состав клеток постоянно обновляется. Да, существует состояние анабиоза, но это лишь замедление процессов, "спящий режим", говоря компьютерным языком, но не более. К тому же далеко не каждому биологическому виду такое дано. В предыдущей книге "Критика жизни во Вселенной" мы уже обсуждали эти вопросы подробно. Здесь мы лишь вспомним, что головной мозг, как и другие компоненты нервной системы, также будет продолжать функционировать только в том случае, когда он постоянно работает. Выключи питание полностью – мозг погибнет. Если в функционирующем организме мозг постоянно будет работать в "энергосберегающем" режиме, то энергия, получаемая организмом, пойдет на что-то еще. Примерно по такому же принципу "сдуваются" мышцы, если перестать их активно использовать, например, на физической работе. Развитие и прогресс идет лишь тогда, когда мозг работает, решает сложные задачи. Чем их больше, тем больше прогресс и потенциал развития человечества. Ведь если идея появляется у одного, то за счет коммуникации она может стать достоянием других, ее подхватывают, развивают вместе. Ее главное сформулировать. Важно только, чтобы не было постоянного стресса и хронических перегрузок.

Увы, скорее всего, расширению возможностей мозга не поможет никакой "Нейронет", о котором так мечтают некоторые исследователи. Мысль не существует в мозгу как таковая. Чтобы ее передать, ее надо сформулировать. Это сложный навык, и для передачи мыслей другому без языка не обойтись. Уж очень разные люди в этом плане, даже разные отделы мозга задействуются при, казалось бы, однотипных мыслительных процессах, о чем говорят результаты исследований нейропсихологов. Сложные нейронные сети выжили в процессе эволюции благодаря этому разнообразию и уникальным особенностям. Таким образом, пока для передачи мыслей ничего лучше, чем язык, не придумали, хоть и он далеко не абсолютен. Но хорошее владение языком позволяет коммуницировать, понимать друг друга достаточно хорошо, чтобы что-то делать вместе, командой. Даже что-то глобальное и сложное. В настоящее время развиваются и другие средства для обмена мыслями, информацией между людьми, например, стала очень доступной возможность снимать видео. Это существенно облегчает некоторые задачи, но и там проблематично обойтись без языка. Особенно для того, чтобы передать что-то достаточно сложное, разноплановое, включающее как факты, так и их анализ и эмоции.

Таким образом, при попытках полностью совместить людей и компьютеры либо люди станут активно деградировать, либо (при попытках встроить в организм цифровые устройства) получатся просто киборги, сильно уступающие по потенциалу развития современному человеку. У этих киборгов еще и постоянно будут возникать проблемы с тканевой совместимостью (именно иммунная система и система гистосовместимости позволяет многоклеточному организму оставаться целостным), а также проблемы, связанные с контаминацией механических частей микроорганизмами. Таким образом, поддержать целостность и стабильность такого организма длительное время с поддержанием высокого качества жизни проблематично, да и нужно ли? Гуманно ли?

Очевидно, что человек не готов к роли Бога, создателя. Да и будет ли готов когда-то – большой вопрос. На данный момент сильно рассчитывать на "костыли" из цифровых технологий не стоит. Что непременно стоит сделать, так это четко определить полезную роль цифровых технологий в жизни и объективно оценить опасности, исходящие от них для людей разного возраста и их прочих особенностей. Прежде всего, опасность дезинтеграции организма человека, нарушение его целостности и баланса в нем. В настоящее время из-за дороговизны подобных разработок и коммерциализации их, объективных исследований по влиянию цифровых технологий на человека, на развитие детей практически нет.

Итак, вложить в мозг карту памяти и немедленно научиться таким образом делать что угодно, сталкиваясь с реальными задачами, проблематично. Мозг и организм в целом для освоения чего-либо, даже для запоминания, требует обучения, закрепления, потому что это не компьютер, потому что это динамичная система, которая развивается лишь при наличии стимулов, а без них не развивается, может даже утрачивать эту способность, деградирует либо в целом, либо отдельные его функции, в том числе жизненно важные.

В каких же случаях обучение будет эффективным?

В первую очередь ученикам должно быть понятно, зачем они учатся, они должны быть уверены, что материал будет на самом деле полезен им. И им нужно не просто один раз сказать, как это вот все важно, а нужно, чтобы снова и снова они в этом убеждались сами, в том числе и на практике.

Кроме того, детям должно быть интересно.

Правда, есть тут не очень продуктивный подход, когда дети сами решают, чему учиться, и изучают только то, что именно им интересно. А остальное им якобы не нужно, как часто говорят сами ученики. Но есть проблема, что в основном интересно, как правило, то, что дается достаточно легко. А то, что дается трудно, часто становится неинтересным, особенно если человек не привык трудиться, тем более если ученику непонятно, зачем он должен прилагать усилия. Учителю важно это объяснить. В жизни пригодится не только то, что легко освоить, но и многие совсем непростые вещи.

Кроме того, ученики имеют небольшой жизненный опыт и ограниченный кругозор, и о многих интереснейших областях знаний могут не иметь ни малейшего представления.

И когда взрослый человек говорит, что какие-то школьные знания и навыки ему не пригодились в жизни, возможно, дело даже не в них самих, а лишь в том, что ему не объяснили, что и в каких случаях применять, и как это важно. Таким образом, ряд задач, возникших в жизни, мог показаться человеку попросту неразрешимым, тогда как там нужно было применить определенные знания, полученные в период обучения в школе. С подобными ситуациями мы сталкиваемся достаточно часто, но многого не замечаем. Это называют функциональной неграмотностью: неумение применить полученные знания в нужной ситуации, манипулировать ими вследствие формальной их подачи при обучении.

Например, многие вообще даже примерно не понимают, как строится прогноз погоды, как получают данные о далеких галактиках или тонком строении клеток, как развивать крупный бизнес или вести фермерское хозяйство и так далее. Таким образом, они упускают много возможностей самореализации или даже просто возможности сделать собственную жизнь более успешной, комфортной, интересной.

Эти дороги и должна открывать школа. Выявлять склонности и таланты учеников в первую очередь задача родителей, пробуя разные виды дополнительного образования. А вот основное образование может предложить лишь грамотно определить роли, скажем, в совместной деятельности учеников в процессе обучения, осуществить пробы разных ролей желательно с подходом к каждому в соответствии с типом личности.

В то же время дети не могут до конца понимать, что им нужно, а что нет. Это задача учителей – разбираться, что нужно детям для взрослой жизни. Развить базовые знания и навыки и познакомить с основами различных специальностей, не забыв упомянуть, что всё на свете не разберешь, тем более мир меняется и также появляются новые специальности.

Не должно быть перегрузки, но и не должно быть безделья, периоды, когда легко и весело, должны чередоваться с периодами напряженной работы, игровые и серьезные, ответственные занятия в соответствующих возрасту пропорциях. Дети должны осознавать, что и активная, и напряжённая работа необходима для отработки навыков, закрепления знаний.

Так и время планировать, и усилия распределять они будут учиться.

Для этого должна быть мотивация. Тогда работать с напряжением и выполнять неинтересную часть работы, обучения ребенок будет, так как будет мотивирован на достижение понятной ему цели и будет понимать, зачем он напрягается или делает что-то скучное. Также он будет понимать, что скучное сменяется интересным и что из разного рода деятельности, в том числе учебной, складывается и образовательный результат, а также результаты масштабных и нужных обществу работ в будущем. Порой один лишь успех в решении какой-либо сложной задачи невероятно мотивирует.

То есть изучать важно и то, что интересно (желательно и ученикам, и учителю), и то, что необходимо будет взрослому в повседневной жизни. Последнее детям может быть непонятно и неинтересно, и основная задача педагога – объяснить, зачем это, почему это важно, мотивировать учеников.

И важно, чтобы материалы соответствовали возрастным особенностям по объему и содержанию, чтобы объем нелинейно возрастал с увеличением возраста учеников и чтобы усложнение происходило нелинейно. Методики и средства обучения также должны соответствовать возрасту и особенностям развития, а также учитывать по возможности особенности развития конкретных учеников хотя бы на уровне класса, если применять в массовой школе.

Так, например, делают в Германии, где программы разных классов даже одной параллели могут различаться в зависимости от того, каковы возможности учеников и их интересы. Существует там и распределение на классы соответствующим образом. Одни классы могут немного "отставать", другие – уходить вперед и осваивать дополнительный материал, но важно то, что все обучающиеся пройденный материал усваивают достаточно хорошо. С детьми, которые по какой-либо причине "выбиваются" из общей массы, но не могут быть определены в соответствующий их личным особенностям класс, работают тьюторы (аналог наших репетиторов).

Также важная задача – развить универсальные компетентности у учеников, определив, на примере какого материала это лучше сделать. В идеале – угадать, что именно, какие конкретно знания и навыки потребуются ученикам, когда они вырастут, но и любой другой, грамотно продуманный, а главное, основанный на современных научных данных материал позволит развить универсальные компетентности и освоить новое, необходимое знание в будущем, если потребуется.

Собственно, важнее всего научить качественно разбираться в чем-то новом, делать что-то хорошо, как следует, оценивать и корректировать то, что получается, самостоятельно.

Это в том числе делается за счет личного примера учителя. Детям необходим эталон деятельности и качественного результата, к которому эта деятельность приводит. Например, показать, как сделать табурет, и дать ребенку возможность оценить, как хорошо получилось при соблюдении технологии. Рассчитать значение величины по формуле и показать в эксперименте, что формула и впрямь выведена не на пустом месте, что в эксперименте получается величина, как и при расчете и т. д. Дети очень эффективно учатся всему, подражая. И также им важна обратная связь как от учителя, так и от внешнего мира, особенно в подростковом возрасте, хотя в младшем школьном в первую очередь важна похвала.

Это значит, что в первую очередь нужны хорошие учителя – это главное.

Также необходима практика и реальные задачи, которые ученики решают вместе, конечно то, что именно им интересно и по силам на данный момент.

С практикой есть проблема: она нужна, необходима для получения результатов, но если основываться только на практике, мы не сможем передать достаточно теории, которая также важна и делает практику осмысленной.

Дети разные, поэтому нельзя жестко ограничивать учителя при обучении. Таким образом, возможно индивидуализировать подход к ученикам.

Нельзя создавать большие классы.

Важно также не ограничивать жестко возраст начала и окончания обучения. Сейчас это есть только в коррекционных школах, но и здоровые дети имеют свои индивидуальные особенности развития, которые необходимо учитывать для повышения эффективности обучения.

Есть важный нюанс по поводу возраста начала обучения. Мальчиков часто отдают в школу рано лишь для того, чтобы их не забрали после школы в армию и они успели поступить в вуз. И это катастрофа, ведь очень часто именно мальчики оказываются не готовыми к школе в возрасте 6-7 лет. И такие дети могли бы учиться с удовольствием и достичь отличных результатов, если бы им дали возможность пойти в школу позже, когда они психологически будут готовы к продуктивному обучению. Но до тех пор, пока служба в рядах вооруженных сил будет в большой части случаев опасна для жизни и здоровья, пока доверие к армии не восстановлено, многие родители так и будут вынуждены "сдавать" в школу еще не готовых к ней мальчишек, формируя у них отвращение к учебе, вынужденно отвечая за множество шалостей и впоследствии за серьёзные проступки и непослушание. Ведь ребенку трудно оценить, за что его сослали в школу раньше времени, почему родители так поступили, от чего пытаются уберечь. Так что это ведет не только к проблемам в учебе, но и проблемам взаимоотношений в семье.

Подготовка и отбор педагогов – невероятно сложная задача. Ведь педагог должен любить и уметь работать с детьми, владеть соответствующими средствами обучения, знать их особенности, уметь активно и быстро набирать опыт, решать конфликтные ситуации среди детей и с родителями, а кроме того, быть хорошим специалистом в предмете, обладающим современными знаниями. Последнее в меньшей степени относится к учителям начальной школы и в большей – к учителям-предметникам.

Достаточно удачная стратегия, но, к сожалению, трудно масштабируемая, предложена, например, на педагогическом факультете МГУ имени Ломоносова. Студенты разных факультетов с 3-го курса имеют право поступить и параллельно учиться на педагогическом факультете МГУ (вечерняя форма обучения), получить 2 высших образования по окончании и стать школьным учителем-предметником или преподавателем вуза/ссуза.

Учителя оттуда выпускаются, как правило, высококвалифицированные, ведь они осознанно выбрали такой трудный путь и довели обучение до конца. Такие учителя в курсе новейших достижений и в любимой науке, и в педагогике, очень увлечены выбранной областью знаний и искренне интересуются ей, а также получают удовольствие от того, что могут поделиться знаниями с учениками, раскрыть их потенциал, передать свой опыт. Это ли не предел мечтаний?

Но есть серьезная проблема. Во-первых, студентов МГУ не так уж и много. Еще меньше решается воспользоваться возможностью окончить педагогический факультет параллельно с основным, хоть это для многих и бюджетное обучение, то есть не связано с дополнительными финансовыми затратами. Но также из тех смельчаков остается очень мало таких, кто реально способен выдержать обучение на обоих факультетах, дойти до дипломов, остаться в здравом уме и доброй памяти, не выпасть из общества из-за необходимости постоянно учиться несколько лет и даже практически не иметь свободного времени. Такое удается немногим. По этой причине данная стратегия подготовки учителей хоть и показывает высокую эффективность, но имеет низкий потенциал для масштабирования.

Тут удивляться нечего: где вы видели, чтобы было и хорошо, и много. Скорее, если вам что-то такое пообещают, вы заподозрите обман. И правильно сделаете. Хорошо, но мало, или много, но плохо – куда более реальные ситуации. Также мы помним, что за все нужно платить. Хотя нам и не всегда очевидно, чем именно мы можем расплатиться за то, что как будто бы досталось за просто так. Так и привыкшие "пахать" без отдыха молодые учителя могут пытаться учить тому же детей. А это разрушительная стратегия. Вся история жизни на Земле четко говорит о том, что выживание вида и развитие возможно только тогда, когда нагрузка есть, но она не чрезмерна, не ввергает живой организм в состояние перманентного стресса. Если это происходит, и продуктивность снижается, и срок жизни сокращается, и развитие останавливается точно так же, как и в тепличных условиях, где совсем нет никаких стимулов "напрягаться" и к чему-то стремиться. Успех приносит как умение работать, учиться, так и умение отдыхать. К тому же и работоспособность у всех разная.

Так какое же может быть решение проблемы?

В некоторых странах уже реализованы интересные идеи. Например, тьюторство.

Тьюторов может быть много, а группы детей, с которой работает каждый тьютор – небольшие. Высококлассных педагогов не воспитаешь много, но часть технических вопросов, присмотр за детьми, контроль выполнения ряда заданий учителя и т. д. вполне могут взять на себя тьюторы. Тьюторами могут быть и будущие учителя, и просто люди, желающие работать с детьми, но не обладающие педагогическим образованием. Так делают, например, в Германии. И, надо сказать, весьма успешно. Тех, кто может быть тьютором, намного больше, чем тех, кто может быть учителем. Таким образом, большое количество детей имеет возможность взаимодействия с наставником, а высококвалифицированный учитель организует процесс обучения, дает тьюторам рутинные задачи по отработке конкретных навыков у их подопечных, выявлению слабо усвоенного конкретными детьми материала, применению мотивационных технологий и прочее. Сам же учитель сконцентрирован на формировании образовательных программ, планировании уроков и подборе материала для них, передаче собственного опыта.

Все это, конечно, тоже очень непросто в плане организации, однако позволяет ученикам глубже осваивать материал, лучше его понимать.

Учителя, как и врачи, учатся всю жизнь. А в современном, быстро меняющемся мире умение учиться будет полезно каждому. Так что пример хорошего учителя в наши дни особенно ценен для учеников.

На самом деле для учителя тут важно не столько УМЕНИЕ учиться, сколько ЖЕЛАНИЕ, мотивация, СИЛЫ и ВРЕМЯ на это постоянное обучение. По сути, в основном проблема многих людей именно в этом. Недаром говорят: "Быт заел". Разные бытовые проблемы, часто низкий достаток и необходимость постоянно "крутиться", чтобы прокормить себя и семью, порой не позволяют достаточно эффективно осваивать новое, да и выполнять основную работу, как правило, мешает.

Таким образом, не только подготовка, но и поддержка педагогов крайне необходима для повышения эффективности обучения. Поддержка как социальная, так и материальная. Например, в современной Германии, Шотландии этому уделяется большое внимание. За то, что учитель долго и много учится, аккумулирует опыт свой и других педагогов, работает помощником преподавателя, он получает достойную зарплату, льготы, а вместе с этим, что важно, и социальный статус, уважение в обществе и на государственном уровне в качестве разносторонней поддержки. Ведь учитель – человек, в руках которого будущее.

Нехватка педагогов всё равно есть, потому что учить детей, как мы знаем, даже при всей поддержке – нелегкий постоянный труд. А к постоянному нелегкому труду в принципе способно не так много людей. Кроме того, наряду с врачами, у учителей особенно часты случаи профессионального выгорания.

Особо серьезная проблема в том, что в наши дни очень велик спрос на междисциплинарных специалистов для масштабных проектных работ по всему миру. Это вовсе не значит, что нужны специалисты по всему на свете. Но, к примеру, если реализуется экологический проект, в нем должны участвовать экологи, узкие специалисты по разным группам живых организмов, геологи, гидрологи, экономисты, и социологи, и в некоторых случаях даже политологи. Однако для того, чтобы все эти специалисты могли работать вместе, чтобы выполнить поставленные задачи и даже грамотно их сформулировать, они должны иметь общие представления о каждой области знаний, которая фигурирует в междисциплинарном проекте, и в то же время быть хорошими специалистами в своей области.

Такие же требования к учителям-предметникам: хорошее и современное знание предмета и общие знания смежных областей, а также педагогические навыки.

Теперь поговорим немного о форме обучения.

Очное обучение с полноценным задействованием всех органов чувств, всех каналов связи сознания ребенка с внешней средой является необходимым условием эффективности обучения, особенно для учеников младших классов. Только для старших классов можно допустить освоение некоторой части соответствующего материала при помощи дистанционных технологий, причем определенный важный в современном мире материал иным способом освоить проблематично. Например, совместная удаленная работа с массивами данных и их сбор для анализа может включать как совместную удаленную работу, так и офлайн практическую часть: индивидуальную или групповую. При этом учитель может отчасти работать удаленно, а очная часть его работы может быть сведена к тому, чтобы объяснить и показать, например, что необходимо сделать руками в поле для того, чтобы собрать данные, по качеству подходящие для анализа.

Если в целом говорить о содержании, стоит упомянуть некоторые вещи, которые в настоящее время оказались забытыми, но в то же время являются важным инструментом для развития универсальных компетентностей, кроме того, сами по себе являются жизненно необходимыми.

Например, это навыки выстраивать отношения с разными по статусу и возрасту людьми, умение понимать других, разбираться в людях, искать партнеров, навыки кооперации, а также различные бытовые навыки. То, чего часто не хватает современным детям.

Ведение домашнего хозяйства – важная часть программы, забытая в наши дни в угоду робототехнике и подобным дисциплинам. Увы, роботы развиваются, как показывают современные исследования, "с наибольшим отставанием от прогноза", зато уже не одно поколение школьников, неспособное сварить суп и даже полноценно питаться, постирать, пришить пуговицу и делать подобные элементарные вещи, выпустилось из школ. Вероятно, они уже были готовы к "эпохе роботов", которая пока так и не наступила, но не были готовы к элементарным вещам, с которыми сталкиваются в самостоятельной жизни. Множество молодых людей даже не умеет убираться в доме и не обладает другими важными навыками самообслуживания. Счастье, если они зарабатывают достаточно, чтобы регулярно нанимать клининговую компанию и покупать готовую еду. А если нет? Ведь не так уж много людей, способных позволить себе такое.

И базовые знания о роботах тут не спасают. Так для чего тратить на них столько учебного времени, когда есть более насущные проблемы? Не проще ли рассказать о них уже в старших классах, а в технических – уже совсем подробно, когда дети и понимают больше, и интересы их более осознанные? Когда уже определятся, кто из них хочет работать именно над этим, двигая прогресс вперед.

Что касается обучения выстраиванию отношений, это, конечно, не задача школ. Это задача семьи, и только при отсутствии у ребенка семьи, учреждение, где он находится, может брать на себя эту функцию. В семьи важно не вмешиваться. Но важно, чтобы школа не мешала развитию навыков выстраивания отношений, бесконечно наталкивая в головы учеников все на свете и не давая им даже дома делать то, что им хочется, перегружая домашними заданиями, лишая свободного времени, свободной деятельности.

Это лишь некоторые стратегии, часть которых уже проверена временем и скорректирована, все они основаны на имеющихся научных данных и опробованы в отдельных семьях /школах (для чего же еще существует наука), а потому, несомненно, достойны дальнейшего активного применения и развития.

Стратегия выращивания идеальных потребителей, которая сейчас, в условиях рыночной экономики используется очень активно, очень недальновидная. Ведь если большая часть общества занимается лишь потреблением, такие люди практически не способны работать, что-то производить, создавать. В таком случае со временем ряд жизненно важных для человека сфер останется совершенно без специалистов, а существующие институты, готовящие их, разрушатся без подпитки, ведь даже школы работают против них. Но зато глупые потребители создают сиюминутные прибыли, позволяют придумывать множество новых товаров и услуг, которые уже сейчас в значительной степени оплачиваются в кредит. Ведь идеальный потребитель в перспективе не способен достаточно хорошо заработать, что-то производя. Только отдельные сферы, коммерчески выгодные, в настоящее время поддерживаются. Из-за отсутствия специалистов приходится для чего-то некачественного придумывать красивую упаковку, и, увы, работа ведется, как правило, именно в этом направлении, а не по улучшению качества содержимого. Потому что восстанавливать подготовку высококлассных специалистов – работа очень непростая и, главное, долгая. Темп жизни искусственно ускоряется, а потому что-то фундаментальное и качественное имеет всё меньше шансов сформироваться. Сегодня ресурсы выделяются на одно, завтра на другое, причем чаще на то, что быстро принесёт прибыль, а не на то, что жизненно важно, будет формироваться годами и даст тот или иной профит лишь со временем. Кроме финансовых вопросов никакие другие не рассматриваются. "Финансовые пузыри", сформировавшиеся к настоящему моменту, уже недвусмысленно дают о себе знать, так что же дальше?

Это вообще системная проблема в мире сейчас – фактическое отсутствие стратегий, лишь формальное составление долгосрочных стратегических планов и прогнозов, несмотря на то, что при таком обилии информации, как сейчас (в том числе очень качественной), это становится всё более доступным. Только вот беда, что эта забота лишь о сиюминутных делах создает хаос.

Решение тут может быть только в том, чтобы крупные корпорации на порядки умерили свои аппетиты, смирившись с тем, что прибыли не могут быть бесконечными (потребителю, если он ничего не умеет, в конечном счете нечем станет расплачиваться, он будет потерян в жизни и не будет уметь расставить приоритеты при планировании расходов: богатые дураки – большая редкость в жизни, только в сказках на каждом шагу встречаются, а ценные природные ресурсы у всех дураков уже отобрали), что благосостояние каждого имеет значение для выживания человечества, что развитие людей нельзя ограничивать, потому что хоть с биткоинами, хоть с лайками и социальными рейтингами (если мы в конечном итоге откажемся от денег), всё придет к гибели. Принципиально ничего не изменится. Как раковая опухоль постепенно съедает организм. Сначала просто неконтролируемо растет, потом, когда клетки в ее центре начинают страдать, заставляет организм формировать сосуды и подчас даже активно защищать себя, продолжая расти и потреблять ресурсы, ничего не производя, кроме отходов, затем по тем самым сосудам расселяет по организму свои метастазы. В результате уже ничто не может предотвратить смерть организма. Потому что для его существования каждая часть организма должна выполнять свои функции. Если этого не происходит и баланс работающих и неработающих клеток необратимо нарушается, наступает гибель. Хоть крупные корпорации и страдают от кризисов в последнюю очередь, отсрочить глобальный кризис возможно, но предотвратить при существующем положении дел – нет.

Отсюда вывод: для того чтобы человеческое общество продолжало существовать и не подвергалось саморазрушению, обучение в первую очередь не должно ограничивать развитие ребенка, а давать возможности максимально развить свой потенциал. Для этого в глобальном масштабе необходимо, чтобы неконтролируемая жадность и господство материальных ценностей порицались в обществе, а не поощрялись, как сейчас во многих сферах жизни. Этому должна и школа учить абсолютно всех, а не только "электорат", простых смертных. Это трудно, но кажется единственным путем вперед.

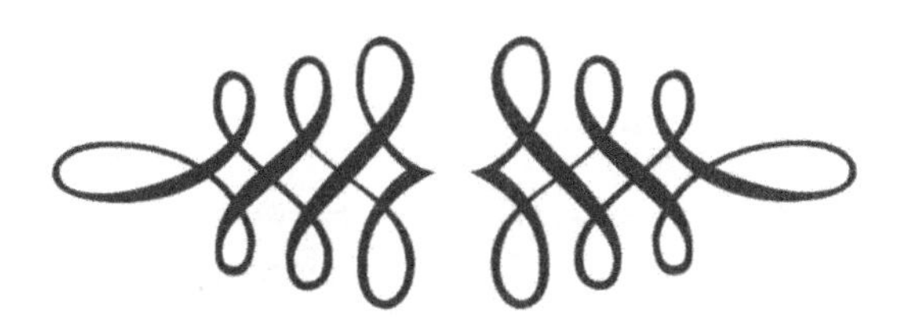

КАК ОЦЕНИВАТЬ УЧЕБНЫЙ ПРОЦЕСС

Многим во взрослом и даже преклонном возрасте снятся кошмары – экзамены, плохие отметки, несданные школьные работы. Это говорит о том, что школа умудряется нанести неизлечимую травму человеческой психике. Конечно, в реальной взрослой жизни мы продолжаем участвовать в соревновании за лучшие должности и зарплаты, успехи в бизнесе и на личном фронте. Всю свою жизнь мы продолжаем подвергаться стрессам, но всё же те первые школьные страхи остаются во многих из нас навсегда, порождая внутреннее сопротивление оценкам. По сути, школьные оценки не готовят ко взрослой жизни. Они заставляют стремиться к чужим усреднённым идеалам, запирая творческое начало в детях. Неслучайно в последнее время появились специалисты, выступающие противниками школьных оценок. Эту позицию, действительно, сейчас разделяют многие, и даже некоторые школьные учителя задаются вопросом, насколько вредна система оценок в существующем виде. Конечно, все понимают, что современная школа выстроена по принципу ресторанов фастфуда. Быстро, дешево и массово. Сто лет назад решили, что надо обеспечить среднее образование для всех без исключения – вот и обеспечиваем. С учётом этих целей оценки гарантируют некоторый усреднённый «результат» образовательной деятельности. Вот только есть одно «но»: этот «результат» – наши дети. Мир сейчас слишком изменился и не приемлет «усреднённого», ему нужно «уникальное» либо не нужно вообще. Любой компьютер, подключенный к интернету, выполнит школьные задания лучше не только любого ученика, но и учителя. В рамках школьной программы все сведения давно находятся в свободном доступе. Энциклопедические знания нынче не в цене, теперь любой двоечник, «погуглив», может стать энциклопедистом. Как следствие, мы напрасно волнуемся, сможет ли наш ребёнок, не получающий отличные оценки, найти себе достойное место в жизни после завершения школы. Уже стал притчей во языцех факт, что школьные отличники далеко не всегда достигают исключительных результатов во взрослой жизни. Это значит, что мы оцениваем не совсем те качества, которые нужны нашему обществу. Или совсем не те.

Журналист Дмитрий Волошин пишет: «Не хочу показаться резким, наоборот, стараюсь быть объективным. Предположим, я ничего не смыслю ни в педагогике, ни в устройстве образовательного процесса. Я рассуждаю как отец: у меня двое детей, 11 и 14 лет. Сложный возраст. Они активно ищут себя, и им тесно в рамках, которые задаёт школа. Их восхищает и пугает сложность окружающего нас мира, в то время как школа даёт очень упрощённую картинку. И оценивание – один из инструментов этого упрощения, способ оцифровать то, что цифровать не стоит. Как можно оценить правильность восприятия ребёнком «Войны и мира»? И что такое правильность? Может быть, упоминания всех этих эпизодов вроде «встречи с дубом» или «неба Аустерлица» – не критерий оценки? Может быть, не стоит снижать оценку из-за того, что ребёнок слегка по-другому чувствует произведение? [Хотя чаще всего невозможно добиться, чтобы школьник прочел роман, не говоря уже о том, чтобы сформировал своё мнение. В лучшем случае школьник перескажет пару параграфов из учебника по литературе или то, что услышит на уроке. Особо старательный ознакомится онлайн с содержанием романа в сокращенном виде. (Прим. авторов)]

Мир устроен сложнее. В нём нет оценок как таковых, весьма редко встречаются абсолютные победы и абсолютные неудачи. Более того, ориентироваться на внешние оценки весьма опасно. Гораздо важнее внутренняя убеждённость в том, что ты делаешь правильные или неправильные вещи. Гораздо важнее твоя собственная рефлексия, отработка полученного опыта, нежели навязанное извне мнение. В этом смысле школа выполняет сдерживающую роль: заставляя ждать внешние оценки, она лишает части возможностей для самостоятельного развития. Грубо говоря, делает развитие игрой случая, а не целенаправленной деятельностью. Или, с другой стороны, фокусирует на проявлениях, а не на сути.

Наверное, существующий запрос на различные шарлатанские по сути «техники духовного роста» – это симметричный ответ на подавление в школе.

Знаете, почему у многих так болезнен переход от школы к вузу? Потому что происходит ломка шаблонов. Ещё вчера мне ставили оценку, предварительно объясняя, что и как мне надо сделать, чтобы её получить. И тут – бац, и все поменялось. Хорошо, не бац, а постепенно. На первом курсе ещё возятся со студентами, а дальше, как в жизни: плыви или утонешь. И преподаватель явно не учитель, у него нет столько времени и терпения, он с тобой два семестра. И мир вуза шире и прозрачнее, больше похож на жизнь своей любовью к победителям и неумением быть долго внимательным. И получается, как в грустном анекдоте: «Ещё вчера они поднимали руку, отпрашиваясь в туалет, а сегодня мы хотим, чтобы они выбрали жизненный путь на много лет вперёд».

Какие же имеются основные претензии к школьным оценкам?

Что такое оценивание? Это формальная проверка, соответствует ли результат задания заданному шаблону или идеалу. Сама оценка зависит от степени несоответствия, чем больше несоответствие – тем ниже оценка. На практике всё немного сложнее, так как редко какой результат можно описать настолько полно, чтобы оценить его абсолютно объективно. И тогда оценка опирается на субъективные критерии: профессионализм учителя, его эмоциональное состояние, влияние на это состояние внешнего вида ученика, тембра его голоса и тому подобное. Но в общем можно утверждать, что оценивание подразумевает, что правильный ответ один. Он может быть сложным, комплексным, а может состоять из одной цифры. Но он один.

Практикующий учитель только улыбнется, прочитав эти строки. Обычно устный ответ оценивается так: если ученик молчит – значит, не учил. Это – два. Если мямлит что-то невразумительное, иногда попадая в тему вопроса – три. Если произносит обрывочные правильные фразы и кое-где немного путается – твердая четвёрка. Ну а если отбарабанит, как в учебнике или конспекте – вот вам и пятерка. Какие личные мнения? Какая многозначность в ответах? Об этом всем может писать только человек, ни разу не ведший уроков в школе и прочно забывший свое школьное детство.

Главное для учителя – вообще попытаться пробиться до разума и сознания ученика, и это практически никогда не удается. А то, что мы с вами знаем, что правильных ответов может быть больше, чем один – не имеет никакого отношения ни к школе, ни к оценкам за редчайшим исключением, когда в классе появляется очередной умник. И то он умничает больше не для того, чтобы найти истину, а чтоб похвастаться и досадить учителю. Если учитель хорошо подбит в предмете, после короткой словесной перепалки с таким умником станет очевидно, что вундеркинд просто набрался научной терминологии, не очень понимая, что она в действительности означает. В человеческих обществах прошлого царствовала безграмотность и никому и в голову не приходило учить всех поголовно. Мы никак не можем принять горький факт, что, по всей видимости, мы не можем заставить научиться думать и постигать знания всех людей. Мы можем сделать вид, что научили, а они сделают вид, что научились, и, самое страшное, даже поверят в это сами. В результате у нас появилось общество заносчивых недоучек.

Этому в немалой мере поспособствовала мода на тесты, которые школьники научились виртуозно списывать. Да и, по совести говоря, какой у учителя стимул не давать списывать на уроках? Чем лучше результат текущих тестов, тем, считай, лучше научил. А к ЕГЭ что-нибудь придумается, или тоже приспособятся как-нибудь мухлевать. Больше половины школьников, сдающих ЕГЭ (53%), признались, что усилия организаторов экзаменов по борьбе со шпаргалками не слишком результативны – возможность списывать всё равно остается. Выпускники рассказали газете «Известия», как можно обмануть металлодетекторы, камеры и учителей.

Следовательно, речь идет о поголовной показухе, и так ли уж важно, как изменить систему оценок, если не менять всю школьную систему в целом как неэффективную, учащую очковтирательству и травмирующую психику.

Нам возразят, ну нужно же каким-то образом обучать население? Должно же обучение соответствовать стандартам? А зачем нужны стандарты? Конечно, чтобы получать предсказуемый и воспроизводимый результат. Стандарты полезны и нужны во всех сферах человеческой деятельности, они фиксируют и систематизируют накопленные практики, они и есть свод лучших практик. Придерживаться стандартов – важнейший навык. В голове сразу всплывают слова «дисциплинированность», «обязательность», «ответственность» и другие, милые сердцу почти каждого родителя. Это всё, конечно, прекрасно, но мы же знаем, что у всего есть обратная сторона – потеря гибкости. Стандарт удобен, потому что результат предсказуем. Может, на наш взгляд, не оптимален, но зато стабильный. И уже не хочется ничего менять, как-то развиваться. Потому что на всё есть стандарт. Ведь мы вступаем в век меритократии. Понятие «меритократии» становится все более популярно в повседневных (просвещенных) разговорах не только о политике, но и о науке, и бизнесе. То есть на смену привилегий по праву рождения (как при рабовладельческом и феодальном строе) и преференций в силу владения капиталом (капиталистическом строе) приходит время «умных», тех, кто придумывает, как реорганизовать мир по-новому.

Заметно долговременное и медленное смещение престижа от физически-материальной силы в сторону даже не духовной, а интеллектуальной силы, проистекающей из личной одаренности и знания. Это наблюдение созвучно представлениям о смысле истории: возвращение духа в себя (Гегель), прогресс (Маркс–

Энгельс), гоминизация и ноогенез (Тейяр де Шарден), формальная рационализация (Макс Вебер). В знаменитой книге Майкла Янга главным свойством была объявлена «умственная одаренность». Такое впечатление, что нынешний меритократический дискурс делает ставку именно на это достоинство.

В пользу этого есть сильный довод. Объективная адекватность «способных» задачам власти очевидна. Умники у власти полезнее, чем дураки, по меньшей мере при прочих равных качествах.

Но как отличить способных от неспособных? Меритократией, конечно, можно считать власть школьных отличников и (или) обладателей высокого IQ. И меритокрактисты сильно тяготеют к этой опции. В антисоветском фольклоре, абсолютно меритократическом по настроению и стилистике, советская власть неслучайно именовалась «диктатурой троечников», из чего следовало, что она должна принадлежать «отличникам».

Но если согласиться с этим методом, то зачем нужны выборы? Отбор уже сделан на школьных экзаменах нейтральной (якобы) комиссией на основании надежных критериев.

Или мы с этим не согласны и предпочитаем, чтобы умников от дураков отличал электорат? В этом случае «способные» должны разработать собственную политтехнологию, которая дала бы возможность электорату отличить их от неспособных. Дублировать школу тут бессмысленно. Кандидаты не могут во время предвыборной кампании просто размахивать своими аттестатами. Но это все чушь! Отличники у власти нередко хуже троечников. Те хотя бы изворотливы и ленивы, а отличники так могут задолбать общество, что мало не покажется. Так что же брать за основу? Коэффицие́нт интелле́кта (англ. IQ – «ай кью») – количественную оценку уровня интеллекта человека (коэффициент умственного развития). Но только ленивый не прошелся по нерелевантности этих тестов.

Среди них в основном тестовые задания на логическое и пространственное мышление, а также задания других типов – в тесты обычно входят логические и арифметические задания, ориентировка в практических ситуациях – умение самостоятельно сопоставлять, обобщать известные факты. На данный момент не существует какого-либо единого стандарта на тесты IQ.

Тесты подразделяются по возрастным группам и показывают развитие человека, соответствующее его возрасту. То есть ребёнок в 10 лет и выпускник вуза могут иметь одинаковый IQ, потому что развитие каждого из них соответствует своей возрастной группе.

Тесты на определение коэффициента интеллекта неоднократно подвергались критике со стороны учёных и политиков.

Не имея целью критиковать тесты на IQ, советский психолог Лев Семёнович Выготский тем не менее в своих работах показал, что текущий IQ ребёнка мало что говорит о перспективах его дальнейшего обучения и умственного развития.

Известный британский марксист Морис Корнфорт критиковал тесты на IQ как метафизичные и направленные на то, чтобы лишить большинство детей полноценного образования из-за их якобы недостаточных для этого умственных способностей.

В 2012 году Эдриан Оуэн и Адам Хэмпшир из Канадского университета Западного Онтарио пришли к выводу, что интеллект человека состоит из нескольких компонентов и не сводится к одному показателю, поэтому IQ-тесты непригодны для целей психологических исследований.

В публицистике все чаще раздаются суждения о том, что само понятие IQ себя дискредитировало и должно быть списано в архив за ненадобностью. Доля истины в таких суждениях есть, но очень небольшая. Действительно, идея измерения ума, возникшая сто лет назад в условиях элитарного индустриального общества, перестала соответствовать реалиям изменившегося мира в постиндустриальную эпоху. Так, на протяжении тысячелетий важнейшим достоинством почиталась физическая сила – выживали и преуспевали в буквальном смысле слова сильнейшие. С развитием цивилизации роль мускулов отступила на второй план – основным двигателем как индивидуального, так и общественного прогресса стал развитый мозг, а не бицепс. Физическая сила осталась достоинством воинов и атлетов.

Правда, и обыватель бывает порой не прочь мускулы накачать – фитнес-центры не пустуют, но для него это скорее хобби, чем инструмент выживания.

В наши дни происходит нечто подобное – но уже в отношении ума. Он остался достоинством определенной прослойки – желательным, но не обязательным для всех остальных. В обществе потребления развитый ум перестал быть необходимым условием успеха, уступив место все более популярным понятиям социального, эмоционального, практического интеллекта (проще говоря – житейской смекалке).

Но в том-то все и дело, что общество потребления, похоже, уже достигло потолка своего развития, за которым начинается период неизбежной стагнации и упадка. Настораживающие симптомы этого встречаются уже на каждом шагу. Один из них – тотальная деинтеллектуализация общественной и культурной жизни.

Но перспективы деинтеллектуализированного общества плачевны. Сказано: «Где недостает ума, там недостает всего». Пока общество потребления отказывается воспринимать эту истину, но рано или поздно столкнется с ее актуальностью.

Так кто же нам нужен, если не троечники и не отличники, не люди с высоким IQ и уж точно не с низким? В наше время движут цивилизацию вперед – нестандартные! А мы ведем со школьной скамьи отбор, направленный именно против таких. Не случайно, что и Стив Джобс, и Билл Гейтс недоучились и не получили высшего образования. Этому есть много и других примеров.

В этом смысле оценивание – приучение к стандарту. Стандарту ответа, стандарту решения. Делай так и никак по-другому, иначе тебя будут осуждать. А зачем что-либо учить, когда процесс решения и даже оформления ответа стандартизован? То есть мы с вами понимаем, что, решая задачу, мы уже знаем или легко можем узнать ответ? И какой тогда смысл решать задачу? Нас что, стимулирует решение решённых задач? Или мы загораемся от возможности решить задачи, которые до сих пор никто не пробовал решать? Знаете, я каждый раз возмущался, когда учитель снижал оценку за оформление. У меня четыре, потому что я не подчеркнул слова «решение» и «ответ». Наверное, в этом был раньше какой-то смысл. Как и в задачах, решение которых нельзя было «подсмотреть», потому что не было интернета. Но сейчас именно этот подход и приводит к тотальной апатии и показухе в школьных классах.

Нельзя не упомянуть и необъективность школьных оценок. Какова доля субъективного отношения учителя при оценивании ученика? В зависимости от предмета, конечно. А ещё в зависимости от времени года. А ещё в зависимости от настроения оценщика, вызванного временем года. Сотни причин! И мы учим детей их понимать и под них подстраиваться. Посудите сами: мы, как родители, признаём оценки в школе показателем уровня знаний, а хорошую учёбу в школе – основной задачей ребёнка в течение десятка лет. И при этом создаём систему, при которой от левой ноги «Марии Ивановны» зависит то, насколько наш ребёнок оправдывает наши ожидания. А дети ведь не дурнее нас с вами, они же видят, насколько всё зависит от настроения «Марии Ивановны» и что порой важнее промолчать и не высказывать своё мнение, чтобы получить потом хорошую оценку.

«Отметка – это винтовка, приставленная ко лбу ребенка». Помните, как в школах появляются «любимчики» и кто они? Потом ровно это же происходит в жизни по сформированному стереотипу поведения. Мы же часто выбираем лёгкий и привычный путь. Ну зачем париться и пробивать нужный проект, когда для карьеры это будет опасно и начальник не поймёт? Проще согласиться, проще соответствовать его, начальника, ожиданиям. Или быть как все, не выделяться.

Журналист Дмитрий Волошин пишет: «Недавно у меня был чудесный разговор с одним молодым человеком 12 лет. Я спросил его, почему он учится вполсилы, он же может гораздо лучше. На что тот ответил, что в их классе учиться по полной опасно, можно привлечь ненужное внимание как со стороны одноклассников, так и со стороны учителей. И добавил, что лучше быть как все, что именно этого от него ждёт школа».

А действительно, нужна ли соревновательность? Теоретически оценивание «разгоняет» соревновательность. Соревнование и с самим собой, и с одноклассниками, и с другими, например, абитуриентами при поступлении в вуз. Кажется, что вся наша жизнь – соревнование, поэтому дух борьбы важен и формирование волевых качеств тоже будет нелишним. Для чего сейчас формировать этот соревновательный дух? Есть такой запрос со стороны общества? Нам нужны дети, которые умеют сражаться друг с другом? Или нам всё же нужны те, кто умеет сотрудничать друг с другом? Или мы хотим видеть, как они эффективно работают в командах, как умеют находить общий язык со своими сверстниками, да и с людьми постарше тоже?

И наконец, мы подходим, к аргументу о том, что оценки нужны для того, чтобы подтверждать завершение изучения.

Сколько раз мы повторяли фразу: «Получил зачёт – и забыл»? Те или иные вариации этой фразы – любимая присказка преподавателей в вузах. Наверное, ничего не проходит бесследно, в том числе нам зачем-то нужны те две бессонные ночи перед экзаменом, когда мы учили, скажем, какой-нибудь предмет и тут же забывали о нём при выходе из аудитории. С другой стороны, это же не очень эффективно, часы нашей жизни и часы жизни преподавателя тратятся почти впустую. Просто в нашей голове со времён школы сформирована чёткая отсечка: сдал контроль – значит, изучил предмет или тему. Получение оценки становится не просто результатом изучения, получение оценки становится концом изучения.

Журналист Дмитрий Волошин пишет: «У описанного выше явления много следствий. Но я бы хотел остановиться только на одном, имеющем прямое отношение к существующей системе оценок. Есть такой эффект, называется «эффект отложенного действия». По мнению некоторых учёных, наша психика устроена так, что если предложить ей некоторую недосказанность или незавершённость, то она запомнит это и всё с ним связанное гораздо лучше, чем в случае завершённости. Иными словами, ученик лучше запоминает предмет, если не делать оценку за него финальной точкой. И конечно, мы формируем более верный паттерн поведения, чем «получил оценку и забыл». Более жизненный, более адекватный.

Если мы возьмем такой навык, как ориентация на результат, тут тоже важно теперь понимать, что без четкого определения, что есть конкретный результат, даже обсуждать этот навык бесполезно. Очевидно, что при наличии у учеников разноплановых знаний, навыков и опыта они сами способны без дополнительных подсказок сообразить, каков должен быть качественный результат в каждом конкретном случае. Теперь же, когда "инновационные" методики (часто автоматизированной) оценки образовательных результатов, в основе которых во имя массовости лежат тестовые задания, понимание того, что есть успешный результат, сильно размывается.

По сути, успешное выполнение теста – это умение угадать правильный ответ, причем не осознавая его. В данном случае невозможно отличить того, кто реально знает ответ, пришел к нему путем логически рассуждений и того, кто просто угадал. Успешное выполнение практической задачи – совершенно другое. Тут требуются не только конкретные знания и умения, но и понимание практической цели, умения оценить результат и исправить ошибки в случае их допущения. В школе же результатом зовется выполнение теста на 100%, а не практика и глубокое понимание вопроса. Таким образом, сталкиваясь с действительностью, ученики могут чувствовать собственное бессилие и шок от несоответствия "высоких" образовательных результатов по тестам и фактической неспособности что-то делать в реальной жизни, отторжение реальности или попытки подстроить ее под себя с неопределенными последствиями (в т. ч. негативными последствиями для других).

ПЛЮСЫ И МИНУСЫ ДОМАШНЕГО ОБУЧЕНИЯ

Обычно к домашнему образованию прибегают как вынужденной мере. Например, когда семья живёт за границей или много путешествует и привязка к определенной школе становится проблематичной. Реже причиной перехода на домашнее обучение являются проблемы со здоровьем ребёнка или какие-то необычные условия, такие как профессиональные занятия спортом, цирковая и прочая гастрольная деятельность. Это все технические причины. Причину же, которую следует здесь обсудить, является своего рода бунт родителей против системы, когда родители считают, что качество обучения и атмосфера в традиционной массовой школе являются неприемлемыми ни для них, ни для их ребенка.

Чтобы принять взвешенное решение о переходе на новую форму образования, необходимо все тщательно продумать, взвесив плюсы и минусы домашнего обучения.

Что же может дать домашнее обучение вам и вашему ребенку? Прежде всего огромный пласт времени общения с вашим ребенком. Если вам позволяет род ваших занятий, то вы будете проводить многие часы вместе с вашим чадом. Немаловажно, чтобы к этому стремились обе стороны. Поэтому первостепенной важностью являются гармоничные отношения с ребёнком. Если вы оба выбираете между двух зол домашнее обучение как вынужденный вариант, то особой пользы такой выбор никому не даст.

Пандемия, с ее множественными длительными карантинами, заставившими родителей проводить много времени с детьми, показала, что часто то некомфортно как тем, так и этим. Что уж говорить, что число разводов резко возросло. Это показало, что современные семьи достаточно искусственные и даже, не побоимся этого слова, случайные образования. В норме общение между членами семьи сведено до минимума. Супруги общаются друг с другом и со своими детьми гораздо меньше, чем со своими сослуживцами, а дети проводят гораздо больше времени со своими учителями и соучениками, чем с собственными родителями. И вот пандемия провела социальный эксперимент невероятного масштаба, заперев вместе всех членов семей. Результат оказался плачевным. Взвыли все: и родители, и дети. Но если супруги могут развестись, то разводы с собственными детьми школьного возраста не предусмотрены.

Как же получилось, что родные люди с трудом переносят друг друга? Что в семьях не существует иерархии отношений, взаимного уважения, и главное – взаимного интереса друг к другу? Было ли так всегда? Или это приметы нашей эпохи?

О прошлом, с его патриархальным домостроем говорить не будем. Поговорим с точки зрения функциональности. Признаем себе, что современные семьи в своем подавляющем большинстве состоят совершенно из чужих людей с чуждыми интересами, привычками, взглядами и жизненными программами, которые, оказавшись в тесном взаимодействии, превращаются в пауков в банке. Абстрагировавшись от очевидных причин такого положения дел, скажем, что если родители реально хотят воспитать из своих детей надежную опору себе, своих единомышленников, родные души – им не следовало отдавать детей ни в детские сады, ни в школы. Более того, было необходимо оградить их от общения с другими детьми и просмотра телепередач. Именно там они набираются идеологии, что родители – враги. Об этом мы подробно писали в главе о проблемах отцов и детей.

Разумеется, жить, как на необитаемом острове, в современном мире не представляется возможным, поэтому родители, решившие соригинальничать и воспитать своих детей в дружественном себе отношении должны быть готовы к изнуряющей схватке с обществом, которое не заинтересовано в крепких семьях хотя бы потому, что большему числу одиночек впоследствии можно продать больше холодильников. Кроме того, крепкая семья более эффективно противостоит манипуляциям со стороны общества. Так что не обольщайтесь, домашнее обучение отнюдь не является гарантией воспитания детей в духе взаимопонимания. Тут еще сказывается и природный фактор, который требует от подрастающего поколения восставать против родителей, дабы начать свою самостоятельную жизнь. Такие конфликты наблюдаются у многих животных.

Здесь мы подходим к проблеме, что родитель, каким бы он ни был прекрасным, может, даже профессиональным учителем, отнюдь не лучший кандидат на место преподавателя для собственного ребенка. Так уж получилось, что в силу биологических и социальных причин дети гораздо лучше воспринимают чужих взрослых, чем собственных родителей.

Один из соавторов образовывал своих детей дома многие годы и может с ответственностью заявить, что приведённые выше проблемы отнюдь не являются выдумкой. Он общался с другими родителями, ведущими домашнее образование, и получал подтверждение, что эти проблемы весьма распространены.

Входя в состав клуба таких родителей, он узнал, что многие из них, по совести говоря, не занимаются никаким образованием. Дети просто сидят дома и занимаются тем, чем желают. Формально, конечно, они учатся по какой-то выбранной родителем программе, но это скорее для проверяющих, если таковые нагрянут.

Одна мать на заседании клуба заявила, что решила сделать годик перерыва в занятиях и что лучше они с дочерью этот год будут путешествовать.

Самое поразительное – что дети таких родителей умудряются сдавать экзамены на аттестат и поступают в колледжи, выучив все необходимое за считанные месяцы. То есть, по совести говоря, вся школьная программа – это блеф, и необходимость ей следовать в течение целого десятилетия вовсе не является обязательным условием успеха в жизни.

Авторы и сами считают такое утверждение слишком еретичным, а посему все же готовы обсудить плюсы и минусы домашнего образования, если подходить к нему со всей серьезностью.

Ну, разумеется, первостепенным преимуществом является то, что ребенок всегда на глазах, не подвергается вредным влияниям. Возражение, что он не «социализируется», не общаясь со сверстниками, не выдерживает критики. Ребенок вполне может дружить и играть с парой-тройкой друзей, детей родительских знакомых, особенно тех, что тоже занимаются домашним образованием. Этого вполне достаточно, чтобы не считать, что ребенок страдает от изоляции. А вот пребывание в дикой толпе в школьных коридорах как раз мало чему учит полезному для будущей взрослой жизни.

Вторым преимуществом является индивидуальная программа – индивидуальное, а не стандартизированное обучение. На домашнем обучении Вы можете самостоятельно выстроить и образовательную программу, и учебный план, основываясь на интересах, особенностях характера и успеваемости вашего ребенка. Вы можете углубиться в изучение одной темы и пройти интенсивно другую, поставить сами эксперимент, сделать проект, провести исследование или отправиться в познавательное путешествие. Никто больше не будет указывать вам, когда и какую тему проходить, какие задания делать и по каким учебникам учиться. Обучение станет захватывающим процессом, полным удивительных открытий и неожиданностей. Конечно, не стоит забывать о сроках аттестации и экзаменов, чтобы подготовиться к этому времени.

Обычно на индивидуальную программу переводятся те учащиеся, которые либо демонстрируют способности и интересы более высокого порядка, чем прочие, либо наоборот, представляют собой отстающих по причинам объективного характера, которые не справляются со средним уровнем учебной нагрузки, ориентированной на большинство. Однако в силу природных различий, изначально заложенных в разных людях, разрыв между «успевающими» и «неуспевающими» растет со временем экспоненциально, и это можно наблюдать в разных учебных заведениях и классах.

В настоящее время технологические возможности позволяют в определенных сферах дистанцироваться от преподавателей и студентов в учебном процессе без нанесения ему вреда и одновременно поддерживать при необходимости коллективность в нем. Коммуникация в рамках учебного процесса становится более диверсифицированной. Одновременное варьирование коллективного и индивидуального общения с преподавателем, возможно, перспективно, поскольку дает каждому ученику больший комфорт и сохраняет личность от чрезмерных внешних влияний.

Поэтому, говоря о домашнем обучении, мы вовсе не исключаем возможность комбинирования его с различными онлайн-курсами.

В течение долгого времени позволить себе индивидуальное обучение могли только люди очень богатые, которых в процентном соотношении с прочими всегда мало. Одновременно всегда существовала проблема того плана, что дети богатых далеко не всегда по своим врожденным качествам соответствовали уровню и возможностям индивидуального образования и получали его, не исходя из своих природных дарований, а просто потому, что у родителей были для этого средства и желание. Вместе с тем многие способные дети из бедных семей нередко не могли развить свои способности именно в силу того, что в семье не было денег.

В идеале современный мир дает возможности больше, чем когда бы то ни было совмещать коллективное и индивидуальное образование как в материальном, так и технологическом плане. Данное сочетание дает взаимодополняющий эффект, когда на одни и те же проблемы смотрят под разным углом зрения, они объясняются разными специалистами по-разному и предлагаются варианты рассмотрения и решения проблем, исходя из различных критериев. Программу такого обучения можно составить именно исходя из принципа комплементарности, – то есть изначально исходить из презумпции необходимого альтернативного рассмотрения симметричной проблематики, что позволило бы варьировать подачу в онлайн-классе и индивидуально рассмотрение и закрепление пройденного материала на обоих уровнях в чередующейся последовательности.

Короче говоря, на домашнем обучении можно экспериментировать самым смелым образом. Один из соавторов в определенный год, имея такую возможность, позволил себе выписывать учителей своему старшему сыну из Англии. В течение года он потратил на это около ста тысяч долларов. К нему приезжали профессора из знаменитых британских университетов и занимались с двенадцатилетним мальчиком литературой, историей, биологией, физикой и другими предметами. Сын вырос прекрасно образованным молодым человеком, весьма успешным в своей взрослой жизни. Хотя такие интенсивные занятия с учителями длились всего один год. В остальное время с ним занимались родители и, по совести, говоря, не очень на него с этим наседали. Старшая дочь автора не имела возможности заниматься с британской профессурой, но, занимаясь дома, тоже выросла вполне образованной и успешной.

Доказанный факт – дети на домашнем обучении учатся лучше своих школьных сверстников и получают лучшие результаты. Учащиеся на домашнем образовании проходили тестирование Московского центра качества образования, участвовали во Всероссийских проверочных работах, сдавали ЕГЭ. Все результаты стабильно выше средних московских результатов. Подобные результаты получены и в других странах.

На домашнем обучении появляется возможность посвящать учебное время только учебе. Ни у кого не вызывает сомнений, что огромное количество учебного времени в школе тратится не просто неэффективно, а просто-напросто впустую, например, на нотации и установление дисциплины на уроках. А если прибавить к этому классные и школьные мероприятия, время на дорогу, то получается, что домашнее обучение можно построить намного эффективнее школьного.

Использование новейших технологий и подходов облегчает современное домашнее образование. Домашнее обучение – самая быстро растущая альтернативная форма обучения. Поскольку семейное обучение выбирают родители, по-настоящему заинтересованные в образовании своего ребенка, то и предлагаемые программы, материалы и методики – наивысшего стандарта. Современные технологии способны сделать обучение более гибким и разнообразным. Дети сейчас осваивают новейшие технологии зачастую быстрее родителей, поэтому новые формы обучения воспринимаются «на ура».

На занятия тратится существенно меньше времени, чем в школе. Это тот плюс, который отмечают почти все дети на домашнем обучении. И причина совсем не в том, что семейные ученики проходят какую-то «сокращенную» программу или относятся к учебе несерьезно. Как раз напротив. Именно ответственный подход к занятиям позволяет пройти за учебное время существенно больше, чем в традиционной школе. Как результат, дети осваивают темы быстрее своих школьных товарищей.

На домашнем обучении больше творчества, меньше скуки. Кто сказал, что обучение – это то, что происходит в стенах школы, за партой, с учебником в руках и учительницей у доски? И пусть большинство учится именно так. Что мешает вам пойти в парк для изучения ботаники или посетить планетарий, когда проходите звездную систему? Вы не ограничены школьными рамками, и для вас весь мир – образовательное пространство. Возможность получать знания не из учебников, а из первоисточников не только повышает эффективность, но и развивает «увлеченность» предметом.

В школе все измеряется оценками в дневнике и баллами за ЕГЭ. На домашнем обучении дети учатся формировать собственное портфолио, которое показывает реальные знания и умения. А наглядные результаты становятся все более важными и для вузов, и в последующем для работодателей.

Цели и задачи ставите вы сами. В школе дети изучают то, что сформулировал кто-то, не знающий Вашего ребенка и его потребностей, для целей, поставленных безликой государственной машиной. На домашнем обучении вы сами выбираете, что, как и когда вы будете изучать.

Бессмысленные тесты, задания и отчеты останутся в прошлом. Сухой язык школьных учебников, формальный подход к подаче материала и скучные задания, оторванные от реальной жизни – это знакомо, пожалуй, каждому школьнику. Разве может у школьников возникнуть желание учиться, если их заставляют выполнять однотипные задания и бессмысленные тесты? А при домашнем обучении дети после прочтения интересной книги могут написать отзыв-пост в блогах или на форуме и почитать мнения других, узнать больше об авторе и прочитать другие его произведения.

Вам больше не нужно в определенное время отвозить, а затем забирать ребенка из школы. А отпуск можно запланировать на любое время, а не только на «горячий сезон» летних каникул.

Однако могут возникнуть и определенные сложности:

При переходе на домашнее обучение Вы будете полностью отвечать за образование детей. Если что-то пойдет не так, Вы уже не сможете обвинить плохих учителей или закостенелую систему. Хотя родители детей в традиционных школах тоже несут ответственность за обучение своих детей, но, во-первых, разделяют ее со школой, во-вторых, у них в разы меньше возможностей повлиять на результат.

Кроме редкого вечера или выходного, когда дети у бабушек или дедушек, они будут вместе с Вами: каждый день, целый день. Но это – одно из достоинств семейного образования. У Вас наконец-то появится время построить тесные отношения с детьми, по-настоящему сблизиться и узнать друг друга.

Отправляя детей в школу, вы можете уехать по своим делам. С другой стороны, домашнее обучение поможет Вам научиться лучше распоряжаться своим временем и стать креативнее. Можно воспользоваться сопровождением домашнего обучения, обратиться к специалистам, которые предложат оптимальную для вашего ребенка программу обучения, а Вы сможете работать удаленно и находить время и для себя.

Многие родители не уверены, что им хватит знаний, умений и терпения учить своих детей. Но ведь всему можно научиться. Домашнее обучение научило уже стольких родителей сохранять спокойствие, когда дети шумят, проявлять гибкость, если они устали, становиться волшебниками, если им скучно. Нет идеальных родителей, как нет и идеальных учителей, но все мы развиваемся и учимся на собственном опыте.

Соавтор этой книги признает, что поскольку прошел школьную программу с каждым из своих детей, он пробудил в себе интерес и способность писать книги на многие научно-популярные темы, полученные знания по принципу «уча, учись» позволяют ему свободно ориентироваться во многих вопросах современности. Как это ни банально звучит, но в школе он не почерпнул практически ничего и всему научился, уже обучая собственных детей. Так что вопрос квалификации, основываясь на этом примере, можно считать закрытым.

Вы боитесь, что у ваших детей будут пробелы в знаниях, что в итоге они что-то, да не будут знать? Что они будут задавать вам вопросы, на которые Вы не знаете ответа? Вы не можете знать все, да это и не нужно. Главное – дать детям инструменты поиска необходимой информации и научить с ней работать. К тому же это так интересно – искать ответы и учиться вместе с детьми!

Рано или поздно Вам будет нужно «оторвать ребенка от фартука», но не в 6-7 лет. Резкий толчок к самостоятельной жизни в школе заставляет детей полагаться друг на друга, а ведь у сверстников вашего ребенка так же мало жизненного опыта. Как результат – «слепой ведет слепого». Семейное обучение предоставляет родителям возможность дольше служить авторитетом для детей и сохранять на них свое влияние, давая им столько свободы и независимости, сколько они способны понести.

Скорее всего, часть Ваших знакомых и родственников не поддержит Ваше решение. Что ж, всем угодить невозможно. Просто помните, что школьное обучение очень далеко от идеала и подвергается еще большей критике. Но большинство привыкло идти по проторенной дорожке и не пытается искать лучших путей.

СИСТЕМА ОБРАЗОВАНИЯ В РАЗНЫХ СТРАНАХ МИРА

Интересно посмотреть на систему школьного образования России глазами западных экспертов. Нынешняя образовательная система России выстроена таким образом, что родители современных школьников вынуждены проводить массу времени, сидя над учебниками со своими детьми, и нанимать для них репетиторов. Данная ситуация наблюдается уже на этапе младшей школы.

Согласно позициям, которые занимает Россия в международных рейтингах школьного образования и результатам единого государственного экзамена 2014 года, объем материала, проходимого учащимися, не гарантирует высокого уровня литературной и математической грамотности, а скорее наоборот, мешает ее достижению.

При этом еще в 2001 году возникла необходимость убрать из перегруженных учебных планов сведения и дисциплины, не представляющие большой ценности. Решение этой проблемы было даже описано в специальном документе «Стратегии модернизации содержания общего образования».

В том же году Минобрнауки сообщило о стратегии, разработанной для эффективного обновления средней школы. О том, как это обновление происходит и каково место современной школы в глобальной образовательной системе России, проанализировали в Би-би-си.

Учительница младших классов Елена Смирнова рассказала о том, что уже в первом классе школы родителям учеников отводится большая образовательная функция, так как только с их помощью дети могут решать задания. Она отметила, что в последние годы родители учеников получили гораздо больше работы потому, что домашнее задание, которое ранее задавалось ребятам со второго класса, теперь задается уже с первого.

Доктор физико-математических наук, профессор Константин Лебедев сообщил, что в одной из программ начальной школы ученики уже в третьем классе учат понятия множеств. Он пояснил, что множества – это тема, которая изучается в вузах, и она выходит за границы психологических возможностей школьников. В результате дети не могут не только решить задания такого плана, но и понять, что от них требуется.

В средней и старшей школе нагрузка еще больше возрастает. К примеру, учащиеся 10-х классов проводят каждый день за выполнением домашнего задания не менее 4 часов. 15-летний Андрей Попов, бросивший занятия баскетболом из-за большой нагрузки в школе, рассказал, что четырех-пяти часов на уроки иногда и не хватает, поэтому кое-что приходится дописывать в школе. Загруженность очень большая, и, как признается молодой человек, того времени, которое отводится в школе, катастрофически мало на то, чтобы все охватить и понять.

В профессиональном образовательном сообществе не первый год обсуждается необходимость модернизации не только учебных планов, но и главного теста российских учеников – единого государственного экзамена.

Каков же рейтинг российских школ в мире? Главной системой оценки достижений школьников является Program for International Student Assessment (произносится Проуграм фо Интернашнэл Стьюдент Эсэсмэнт – PISA – пи-ай-эс-эй), которую проводит Организация экономического сотрудничества и развития. Данный тест был создан для подростков 15-летнего возраста с целью оценки знаний учеников и их умения применять полученные знания на практике.

Согласно исследованию 2012 года, Россия занимала 34-е место по математической грамотности школьников, 37-е место по естественнонаучной грамотности школьников и 42-е место по читательской грамотности школьников. Первые позиции по всем трем параметрам заняли такие страны, как Польша, Вьетнам и Эстония. Сильные результаты продемонстрировали Южная Корея, Япония, Финляндия, а также некоторые регионы Китая. Из этого списка стран ближе всего к российской финская образовательная система.

Профессор Гарварда и специалист по финской образовательной системе Паси Зальберг рассказал, что успех финнов в образовании основан на двух факторах: грамотном расписании и отсутствии большого числа промежуточных тестов. Первый позволяет сосредоточиться не на заучивании отдельных фактов, а на подаче материала в интересной и последовательной форме. Второй экономит бесценное учебное время и снижает стресс у учащихся.

Кажется невероятным, что есть страны, где домашнее задание детям не задают вообще, а остаться на второй год не стыдно. В то же время немного безумным выглядит реальность других государств, где дети учатся по 12 часов в день, а также посещают репетиторов даже в каникулы.

В этой главе мы сравним, как устроены системы школьного образования в разных странах мира, чем они похожи с российской, а чем отличаются. Некоторые подходы к обучению детей за границей, возможно, вам понравятся, и вы, взяв их на заметку, сможете немного облегчить жизнь и себе, и ребенку.

В зависимости от страны к стране, в западной системе образования можно найти как сходства, так и различия. Основная черта, которая объединяет все школы этой системы – инклюзивность и нацеленность на обучение ребенка самостоятельности, развитие у него индивидуальности.

В США большинство школ государственные и бесплатные, в них учится 90% детей. В стране не предусмотрено строгих государственных стандартов и учебных программ, их устанавливают власти штата.

Всех учеников во всех школах ежегодно перераспределяют по новым классам, а при подготовке к итоговому тесту классов нет вообще – все учатся по индивидуальному плану.

Урок физкультуры в старших классах превращается в полноценные и вполне профессиональные занятия конкретным видом спорта.

Школы Канады делятся на общественные и католические, платные и бесплатные, английские и французские. Основная часть – государственные, в них учится 93% детей. Каждая провинция страны имеет свою школьную систему, но они похожи между собой. Везде педагоги не имеют права даже на публичное замечание ребенку.

Общее образование в Канаде начинается с подготовительных классов для детей 4-5 лет.

В средней и старшей школе обучение построено блоками: по четыре предмета на семестр. Каждый день у детей одни и те же четыре урока по 75 минут каждый.

Чтобы получить аттестат и затем претендовать на зачисление в вуз, ребенок должен набрать определенное количество зачетных единиц – кредитов, начисляемых за освоение учебной программы.

Если школьнику не хватает кредитов, он может взять дополнительный год обучения Victory Lap («виток победы»).

Оценки учеников конфиденциальны.

Для общения с семьей в текущем режиме есть специальные папки с записками, которые передают дети.

Вместо родительских собраний – индивидуальные собеседования четыре раза в год.

В целом система образования в Канаде считается одной из лучших в мире и по тесту PISA обходит российскую.

Хотя по опыту соавтора этой книги, проживающего в Канаде уже более двух десятилетий и вырастившего в этой стране трёх детей – канадское школьное образование вообще не выдерживает никакой критики.

В Великобритании существует система бесплатного образования, которое может получить любой ребенок. Существуют и частные учебные заведения. На весь мир известны школы-пансионы, где ни ученики, ни их родители не имеют права оспаривать условия обучения и проживания. Таких школ в Британии более двух тысяч.

В Британии дети учатся с 4 лет, посещая школу для малышей.

Общение родителей с учителем в британских школах – короткий индивидуальный разговор, а табель с успеваемостью по итогам семестра отправляют на электронную почту.

Большое внимание в британских школах уделяется благотворительности, в учебных заведениях постоянно организуют различные мероприятия с участием учеников. Нередко они обязаны заниматься социальной работой.

В Испании существуют государственные школы с бесплатным обучением для всех детей, полугосударственные, финансируемые католической церковью или органами местной власти, и частные школы (colegios privados – колэхиос привадос), которые дают возможность получения диплома международного бакалавриата.

В школах Испании обучение ведется не только на испанском языке, но и в зависимости от региона страны на втором официальном (каталонский, валенсийский и т. д.), его изучение обязательно.

После второго-третьего урока у школьников есть перерыв на полдник, и родителям дают рекомендации о том, какую еду надо давать детям с собой. Это называется «календарь полдников». В большой получасовой перемене дети играют в школьном дворе.

Остаться на второй год в школе – рядовая ситуация.

В Италии существуют частные и государственные школы, классы в которых довольно большие. Частные школы в Италии не имеют права выдавать документы об образовании, поэтому все экзамены сдаются только в государственных учреждениях.

Начальное школьное образование в Италии является бесплатным и обязательным даже для детей нелегальных мигрантов.

Обучение в высшей школе платное для всех.

Переход от одного школьного этапа к другому в Италии сопровождается физической сменой места обучения. Появляются новые педагоги и одноклассники, и все опять начинается с первого класса.

Для итальянских детей ходить домой на обед – нормальная история, так что в некоторых школах даже нет столовых.

В стране нет золотых медалей за отличную успеваемость, но можно получить 110 баллов из 100 на выпускном экзамене. Правда, это никак не влияет на поступление в университет: вузы проводят свои вступительные испытания.

В Германии программы обучения детей не синхронизированы, единых учебников и стандартов по предметам нет, но еще в начальной школе все начинают учить английский, а с четвертого класса вводится половое воспитание.

Начальная школа отделена от средней, после ее окончания, в зависимости от уровня способностей, дети получают рекомендации по дальнейшему обучению – в гимназии, реальной или основной школе.

Только выпускники гимназии получают аттестат зрелости (Abitur – Абитур) и право поступить в университет, остальным дают справку об образовании.

Abitur можно получить отдельно, после специальных курсов.

С первого класса ребенка, успеваемость которого значительно лучше, могут перевести на класс выше.

Многие выпускники гимназий остаются на второй год, чтобы улучшить средний балл в аттестате.

В целом уровень образования превосходит российский.

В Германии есть закон о всеобщей школьной обязанности, родителей прогульщика может оштрафовать полиция.

Также в германских школах детей не кормят, они носят еду из дома.

Во Франции большинство детей учится в государственных школах. Они бесплатные для всех, но в начале учебного года родители часто сдают деньги на досуг для детей – экскурсионные поездки, билеты в кино и т. д.

Нумерация классов начинается в обратном порядке: так, в средней школе дети идут в шестой класс, а заканчивают третий, после которого сдают экзамен и получают аттестат.

В колледже ребенка, успеваемость которого значительно лучше, могут перевести на класс выше, а неуспевающего – в класс младше.

В школах Франции детям нельзя пользоваться телефонами, а на больших переменах обязательно выходить на улицу.

Финское образование стабильно входит в пятерку лучших. В основном в стране государственные школы, причем среди них нет элитных или слабых, уровень просвещения везде одинаковый.

В школах Финляндии бесплатно все – от карандашей до обедов в столовой.

К учителю принято обращаться по имени.

В стране существует параллельная система образования на шведском и саамском языках.

Учеников не делят по способностям, для каждого составляется индивидуальный план обучения и развития. Одноклассники на уроке могут делать упражнения разной сложности.

Все отметки конфиденциальны, сравнение детей запрещено.

Мальчиков и девочек не разделяют на уроках технологии: все шьют прихватки и делают табуретки.

В образовательной системе есть дополнительный 10-класс, где учащиеся могут улучшить свои оценки. Затем дети отправляются в профессиональный колледж либо продолжают учебу в лицее.

Детям с первого класса объясняют их права, учат жаловаться социальному работнику.

Рейтинги Организации экономического сотрудничества и развития (OECD) стабильно демонстрируют рост позиций азиатских стран в образовательной сфере, а по тестам PISA школьники из Европы или США в том же возрасте знают меньше, чем их сверстники из менее развитых стран, например, Вьетнама.

Главное отличие от российской образовательной системы здесь – тотальная нагрузка на детей, когда уроки по 8-10 часов, шесть дней в неделю, плюс репетиторы или курсы, а между учениками невероятная конкуренция.

Впрочем, в Азии между уровнем развития стран существует значительная разница, о хорошем образовании можно говорить в Северо-Восточной ее части. В той же Индии ситуация, скорее, напоминает Ближний Восток, где даже относительно благополучные Израиль и Турция не могут похвастать высоким уровнем подготовки детей.

В Китае существуют государственные и частные школы, в том числе школы-пансионы. Всеобщее девятилетнее образование в государственной школе только недавно стало бесплатным. В целом дети демонстрируют уровень знаний выше среднего, но в тестировании в основном принимают участие 4 наиболее развитых провинции.

Перед поступлением в первый класс дети проходят тестирование, в конце начальной школы сдают экзамены. Высокие баллы обеспечивают место в хорошей средней школе.

В китайских школах число учеников в классе обычно 30-40 человек, но иногда достигает 70-80 детей. Оценки всех висят на видном месте.

Упор в образовании делается на математику и китайский язык. Тысячи иероглифов, которые надо не только правильно писать, но и правильно произносить, дети учат практически всю школьную жизнь.

Для обучения английскому часто приглашают специалистов из Европы и России.

Каждый день в школе дети дважды делают зарядку, а утром посещают общую линейку, на которой сообщают основные новости и поднимают флаг — школьный или государственный. После третьего урока все дети делают упражнения для расслабления глаз.

В Китае учитель может ударить ученика рукой или указкой.

В Японии начальная и средняя школы обязательны и бесплатны для всех, если это не частное заведение. Старшая школа и высшее образование – исключительно платные. Образовательная программа может отличаться в разных школах, но всегда основана на государственных стандартах.

В японских школах нумерация классов на каждом этапе обучения начинается с первого, то есть в средней школе это первый класс, как и в начальной. Параллели обычно дополнительно отмечают буквами или цифрами: 1-А/1-1 это первая параллель первого класса, например.

Успеваемость детей конфиденциальна.

В конце дня ученики делают уборку в школе и на прилегающей территории.

Бывает, что матери школьников ходят вместо них на уроки и ведут конспекты, когда дети болеют.

В Японии считается нормальным заниматься дополнительно и по воскресеньям.

Во всех школах Южной Кореи образование строго контролируется правительством. По итогам каждого учебного года в Южной Корее составляют список лучших школ. Обучение в трех предвузовских классах только платное.

Нумерация классов аналогична японской.

В Корее не принято брать с собой перекус в школу, дети едят вместе с преподавателями те же самые блюда.

Почти все дети дополнительно занимаются после школы, это называется хаквон.

100 баллов за английский и математику в Южной Корее ценятся больше, чем за родной язык и естественнонаучный блок – такая особенность.

В школах не называют оценки, можно узнать лишь место в общем ученическом рейтинге.

Детей переводят в следующий класс независимо от успеваемости.

В Сингапуре система образования во многом схожа с британской. Начальное образование в этой продвинутой стране является обязательным и бесплатным, не считая небольшого взноса на организационные расходы.

В стране были вступительные экзамены в первый класс, но их отменили, потому что дети впадали в депрессию и становились тревожными.

Уже с 4 класса детей разделяют на группы по уровню знаний, интересам и интенсивности обучения.

Почти все дети дополнительно занимаются после школы.

Перед каждым уроком сингапурским ученикам задается вопрос, на который каждый из них должен ответить в конце занятия.

Граждане Сингапура не могут обучаться в частных школах.

По данным теста PISA, Сингапур занимает первое место во всех трех категориях: математика, естественные науки и чтение.

В Израиле большинство детей учится в государственных светских и государственных религиозных школах – 70% и 25% соответственно. Остальные дети посещают ортодоксально-религиозные школы системы независимого образования и частные школы.

В Израиле есть женские, мужские и смешанные школы.

Начальная школа – до 6 класса.

В израильских школах средней ступени в одном классе учатся дети с различной успеваемостью и способностями, поэтому часть предметов преподают на разных уровнях, деля классы на две-три группы.

Министерство просвещения страны ежегодно публикует предельную сумму сборов с родителей, а если семья неплатежеспособна, ребенка все равно не отстранят от уроков и не лишат внеклассных активностей – это запрещено.

Соавтор проживал в Иерусалиме десять лет и может засвидетельствовать, что школы в Израиле отвратительные.

В Турции на начальную, среднюю и старшую школу, которую тут называют лицеем, отведено по четыре года. Учебные заведения бывают государственные и частные. Последних довольно много, и они популярны.

В Турции существует обязательная подготовительная школа для детей 3-4 лет. Там их учат турецкому и английскому языкам, математике, музыке. Большинство таких школ – частные.

В начальной школе у детей нет урока физкультуры.

В государственных школах при обучении в одну смену в классе может быть 40-50 детей.

Возможности дальнейшего обучения турецких детей зависят от специального среднего балла, который считают, начиная с шестого класса.

Во всех школах страны на всех этапах изучают ислам, а также другие мировые религии.

В турецких школах, как государственных, так и частных, есть система «сервисов»: автобусы собирают детей по районам до начала занятий и отвозят их по домам после. Список пассажиров проверяет специальный человек.

В Индии бесплатное среднее образование гарантировано государством, даже существует специальный налог на строительство новых школ и содержание существующих. Помимо муниципальных школ, в стране есть частные и кадетские школы, а также можно учиться при христианских общинах.

Если родители хотят, чтобы ребенок попал в престижную школу, готовиться к ней начинают с трех лет.

Уроки в индийских школах начинаются с молитвы на санскрите.

Материальная база школ очень отличается: в деревнях ученики могут сидеть на полу, а городские платные школы оборудованы компьютерными классами и помещениями для йоги.

В каждом штате практикуется изучение местного наречия, помимо хинди, английского и санскрита.

В школе в одном классе может быть 50-70 учеников.

В конце каждого учебного года местные газеты публикуют фотографии лучших учеников выпускных классов.

В Содружество Независимых Государств вошла большая часть бывших советских республик, которые во многом сохранили существовавшую систему образования. Часто это привычные 11 классов, только со шкалой оценок в 10 баллов и на национальном языке, хотя русскоязычные школы по-прежнему существуют практически везде.

Переход к 12-летнему образованию и 12-балльной шкале оценок в ближайшие годы запланирован в Азербайджане.

Более существенные отличия от российской есть только в школьной системе Молдавии. По сравнению с другими государствами СНГ, там значительно больше русскоязычных школ и они сохраняют статус государственных. Румынский язык (Конституционным судом страны он приравнен к молдавскому) в них изучают как отдельный предмет, экзамен по нему – обязательный. В школах, где идет обучение на государственном языке, русский учат как иностранный. Образование в русскоязычных школах считается более качественным.

Образование в 10 классов является обязательным, в целом вся учеба в молдавской школе – бесплатная, но нужно оплачивать аренду учебников.

У детей кроме весенних каникул существуют еще и пасхальные, 10 дней с конца апреля по начала мая.

Отдельно стоит рассказать про образование в далеких странах южного полушария. Нередко школьные системы там основаны на опыте метрополий, к которым относились бывшие колонии.

Граждане и резиденты Австралии получают образование бесплатно в светских государственных школах, там учится почти 65% детей. В католических и частных школах, куда ходят примерно 35% детей, обучение платное.

Система во многом похожа на британскую, но уровень образованности австралийских детей ниже.

В Австралии в первый учебный день года в школу приходят только первоклассники и ученики выпускных классов.

Дети ходят на занятия в форме и обязательно носят шляпы из-за жаркой погоды.

Ребенок может «перепрыгивать» предмет или даже целый год обучения, если будет признан одаренным.

В школах есть система поощрения: за успехи, дополнительную работу или даже красивый рисунок дети получают «сертификаты».

Как и в Австралии, система школьного образования Новой Зеландии близка к британской. Абсолютное большинство школ здесь государственные. Они бесплатны, за исключением внеклассной деятельности. Также существуют добровольные взносы, которые все-таки настоятельно просят платить. Чем престижней район, в котором расположена школа, тем больше сумма.

В Новой Зеландии ребенок может начать учебу в школе, как только ему исполнилось 5 лет, не дожидаясь начала следующего семестра.

Все домашние задания, информацию и т. д. ребенку складывают в специальную папку, которую он носит с собой в портфеле.

Вместо родительских собраний – индивидуальные встречи с преподавателем 1-2 раза в год.

Ежегодно класс переходит в другой кабинет к другому учителю. Педагоги стремятся поддерживать детей в личных интересах, в школах обычно дружественная атмосфера.

В стране есть школы с обучением на языке маори и дистанционные школы для детей из отдаленных малонаселенных районов.

Бразилия, бывшая португальская колония, не относится к числу стран, куда родители мечтают отправить своего ребенка учиться. В стране, несмотря на усилия правительства и волонтеров, по-прежнему высокий уровень неграмотности, а качество образования в государственных школах обычно низкое, но при этом почти все они инклюзивны.

8 классов – образование, по закону обязательное для всех, но подростки из-за бедности часто бросают школу и идут работать.

В бесплатных государственных школах в одном классе учится от 40 до 80 человек, а за пять или шесть уроков есть только одна перемена.

Уровень образования в платной школе всегда выше, чем в государственной.

В целом бразильские подростки демонстрируют слабые знания по сравнению со сверстниками из более благополучных стран.

В бразильской школе не принято вызывать к доске – детей оберегают от стресса, который вызывает публичный устный ответ.

Сравнив системы обучения детей в разных странах мира, можно сделать вывод, что в каждой из них есть как плюсы, так и минусы.

Специфика отдельных европейских образовательных моделей, когда ученикам ничего не навязывают, оставляют на самоконтроль выполнение домашних заданий или вообще их не задают, кажется в наших реалиях совершенно немыслимой, но идея о более персонализированном подходе к ребенку – вполне хороша.

В то время как любой американский школьник может себе позволить отказаться от зубрежки нелюбимого предмета, сконцентрировавшись на том, что интересно и нужно, от наших детей требуют высоких результатов, «дается» тема или нет. Это ведет к лишним стрессам, ссорам, и может даже вызвать комплексы на всю жизнь.

Профессиональный спорт или театральный кружок в школе, бесплатное обеспечение детей учебниками и обедами, подвижные игры на переменах и тактичность педагогов, пожалуй, могут вызвать только зависть у российского родителя, но класс в 25 учеников и обучение в две смены тоже можно назвать комфортными условиями, если сравнивать с Индией или Бразилией.

На фоне запредельных нагрузок на детей из развитых стран Азии подготовительные курсы к ЕГЭ и репетитор по английскому кажутся чем-то обыденным.

В конце концов, главное – не оценки, а осознанность в образовании ребенка.

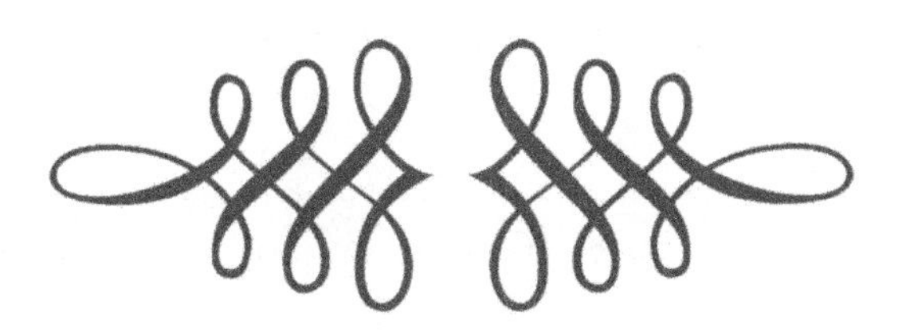

БУДУЩЕЕ ВЫСШЕГО ОБРАЗОВАНИЯ

Опыт подсказывает, что мы склонны к иллюзии, что наше время особенно, что ранее ничего подобного не происходило. С одной стороны, углубляясь в историю, мы с удивлением осознаем, что это не так и скорее прав царь Соломон, что нет ничего нового под солнцем. С другой стороны, нельзя отрицать, что наше время характеризуется беспрецедентными и, главное, буквально молниеносными изменениями во многих областях человеческой жизни. За одно поколение мы пережили смену нескольких технологических эпох, в то время как раньше многие поколения жили в практически неизменном в технологическом отношении мире. Эти изменения настолько быстры, что их не успевают осознать ни на общественном, ни на индивидуальном уровне. Сказанное справедливо и по отношению к высшему образованию.

В ближайшие годы мир столкнется с глобальным кризисом высшего образования. Нас ждет волна закрытий университетов, отказ от дипломов и отрицательные конкурсы на поступление, когда мест в аудиториях будет больше, чем желающих их занять.

Надо сказать, что этот кризис назревал уже не один год. По сути дела, из достойной опции для молодых людей обучение в колледжах и университетах превратилось в первый серьёзный грандиозный обман ожиданий в их жизни.

Усилия и средства, часто взятые в долг, трата нескольких лет жизни на бесполезное образование стало в большинстве случаев приводить к катастрофе в психологическом и материальном плане, поскольку выпускники не могли найти работу, которая бы утилизировала и компенсировала их образование. Из отдельно взятых трагедий тенденция превратилась в массовое явление, причём глобального масштаба. Не забывайте, что студенчество всегда было движущей силой революционных движений, которые принесли немало бед странам, в которых они провоцировались. Неслучайно, например, в России в недавних выступлениях молодежи присутствовал и этот элемент разочарования. В песне, мгновенно распространившейся по ТикТоку и ставшей фактическим гимном протестного движения, есть слова:

«Проповедь подвалов
Мои будни таракана
Безработных бакалавров
Комнатнатушных партизанов...»

Таким образом, «безработные бакалавры», которые превращаются в доморощенных партизанов, сидящих по подвалам и ощущающих себя тараканами, и есть самоопределение современной молодежи, и это произошло именно из-за краха системы высшего образования. Потому что вместо интересных и плодотворных рабочих мест, где вчерашние студенты могли бы применить полученные в университетах знания, они оказались обмануты и выброшены на свалку. Кроме того, бакалавриат реально не дает достаточного для работы по профессии уровня. Вот уж точно потерянное поколение, не ведающее, что ему делать и как себя применить.

В январе 2019 года сервис по поиску работы Superjob убрал из вакансий графу «образование», пояснив, что «отсутствие образования определенного типа – больше не препятствие для поиска работы».

XX век приучил нас к формуле «школа – университет – работа – пенсия». Треть жизни люди учились и лишь потом заменяли выбывающее старшее поколение на рабочих местах. В 1990-е многие выпускники российских школ поступали в вузы. Аналогичный высокий спрос на дипломы был во всем мире, благодаря чему в США за последние 40 лет стоимость обучения выросла на 260 %, а кредиты на его оплату оценивались в $ 30 миллиардов. Казалось, так будет всегда, однако новое поколение не спешит тратить на диплом ни время, ни деньги.

Согласно недавнему исследованию Центра экономики непрерывного образования Института прикладных экономических исследований, две трети молодых россиян не считают высшее образование обязательным условием успешной карьеры. Спорить с ними сложно – любые аргументы разбиваются при взгляде на биографии титанов современного бизнеса. Марк Цукерберг и Билл Гейтс покинули Гарвард спустя два года после поступления – один ушел, второй был отчислен. Позже оба, уже став миллиардерами, получили почетные дипломы. Так что строить карьеру корочки им не помогали.

«Я бросил Рид-колледж (частный университет в городе Портленд, США – прим. GQ) после шести месяцев обучения, – рассказывал Стив Джобс, которого биологическая мать отдала на усыновление с непременным условием, что мальчик получит высшее образование. – Я не знал, что хочу делать в своей жизни, и не понимал, как колледж поможет мне это осознать. В итоге я просто тратил деньги родителей, которые они копили всю жизнь. Поэтому я предпочел уйти с надеждой на лучшее. Поначалу было страшно, но теперь, оглядываясь назад, я понимаю, что это было лучшим решением в моей жизни».

Бросив классическое образование, будущий глава Apple и Pixar сфокусировался на получении только тех знаний, которые были ему интересны. Такой путь сегодня выбирают всё больше молодых людей, особенно тех, кто делает ставку на карьеру в индустрии информационных технологий.

«Запускайте свой стартап, пока вы молоды. В технологиях двадцатилетние на вершине, – скажет в 2007 году 22-летний Цукерберг и добавит: – Молодые просто умнее». Как бы спорно ни звучала вторая часть этой фразы, в ней ключ к пониманию нового подхода к построению карьеры. Раньше выпускники хотели найти работу, сегодня мечтают изобрести ее. Для этого им уже не нужно соответствовать чужим шаблонам, но необходимо мыслить нестандартно. Увы, большинство вузов этому не учит и потому теряет студентов.

Так, Илон Маск, хотя и получил в Пенсильванском университете степень бакалавра, поступив далее в Стэнфорд, провел там лишь два дня, а потом переключил все свои силы на интернет-стартап и, похоже, не прогадал. Вместо диплома в руках он получил ракету в небе. «Университет нужен только для развлечений», – категорично заявляет Маск, принимающий на работу в Tesla людей даже без среднего образования.

Теперь сами работодатели всё чаще берут на себя функции вузов, обучая- новые кадры на месте, как это было принято в мире до индустриализации, когда молодой человек начинал взрослую жизнь с работы подмастерьем. Смещается и сам фокус в ценностях учеников: они хотят обучаться в компаниях, с которыми связывают свои надежды на успешную карьеру, и условному МГУ или Гарварду предпочитают какую-нибудь Академию «Яндекса» или Университет Apple.

Соавтор этой книги является основателем учебного учреждения, которое на протяжении двадцати лет готовило сотрудников для работы в индустрии клинических исследований. То есть, по сути, деятельность его компании заняла нишу между университетами и работодателями. Не стоит более ожидать, что университеты станут готовить к каждой определенной специальности (если она не стандартизирована и не является «врачом», «медсестрой», «архитектором» и так далее). Специальности возникают и упраздняются, потребность в специалистах часто меняется. Университеты слишком неповоротливы и не способны приспособиться к новым потребностям рынка труда.

В качестве примера мы приведем деятельность компании Кригера, соавтора этой книги. Дело в том, что немногие знают, что не обязательно быть профессионалом в фармацевтике, чтобы начать карьеру в индустрии клинических исследований, призванной обеспечить безопасное вхождение эффективных лекарств на фармацевтический рынок. Известно, однако, что это крайне прибыльная отрасль. Ведь любое лекарство, прежде чем попасть на полки аптек, должно пройти через длительный процесс регистрации, в котором задействовано значительное число специалистов из разных областей. В этой отрасли используется множество нормативов и правил, выучить которые совсем не сложно, вне зависимости от профиля предыдущего образования. Человек, знающий эти нормативы и правила, становится выгодным сотрудником для любого работодателя!

Стандартные требования к этой работе предусматривают: «степень бакалавра в биологических науках, медсестринском деле, фармацевтике, медицине, социологии и так далее со знанием нормативов клинической практики, разработанных Международной ассоциацией по согласованию технических требований регистрации лекарственных препаратов для людей».

Барьер, встающий перед новичком, свежим выпускником университета – это «практический опыт». Многие соискатели, обладающие необходимой квалификацией, попадают в стандартную ловушку: чтобы получить работу, необходим опыт, но где набраться этого опыта, не работая?

Проведя всесторонние исследования и наладив сотрудничество, Исследовательский центр Кригера разработал учебную программу, сочетающую в себе как получение специальных отраслевых знаний и навыков, так и практический опыт в клинических испытаниях. Программа предусматривает изучение нормативов клинической практики, разработанных Международной ассоциацией по согласованию технических требований регистрации лекарственных препаратов для людей, контроля за клиническими испытаниями. Что важнее всего – обеспечивается практический, производственный опыт клинических испытаний посредством программы интернатуры. Студенты участвуют в проектах клинических исследований, получая таким образом всеобъемлющий, практический опыт реальной работы.

Этот пример не заменяет высшие учебные заведения, а лишь строит мостик между высшим образованием и работой. Но изменения в этой сфере идут дальше. Ведь если бы не было искусственного требования в этой области – иметь степень бакалавра, то высшее образование не было бы обязательным условием успеха в этой карьере.

Например, в других областях первыми под удар попали частные вузы, многие из которых не столько учили, сколько продавали корочки. Сегодня они закрываются один за другим.

Испытывают серьезные проблемы и самые престижные учебные заведения мира – пандемия вскрыла их фундаментальные слабости.

Кстати, приведенный пример центра Кригера характерен тем, что более 15 лет всё обучение переведено в онлайн-режим. А, следовательно, курсы подешевели в десять раз, поскольку более не было необходимости снимать классы и платить дорогостоящим очным преподавателям. К тому же сказалось давление конкуренции.

Для университетов же онлайн-студент далеко не так выгоден, как обучающийся очно. Например, в Гарвардском университете место в кампусе обходится в $17 682 в год, и, хотя не все из 36 000 учеников проживают там, это остается огромной статьей расходов.

Пандемия ускорила наметившиеся тренды в образовании полностью переходить онлайн.

Согласно докладу НИУ ВШЭ «Российская молодежь: образование и наука», во многих сферах деятельности выпускники вузов теряют свои преимущества на фоне соискателей без диплома, но с опытом работы. Об этом говорит 91 % работодателей. С 2008 по 2018 год в одной только сфере торговли процент дипломированных специалистов среди новых сотрудников сократился с 53 до 38. То, чему учат, не всегда поспевает за тем, что реально оказывается нужным в работе. Мир меняется слишком быстро, и за пять-шесть лет в университете можно потерять больше, чем приобрести. В области STEM ситуация остается более стабильной, но нововведения, увы, существенно ухудшают качество, а потому и снижают и целесообразность высшего образования. Тут ситуация, к сожалению, тупиковая, так как важна и гибкость с освоением всех новшеств, и фундаментальность.

Развитие технологий отменяет посредников. Теперь мы можем без тур-операторов обратиться в отель и заказать такси, не связываясь с таксопарком. Так зачем нужен вуз, если работодатель не просит диплом, а прослушать необходимый по службе курс лекций можно онлайн?

Классическое образование в этом случае оправданно лишь в тех областях, где без него пока не обойтись, например, в медицине, STEM. При этом выпускники школ, заинтересованные в других работах, не понимают, в какую сторону бежать. Тем более на фоне прогнозов футурологов о вымирании тех или иных профессий очень трудно сделать выбор.

Уже несколько лет существует аналитика, основываясь на данных о количестве студентов, обучающихся в данный момент той или иной специальности, прогнозирующая, в каких профессиях будет дефицит, а в каких избыток кадров, но полагаться на нее, увы, нельзя.

Каждый день появляются технологии, которые меняют рынок труда. Нужно признать, что в такой быстро меняющейся сфере прогнозы малоэффективны.

Специалист по образованию из Гарварда Тони Вагнер в своей книге «Создание инноваторов» (Creating Innovators) отмечает, что академические знания при условии постоянного доступа к интернету менее важны, чем креативность и умение задавать вопросы.

Поэтому среднее образование должно переключиться с тиражирования абитуриентов на формирование личностей, открытых к инновациям.

К такому же заключению приходит и автор книги «Вы, ваш ребенок и школа» (You, Your Child and School) Кен Андерсон. Он разделяет понятия «обучение», «образование» и «школа», подразумевая под обучением освоение новых навыков, под образованием – систему передачи этих навыков, а под школой – общность людей, стремящихся к их получению. По мнению Андерсона, число желающих обучиться меньше не становится, но им уже не подходят та система и та общность, которые существуют сегодня.

Пример альтернативного подхода – школа, созданная для детей сотрудников Tesla. В ней нет оценок, тестов и классов в привычном понимании – дети разных возрастов учатся вместе, выбирая занятия под свои интересы. Здесь не ребенок подстраивается под систему, а система – под особенности конкретного ученика, а в основе учебного процесса лежит не конкуренция, а умение сотрудничать: не так важно быть круглым отличником, как уметь искать решения в коллективе. «В будущем будут крайне цениться коммуникабельность, эмпатия, эмоциональный интеллект – все то, что помогает работать в команде.

«В ближайшие десять лет мы будем наблюдать борьбу между адептами классического образования и сторонниками новых технологий, – уверен основатель и гендиректор онлайн-университета Skillbox Дмитрий Крутов. – И школьное, и вузовское образование будут оцифровываться и видоизменяться. Сейчас государство начинает диалог с EdTech-проектами, чтобы эффективнее и быстрее выстраивать процесс онлайн-обучения. Главное – преодолеть предубеждения в обществе и сохранить понимание, что разделение на онлайн и офлайн – ошибочно, это составные части одного целого. Трансформируется и роль педагога – он станет связующим звеном между обучающимся и растущим объемом важной информации, в которой трудно разобраться самостоятельно».

В Технологическом институте Джорджии уже обсуждается модель учебы по подписке, включающая в себя доступ к всемирной сети консультантов на протяжении всей карьеры. Помимо живых наставников могут применяться и роботы. В институте тестируют виртуального ассистента на базе искусственного интеллекта IBM Watson – раннюю форму онлайнрепетитора, широкое распространение которого прогнозируют в ближайшие годы.

«Все больше образовательных сервисов будут интегрировать возможности искусственного интеллекта, – считает гендиректор «Учи.ру» Илья Паршин. – Технология постоянно развивается благодаря стремительному увеличению вычислительных мощностей. Сейчас студенты способны разрабатывать продукты, над которыми еще пять-семь лет назад работали целые отделы передовых компаний мира. В сервисы с интегрированным искусственным интеллектом (ИИ) сейчас активно вкладываются инвесторы».

Сегодня вузы по всему миру экспериментируют с нейросетями. В Политехническом институте Ренсселера виртуальные собеседники помогают студентам практиковаться в китайском языке. В Университете Южного Нью-Гемпшира ИИ-помощник исправляет ошибки, а также проверяет тексты на предмет плагиата и подбирает цитаты. В Университете Аризоны ИИ вычисляет стоящих на грани отчисления студентов, чтобы вовремя помочь им с учебой, а петербургский Политех (СПбПУ) использует ИИ «Билайн AI», до этого применявшийся в рекламе, для привлечения наиболее подходящих ему абитуриентов.

Основной сложностью сложившейся ситуации представляется то, что она продолжает меняться, и в такой среде очень сложно планировать и осуществлять осмысленные проекты. Мы словно бы гоняемся за неуловимой целью, которая всё время от нас ускользает. Здесь необходим опыт работы в системах, требующих высочайшей степени адаптивности, где легкость изменения должна быть инкорпорирована в саму систему высшего образования. Междисциплинарность и инновационность многих проектов требуют совершенно новых подходов. По сути, учеба перестает четко отделяться от работы, когда вся команда, работающая над определенным проектом, учится по мере продвижения вперед. То есть постановка определенных реальных задач и их коллективное достижение – лучший способ обучения в современном мире.

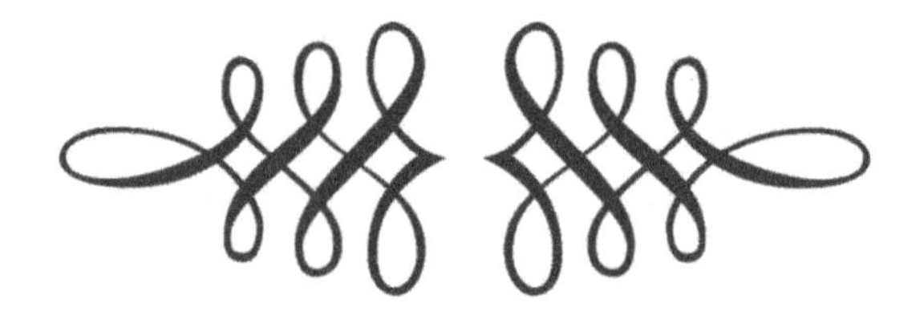

ПОСЛЕСЛОВИЕ

Авторы признательны читателям, дошедшим до конца этой книги. Совершенно очевидно, что в воздухе повис раздраженный вопрос: «Ну, и что теперь делать?»

Родители спросят: «Коль нынешнее образование никуда не годится, что делать с детьми? Ни сил, ни желания, ни возможностей давать им домашнее образование у нас нет. И как нам теперь жить, прочитав всю эту многогранную критику? Авторы же якобы не предлагают ничего глобально конкретного, в книге нет четкой новой парадигмы образования. Только общие расплывчатые рекомендации. Зачем же вообще было ее писать?

Ответим так. Конечно, легче засунуть голову в песок и делать вид, что в школьном образовании «имеются лишь отдельные недостатки, но в целом эта система не представляет собой профанацию и полное фиаско».

Но изложенные в книге факты говорят об обратном, и авторы не находят ничего лучше, чем сказать: «Предупрежден – значит вооружен». Образование – не единственная область общества, в которой далеко не всё в порядке. И об этом наши другие книги. Да, критиковать легко. Предлагать трудно. Особенно в ситуации высочайшей степени неопределенности, в которую погрузился современный мир.

Родителям можно посоветовать успокоиться и не слишком донимать своих чад, назидательно увещевая их, что если они не будут приносить хорошие оценки – то жизнь у них не сложится. Лучше рассматривать детей как партнеров на корабле жизни, плывущем в неизвестность.

Теоретики педагогики, ознакомившись с книгой, скажут: «Мы не увидели новую парадигму. Сегодня ткни в любое место в образовании и получишь проблему, а предлагаемые частные педагогические «находки» не являются эксклюзивными и не носят системного характера, а главное – в них не просматриваются ни методика, ни дидактика. Можно взять любого учителя с опытом, и он накидает десятки подобных «находок» и решений ситуации, а хочется увидеть дидактические построения и методические подходы, а главное, предложение новой образовательной парадигмы в противовес существующим идеям». Мы ответим – разработка новой парадигмы образования не была нашей целью, и, если бы мы осмелились на такую попытку, вы бы нас первые раскритиковали, не оставив в нашей программе камня на камне. Ведь неизвестно, куда пойдет развитие общества в следующие десятилетия. Смысл нашей книги как раз в том, чтобы высветить проблемы, конструктивно критиковать и рассуждать о путях их решения. А если серьёзно, то в такой атмосфере неопределённости, в которой пребывает современный мир, стратегические решения неуместны. Можно только рассуждать о краткосрочных тактиках, что мы и делаем. Мы же не можем сказать очередному поколению: «Простите, ребята, в мире столько неопределенности, что мы вас лучше будем мучить по-старому, а вот для ваших детей придумаем что-нибудь получше!» Хватит с нас потерянных поколений, в которые превращается и нынешнее поколение школьников, благодаря всем проблемам, описанным в этой книге…

Учителя возмущенно спросят авторов: «Да кто вы такие, чтобы перечеркивать наш многолетний беззаветный педагогический труд, именуя его профанацией?»

Увы, дорогие учителя. Так или иначе, мы ваши коллеги. Оба соавтора книги всю жизнь занимались преподаванием на разных уровнях, и в этой книге поставлено больше вопросов, чем дано решений не потому, что мы укрыли их от вас, а потому, что предлагаем искать решения вместе. Мы с вами такие же странники на том же корабле, где плывут родители с детьми, и, увы, мы вместе плывем в неизвестность. Мы не знаем, каким будет завтра, что готовит нам будущее, но что мы знаем точно, так это то, что на нашем корабле не должно звучать взаимных упреков.

У авторов нет надежды на то, что эту книгу прочтут дети, и поэтому нет смысла обращаться к ним. Однако из-за них как раз весь сыр-бор. А посему, если какой-то дотошный школьник или школьница прочитает эту книгу или просто заглянет в конец по привычке, как в задачнике, ища ответов, мы скажем им так: «Дорогие наши посланники в будущее! У нас нет готовых ответов. Давайте их искать вместе!»

CPSIA information can be obtained
at www.ICGtesting.com
Printed in the USA
LVHW112118250521
688445LV00001B/32

9 781667 115863